教育心理學

（第二版）

葉玉珠、高源令、修慧蘭、陳世芬、
曾慧敏、王珮玲、陳惠萍　著

作者簡介

葉玉珠 （第一、七、八章）

學歷：美國維吉尼亞大學（University of Virginia）教育心理學博士

經歷：科技部 109 年度資訊教育學門傑出研究獎

國科會 97 年度教育學門傑出研究獎

國立政治大學師資培育中心主任、教師研習中心主任

國立政治大學師資培育中心專任副教授、教授、特聘教授

國立中山大學教育研究所專任助理教授、副教授

學術交流基金會助理研究員、副研究員

《測驗學刊》執行編輯

《中國測驗學會》副秘書長

《教育與心理研究》執行編輯、編輯委員

The Open Education Journal 編輯委員

「政大出版社」編輯委員

美國維吉尼亞大學訪問教授

傅爾布萊特訪問教授

現職：國立政治大學師資培育中心特聘教授

國立政治大學心智、大腦與學習研究中心研究員

Thinking Skills and Creativity 編輯委員

International Journal of Educational Research and Technology 編輯委員

Educational Psychology: An International Journal of Experimental Educational Psychology 編輯委員

個人網站：https://www.nccu-yeh-creativity.com/

高源令 （第二、五章）

學歷：國立政治大學教育學博士
美國印地安那州博爾大學（Ball State University）中等教育博士研究

經歷：國立臺灣科技大學教育學程中心兼任副教授
國立臺灣工業技術學院教育學程中心兼任副教授
國立政治大學教育學程中心兼任副教授
國立中央大學通識課程兼任副教授
國立臺北師範學院、世界新聞專科學校兼任講師
臺北市立建國高級中學、臺北市立萬華國民中學教師

修慧蘭 （第三章）

學歷：國立政治大學教育學博士
經歷：國立政治大學心理學系副教授
國立政治大學諮商中心主任
現職：東吳大學心理系兼任副教授
國立政治大學心理學系兼任副教授

陳世芬 （第四章）

學歷：國立政治大學教育學博士
經歷：耕莘護理專科學校護理科兼任講師
經國管理暨健康學院幼兒保育系兼任助理教授
中原大學通識教育中心兼任助理教授
輔仁大學師資培育中心兼任助理教授
現職：國小教師

曾慧敏 （第六、十一章）

學歷：國立政治大學教育學博士
美國印地安那大學研究

經歷：考選部題庫管理處處長

考選部考選規劃司副司長

國立臺北教育大學兼任講師

考選部常務次長

臺北市立大學兼任副教授

王珮玲 （第九章）

學歷：國立政治大學教育學博士

經歷：美國馬里蘭大學研究

美國哈佛大學研究

教育部訓委會約聘人員

國中教師

現職：臺北市立大學幼兒教育學系專任教授兼進修推廣處處長

陳惠萍 （第十章）

學歷：國立臺灣師範大學教育學博士

經歷：國立臺南大學教育學系專任教授兼教務長

國立臺南大學教育學系專任副教授兼主任秘書

國立臺南大學專任助理教授兼通識教育中心主任

國立臺南大學專任助理教授

國立高雄師範大學兼任助理教授

高雄市政府公教人力發展中心研究員

高雄市教師研習中心編審

考選部科員

國小教師

現職：國立臺南大學教育學系專任教授兼副校長

再版序

　　教育心理學最早可追溯至柏拉圖、亞里斯多德及蘇格拉底的年代，柏拉圖和亞里斯多德所提及的教師角色、師生關係、教學方法、情意對學習的影響等觀點，依然是今日教育心理學探討的主題；而蘇格拉底的詰問法，在目前強調發展學生高層次思考的潮流下，更是今日師資培育課程的熱門課題。

　　如今，不管是對師資的要求、對課程的安排和對教學方法的運用等，都與過去有大大的不同。隨著教育潮流的改變，教育心理學不管是在教學或研究上，都受到很大的影響，尤其是在學生的多元化、教學專業的提升、教學科技的運用、教育神經科學的興起等方面，其研究內容都與教育心理學的重要概念或議題有密切的關係。

　　本書自 2003 年 7 月出版至今，已有 6 年多的時間，感謝讀者們的支持與愛護。有感於教育心理學的發展日新月異，因此花費了相當多的時間，針對教育心理學的相關議題以及最新發展，重新蒐集資料，希望帶給讀者更多新穎又有幫助的內容，懇請國內外先進不吝指正，感激不盡。

目次

Contents

目次

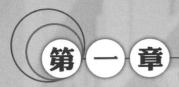

第一章

優質教學、專家教師與教育心理學

葉玉珠

大綱

學習目標

在讀完這一章後，讀者應能了解：
1. 教育心理學的發展趨勢與重要性。
2. 教育心理學的涵義。
3. 優質教學的要素與特徵。
4. 專家教師的特徵以及專家教師與生手教師的不同。
5. 專業知識與反思教學對於成為專家教師的重要性。
6. 教育心理學在教師專業成長以及優質教學所扮演的角色。

案　例

　　阿明和阿嬌是職前教師，他們正在修習教育心理學的課程。阿明：「老師上課講那麼多教學和學習的理論做什麼？以後去教學，那些理論根本一點用處也沒有。老師應該舉一些實際的教學情境，告訴我們怎麼做就好了。」阿嬌：「我覺得老師不可能告訴我們所有可能發生的教學實況如何處理；多了解一點教學和學習的理論和原則，有助於我們未來在實際教學情境中思考因應的解決方法。」

　　陳老師和張老師均任教於小學。陳老師通常會以章節為單位進行教學規劃，而且善於使用學生的錯誤與問題，引導學生做有意義的學習；然而張老師則通常以當天的教學為單位進行教學規劃，而且往往會因為學生發問而離題，並且無法迅速回到教學軌道，對於如何糾正學生的錯誤也往往不知所措。

　　小迪原本是一個聰明、整潔、快樂的小男孩，因為母親癌症過世，變成了一個邋遢、上課不專心、考試總是不及格的五年級小男孩。一開始，任教的湯老師並不喜歡他，常用粗紅筆在小迪的考卷上畫個大叉，並寫個不及格。在偶然的機會了解小迪的經歷後，湯老師不再教「書」：不教閱讀、不教寫作、不教數學，相反地，她開始「教育孩童」。湯老師開始關心、鼓勵小迪，使得小迪的成績扶搖直上、名列前茅。小迪從小學畢業到完成博士學位，總是不忘寫信告訴湯老師說：「您是我這一生遇到最棒的老師。」結婚那天，小迪同樣邀請了湯老師，他們互相擁抱。小迪悄悄在耳邊告訴湯老師：「湯老師，謝謝您相信我，謝謝您讓我覺得自己很重要，讓我相信我有能力去改變。」湯老師熱淚盈眶地告訴小迪：「小迪，你錯了！是你教導我、讓我相信我有能力去改變，一直到遇見你，我才知道該怎麼教書！」

從上述的案例中，阿明和阿嬌的看法，哪一個比較正確？為何陳老師和張老師在教學上有這樣的差異？湯老師為什麼說她「不再教書」，而是開始「教育孩童」？是什麼原因促成了小迪和湯老師的改變？教育心理學是有效教學的基礎，在前面的案例中，不同的職前教師對於修習心理學抱持著不同的看法，而在職教師的教學表現也有著極大的差異；阿明和阿嬌的不同看法凸顯了許多職前教師對修習教育心理學的爭議；而陳老師和張老師的迥異表現則彰顯了所謂「專家教師」與「生手教師」的差別；小迪和湯老師的例子則說明了，優質教學的重要影響與教學相長的專業成長意涵。

究竟何謂教育心理學？最近的發展趨勢為何？為何職前教師必須修習教育心理學？教育心理學與優質教學及專家教師的關係為何？如何成為一位專家教師？這些問題均為本章所要探討的重點。

第一節　何謂教育心理學

◆ 一、教育心理學的演變與發展趨勢

（一）教育心理學的演變

教育心理學成為一個學門雖然為時不久，但教育心理學的存在卻可追溯至柏拉圖、亞里斯多德及蘇格拉底的年代（Berliner, 1993; Woolfolk, 2007）。柏拉圖以及亞里斯多德所提及的教師角色、師生關係、教學方法、情意對學習的影響等觀點，依然是今日教育心理學探討的主題。而蘇格拉底的詰問法，在目前強調發展學生高層次思考的潮流下，更是今日師資培育課程的熱門課題。

早期教育心理學的相關課題是依附於心理學的。1890 年，William James 首先在哈佛大學開設了教育心理學的相關課程——「對教師談論心理學」（Talks to Teachers about Psychology），這些授課內容於 1899 年出版。之後，James 的學生 G. Stanley Hall 創立美國心理學會（American Psychological Association）。Hall 的論文是有關孩童對這個世界的了解，當時多位教師幫他蒐集資料，他因此鼓勵這些教師仔細觀察並研究學生的發展。後來 Hall 的學生 John Dewey 在芝加哥大學創立實驗室學校（Laboratory School），並成為進步教育運動（progressive education movement）之父。James 的另一位學生 E. L. Thorndike，則在 1903 年寫了一本教育心理學的教科書；此時，第一本教育心理學的教科書才問世（引自 Woolfolk, 2007）。但教育心理學被視為一個獨立的學門並開始受到重視，應是在 20 世紀初期；1919 年，E. P. Cubberly 宣稱「教育心理學是『學校的入門科學』（guiding science）」（Cubberly, 1919: 755）。

另一方面，Thorndike 於 1910 年創辦《教育心理學期刊》（*Journal of Educational Psychology*），他開始將學習的研究由教室轉移到實驗室，雖然他企圖將學習律（law of learning）的觀點由實驗室應用到教室的教學，後來被證明此觀點是太狹隘的，但是此一取向仍持續了將近 50 年之久，後來心理學有關學習的研究才又重新回到教室的情境來進行（Woolfolk, 2007）。因此，教育心理學有關教學理論的發展一直到1950年代，都是與心理學緊密相連的（Hoy, 2000）。在 1940 和 1950 年代，教育心理學的研究主要是集中在個別差異、評量和學習行為等議題。1960 和 1970 年代，研究的焦點則轉移至認知發展和學習（Woolfolk, 2007）；此時，教育心理學的研究內容有了重大的轉變：即從將學習視為是獲取特定、可觀察的行為，轉向將學習視為是一種內在、心智的歷程；一般將此巨大轉變稱為「認知革命」（cognitive revolution）。認知革命的產生使得教師的知識與思考益形重要（Mayer, 1998）。

1970 年代以後，以訊息處理理論（information-processing theory）為基礎的認知心理學對教育心理學有著重大的影響；愈來愈多的教育心理學，研究人們如何接收、詮釋、編碼、儲存和提取訊息，以了解人們在進行問題解決、記憶和創造力的認知歷程。從這些認知歷程的相關研究發現，大家普遍接受教學不再只是一些技能的運用，而是需要考量學習者的個別差異（尤其是認知方面），將某一領域知識加以轉換的專業。1987 年代，Mayer 出版了《教育心理學──認知取向》（*Educational Psychology: Cognitive Approach*）

一書；這本書介紹了許多傳統教育心理學未涵蓋的內容，例如：閱讀、寫
作、數學、自然科學等的學習歷程，以及教學方法（Mayer, 1987）；因此，
這是一本突破傳統教育心理學教科書的重要著作。最近，教育心理學除了持
續重視學習認知歷程及其相關因素之研究外，也著重於探討文化和社會因素
如何影響學習和發展（Woolfolk, 2007）。此外，由於科技和神經科學的發
展，教育心理學如何與科技和神經科學結合，也成為新的發展趨勢。

（二）教育心理學發展的趨勢

現今的教育，不管是對師資的要求、對課程的安排或對教學方法的運用
等，都與過去有大大的不同。隨著教育潮流的改變，當然教育心理學不管是
在教學或研究上，都受到很大的影響。最近這些年來，教育發展重要的趨勢
有如下幾個方面：

1. 學生的多元化：現在的學生在許多方面都較以往多元化，例如：新
   移民子女的快速成長使得學生的組成多元化；由於背景的多元化，
   也使得學習多元化的需求變得更高。而學生的多元化也使得教學更
   具挑戰性。
2. 教學專業的提升：現今的教學不同於以往，教師必須要能時時自我
   反省，並評鑑自己及同儕的教學成效，以改善自我的教學。這樣的
   趨勢雖然促使教師更有機會表現其教學專業，但也要求教師必須要
   達到更高標準的教學承諾和教學實務，同時也導致其較高的焦慮。
3. 教學科技的運用：隨著電腦使用的普遍化，科技融入教學已成為先
   進國家教育普遍重視的觀點，尤其是在高等教育上，數位學習（E-
   learning）融入課程與教學已經很普遍了；因此，教師必須熟悉數位
   學習的概念並能將之與課程及教學結合，以提升教學效果。
4. 教育神經科學的興起：在過去十幾年中，神經科學已經逐漸與教育
   領域結合（洪蘭、曾志朗，2005），無論是在教育現場、學術研究
   機構或是政府當局，都愈來愈重視此跨領域的整合，因而有「教育
   神經科學」（educational neuroscience）此一名詞的興起。隨著神經
   科學研究工具（如 EEG、fMRI、PET、MEG 等）的發展，學習歷程

的任何資訊（即便是無意識下的反應）都可被記錄下來；因此，神經科學的迅速發展為教育相關的研究開啟了另一扇窗。

有關學生多元化的概念較容易理解，本章不多做介紹。以下先針教學科技的運用及教育神經科學的興起做一簡介，本章第三節和第四節會介紹專家教師及教師專業成長的相關概念。

1. 教學科技與教育心理學結合

近年來，科技的發展已深深地影響了我們的日常生活和教育，自然也影響了教育心理學的研究（Alexander, 2004）。探討教學科技融入對教學和學習的影響是目前研究的熱門題目；許多以教學科技為主的研究，都借用了教育心理學的理論，如鷹架教學（saffolding teaching）（Zydney, 2005）、問題導向學習（problem-based learning）（Lee & Kim, 2005; Williams van Rooij, 2007; Yeh, 2008a）、合作學習（collaborative learning）（Huang & Liu, 2009; Nason & Woodruff, 2003; Yeh, 2008b）、反思教學（reflective teaching）（Maher & Jacob, 2006）、教學效能（teacher efficacy）（Yeh, 2006），和後設認知（meta-cognition）（Kim, Park, & Baek, 2009）等。最近，由於評鑑個人能力和態度已有許多的新理論和新方法產生，教育心理學者也致力於測驗的發展，因此科技的發展（如微電腦）也使得科技融入評量成為注目的焦點（Berliner, 2009; Siozos, Palaigeorgiou, Triantafyllakos, & Despotakis, 2009）。

此外，隨著科技的發展與電腦的普及，教學已經產生了巨大的變革，而其中最明顯的莫過於數位學習（E-learning）的運用，它是利用網際網路及資訊科技為工具的一種學習模式。由於傳統的課堂學習有其時間及空間上的限制，使得學習擴散效果有限。近年來，數位學習技術的發展已經可以改善傳統課堂學習知識分享緩慢的遺憾，且在數位學習的環境中，學生可以打破時空的障礙、主控自己的學習時間、選擇自己較能理解的教材、調整自己的學習速度，並主動建構自己的知識；因此，數位學習方式的發展，有助於達成知識廣泛擴散的目標及提升學習效果（葉玉珠，2006）。以「電腦支持合作學習」（The Computer Supported Collaborative Learning, CSCL）進行教學設計即為一個成功的案例。Ma（2004）指出，CSCL 已經為學習掀起了一股革新

的浪潮；許多研究（Arias, Eden, Fisher, Gorman, & Scharff, 2000; Van, Yip, & Vera, 1999）發現，CSCL 能有效促進社會創造力。CSCL 著重於將科技視為合作教學的一種中介工具（Koschmann, 1996），即著重於如何透過科技的支援進行合作學習，以促進同儕互動、群組合作，以及合作學習和科技如何促進社群成員知識和專業的分享（Lipponen, 2003）。

2. 神經科學與教育心理學結合

　　神經科學是包括神經學、解剖學、生理學、生物化學等多元領域的一門科學；神經科學的興起，使得研究者對於人類生理上的行為反應或是心理上情緒的運作，都能提出實證性的解釋。學習會造成腦部結構的改變，其具體證據為在大腦皮質、海馬迴和小腦結構上的改變。在學習過程中，我們可以發現，這些腦部結構上的神經膠質細胞增加了、神經元樹狀突的分枝變得更複雜，以及突觸結構產生了變化，例如：左大腦受傷的兒童，當其語言功能受到損傷時，可能會在右大腦很快地轉移並重新建立語言的功能。這些證據顯示了腦部神經的可塑性（楊錦潭、段維新，2001）。

　　自 1991 年美國前總統老布希提出「這是腦科學的十年」（It's the decade of brain）開始，各界開始注重腦科學在教育上的應用（曾志朗，2008；Bruer, 1999）。Geake 和 Cooper（2003）指出，在過去 10 年中，大腦功能的研究已經大大地提升了我們對基本認知行為（如學習、記憶、智力、情緒等）的了解，尤其是大腦造影技術精進後，使我們對大腦處理訊息的方式與過程更加了解，也改正以往許多錯誤的觀念，例如：過去認為大腦發展定型了就不能改變，但現在許多實驗結果證實了，大腦終其一生不斷地因外界的需求而改變裡面神經的迴路連接；亦即大腦有很大的可塑性（plasticity），因為大腦跟學習有非常直接的關係（洪蘭、曾志朗，2005）。Gruhn 和 Rauscher（2007）也認為，以腦為基礎的教育（brain-based education），不僅能協助教育者以客觀的角度探討問題，與解釋以經驗為基礎的教學常識，也能防止教育者發展出負面的教學態度，進而促使教師採取更有效的教學，以符合大腦學習。

　　最近《科學期刊》（*Science*）有一篇研究（University of Washington,

2009）指出，教育正面臨轉化，因為最近在神經科學、心理學和機器學習的發現，已經為學習的新科學（new science of learning）創造了一些基礎，而這樣的轉變乃源自於跨領域研究所產生的三個原則：學習是計算的（learning is computational）、學習是社會化的（learning is social）和學習是由大腦迴路連結知覺和行動所支持的（learning is supported by brain circuits linking perception and action）；這樣的學習新科學即為教育神經科學，它對人類的認知發展和學習有著重要的啟示。因此，教育神經科學的迅速發展為教育心理學的研究開啟了另一扇窗，而教育神經科學的研究也將成為未來教育心理學研究的主流之一。

　　近年來，國外許多教育機構或大學紛紛成立了教育神經科學的組織或研究中心，例如：哈佛大學教授 Kurt Fischer 成立了「國際心智、大腦與教育學會」（International Mind, Brain, and Education Society, IMBES），此學會的目的在促進神經科學、生物學、教育、認知科學和發展等領域的跨文化合作，希望科學和實務（science and practice）可以在雙向的互動中互惠（IMBES, 2009）。哈佛大學也成立了「心智、大腦與教育」（Mind, Brain, and Education）碩士班。在研究中心方面，劍橋大學成立了「教育神經科學中心」（Centre for Neuroscience in Education），此中心的研究學者主要聚焦於如何運用事件相關電位（event-related potentials, ERPs）測量兒童腦部活動的變化，特別是有關閱讀和數學認知技巧的發展（University of Cambridge, 2009）；ERPs 係指在某項刺激發生後的固定時間內，從大腦所產生出來的電反應。Dartmouth 大學的「認知和教育神經科學中心」（Center for Cognitive and Educational Neuroscience, CCEN）則嘗試發現人類學習的大腦基礎，特別是在核心的學習領域（如語言、科學、閱讀和數學）和學習的認知神經科學（如遷移、腦側化、社會層面和大腦發展）方面（CCEN, 2009）。

　　國內目前將教育與神經科學結合的中心，首推政治大學成立的「心智、大腦與學習研究中心」（簡稱政治大學心腦學中心），此中心以認知神經科學的知識為出發點，運用探測大腦活動的腦顯影（brain-imaging）技術，檢視人類心智運作的大腦神經基礎，研究範圍包括：基本心理歷程（如情緒、動機、知覺、注意力）、高等認知行為功能（如學習、記憶、語言、決策、

策劃、執行）、社會行為（如兩性關係、人際互動、社群聚落、文化信仰）
（政治大學心智、大腦與學習研究中心，2009）。

　　Pettito 和 Dunbar（2004）認為，教育神經科學提供了目前最核心教育問
題最相關的分析。Pickering 和 Howard-Jones（2007）針對教學專家的研究也
發現，他們大多非常關心神經科學的發現在教育上的應用，而且他們覺得這
些發現對於他們教學方法的影響，極可能更甚於課程內容。不論這樣的影響
力將來是否會成真，從國內外教育神經科學相關研究中心和組織的發展，以
及教學專家的看法，在在都顯示教育神經科學目前受到很大的重視，而且其
研究內容都與教育心理學的重要概念或議題有密切的關係。

二、教育心理學的涵義

　　Berliner（2009）認為，教育心理學是應用科學方法研究教師和學生在教
學情境中的行為；雖然這些教師或學生行為是教育心理學者最感興趣的，但
他們也研究其他族群，例如：嬰兒、移民者及年長者。因此，教育心理學家
的研究範疇與心理學其他領域有重疊之處，包括：兒童和青少年發展、社會
心理學、心理測驗和教育諮商等。Hinson、Parsons 和 Sardo-Brown（2000）
也指出，教育心理學是心理學的一支，它關心的是人類發展、評量、人類學
習的理論應用與原則，以及能夠促進終身學習的教學。Woolfolk（2007）則
認為，教育心理學是一個獨立的學門，它有自己的理論、研究方法、問題和
技巧。不管是過去還是現在，教育心理學都是在研究學習和教學，同時致力
於教育實務的改善。因此，教育心理學為心理學領域的一個獨立學門，它與
其他心理學分支的不同之處在於，它的主要目標是「了解與改善教育」
（Wittrock, 1992: 138）。

　　Woolfolk（1995）認為，教育心理學著重於教育問題的心理層面研究，
試圖從這些研究中導引出教學和評量的原則、模式、理論、教學過程和實用
的教學方法；此外，教育心理學也著重於探究適用於學習者思考和情意歷程
的研究方法、統計分析和評量過程，以及學校複雜的社會和文化歷程。
Eggen 和 Kauchak（2001）則認為，只要是探討下列議題，均屬於教育心理
學的範疇：我們如何學習；智力如何發展；在情緒和社會層面，哪些因素造

成個人的獨特性及個別差異；為何有些人有很強的學習動機，有些人則沒有；以及教學如何促進學生學習等。

Good 和 Brophy（1995）則明確指出，教育心理學應包含下列領域：

1. 教育目標和教學設計。
2. 學生發展、人格和性向。
3. 學習歷程（學習與動機理論）。
4. 教學法心理學（選擇、組織、激勵、說明，以及為學生的學習努力搭起鷹架）。
5. 社會動力學（如了解如何組織學生以進行合作的團體作業、社會認知）。
6. 教室管理（預防及回應學生的問題行為、獲得學生的合作、讓學生在管理他們自己的學習上承擔合宜的責任）。
7. 結果的評鑑。

可見，教育心理學雖然屬於心理學的領域，與其他心理學領域有許多重疊之處，但其以「了解與改善教育」的目標及其對人類學習的重要性，則使它成為一具有明確目標的心理學獨立學門。由上述的教育心理學定義中也可看出，教育心理學的內涵甚廣，對於促進有效學習與教學甚為重要。

◆ 三、教育心理學的重要性

教育心理學對於教學的重要性可從其被師資培育與認證機構的重視、教育改革的方向，以及教師標準的訂定中可見一斑。

（一）師資培育機構的重視

Hilgard（1996）回顧 1926 至 1956 年的教育心理學發展，認為幾乎所有職前教師都修習過「教育心理學」此一課程。國內目前的中等及小學師資培育課程中，基礎課程也將「教育心理學」列為四選二門的科目之一，其他三門為「教育哲學」、「教育社會學」及「教育概論」（教育部，2009）。

（二）學校教育改革的趨勢

近年來，為了因應社會的變遷以及對教育的反省，學校教育不斷進行改革，回顧這些教育改革均與教育心理學有密切的關係。Howey（1996）調查了美國幼稚園到十二年級的學校教育改革，歸納出下列九個在教學方面的改革重點：(1)合作學習的結構是教室學習的主要特徵；(2)課程規劃強調主題及跨領域的教學；(3)強調獨立、探究及概念的學習；(4)使用電子傳播等多媒體教學；(5)強調教學與評量結合；(6)重視社會、人格、認知、後設認知及學業發展；(7)重視親師合作；(8)落實相互教學（reciprocal teaching）及學習社群等概念；(9)強調教師使學生能「充分理解的教學」（teaching for understanding）之能力。

（三）教師標準的訂定

在美國，教師必須具備哪些專業知能，主要是依據三個團體所發展出來的教師標準：第一為「國立專業教學標準董事會」（National Board for Professional Teaching Standards, NBPTS）；第二為「州際新進教師評估和支持協會」（Interstate New Teacher Assessment & Support Consortium, INTASC）；第三為「美國國立師資培育認證委員會」（National Council for Accreditation of Teacher Education, NCATE）。這三個組織共同合作發展和訂定美國教師的標準與評鑑，以提供師資培育之準備、執照與認證，而 NCATE 更是美國師資培育的代言人（劉兆達，2006）。

1. NBPTS 的教師標準

NBPTS 認為，教師必須具備的知能包括：人文藝術和科學的基礎、所教導學科內容的知識以及課程安排和教材的組織、一般和特定教學方法及評量學生學習方法的知識、學生和人類發展的知識、有效教導來自不同種族和社經地位學生的技巧，以及在符合學生的興趣下，能睿智地運用這些知識的技巧、能力和意向。具體言之，NBPTS（2009）提出下列五項核心宣言來涵蓋教師應具備的知識、技巧、意向和信仰：

(1) 教師對學生及其學習有所承諾：即相信所有學生均可學習，並致力於使所有學生都有管道可以接近與學習知識；平等對待學生並在教學過程中考量學生的個別差異；了解學生如何發展和學習，並尊重學生帶進教室的文化和家庭差異；關心學生的自我概念、動機和同儕關係；關心學生的品格和公民責任的發展。

(2) 教師熟知所教導的學科與如何將之傳授給學生：即精熟所教導的學科，並對所教學科的歷史、結構和實際應用有深入的了解；具備教導這門學科的技巧和經驗，並非常熟悉學生在技巧上的個別差異和已經具備的先備概念（preconceptions）；能使用不同的教學策略使學生理解其所教的內容。

(3) 教師對管理和監控學生的學習負責：即能進行有效教學；能流暢地使用一些教學技巧，使學生維持學習動機、投入和專注於學習；知道如何使學生投入學習環境中以及如何建構教學以達到教學目標；知道如何評估學生的進步情形；能使用多元方法評估學生的成長和理解情形，並能向家長清楚解釋學生的表現。

(4) 教師對其實務經驗進行系統性思考並能從經驗中學習：即提供有教養者（educated person）的學習楷模——能閱讀、質問、創造和願意嘗試新奇事物；熟悉學習理論和教學策略，並能掌握教育時事與議題；能定期批判性地檢驗自我教學實務，以深化知識、強化技巧和將新發現融入教學中。

(5) 教師是學習社群的一份子：即能與他人合作以改善學生的學習；做為領導者並知道如何與社群成員建立夥伴關係；能與其他專業人士共同致力於教學策略的改善、課程發展和同仁發展；能評估學校進步和資源分配情形；知道如何與家長合作並使家長有效率地參與學校工作。

2. INTASC 的教師標準

　　INTASC 自 1992 年訂定教師標準後，也隨著教育潮流的改變而有所修正。INTASC 較早期設定的十項教師標準如下（INTASC, 2009）：

(1) 教師能了解學科相關的主要概念、工具、探究方法，以及如何創造學習經驗以使學生覺得所學是有用的。

(2) 教師能了解學生如何學習與發展，並提供機會以促進學生的智能、社會及個人發展。

(3) 教師能了解學生學習方式的個別差異，並創造適合於不同學生的教學機會。

(4) 教師能了解如何使用不同的教學策略，以促進學生的批判思考、問題解決和表現能力。

(5) 教師能了解個別及團體的學習動機與行為，並創造能鼓舞正面社會互動、主動學習及自我動機的學習環境。

(6) 教師能使用有效的語文、非語文、媒體傳播技巧的知識，以促進課堂中的主動探究、合作以及支持性的互動。

(7) 教師能基於對教材、學生、社群和課程的知識來規劃教學。

(8) 教師能了解並使用正式及非正式的評量策略，以評鑑並確認學生智能、社會、生理等方面的持續發展。

(9) 教師為具有反思能力的實踐者，即能持續地評估她／他對他人（學生、家長和學習社群中的其他專業人士）所做的選擇和採取的行動效果，以及能主動尋求專業成長的機會。

(10) 教師能促進與學校同事、家長和教育社群中的代言者之良好關係，以支持學生的學習和福祉。

近年來，INTASC 強調表現導向（performance-based）的教師標準。基於前述 NBPTS 所發展出來的五項宣言，INTASC 提出教師應具備下列四項專業知能（INTASC, 2009）：

(1) 教師對於學生及其學習有所承諾。

(2) 教師熟知所教導的學科內容，並知道如何將這些學科內容傳授給背景與能力歧異的學生。

(3) 教師負責管理和監控學生學習。

(4) 教師為學習社群的一份子。

3. NCATE 的教師標準

NCATE 在 1994 年納入了 INTACS 於 1992 年所設定的教師標準，並訂定以下的教師標準（引自 Darling-Hammond, 1999）：

(1) 了解人類發展與學習的理論。

(2) 有效促進學生智識、社會、個人發展的研究及實際經驗原則。

(3) 發展批判思考、問題解決及表現技巧的教學策略。

(4) 了解個人及團體的學習動機。

(5) 有效的語文、非語文、媒體傳播技巧。

(6) 正式及非正式的評量策略。

(7) 反省自我教學的機會以及自我教學對學生成長與學習的影響。

1994 年之後，INTACS 持續修正其教師標準，為培育更具有競爭力之教師，NCATE 自 2001 年開始採用表現導向的認可系統，以使師資培育達到社會責任及可改善性的效能。目前最新的 NCATE 之標準於 2008 年秋天生效，其基本信仰為「每位學生能學也應該學」；NCATE 相信，一位有愛心、有能力和合格的教師，應該要教導每一位學生並支持學生學習。所謂「學生學習」不應只是學習基礎技巧，而應同時包括能在資訊社會中成功地成為一位負責任的公民和貢獻者的必要知識與技能（NCATE, 2009）。具體言之，NCATE 認為新進教師應具備下列能力（NCATE, 2009）：

(1) 能幫助進幼稚園前（pre-kindergarten）的幼兒至十二年級的學生（P～12）之學習。

(2) 能教導幼兒至十二年級的學生達到特定專業學會和該州所設定的標準。

(3) 能基於研究導向的知識（research-derived knowledge）和最佳實務經驗，解釋教學過程中所做的選擇。

(4) 能運用有效的教學方法教導處於不同發展層次、具備不同學習風格，和具備不同成長背景的學生。

(5) 能反思教學實務經驗並使用回饋。

(6) 能有效地將科技融入教學之中。

　　INTACS 並進一步就內容知識（content knowledge）、教材教法知識
（pedagogical content knowledge）、專業和教學法知識及技巧（professional
and pedagogical knowledge and skills）、學生學習（student learning）、專業意
向（professional dispositions），和教師所應達到的標準等做清楚的規範。這
些規範與過去標準較大的不同，是在專業意向方面，INTACS 認為，教師必
須表現出符合「所有學生都可以學習」之公平性理想的教室行為。

　　由學校教育改革趨勢及「國立專業教學標準董事會」、「州際新進教師
評估和支持協會」、「美國國立師資培育認證委員會」所訂定教師標準強調
的重點，我們可以發現，教師必須具備的知識與技能非常廣泛，而這些知識
與技能均必須以教育心理學為基礎。教育心理學歷經近一世紀的發展，儘管
其與教學的相關性也曾經被質疑，但其對師資培育的貢獻是不可抹滅的。如
何使教育心理學發揮其功能，幫助教師因應實際在教學上所面臨的挑戰，達
到所謂的「優質教學」（good teaching），並進而成為專家教師（expert tea-
cher），是本書的出發點。有關優質教學及專家教師的概念，在以下各節有
詳細的介紹。

第二節　優質教學

一、何謂教學

　　Hinson 等人（2000）認為，教學不但是一個富挑戰性的複雜歷程，也是
一種高尚的專業（noble profession），它涉及許多層面的責任、義務和角
色。就教學是一種高尚的專業而言，教師扮演了教學的角色（instructional
role）──規劃教學活動以促進學習；管理的角色（managerial role）──建
構環境以促進教學歷程；諮商的角色（teacher-as-counselor role）──了解影
響學生心理－情緒（psycho-emotional）的壓力因子，並能適當地協助學生。
就教學是一個富挑戰性的複雜歷程而言，Hinson 等人認為，教學是一種引發
和促進學習的企圖，是一種行動，是一種互動，是有意圖，也是目標導向

的；此外，教學是一門藝術也是一門科學，因為教學雖然有其藝術性，但它是可以被研究、分析和了解的。

就教學的藝術性而言，Banner 和 Cannon 也提出類似的看法，他們認為教學是「充滿想像空間的多元整合藝術」（陳文苓譯，2001：7）；它是創意的行為表現，目的在透過心靈即興的作用力以及教育理念與個人經驗的整合，使得世間的知識因而靈活起來。Banner 和 Cannon 認為，教學應該是每一分每一秒都充滿著無限的喜悅與驚奇；在這過程中，教師使盡渾身解數、努力學習、盡情發揮想像空間，然後付諸實現。因此，教學可以說是從毫無章法的個別元素中，創造出全新的成果，尤其是針對年輕學子時，它特別具有圓滿以及提升學生心靈與品格的使命。就如同其他一般的藝術，教學是一種以信心為內涵的行動，絕不放棄希望，並將知識傳遞到學生心中（陳文苓譯，2001）。

就教學是一種意圖和行動而言，也有學者提出相同的見解，例如：McCown、Driscoll和Roop（1995）指出，教學是一種意圖促進學習所採取的行動，所謂學習乃是為了修正一個人的能力在思想或行為上所做的改變。因此，教學包含了學習的概念，也就是說，教學的目的在於使一個人在思想和行為上產生改變，以修正其能力。

究竟教學與學習是什麼關係呢？我們常聽到有些教師說：「我教了，但學生沒學到。」基本上，這是一種錯誤的說法，因為他們把「教」和「學」視為兩件不相干的事。這種錯誤就像我們聽到一個賣車子的業務員說：「我把車子賣了，但顧客沒有買。」因此，教與學是不可分的，他們可以說是相同過程的兩個不同面向。但值得注意的是：教學並不一定能保證學習的產生；教學是一種促進學習的「意圖」；即使是最好的教學也不能保證會有正面的學習效果。當教學能產生良好的正面學習效果時，即可稱之為「優質教學」。優質教學的產生，除了學習者本身的因素之外，當然，最重要的就是教師的因素。教師對於「教學—學習」過程之看法，以及是否能反思以建構其專業知識，深深地影響其教學的品質與效果（McCown et al., 1995）。

◆ 二、何謂優質教學

美國為解決學生表現低落的教育問題，在 1986 年成立了「國立專業教學標準董事會」（National Board for Professional Teaching Standards, NBPTS）。NBPTS 的目標在於訂定教育專業的嚴格標準，希望藉由培養一流的教師以及建立一流的學校做起，以達成提升學生學習表現的教育改革目標。NBPTS 已經發展出許多教學領域的認證，而所有的認證都是以其所訂定的五大核心信念為檢驗標準。NBPTS 認為能通過這五大信念檢驗的教師，才是能駕馭未來教育浪潮的好老師（吳韻儀，1998）。這五大核心信念描繪理想教學的願景、應該受到尊重的教學價值觀與信念，也就是優良教師應該知道與做到的事情；這五大信念為：(1)教師對學生及其學習有所承諾；(2)教師熟知所教導的學科與如何將之傳授給學生；(3)教師對管理和監控學生的學習負責；(4)教師對其實務經驗進行系統性思考並能從經驗中學習；(5)教師是學習社群的一份子（詳細內容已如前述，頁 12）（NBRTS, 2009）。

Banner 和 Cannon 在《Teaching，希望工程的藝術》（*The Elements of Teaching*）一書中，提及優質教學的基本要素為：使學生達到「學習」的目的。所謂學習包含三種涵義：(1)學習：獲取知識的行為；(2)行知：從獲取知識的行為中得到心得；(3)學習方法：獲取知識的過程。而欲使學生達到學習目的，教師必須具備教學的熱誠以及淵博的知識；這些知識包括能掌握教學內容並了解如何教學、能掌握所知的深度與廣度，以及對學習這個概念的了解。Banner 和 Cannon 並具體指出優質教學的九大要素為：(1)學習之心不可無；(2)奠定知識的權威；(3)從發揮道德出發；(4)維持秩序有分寸；(5)打開想像力之門；(6)悲天憫人同情心；(7)在耐心中見力量；(8)呈現自我真性格；(9)寓教於樂趣味高（陳文苓譯，2001）。

Good 和 Brophy 則特別強調決策擬定技能之重要性，他們認為，要達到優質教學，教師必須精熟三大領域的技能：知識和概念的技能、教學技能和決策擬定技能。教師所使用的教學法會影響到學生的學習，因此如何從學習、動機、發展以及教學等領域所獲致的原則，有效應用到適當的情境，考驗著教師的決策擬定能力（李素卿譯，1999）。Berliner 的研究指出，即使

一個課程教學的進行已經過仔細規劃，一個典型的教師仍須在一個小時內做出最少十項的重要決策。有效教學決策的擬定，必須整合幾種類型的知識，包括一般性知識（如學生的發展層次）及特殊學生的知識（如某個學生是否特別內向）（李素卿譯，1999）。

Leinhardt 和 Smith（1984）則認為，有效教師必須具備學科內容知識和行動系統知識（action-system knowledge）。學科內容知識包括對理解及呈現教材內容所需的特定資訊；行動系統知識則是指課程規劃、課程進度的決策擬定、教材的明確說明，以及回應學生個別差異學習方式等方面的技能。行動系統知識乃學科內容知識與教材教法知識的結合，教師要成為主動的決策者，除了必須具備學科內容知識外，也必須具備行動系統知識。Doyle（1992）也同樣強調行動系統知識對於成功教學的重要性，他認為，教學是一種「課程行動化」（curriculum enactment）或是下列三者的整合：課程內容、教學法的歷程（pedagogical process），以及教室管理；教學涉及各種知識和技能的精心規劃與安排，成功的教學有賴於行動系統知識的有效應用。

另有學者從教學行為表現來界定優質教學（Mackay, 1982），因為優質教學乃教師將其信念及知識轉化為有效教學行為的表現。根據 Mackay 的看法，有效的教師行為包含下列項目：

1. 能使用一套有制度的規則來處理個人與程序性的事務。
2. 能防止淘氣行為的持續發生。
3. 能明確地執行懲戒行動。
4. 能多在教室中走動（監督座位中的活動）。
5. 能低調（如藉著非語文訊息、靠近及目光接觸）處理脫序情況。
6. 能確認作業的趣味性與意義性，特別是那些讓學生獨自進行的作業。
7. 能使用一套有系統的規則，使學生在最少的指示下進行學習任務。
8. 能有效運用學科的學習時間，設法令學生積極投入學習任務並有所收穫。
9. 能使用固定的信號使學生注意。
10. 有多種教學技巧，並能配合學習需求而加以運用。

11. 能使數學（或其它）及獨立的遊戲活動，與教過的概念產生關聯。

12. 能運用技巧使具體的活動逐漸轉變為抽象的活動。

13. 能適度混合困難與容易的問題。

14. 能注意教室中所進行的事件。

15. 能具有同時注意一個以上問題的能力。

16. 能使課程內容流暢，並能使課程重點之間有良好的銜接。

17. 能顧及課程進度。

18. 授課時能清晰表達。

19. 能引發學生學習的動機。

20. 能明白表示對學生的關懷、接納與重視。

21. 能準確回應學生明顯與不明顯的意思、情緒與經驗。

22. 能對許多不同學生提問題。

23. 當學生答案不正確或只答對一半時，教師能藉著給予提示或提問新問題等技巧，幫助他們說出更好的答案。

24. 能運用讚美來獎勵優秀的表現，以鼓勵那些總是表現較差的學生。

25. 能偶爾對較有能力的學生做輕微的批評，以傳達對他們的高度期待。

26. 能接納與整合學生自發性的互動，如提問問題、表示意見。

歸納上述學者對優質教學的看法，教師必須具有正面的教學信念與特質、專業知識以及反思教學的能力，而專業知識則是達致優質教學最中心的要件，也是成為專家教師的基礎。教師應具有的專業知識可歸納為四個領域：內容知識（content knowledge）、教學法知識（pedagogical knowledge）、教材教法知識（pedagogical content knowledge），以及對學習者和學習這些概念的知識。內容知識意指，教師對於課程以及教材的了解；教學法知識意指，教師對於一般教學策略的了解；而教材教法知識則涉及教師對於特定領域的教學所應使用的特殊策略之了解（Shulman, 1987）。內容知識是專業教學知識的核心；而教材教法知識則可能是有效教學最困難的部分，因它涉及將一般教學法知識與對學習者和學習的知識加以整合的技巧。

第三節　專家教師

　　培育專家教師是造就優質教學的基本目標。專家教師的特徵為何？專家教師與生手教師在思考歷程上有何不同？這些問題是本節闡述的重點。

一、專家教師的特徵

　　Glaser和Chi（1988）回顧有關專家行為表現的研究發現，專家的思考具有下列特性：

1. 專家的卓越主要是表現在他們自己的領域上；領域特定的專業無法大量遷移。
2. 專家在他們的領域中知覺到大量有意義的組型（patterns）（例如：下棋高手能從棋盤上看到大量的訊息）。
3. 專家是迅速的：他們在自己領域的技巧表現遠比新手快，而且能以極少錯誤，迅速地解決問題。
4. 專家有較優質的短期記憶：專家有許多技巧與策略已被自動化，因此他們在處理問題時，僅需要使用到少量的短期記憶容量。
5. 專家在他們的領域中不論是看問題或回應問題，都較新手為深入（較原則化）；新手則傾向呈現問題的表面層次。
6. 專家比新手花較多的時間於分析問題：專家能快速掌握問題，並會在嘗試解決方案前先確認問題組型。
7. 專家有良好的自我監控技巧（self-monitoring skills）：專家較能知覺到他們在該領域的能力，並會進一步測試他們的解決方案是否在預期的進展當中。

　　從許多的實證研究結果看來，教學領域的專家與其他領域的專家，在思考上的特徵是一致的（Borko & Livingston, 1989; Chi, Glaser, & Farr Eds., 1988; Sabers, Cushing, & Berliner, 1991; Sternberg & Horvath, 1995; Woolfolk, 1995）。

Woolfolk（1995）認為，專家教師具有下列特徵：

1. 以統整原則處理新問題，而非將每一個別事件視為一個新問題。
2. 著重於分析問題，並善於應用不同的原則在心裡發展問題情境。
3. 知道何謂典型的教室情境，並了解對於某些教學活動應有的期望為何。
4. 花費較多的精力於富有創意的教學，並注重學生的學習進步情形。
5. 不會拘泥於原先的教學計畫，而是會依學生的需求進行彈性調整。
6. 已經精熟許多教學的例行工作，並可以幾乎不需要思考就可輕易地完成這些例行工作。
7. 對於所教學科的知識豐富，可以創造出新的教學活動、即席演出，並能避免不必要的麻煩。
8. 對於問題的分析能力很強。
9. 對於教學當中可能發生問題的了解有較為精緻的知識系統。

另外，Chi 等人（1988）認為，專家教師具有下列十項特徵：(1)教學表現卓越；(2)熟悉課程內容；(3)熟悉教學原理與學習原理；(4)能察覺教學中有意義的型態與各種關係；(5)能迅速回應學生並做成教學上的決策；(6)能深入了解教學問題；(7)投入相當多的時間在於分析教學問題；(8)對於教學問題與紀律問題能找出有洞察力的解決辦法；(9)精於監視與評鑑教學行為；(10)對於進行中的行為有良好的記憶力。

Sternberg 和 Horvath（1995）則認為，要成為專家教師必須具備三個要件：豐富的知識、良好的問題解決效率、高度的敏感性與洞察力。就專家教師所必須具備的知識，Shulman（1987）曾提出詳細的詮釋，他認為要成為一位專家教師，必須具備下列「專家知識」（Expert Knowledge）：(1)所教的學科內容；(2)適用於所有學科的一般教學策略；(3)適用於所教學科和年級的教材及課程；(4)特定學科的教學知識；(5)學生的特徵及文化背景；(6)學生學習的情境——配對、小組、全班；(7)教學的目標與目的。

綜合上述學者們的看法，可知專家教師的主要特徵是在於他們豐富的專業知識、有效的問題解決、敏銳的觀察力以及良好的思考能力。

二、專家教師與生手教師的比較

McCown 等人（1995）認為，生手與專家教師在處理問題的歷程上有很大的差異，例如：在處理學生問題時，專家可能會應用其豐富的知識，透過一連串的問題解決步驟來解決問題；生手教師則可能會直接採用第一個想到的解決方法（如圖 1-1 所示）。McCown 等人認為，這樣的差異主要是來自於知識結構——認知基模（cognitive schemata）。基模是理論性的知識結構；此知識結構包含訊息、事實、原則及它們之間的關係（McCown et al., 1995）。已存在的基模會影響一個人對於新經驗的詮釋，例如：你有一個咖啡店的基模，包含點購單、服務生、桌子、椅子、咖啡杯等事實以及他們之間的關係；如果你下一次進入一個不熟悉的咖啡店，你會發現先前的經驗對於你對此咖啡店應有的東西與樣子的預期會有多大影響。

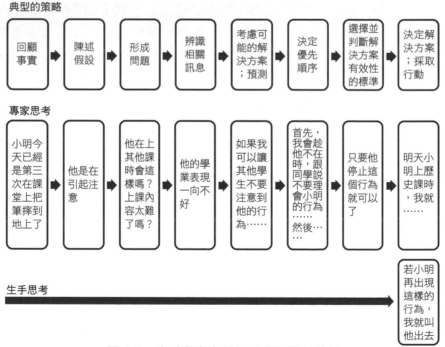

圖 1-1　生手與專家教師思考歷程的比較

資料來源：改寫自 Woolfolk (1995: 6)

　　專家教師的認知基模通常是比較精緻、複雜、相互聯結，而且比較容易取得的；因此，專家教師比生手教師有較大、較統整的知識和原則之儲存，這使得他們在進行教學規劃、互動教學和反思時，能較有效及順利地進行。許多比較專家教師與生手教師的實證研究（例如：Borko & Livingston, 1989; Sabers et al., 1991）均肯定了知識對於專家教師的重要性。

　　Sabers 等人（1991）的研究發現，專家教師與生手教師在監控和詮釋教室事件時有顯著差異。在研究中，他們讓教師觀看一個錄影課程，要求教師放聲思考，說出正在發生的事件，之後並詢問教師一些教室活動的相關問題，包含：教學的例行活動、教學內容、學習動機、學生態度、老師的期待及角色、師生互動等，結果發現：(1)專家教師對於他們所見，能做較適切的理解、詮釋及評估，而大部分的生手教師則無法體會整個教室的結構及其中發生的事情；(2)專家教師同時透過視覺與聽覺注意學習活動，而生手教師卻只被視覺活動所吸引；(3)專家教師會藉由學生的口語表現來理解學習活動，生手教師則不會；(4)專家教師對於不良行為較不會做立即的批評與解釋，而生手教師會立即注意到學生的不良行為且加以批評，但對潛在原因則不做推論；(5)專家教師對影片中的教室活動回憶較多，並非記憶能力較好，而是有較完整的認知基模。因此，專家教師對於解析教室行為有較成熟的概念，他們能由多向度的思索和認知（如視覺、聽覺、口語表現等），去做較有系統的推測與整合。有了這些經驗的累積以及成熟的概念，專家教師對於教室的學習活動當然比生手教師更能做完整的解讀與合宜的詮釋。

　　Borko 和 Livingston（1989）在一項訪談與觀察的研究中發現，專家教師在彈性應用知識基模的能力與生手教師有顯著的不同。他們的主要發現為：

1. 專家教師比生手教師使用較多的長期計畫：雖然二者都會規劃每天的學習重點，但通常生手教師只注重當天的教學規劃，而專家老師會同時進行整個章節後續的教學規劃。
2. 專家教師較注重教學的脈絡：專業教師能隨時舉出適當的例子，生手教師對於這樣即席演出的能力較差。
3. 專家教師善於使用學生的錯誤與問題引導學生做有意義的學習，而生手教師往往會因學生發問而離題，並且無法迅速回到教學軌道，

對於如何糾正學生的錯誤也常常覺得不知所措。

4. 專家教師的學科內容知識較為豐富，而且較能將內容知識適當地融入教學情境。

5. 專家教師有較廣泛及聯結的教學基模：專家教師會建構一個教學情境的心智模式，並能彈性地調整先備知識以符應當前的教學情境。

從上述的研究可發現，生手教師與專家教師在知識的豐富性與整合、教學規劃、教學行為、因應問題情境的策略與有效性等方面，均有顯著的不同。要如何才能成為一位專家？雖然在不同領域有不同的詮釋，但共同的答案卻是：需要許多年的經驗。專家出色的表現是長年訓練與練習最終的產品（the end product of years of training and practice）。在許多領域中，通常需要花費 10 到 20 年才能夠成為一名專家，因為專家的形成需要時間以累積大量的程序性、陳述性與後設認知的知識，方能有效與彈性地運用知識而獲致最大的效果（Pressley & McCormick, 1995）。專家教師的形成則同樣需要時間與經驗。

第四節　教育心理學與教師專業成長

◆ 一、教師專業成長

教師專業成長是一位生手教師變成專家教師的重要關鍵。教師專業成長乃教師在其教學生涯中，不斷地追求個人專業知能、技巧與態度等進步與發展的努力與意願（蔡碧璉，1993）。Ellis（1984）認為，教師必須不斷經由學習、實驗、分析與自我評估，努力改善自己的教學，包括教學風格、教室管理、課程設計以及新教學法的應用。教育心理學提供教師教學理論建構的基礎，有助於澄清許多教學的迷思，以及將學科內容知識轉化成一般教學法知識、教材教法知識和教學決策的擬定。當教學理論的知識基礎愈穩固時，教師對於知識的運用會更有彈性，對教學決策的擬定會更具有信心，也更能做出正確的決定。

當然，要變成一位專家教師以達到優質教學的理想，除了以教育心理學為基礎，建構專業知識基礎外，更要不斷反思自我的教學，從經驗中學習與成長。正如 Handerson 所說的：「不斷自我反省及學習是維持專業發展的不二法門」（李慕華譯，2000）。有關常見的教學迷思以及反思教學的過程，在下面有進一步的說明。

◆ 二、教學的迷思

職前教師或教師常有一些迷思，而這些迷思往往來自於他們過去的經驗或個人的判斷，例如：許多職前教師或教師認為，當教室發生小騷動時，使用語文的策略（如大聲訓斥）比非語文的策略（如以眼光注視）來得有效。但研究卻發現，糾正教室的小騷亂，以非語文的方式可能比語文的策略來得有效（Blumenfeld, 1992）。教育心理學的理論與研究結果，有助於教師了解一些教學的迷思。

Eggen 和 Kauchak（2001）指出，職前教師或教師常見的迷思如下：

迷思一：小學生的思考限於具象思考，中學生的思考一般均具有抽象思考能力。

事實一：研究結果顯示，只有當中學生在所學具有相當的經驗與專業知識後，才能進行有效的抽象思考。

迷思二：通常學生能清楚地知道他們對某一主題的了解程度。

事實二：一般學生，尤其是年幼的學生，通常無法正確評估他們所知有多少。

迷思三：有效的教學就是能夠以簡潔及有組織的方式呈現教材訊息。

事實三：只是解釋教材訊息並非促進學生理解最有效的方法；學生會基於先前的經驗主動建構知識，而且情緒、信念、期望等均會影響其學習。

迷思四：主修某一領域的職前教師就能有效舉例說明學習的概念。

事實四：要能有效舉例，教師除了要對所教內容具備足夠知識外，更必須要能夠了解如何使學生覺得所學內容是有意義的。

迷思五：教師應盡可能多使用讚賞，以激勵學生的學習動機。

事實五：適度使用讚賞是重要的，但過度使用則會影響讚賞的信度。

迷思六：當問題行為產生時，能立即將它阻斷的教師，就是最能有效創造及維持班級秩序的教師。

事實六：最能有效創造及維持班級秩序的教師，應是那些能預防問題行為產生的教師。

迷思七：教師主要是透過教學來學習，經驗是學習教學唯一的要件。

事實七：經驗是有效教學的必要條件但非充分條件。純粹靠經驗可能導致重複錯誤的教學方法；專家教師的形成應是對學習者及學習相關概念的知識與教學經驗的結合。

迷思八：測驗會影響學習，因學生對於平凡的測驗通常會產生負面的態度。

事實八：完善的評量方法是促進有效學習的重要方法。

◈ 三、反思教學

反思教學是指，教師能慎思教育理論和研究，進而發展課程和教學規劃的歷程；此外，教師必須要能分析這些課程和規劃對學生的影響，並據以調整其教學。通常，具有反思教學能力的教師會運用有系統的方法，來蒐集課堂中和其決策有效性的資料；因此，藉由系統性的觀察和分析，具有反思教學能力的教師便逐漸成為行動研究者（action researcher）。可見，反思教學對於提升教學效能和成為專業教師的重要性（Hinson et al., 2000）。

一位教師對於教與學的觀點，會影響到其課程規劃、教學策略及教學評量的使用，以及如何反思其教學經驗的方法。教師的反省思考有一部分會基於過去的經驗以及期望。優良教師通常會思考許多層面，同時也會相信其教學可以和自己過去在中小學階段所受的教學方式有所不同；然而，許多初任教師無法充分地反省其教學，有些則是從不反省其教學的有效性（Huling-Austin, 1994）。研究發現（Pajares, 1992），當實習教師真正開始進入現實的教室中進行教學時，他們會根據已有的「教室基模」（如過去在學生時代所熟悉的教室情境）進行教學；這樣的記憶與構念導致了他們對現在教學不適當的表徵，並且不再重新建構知識。他們過去學生時代所殘存對教師及教學的看法幾乎是完整的，直到成為教師後仍然是穩定的，不易改變。因此，

如何培育反思教學的能力以及態度，是教師專業成長重要的關鍵。

　　Banner 和 Cannon 曾提及「教學是一門藝術」，但它不同於其它藝術之處在於：在追求理想的過程當中，很少有機會思索自身與認知自我。Woolfolk 也認為，教學是一種藝術，也是一種有創意的反思歷程（引自柴蘭芬、林志哲、林淑敏譯，2006）。對大多數的教學者而言，思考日常工作的組成要件（形成他們藝術成就的元素），並非是準備專業工作的一部分，更不是在職進修的內容；這種現象對教學者本身是一種莫大的損失（陳文苓譯，2001）。Schon 認為，專家教師之所以能迅速地組織教學活動，並且能進行較有彈性的教學，是因為專家教師在教學上能自我反省，並創造新的心理模式去處理事務（Pressley & McCormick, 1995）。Peterson 和 Comeaux（1987）也認為，教師之所以能成為專家教師，最主要是因為他們具有豐富的專業知識以及知覺自己思考的能力。教學專業知識是不斷累積與成長的，想要掌握與駕馭知識，教師必須不斷反省與改進所知與教學方法。此外，反思教學有助於教師發展決策的技能與自信，不斷地維持及發展其專業。Hinson 等人（2000）則認為，教學過程中必須不斷地做決策，雖然教育心理學的理論和研究提供了這些決策的指引和基礎，但更重要的是，教師必須要能反思其特定情境的教學，並將之應用於決策中；做為一個教學的實踐者和研究者，教師不但需要與學生互動，更要反思、質問和批判這些互動歷程。

　　因此，具備反思自我教學的能力乃專家教師的重要特徵，更是優質教學的基礎。反思教學的關鍵特質，包括：關懷的倫理觀（an ethic of caring）、建構論取向的教學（a constructivist approach to teaching）、藝術的問題解決（artistic problem solving）。關懷的倫理觀意指，能接納學生；建構論取向的教學意指，視學習為一複雜的歷程，包括學生過去經驗、個人目標及學科主題等三者之間的互動；藝術的問題解決意指，教學要具有創意。Eisner 認為：「當教學變得敏銳、聰穎且有創造時，這些特質近似於藝術的特性」（李慕華譯，2000：4）。

◆ 四、教育心理學、反思教學與教師專業成長

　　最後，教育心理學、反思教學與教師專業成長之間的關係，如圖 1-2 所

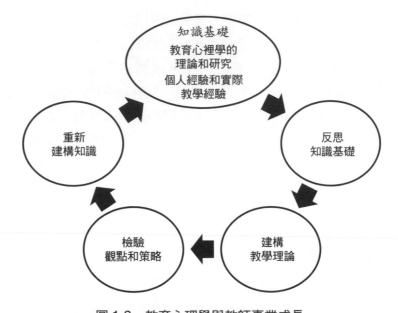

圖 1-2　教育心理學與教師專業成長
資料來源：改寫自 McCown, Driscoll, & Roop (1995: 16)

示。教師專業的形成是透過反思知識基礎、建構教學理論、檢驗觀點和策略，以及重新建構知識等步驟而來的。當教師能不斷地反思其知識基礎，才能不斷修正與建構教學的專業知識，最後成為專家教師；教育心理學的理論和研究正提供了這樣的專業成長基礎。

第五節　結語

　　綜觀 1920 年代至今，教育心理學的內容及研究方法雖然隨著時間的流轉而有所改變——從早期將實驗結果所歸納的理論應用於教學上，到直接研究教室問題及特定學科的教學，但其強調的主題卻脫離不了學習、發展、個別差異、動機、教學方法及評量等主題（Hoy, 2000）。Slavin（2005）在其《教育心理學——理論與實務》（*Educational Psychology: Theory and*

Practice）一書中，定義教育心理學是研究學習者、學習和教學的一門學科，而教育心理學的主要讀者是老師；因此，Slavin 在第一章即提到「如何成為好老師」。Sternberg 和 Williams（2009）在其所著的《教育心理學》（*Educational Psychology*）一書中，也將第一章的標題訂為「成為專家教師，成為優質學生」。因此，本書除了涵蓋教育心理學教科書傳統的主題外，也在第一章加入優質教學及專家教師的概念。

　　教師必須具有正面的教學信念與特質、專業知識以及反思教學的能力，方能成為專家教師並達致優質教學的理想。教學是一種高尚的專業（Hinson et al., 2000），而教育心理學正提供了此高尚專業必要及不斷成長的基礎。然而，成就此教師專業的關鍵在於教師對於教學的熱情與執著。在「天之驕子」（The Emperor's Club）影片中，一群已經有卓越成就的學生獻給一位終身奉獻於歷史教學老師的匾額，生動刻劃了一位好老師的熱情與特質，其內容如下：

　　　　好的老師從沒有自身的成就，
　　　　他們傾一生之力灌注在學生的生命裡。
　　　　他們像是樑柱，撐起學校的一片天；
　　　　他們也點燃起學生的生命火炬，
　　　　指引他們人生最重要的方向。

摘　要

- 教育心理學成為一個學門雖然為時不久，但其存在卻可追溯至柏拉圖、亞里斯多德及蘇格拉底的年代。早期教育心理學的相關課題是依附於心理學，1890 年 William James 首先在哈佛大學開設教育心理學的相關課程，直到 1903 年，第一本教育心理學的教科書才問世。但教育心理學被視為一個獨立的學門並開始受到重視，應是在 20 世紀初期。

- 在 1940 和 1950 年代，教育心理學的研究主要是集中在個別差異、評量和學習行為；1960 和 1970 年代，研究的焦點則轉移至認知發展和學習；1970 年代以後，以訊息處理理論為基礎的認知心理學對教育心理學有著重大的影響。最近，教育心理學也著重於探討文化和社會因素如何影響學習和發展。

- 近年來，教育發展重要的趨勢為：學生的多元化、教學專業的提升、教學科技的運用、教育神經科學的興起。

- 探討教學科技融入對教學和學習的影響是目前研究的熱門題目；許多以教學科技為主的研究，都借用了教育心理學的理論；科技的發展也使得科技融入評量成為注目的焦點。

- 教育神經科學的迅速發展為教育心理學的研究開啟了另一扇窗，而教育神經科學的研究也將成為未來教育心理學研究的主流之一。近年來，國內外許多教育機構或大學也紛紛成立了教育神經科學的組織或研究中心。

- 教育心理學的主要目的在於「了解與改善教育」；簡言之，教育心理學著重於教育問題的心理層面研究，試圖從這些研究中導引出教學和評量的原則、模式、理論、教學過程和實用的教學方法；此外，教育心理學也著重於探究適用於學習者思考和情意歷程的研究方法、統計分析和評量過程，以及學校複雜的社會和文化歷程。

- 教育心理學對於教學的重要性可從其被師資培育與認證機構的重視、教育改革的方向以及教師標準的訂定可見一斑。教育心理學通常被列為師資培育的必修基礎課程之一。

- 國立專業教學標準董事會提出五項核心宣言，來涵蓋教師應具備的知識、技巧、意向和信仰，包括：(1)教師對學生及其學習有所承諾；(2)教師熟知所教導的學科與如何將之傳授給學生；(3)教師對管理和監控學生的學習負責；(4)教師

對其實務經驗進行系統性思考並能從經驗中學習；(5)教師是學習社群的一份子。

● 教學不但是一個富挑戰性的複雜歷程，也是一種高尚的專業，它涉及許多層面的責任、義務以及許多角色的扮演，如諮商者、管理者和教學者。

● 優質教學的基本要素為：使學生達到「學習」的目的。而欲使學生達到「學習」的目的之教師，必須具備國立專業教學標準董事會所提出的五大信念，及 Banner 和 Cannon 所提出的九大要素。優質教學的九大要素為：(1)學習之心不可無；(2)奠定知識的權威；(3)從發揮道德出發；(4)維持秩序有分寸；(5)打開想像力之門；(6)悲天憫人同情心；(7)在耐心中見力量；(8)呈現自我真性格；(9)寓教於樂趣味高。此外，知識和概念的技能、教學技能、決策擬定技能、學科內容知識和行動系統知識等，也是成為優質教師不可或缺的。

● 專家教師的主要特徵在於他們豐富的專業知識、有效的問題解決、敏銳的觀察力以及良好的思考能力。生手教師與專家教師在知識的豐富性，以及整合、教學規劃、教學行為、因應問題情境的策略與有效性等方面，均有顯著的不同。通常，專家教師的認知基模是比較精緻、複雜、相互聯結，而且比較容易取得的；因此，專家教師比生手教師有較大、較統整的知識和原則之儲存，這使得他們在進行教學規劃、互動教學和反思時，能較有效及順利地進行。

● 教師專業成長是一位生手教師變成專家教師的重要關鍵；教師專業成長乃教師在其教學生涯中，不斷地追求個人專業知能、技巧與態度等進步與發展的努力與意願。要變成一位專家教師以達到優質教學的理想，除了以教育心理學為基礎，建構專業知識基礎外，更要不斷反思自我的教學，從經驗中學習與成長。

● 職前教師或教師常有一些迷思，而這些迷思往往來自於他們過去的經驗或個人的判斷；教育心理學的理論與研究結果，有助於教師了解一些教學的迷思。

● 反思教學是指，教師能慎思教育理論和研究，進而發展課程和教學規劃的歷程；此外，教師必須要能分析這些課程和規劃對學生的影響，並據以調整其教學。通常，具有反思教學能力的教師會運用有系統的方法，來蒐集課堂中和其決策有效性的資料。反思教學有助於教師成為一位教學的實踐者和研究者。

● 教師的反省思考有一部分會基於過去的經驗以及期望。優良教師通常會思考許多層面，同時也會相信其教學可以和自己過去在中小學階段所受的教學方式有所不同；然而，許多初任教師無法充分地反省其教學，有些則是從不反省其教學的有效性。如何培育反思教學的能力以及態度是教師專業成長重要的關鍵。

● 教師專業的形成是透過反思知識基礎、建構教學理論、檢驗觀點和策略、以及重新建構知識等步驟而來的。當教師能不斷地反思其知識基礎，才能不斷地修正與建構教學的專業知識，最後成為專家教師；教育心理學的理論和研究正提供了這樣的專業成長基礎。

1. 請概述教育心理學的演變情況。

2. 近年來，教育心理學在教學和研究上主要的發展趨勢為何？

3. 何謂教育心理學？它包含哪些領域？

4. 美國國立師資培育認證委員會、州際新進教師評估和支持協會、國立專業教學標準董事會，這三個機構所訂定的標準有何共同點？這對國內的師資培育有何啟示？

5. 何謂優質教學？其要素與特徵為何？

6. 「專家教師」的主要特徵為何？

7. 「專家教師」與「生手教師」有何差異？請舉例說明。

8. 何謂「反思教學」？「反思教學」對一位現代優良教師的重要性為何？

9. 何謂「教師專業成長」？教育心理學與教師專業成長的關係為何？

10. 教育心理學與「優質教學」的關係為何？

11. 「教學的迷思」是如何形成的？如何有效破除「教學的迷思」？

12. 你比較贊同案例中阿明或阿嬌的看法，為什麼？

13. 案例中陳老師和張老師的表現，反應出什麼不同的教師特質或型態？這兩位教師在教學上為何會有這樣的差異？他們對學生的學習可能造成什麼樣的影響？

參考文獻

中文部分

吳韻儀（1998）。傑出教師五大信念。天下雜誌，特刊 **23**，26-29。

李素卿（譯）（1999）。T. L. Good & J. Brophy 著。**當代教育心理學**（Contemporary educational psychology, 5th ed.）。台北市：五南。

李慕華（譯）（2000）。J. G. Henderson 著。**反思教學——成為一位探究的教育者**（Reflective teaching: Becoming an inquiring educator）。台北市：心理。

政治大學心智、大腦與學習研究中心（2009）。**心智、大腦與學習研究中心**。2009 年 7 月 9 日，取自 http://units.nccu.edu.tw/server/publichtmut/html/wZ08/cwZ08.html

洪　蘭、曾志朗（2005）。認知神經科學的新頁——腦照影技術。**應用心理研究**，**28**，23-24。

柴蘭芬、林志哲、林淑敏（譯）（2006）。A. Woolfolk 著。**教育心理學**（Educational psychology）。台北市：台灣培生教育。

教育部（2009）。**中等學校教育學程之科目與學分**。2009 年 6 月 26 日，取自 http://www.edu.tw/files/site_content/b0037/2-2-2.doc

陳文苓（譯）（2001）。J. M. Banner Jr. & H. C. Cannon 著。**Teaching，希望工程的藝術**（The elements of teaching）。台北市：天下雜誌。

曾志朗（2008，7 月）。**教育向腦看**。發表於國立台灣師範大學主辦之「腦與教育研討會」。台北市。

楊錦潭、段維新（2001）。從神經科學及心理學的觀點認識智慧型代理人。**資訊與教育雜誌特刊**，200-221。

葉玉珠（2006）。**創造力教學——過去、現在與未來**。台北市：心理。

劉兆達（2006）。美國國家師資培育認可委員會之標準對體育師資培育的啟示。**學校體育雙月刊**，**16**（5），92-97。

蔡碧璉（1993）。**國民中學教師專業成長與其形象知覺之研究**。國立政治大學教育研究所博士論文，未出版，台北市。

英文部分

Alexander, P. (2004). In the year 2020: Envisioning the possibilities for educational psychology. *Educational Psychologists,* 39(3), 149-156.

Arias, E., Eden, H., Fisher, G., Gorman, A., & Scharff, E. (2000). *Transcending the individual human mind: Creating shared understanding through collaborative design.* Retrieved July 11, 2003, from http://www.cs.colorado.edu/~gerhard/papers/tochi2000.pdf

Berliner, D. C. (1993). The 100-year journey of educational psychology: From interest to disdain to respect for practice. In T. K. Fraigin & G. R. Vandenbos (Eds.), *Exploring applied psychology: Origins and critical analyses* (pp. 39-78). Washington, DC: American Psychological Association.

Berliner, D. C. (2009). *Educational psychology.* Retrieved June 22, 2009, from http://encarta.msn.com/text_761568153_10/Educational_Psychology.html

Blumenfeld, P. (1992). Classroom learning and motivation: Clarifying and expanding goal theory. *Journal of Educational Psychology, 84,* 272-281.

Borko, H., & Livingston, C. (1989). Cognition and improvisation: Differences in mathematics instruction by expert and novice teachers. *American Educational Research Journal, 26,* 473-498.

Bruer, J. T. (1999). In search of brain-based education. *Kappan, 80*(9), 648.

CCEN (2009). *Fact sheet: Dartmouth's Center for Cognitive and Educational Neuroscience* (CCEN). Retrieved July 10, 2009, from http://www.dartmouth.edu/~news/releases/2005/02/01a.html

Chi, M. T. H., Glaser, R., & Farr, M. J. (Eds.) (1988). *The nature of expertise.* Hillsdale, NJ: Lawrence Erlbaum Associates.

Cubberly, E. P. (1919). *Public education in the United States: A study and interpretation of American educational history.* Boston, MA: Houghton Mifflin.

Darling-Hammond, L. (1999). Educating teachers for the next century: Rethinking practice and policy. In G. Griffin (Ed.), *The education of teachers: Ninety-eighth Year Book of the National Society for the Study of Education* (pp. 221-256). Chicago, IL: University of Chicago Press.

Doyle, W. (1992). Curriculum and pedagogy. In P. Jackson (Ed.), *Handbook of research on curriculum* (pp. 486-516). New York: Macmillan.

Eggen, P., & Kauchak, D. (2001). *Educational psychology: Windows on classrooms* (5th ed.). Upper Saddle River, NJ: Prentice-Hall.

Ellis, N. E. (1984, April). *The work-life experience of teachers and orientation toward professional growth and development.* Paper presented at the Annual Meeting of the American Educational Research Association, New Orleans, LA.

Geake, J., & Cooper, P. (2003). Cognitive neuroscience: Implications for education? *Westminster Studies in Education, 26*(1), 7-20.

Glaser, R., & Chi, M. T. H. (1988). Introduction: What is to be an expert? In M. T. H. Chi, R. Glaser & M. J. Farr (Eds.), *The nature of expertise* (pp. xv-xxiix). Hillsdale, NJ: Lawrence Erlbaum Associates.

Good, T. L., & Brophy, J. (1995). *Contemporary educational psychology* (5th ed.). White Plains, NY: Longman.

Gruhn, W., & Rauscher, F. H. (2007). *Neurosciences in music pedagogy.* New York: Nova Science Press.

Hilgard, E. R. (1996). History of educational psychology. In R. Calfee & D. Berliner (Eds.), *Handbook of educational psychology* (pp. 990-1004). New York: Macmillan.

Hinson, S. L., Parsons, R. D., & Sardo-Brown, D. (2000). *Educational psychology: A practitioner-research model of teaching.* Florence, KY: Wadsworth.

Howey, K. (1996). Designing coherent and effective teacher education programs. In J. Sikula (Ed.), *Handbook of research on teacher education* (2nd ed.) (pp. 143-170). New York: Macmillan.

Hoy, A. W. (2000). Educational psychology in teacher education. *Educational Psychologist, 35*(4), 257-270.

Huang, Y., & Liu, C. (2009). Applying adaptive swarm intelligence technology with structuration in web-based collaborative learning. *Computers & Education,52*(4), 789-799.

Huling-Austin, L. (1994). *Becoming a teacher: What research tells us.* West Lafayette, IN: Kappa Delta Press.

IMBES (2009). *Mission.* Retrieved July 10, 2009, from http://www.imbes.org/mission.

html

Interstate New Teacher Assessment and Support Consortium [INTASC] (2009). *Model standards for beginning teacher licensing and development: A resource for state dialogue.* Retrieved June 25, 2009, from http://www.ccsso.org/content/pdfs/corestrd.pdf

Kim, B., Park, H., & Baek, Y. (2009). Not just fun, but serious strategies: Using meta-cognitive strategies in game-based learning. *Computers & Education, 52* (4), 800-810.

Koschmann, T. (1996). *CSCL: Theory and practice of an emerging paradigm.* Hillsdale, NJ: Lawrence Erlbaum Associates.

Lee, M., & Kim, D. (2005). The effects of the collaborative representation supporting tool on problem-solving processes and outcomes in web-based collaborative problem-based learning (PBL) environments. *Journal of Interactive Learning Research, 16*(3), 273-293.

Leinhardt, G., & Smith, D. (1984, April). *Expertise in mathematics instruction: Subject-matter knowledge.* Paper presented at the Annual Meeting of the American Educational Research Association, New Orleans, LA.

Lipponen, L. (2003). *Exploring foundations for computer-supported collaborative learning.* Retrieved August 10, 2003, from http://newmedia.colorad.edu/cscl/31.pdf

Ma, A. (2004). An innovative model to foster creativity in a CSCL environment. In *Proceedings of World Conference on Educational Multimedia, Hypermedia and Telecommunications,* (pp. 2672-2677). Chesapeake, VA: AACE.

Mackay, A. (1982). Project quest: Teaching strategies and pupil achievement. In Center for Research in Teaching (Ed.), *Occasional paper series* (pp. 42-44). Edmonton, Alberta: Center for Research in Teaching, University of Alberta.

Maher, M., & Jacob, E. (2006). Peer computer conferencing to support teachers' reflection during action research. *Journal of Technology and Teacher Education, 14*(1), 127-150.

Mayer, R. E. (1987). *Educational psychology: A cognitive approach.* Boston, MA: Little, Brown and Company.

Mayer, R. E. (1998). Cognitive theory for education: What teachers need to know. In N. Lambert & B. McCombs (Eds.), *How students learn: Reforming schools through learner-centered instruction* (pp. 353-378). Washington, DC: American Psychological Association.

McCown, R., Driscoll, M., & Roop, P. G. (1995). *Educational psychology: A learning-centered approach to classroom practice.* Needham Heights, MA: Allyn & Bacon.

Nason, R., & Woodruff, E. (2003). Fostering authentic, sustained, and progressive mathematical knowledge-building activity in Computer Supported Collaborative Learning (CSCL) communities. *Journal of Computers in Mathematics and Science Teaching, 22*(4), 345-363.

National Board for Professional Teaching Standards [NBPTS] (2009). *What teachers should know and be able to do.* Retrieved June 25, 2009, from http://www.nbpts.org/UserFiles/File/what_teachers.pdf

National Council for Accreditation of Teacher Education [NCATE] (2009). Professional Standards Accreditation of Teacher Preparation Institutions. Retrieved June 25, 2009, from http://www.ncate.org/documents/standards/NCATE % 20Standards % 202008.pdf

Pajares, M. F. (1992). Teachers' beliefs and educational research: Cleaning up a messy construct. *Review of Educational Research, 62*(3), 307-332.

Peterson, P. L., & Comeaux, M. A. (1987). Teachers' schemata for classroom events: The mental scaffolding of teachers' thinking during classroom instruction. *Teaching and Teacher Education, 3,* 319-331.

Pettito, L. A., & Dunbar, K. (2004, October). *New findings from educational neuroscience on bilingual brains, scientific brains and the educated mind.* Paper presented at the Mind, Brain, and Education. Boston, MA: Harvard University.

Pickering, S. J., & Howard-Jones, P. (2007). Educators' views on the role of neuroscience in education: Findings from a study of UK and international perspectives. *Mind, Brain, and Education, 1*, 109-113.

Pressley, M., & McCormick, C. B. (1995). *Advanced educational psychology.* New York: Harper Collins College Publishers.

Sabers, D. S., Cushing, K. S., & Berliner, D. C. (1991). Differences among teachers in a task characterized simultaneity, multidimensionality, and immediacy. *American Educational Research Journal, 26*, 727-735.

Shulman, L. S. (1987). Knowledge and teaching: Foundations of the new reform. *Harvard*

Educational Review, 57(1), 1-21.

Siozos, P., Palaigeorgiou, G., Triantafyllakos, G., Despotakis, T. (2009). Computer based testing using "digital ink" : Participatory design of a Tablet PC based assessment application for secondary education. *Computers & Education, 52*(4), 811-819.

Slavin, R. E. (2005). *Educational psychology: Theory and practice* (8th ed.). Columbus, OH: Allyn & Bacon.

Sternberg, R. J., & Horvath, J. A. (1995). A prototype view of expert teaching. *Educational Researcher, 24,* 9-17.

Sternberg, R. J., & Williams, W. M. (2009). *Educational psychology* (2nd ed.). Upper Saddle River, NJ: Prentice-Hall.

University of Cambridge (2009). *Centre for neuroscience in education.* Retrieved July 10, 2009, from http://www.educ.cam.ac.uk/centres/neuroscience/

University of Washington (2009). *Learning is both social and computational, supported by neural systems linking people.* Retrieved July 20, 2009, from http://www.sciencedaily.com/releases/2009/07/090716141134.htm

Van, T., Yip, W. H., & Vera, A. (1999). *Supporting design studio learning: An investigation into design communication in computer-supported collaboration.* In Proceedings of the Computer Support For Collaborative Learning (CSCL) Conference, 1999, 12-15. Stanford University, CA: Lawrence Erlbaum Associates.

Williams van Rooij, S. (2007). WebMail versus WebApp: Comparing problem-based learning methods in a business research methods course. *Journal of Interactive Learning Research, 18*(4), 555-569.

Wittrock, M. C. (1992). An empowering conception of educational psychology. *Educational Psychologist, 27,* 129-142.

Woolfolk, A. E. (1995). *Educational psychology* (6th ed.). Needham Heights, MA: Allyn & Bacon.

Woolfolk, A. E. (2007). *Educational psychology* (10th ed.). Needham Heights, MA: Allyn & Bacon.

Yeh, Y. (2006). The interactive effects of personal traits and guided practices on preservice teachers' changes in personal teaching efficacy. *British Journal of Educational Technology, 37*(4), 513-526.

Yeh, Y. (2008a). Integrating collaborative PBL with blended learning to improve preservice teachers' critical-thinking skills. In A. R. Lipshitz & S. P. Parsons (Eds.), *E-learning: 21st century issues and challenges* (pp. 155-175). Hauppauge, NY: Nova Science Publishers.

Yeh, Y. (2008b). Collaborative PBL meets e-learning: How does it improve the professional development of critical-thinking instruction? In T. B. Scott & J. I. Livingston (Eds.), *Leading-edge educational technology* (pp. 133-158). Hauppauge, NY: Nova Science Publishers.

Zydney, J. (2005). Eighth-grade students defining complex problems: The effectiveness of scaffolding in a multimedia program. *Journal of Educational Multimedia and Hypermedia, 14*(1), 61-90.

第二章

發展理論

高源令

大 綱

學 習 目 標

在讀完這一章後，讀者應能了解：
1. 中、小學生在認知能力上基本的差異。
2. 語言發展的階段及影響因素。
3. Erikson 社會心理發展八階段的危機，以及國小、國中、高中各階段應注意的發展任務。
4. 道德推理能力的發展。
5. 不同年齡的發展特質和任務，以及社會和情緒的危機。

案　例

　　凝香小時候生氣時，媽媽逗她看鏡子裡有個生氣天使，也會對鏡子扮個笑臉或鬼臉，等凝香感覺氣消了，再聽她說為什麼生氣。包容孩子的凝香媽媽有很好的情緒管理，所以凝香的情緒發展可真像是媽媽的翻版；好脾氣的她很能適宜表達情緒。

第一節　發展的意義和一般原則

一、意義

　　廣義的發展係指人存在的這段時間，個體受到基因影響的設限下，身心因年齡成熟、環境刺激，交互作用之經驗產生有順序的改變歷程。探討重點有四：一是身心兼顧；二是縱貫一生；三是發展的順序性；四是不可逆性。而狹義的發展則聚焦於出生到青年或成年期（張春興，1989）。

　　「發展」的原文是 "development"，原來的涵義是：打開卷軸而解讀其內容之意，為 "envelope"——包封的反義，也就是說，其基本型態是原先就確定的，我們只是等待它的出現而已。更進一步解釋發展的內涵，是指潛藏在內部的東西逐漸地顯現到表面。依《廣辭苑》的解釋，發展乃指：(1)發育至完全的型態；(2)進步以邁向完全的境地；(3)生命個體在其生命活動裡，適應環境的過程；它包含成長與學習兩要素，具有成長和充實的意思（蘇冬菊，1992）。

二、主動和被動（Active v.s. Passive Person）

　　一般而言，研究人類與環境相互影響的學派，有主客體論述之兩相異觀點。主張人是主體的有心理分析學派，其認為人自出生後，即開始與許多外

在社會互動。動物行為觀（ethological view）亦認為，人之出生即受到生理因素之影響，因而須適應已存在安排之外界，人的行為是要主動去適應外界的影響。認知發展階段論主張人乃是主體，以調適、同化達到平衡。訊息處理理論主張的是主動面對挑戰，對外界刺激亦有主動之選擇能力。Vygotsky的社會文化理論也同樣認為，學習者會主動的在訊息中找到提供學習思考的指引。

認為人是客體的理論則以行為學派獨樹一幟，尤其此派早期的學者認為，個體受環境因素影響，而由刺激反應聯結而建構之組織，發展成為一系統。

介乎上述視個體為主體或客體的不同觀點之間，生態系統觀（ecological systems perspective）則不偏向任一方，其認為人與環境是相互影響的，皆是主體，亦皆是客體，並不特別強調何者較為主動（Shaffer, 2002）。

三、連續性對非連續性（Continuous v.s. Discontinuous Theories）

早期對發展的看法，認為發展是平順的過程，6、7 歲的兒童即與成人有著相似的思考，其差異只在於經驗和教育。這種看法即是所謂發展的連續理論。

與此相反的則是非連續理論。有些心理學家認為發展是階段性的，不同階段兒童的改變不只是量的增加，在質的方面也有所改變——不同的理解、能力和信念；每一個階段都是必經的，不可以跳過任一階段，而任一時期的兒童未必只具有該階段的某一、二種特質而已。這種強調發展步驟的理論，稱為階段論（或非連續論）。不論是哪一種階段論，都堅信發展可以透過不同階段的特質來加以區別，例如：Piaget 的認知發展階段論、Erikson 的人格社會發展論、Kohlberg 的道德推理階段論，都是屬於非連續理論（Slavin, 1991）。

四、自然觀與養育觀（Nature-Nurture Controversy）

自然觀著重遺傳因素，養育觀認為後天社會環境的影響有其價值。凡以

生理為基礎者，受到遺傳的影響較大，而以心理為基礎者，受到社會、心理、環境因素的影響較大（張春興，1989）。

　　Chomsky 認為，語言學習的生理結構是來自遺傳，而語言環境也扮演了催化作用之根本角色；Vygotsky 則十分重視與環境互動之後的內化。語言之發展正可以說明遺傳與環境的交互作用，較單純視發展為遺傳或環境等之性質決定的機械性產物為佳，因之「遺傳與環境為一體之兩面」的看法，取代了過去「遺傳」與「環境」孰重之爭。同一時間內環境與遺傳的交互作用是行為之原因；環境的類型、量與質都足以影響先天潛能之發展（Sprinthall & Sprinthall, 1990）。任何的因緣際會都可能促發原有的質地，而有某些行為之表現。環境之作用可為「自發性行為」（spontaneous behavior）找到一些線索。

五、發展的理論

（一）心理動力觀點（Theory of Freud）

　　心理動力學原理認為，人是感情衝動及無理性的，其表現及反應的能力來自遺傳性與生物性的熱情與衝動（本能）。以此觀點看發展，發展乃平衡或維持恆定的動力過程，會終生持續進行。人與環境互動而產生之成就感及是否願意接受挑戰的成長過程，產生了人格的同一性。此派的始祖為 S. Freud，其他代表人物主要有 E. Erikson、A. Adler、H. S. Sullivan 等人。

（二）行為主義觀點（Behaviorist view）

　　行為主義採取 Lock 的「默從者」（passire man）、白紙（tabula rasa）哲學，認為人之初是一張「白紙」，而因環境因素之影響有所著墨；學習理論則是其主要理念的來源。早期行為學派主張外界刺激與個人主觀反應的聯結，逐漸發展，促成個體一致，而有組織的行為型態和習慣。基本上，個體似乎是被動的，但是 Bandura 更提出，在發展過程中人也會影響環境的觀點，此即社會學習理論。

　　行為學派傾向支持人是主動適應環境的，而且發展是延續性的，整體而言是機械論者（mechanistic）（Shaffer, 2002）。本派主要有以下專家學者：

E. L. Thorndike、I. Pavlov、J. B. Watson、B. E. Skinner、A. Bandura 等（王瑋，1988）。

（三）器官成熟觀點（Organic Maturation view）

器官成熟論認為，個體隨著系統的成熟，在與外界接觸後，本著原有的動力，會傾向強烈的自動調適。個體發展是階段性的，前一階段影響下一階段。而個體能自然發展是由於：(1)天生自然的覺察和技巧與環境產生初級互動；(2)有機體具有建構內在世界和外在世界有意義互動的機制；(3)經驗是因為個人與外在互動，自行覺察之定位而產生；(4)人是主動的，因為主動而能發揮潛能。

本學派認為，環境提供適應之必要挑戰，個體適應環境即是學習，因此可謂兼論遺傳與環境的觀點。綜合而言，器官成熟是理論架構之核心論點（Shaffer, 2002）。此派主要有下述諸學者：J. A. Piaget、R. Havighurst 與 A. Gesell（王瑋，1988）。

（四）人文主義觀點

Rousseau 的哲學認為人性本善，只要有適當支持，皆可以發揮其本能。後來人文派研究者將此理論聚焦在健康、常態中的大多數人，意即對健康、能自我實現、能持續有動機向高層次統合的人而言，本理論較有說服力。

人文主義強調人的選擇、意識、創造性、價值觀和自我實現，也重視個體的獨特性（unique）。人雖是動物，但有較動物更精緻、纖巧的思維、情感，卻也是脆弱的。此派主要學者有 J. A. Piaget、R. Havighurst、A. Gesell、G. Allport、A. Maslow、R. White 與 A. Combs（王瑋，1988）

（五）生態學理論

要了解個體發展，必須了解個體的生活系統，此是本觀點的重心。

1. 系統取向

Bronfenbrenne 模式的發展社會脈絡說，認為人的一生（lifespan）如同生

活在層層相套的俄羅斯娃娃之內，在相互影響中發展。我們都生活在最內圈的微系統（mesosystem）、稍外圈的中系統（microsystems）、更外圍的外系統（exsosystem）和最外圍的大系統（macrosystem）相互影響之中，如圖2-1 所示（林美珍、黃世琤、柯華葳，2007：21；Woolfolk, 2007: 73-74）。

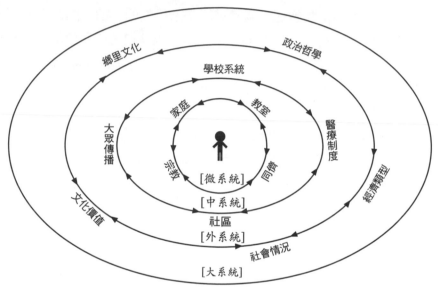

（包括法律、習俗、價值的大社會）

圖 2-1　生態學系統
資料來源：Woolfolk (2007: 73)

　　微系統是最接近個體的家庭、班級、同儕和宗教團體，其之間相互影響（reciprocal），是可逆的雙方互相影響，例如：家庭成員影響學校同儕或老師，學校老師或同儕影響家庭成員。中系統包括：社區、學校系統、大眾傳播、醫療制度（medical institutions）。外系統包括：文化價值、鄉里文化、政治哲學、經濟類型（patterns）、社會情況（conditions）。而前述各系統都是大系統內的一部分，包括：法律、習俗、價值等種種形成的大社會。個體的發展受系統中的交互影響而成長，也包括個體的發展是先天─後天交互影響，有連續性和脈絡的（林美珍等，2007：12）。

2. 能力—環境壓迫說

此為最早提出老年人在環境中適應的能力之學說，適應的能力包括：身體健康、感官知覺、技能動作發展、認知技能和自我（ego）力量等。強調要了解個體各項功能，必先了解生活系統，以知悉個體如何以自己的能力去適應環境的壓迫（詳請參考林美珍等，2007：第21章）。這些壓迫包括物理的，如住家；人際的，如其他人的要求；社會的，如法律習俗等。整體而言，在同伴中，易被接受的個體有分享、互動、合作的特質；而有些個體被排斥，則因為其缺乏合宜的溝通技巧（Woolfolk, 2007: 76-77）。

3. 全人觀點

此主要是終身發展歷程之概念，注重生命歷程。也就是說，發展指的是「現在這個體在哪？未來他又要向何處前進？」（詳細的全人觀點，請參閱林美珍等，2007）。

六、發展的一般原則

綜合而言，發展過程有三大原則：規律、個別差異和連續性（賴保禎，1993），分述如下。

（一）發展有先後的規律性

無論動作、語言、認知或社會化發展，個體在發展的過程中總是循著一定的先後順序展開。這種規律性，以動作的變化最為明顯，例如：4個月大的胎兒即會轉動小臀和伸小腿；出生之後會有巴賓斯基反射（Babinski Reflex）——拍其腳掌則腳趾外張、腿部會搖動，和達爾文反射（Darwinian Reflex）——輕觸新生兒手心，則手掌會蜷曲，以及摩羅擁抱反射（Moro-embrace Reflex）——受驚嚇時雙手會張開，然後縮回緊抱……等，這些反射數月後即成為有意識、有目的的動作。4個月的嬰兒雙腿可向上高舉；5個月能用無名指、小指和手掌抓握；6個月能抓物體，且能俯臥和獨坐；10個月可以自己扶家具站立；12個月的站立則是獨立而平衡的；1歲時可以湯匙自我餵食；1歲6個月左右會跑；2歲已可獨自上樓梯，同時精細動作技巧亦漸

次由手、眼肌肉協調呈現出來（王慧敏，1989：383-398）。一系列的過程先後順序明確，而且每一樣動作的時刻表皆極為準確，這種發展先後的規律性，見於不同的發展項目。整體而言，階段論都包含了發展先後順序不變（ordered sequence）的信念在內。

　　但是循序發展係觀察大多數人所歸納之結果，只是事實的描述，若要判斷個體是否發展不正常──所謂病理學徵兆（patholegic signs）（Adams & Victor, 1993），仍需賴專業的考量。

（二）發展有個別差異

　　在發展過程中，個別兒童間有差異是極為普遍的現象，這種差異並不違反發展規律性的原則，因其差異是速率（rate）與形式（pattern）的差異（詳情請參看第九章）。這些能力每個兒童的發展有快有慢，普遍存在著個別差異。而人類個體發展的速率，常是年齡愈小愈快。

　　有關個別發展差異，Hollingworth 曾歸納成下述原則（邱維城，1962）：

1. 個體各種特徵發展的速度彼此不同，而達到各特徵最大限度的發展時間亦不一。

2. 個體發展的速度，通常皆依其起始時進行的速度。即開始的時候發展速度較快的，後來的發展也較快，開始時較慢的，後來也比較慢。

3. 個體的發展是連續不斷的，並非跳躍或痙攣式的。但根據 Koffka 的觀察報告，發現有些兒童開始時有一個時期會說話，後來卻無法說話，直到過了相當時期又能說話。所以這個原則還有一個限制，便是當發展到某一程度時，個體人格上有質的改變，例如：兒童與青年的差別，並不只是量的不同，而且還有質的差別，如在人格上，個體的性格、態度、人生觀等都顯然不同。

4. 個體發展的速度和達到成熟的時間各有差別，此種差別在性別上表現很明顯，而個別間的差異也很大。

5. 某一種特徵在其發展過程中有不規則或中斷時，往往都是由於外部

因素（環境）的影響。

（三）發展的連續性原則

　　自動物行為發展而至現代訊息處理觀點皆認為，發展的連續觀主要強調的是其依序、漸漸展開、前後相延續的特性。然而，或許在某階段質的改變多於量的改變，或個體某一時段對某些事物較敏感，亦可能有特殊事件中斷發展之延續，而這些個人或環境的事件更凸顯了改變在序列發展中的影響（Shaffer, 2002）。

　　發展具有周期性，一般而言生命的前 7 年是第一周期，8 至 14 歲是第二周期，15 至 21 歲是第三周期。發展之順序是自大腦而四肢，而四肢的運動引導出意志。幼兒的思考是由圖形形成；對成人而言，圖形只是意識的層面之一。成人只有睡眠時才作夢，而未成熟的兒童，縱使在醒著的時候，仍有可能是處於作夢的狀態。但不論如何，生命的基礎乃是最初的 6～7 年（Harwood, 1997）。

 第二節　**認知發展**

　　本節聚焦於狹義的認知發展上，偏向智力發展方面。一般而言，認知發展論必然提及的是瑞士心理學家 J. A. Piaget，本節除了介紹其理論外，尚簡略介紹 Bruner 與 Vygotsky 的理論（詳情請參看第四章）。

◆ 一、Piaget **的階段論**

（一）內涵

　　智力的內容意指執行基模（schema）時所產生的一套行為。發展必須依賴存有的基模，因為訊息本身不能直接成為記憶，而基模本身也不會與外界隔絕。所有的知識都要由舊有的經驗加以詮釋，在原有知識之上增加新的訊息，因而在最開始啟動基模時是最困難的。而執行基模的行為即智力，其質

的變化，Piaget 稱之為發展。影響一個人認知發展的因素除了學習外，尚有成熟與經驗兩者。

（二）功能

　　功能在整個發展過程中保持不變，所以 Piaget 稱之為功能恆常者（functional invariants），其基本功能是適應（adaption）與組織（organization）（游恆山，1991）。在組織與適應之間尋求一平衡（the drive for equilibrium）的認知，是每個人都有的需求。每個人在本能上都希望找到秩序（order）與結構（structure），假使個人認知的類型（pattern）與結構和外界相配合（fit），外在世界才具有意義，此刻就可以稱為平衡狀態，而此一尋求平衡狀態的功能是 Piaget 理論的基石。基模是指個人將生活經驗組織成為和諧的類型，可以是知識，也可以是程序、關係，是個體已有的經驗架構，透過基模我們才能了解外在的世界，否則就是一片混沌。所有在學校內的學習，包括概念、原則、規則及應用程序等，都被組織納入基模之中，這樣才能使外界具有意義（Eggen & Kauchak, 1992）。

　　在和外界接觸時，為適應基模達成平衡狀態，就必須要有調適與同化兩功能，如圖 2-2 所示，說明如下。

圖 2-2　Piaget 的認知歷程

1. 調適（accommodation）：個體置身於變化的外在環境，原有認知無法適應新的環境刺激，因而改變自己的認知以適應環境，求取認知結構與環境之間的平衡，謂之調適（張春興，1989），其過程或是修改基模，或是創造新基模，例如：兒童已有「老虎」的基模，當

他看到貓時也稱之為老虎，必有人糾正其錯誤，此刻他便啟動另一基模。這個過程即為調適，其目的在求取平衡。

2. 同化（assimilation）：這是指個體以既有的基模或認知結構為基礎，去吸收新經驗的歷程（張春興，1989）。其過程是修改刺激放入原有基模之中，例如：兒童看到迷你兔稱之為「兔」，表示他已經將迷你兔同化，納入原有的基模中。

（三）結構

心智結構乃是透過組織整合基模，每一階段的結構都有不同的類型，而且一旦組織完成，結構就不會再改變。這種結構是基模之間相互聯結、互相影響的。Piaget 認為，智能發展即是認知結構複雜化經過調適和同化，以達成平衡的過程；由更高層次、複雜且不同質的結構取代原有的結構。基模在調適過程中納入新訊息時是失衡的，當解決了失衡的問題，再次恢復到平衡，就形成了更高層次的心智結構（游恆山，1991）。

（四）階段

Piaget 認為，認知發展包括四個階段和三個主要轉換，自一階段到另一階段的年齡因個別差異而有所不同，但是階段的順序是不變的（invariant），說明如下：

1. 感覺動作期（sensorimotor stage）：約 0 至 2 歲，此時期的兒童傾向以動作行為來表徵外在世界。而物體恆在的概念有下述階段（substage）：

   (1) 不知主動找尋消失的物體，消失就算了。

   (2) 會注意物體消失的軌跡，但是不循線索找尋。

   (3) 會以類似「刻舟求劍」的方式找尋不見的東西。

   (4) 主動找尋消失的物體，且循線尋找。

   (5) 會考慮不在眼前的物體位置之變更。

2. 前運思期（intuitive or preoperational stage）：約 2 至 7 歲，這個階段兒童的思考受到六種限制（林清山譯，1990）：

(1) 具體（concreteness）：自感覺動作期的行為轉化成符號運作，但是只限於實際存在的物件或和當時情境有關的對象。

(2) 不可逆性（irreversibility）：無法逆向思考，沒有辦法依邏輯性重新排列順序。

(3) 自我中心（egocentrism）：認為別人的思考和看法都和他相同。

(4) 集中（centering）：注意閾不寬，一次只能注意一件事或情境中的某一向度（dimension），且注意力變化容易自一者轉向另一。

(5) 狀態對轉變（states v.s. transformation）：注意力聚焦在靜止的狀態，對動作較不注意。

(6) 直接推理（transductive reasoning）：將事件聯結時，不會運用歸納或演繹的策略，只會直接的思考。

這個時期的兒童在智能方面的重要行為發展，是開始運用語言和簡單文字代表具體的事物，能分類處理事物，但不能顧及事物具有的全部屬性。

3. 具體運思期（concrete operations stage）：約 7 至 11 歲，個體能進行簡單的邏輯思考，對數量、質量、重量等具有守恆概念。已有相當周密的分類行為，惟思考仍以具體事物為依據，尚無法達到完全抽象程度。守恆概念（conservation）包括：數量守恆（conservation of number）和容量守恆（conservation of volume）。數量守恆是指，物體的放置方式改變後，仍能理解數量並未改變的心理現象；容量守恆是指，物體容器改變後，仍知其體積未改變的心理現象。自前運思期轉換到具體運思期，主要即具有守恆概念。當物體在形式上或量度上改變，而其實質未變時，觀察者對物體仍能保持原有概念。守恆必須先克服前運思期之限制，亦即具有下述特質：

(1) 可逆性（reversibility）：使用合乎邏輯的方法操作物體。

(2) 去集中（decentering）：在同一時間內，可以合理處理不只單一向度的問題。

(3) 轉變對狀態（transformations v.s. states）：會思索導致狀態轉變的過程。

(4) 去自我中心（loss of egocenterism）：不再只從自己的觀點看事物，也有多元的觀點。

(5) 邏輯思考（logical thinking）：除了抽象、假設或機率情況外，對具體的情形會運用適合的邏輯思考。

4. 形式運思期（formal operation stage）：約在 11 歲以後至成人。這階段個體的認知發展是已能在遇到問題時，有系統的提出假設，並能運用資料驗證假設，因而已能運用邏輯推理來思考問題（張春興，1989）。詳言之，已能運用假設—演繹思考（hypophetical-deductive thought），除了具體的實物在思考中運作，也能利用抽象命題思考；而且整體而言，思考是系統的，個體可以明確理解變項間的關係，了解組合關係，亦能組合概念，對不相關的變項亦能加以控制（林清山譯，1990）。

結構的過程是 Piaget 理論最大的貢獻，在教學時。不揠苗助長，用具體實例，依個人發展設計課程，注意人格發展、社會互動、智力、同理心都是其主要觀點（Eggen & Kauchak 1992）。

◆ 二、Bruner 的表徵系統論

Bruner 認為，兒童認知的發展可以分為動作表徵期（enactive representation stage）、形象表徵期（iconic representation stage），和符號表徵期（symbolic representation stage）。他反對以生理年齡區分發展的階段，強調兒童學習準備完成的狀態（readiness）並非生理年齡的函數，而是隨著環境和教育作用進展的（陳伯璋，1978）。其理論要點說明如下。

（一）自刺激獨立的反應（Independence of response from stimulus）

自刺激獨立的反應，是兒童由於智力的成長，漸次脫離僵硬的刺激控制的過程，而同一反應可能是針對許多刺激而產生的。語言系統是他們學會修正反應的中介。

（二）心理表徵（Mental representation）

　　成長有賴訊息程序和貯存系統的發展。當兒童會使用符號系統，例如：以語言系統來表徵世界時，他們才能預期、推測（extrapolate）和假設可能的結果。經驗除了須透過感官外，視、聽、計算等心理表徵都是必要的條件。

（三）自我意識（Self-conciousness）

　　認知發展包括對自己和對他人說話的能力、符號的運用，而且必須是與自我意識有關，用以描述過去和未來的活動。

（四）教學互動（Tutor-learner interactions）

　　在認知發展的過程中，學習者和教學者之間的系統互動是必要的。人必須生存在文化、人群之中，若缺乏父母、老師、社會人士的教導與互動，乃無從發展。老師的任務除了說明共處的文化外，尚須與學生共同分享之。

（五）語言是認知發展之鑰（Language as key）

　　唯有透過語言，人們才能相互溝通概念，而隨著年齡增長，使用語言和外界溝通的能力愈成熟。語言除了將新事件和舊經驗相聯結外，亦與內在表徵有所接觸。

（六）認知具有同時性（Simultaneity in cognition）

　　認知發展在同時有許多的成長，各種能力得以增強，例如：表現一致的活動，以及對可能伴隨而來的不同情境能加以注意（Gage, 1992）。

（七）三種表徵方式

1. 動作表徵期：指幼兒（約 3 歲以下）以身體動作來了解世界，做為一種獲取知識的方法，例如：用手摸、用口嚐以獲得經驗。
2. 形象表徵期：3 至 5 歲左右的兒童，能運用感官將由事物得到的心像

（imagery）做為思考的輔助，藉圖像以了解其周圍的世界，獲取知識，例如：憑記憶說出某種東西的形象、狀貌等即是。

3. 符號表徵期：兒童在 6、7 歲進入小學開始接受正式教育後，會運用抽象的符號得到知識，也能運用文字、數字、圖形等符號做為思考的工具。這個階段相當於 Piaget 的前運思期與具體運思期。

符號表徵期之後，前兩種表徵仍然存在，只是支配力主要是符號表徵。肢體活動能力強的人，具有高度的動作編碼系統，藝術家的形象歷程則具有支配力，例如：舞者的動作編碼較多，藝術家則仍用圖形編碼，但他們的主要支配力都是符號表徵。Bruner 和 Piaget 的相似點是，他也注意到訊息編碼、運思和貯存的秩序（order），視發展為透過表徵一階段一階段的發展。Bruner 和 Piaget 同樣重視兒童心智發展循序漸進的特徵，只是在 Bruner 的理論中，更強調語言符號的重要性（張春興，1991；Gage, 1992）。

◆ 三、Vygotsky 認知的社會起源說

蘇聯心理學家 Vygotsky 持「學習先於發展」的觀點，以社會文化的角度來探討學習與發展的交互關係。

Vygotsky 認為，高層次的心理歷程是由外在的實際活動加以內化（internalization）；心理發展也是始於外在的社會活動，而終於個體的內在活動。這些功能始於「人際間的心理範疇」（interpsychological plane），後發展成兒童「個體內的心理範疇」（intrapsychological plane）。在人類的心理領域內，始終保持著社會互動的功能。而「人際間的心理範疇」發展至「個體內的心理範疇」之原理亦可用在：自發性注意（voluntary attention）、邏輯性記憶（logical memory）、概念形成（concept formation）和意志力的發展（development of volition）等方面（江文慈，1993；Haywood & Tzuriel, 1992）。

Vygotsky 受到 K. Marx 唯物論，以及 F. Engles 辯證方法論的影響，以社會文化觀點探討認知發展，他認為不論是知覺、注意、記憶、語言和認知等，都是因為社會互動（social interaction）的結果所形成。個體最初是由於他人的支持，而後則獨立發展出自己的內在能力。在學習初期，周遭的人，

如父母、老師的協助很重要,而在父母、教師的角色逐漸淡出後,才由學習者自行負責。是以,良師益友在學習初期扮演著非常重要的角色。個體的發展過程是由他人調整(other-regulated)發展成自我調整(self-regulated),認知能力則是透過社會互動歷程而精進、改善(江文慈,1993)。

🔷 四、Piaget、Bruner 和 Vygotsky 的觀念在教學上的涵義

(一)了解兒童的思考(Understanding how children think)

教學會影響兒童的思考,而兒童如何思考,恐怕大多數成人已不復記憶,成人亦很難預測其所犯的錯誤。因而教育家應更加努力了解兒童的思考,透過介入觀察、面談、問卷來了解兒童的心智運作,以及看待現象和問題的方式。用智力同理心(intellectual empathy)來了解兒童的認知歷程,才能有助於教導他們。

(二)運用具體的教材(Using concrete materials)

在學齡前與小學低年級階段,教學過程宜提供實際操作的機會(邱明發,1986;施玉麗,1984)。符號與語言的了解需要以直接操弄或內在操弄的機會為基礎,因之透過「數豆」活動,兒童比較容易學會抽象的加減法。Piaget 和 Bruner 都認為,啟發學習是有利的。Vygotsky 較贊成兒童與成人之間有互動關係,強調直接的教導;因而教師宜在啟發教學與直接教學兩者之間找尋平衡點(Gage, 1992: 122, 163)。

(三)學不躐等(Sequencing instruction)

Piaget 認為,提供兒童合適的學習環境、配合發展順序、以兒童為主、妥為運用認知衝突和同儕互動是教育的原理。在具體運思期則要注意實物教學,妥用教學策略,重視班級成員,著重以實物操作等,也重視活動之教室教學(王文科,1983)。

學習應先自生活周遭熟悉的環境學習起,再一層次一層次向外擴大,由具體而抽象,自日常生活知識而至抽象的原理原則。而符號表徵或是 Piaget

的形式運思期,主要的思考工具都是語言,而其更上一層的精密語言才有所謂的假設命題和演繹思考,例如:「如果……,則會……」即屬一種系統的假設命題。學生已達到這些認知表徵程度,教師才可討論抽象知識。

(四)介紹新經驗(Introducing new experiences)

Piaget 的調適理論即足以說明,新經驗是學習以及認知發展的開始。適度的新鮮事物有助於發展,沒有新鮮事物會讓人無聊,澈底而又太突兀的新鮮事物,則讓人迷惑且手足無措(Gage, 1992)。

(五)設定學習速度(Setting the pace of learning)

每個兒童發展的速度各有差異,學生若能自我調整學習,比被迫學習來得好,每個學生需要的協助和練習的時間要求不同,因而。教師要允許學生有建構知識的時間。在教學之外,教師應花較多時間協助學生訂定自己學習的進度,並從旁協助其獨立學習。

(六)學習的社會面(The social side of learning)

教師應體會 Vygotsky 的社會起源認知發展觀,注意社會互動的影響。尤其對一個自我中心的兒童而言,在互動過程中他才能體會別人對事情的看法;透過發問、辯論和提意見,兒童也才能將自己的觀點明確的表達。社會互動必然是超越了感覺動作、操作運思和直觀,唯有語言才能有效的表達;透過將外界訊息的內化,才能成就兒童自己的思考。因之合作學習具有將外在環境轉譯為內在編碼,修正原始材料而形成兒童自己獨特的認知效果(Gage, 1992; Haywood & Tzuriel, 1992)。

(七)分析錯誤(Analysing errors)

當兒童初次操作時難免會犯下錯誤,有錯誤則必須修正,教師則要知道錯誤背後的理由。而這些錯誤背後的理由乃邏輯程序的發展,教師直接指出其錯誤時,應分析錯誤並且解釋,讓兒童明瞭其謬誤(Eggen & Kauchak, 1992: 62; Gage, 1992: 163)。

（八）理論落實於教室中

根據 Piaget 的理論，教學時要提供具體或個人的例子，尤其是抽象理論的部分，更需要以具體的實例來說明，例如：講授物理實驗與光的反射有關的部分，可以用盤子裝錢幣來說明；社會科討論法律，不如實際參觀法院；討論移民問題時，不妨假設唐山過台灣時的其他狀況。更重要的是，老師要保持在教室內之活動，與學生有所接觸，並常提出比較或假設性的問題（Eggen & Kauchak, 1992: 62）。

第三節　語言發展

影響語言發展之因素，除了智力之外，語言社區對之影響更大，尤其在表達方面，父母、家人、周遭環境都是語言社區；而長子、女的語言發展與父母之教育水準關係較高；么子、女的語言發展則與周遭及其本身的關係密切。語言能力發展受到談話對象之影響極大，其他如：注意、焦慮、大腦是否受損，亦有影響。

一、經驗論

經驗論（Empiricism）認為，人類的語言發展原因是得自後天環境學習的經驗。行為學派代表 Skinner，即以增強、類化、辨別、消弱等重要概念解釋語言學習，例如：嬰兒發出「mon」音之後，嬰兒的母親以笑臉回應，即增強了嬰兒對母親發出「媽」的聲音。許多單字在開始學習時也是嘗試聯結得到增強，而後類化、辨別……等，才逐漸學會母語（張春興，1993）。

Bandura 的社會學習理論（social learning）認為，學習是透過向楷模學習模仿的成效。這楷模可以是父母，也可能是保母或生活周遭重要的他人。嬰兒仿成人言語，得到增強，而學到了某社會共用的語言（張春興，1993）。

二、天賦論

　　天賦論（Nativism）倡導者心理學家 N. Chomsky 認為，人的語言是因天賦具有「獲取語言器官」（language-acquisition device, LAD），而自然會吸收語言，貯存到認知結構中。如同有眼睛就會看，有 LAD 就會說話。但 Chomsky 也將語言分為兩層次：一是語言能力（linguistic competence）；一是語言表現（language performance）。前者完全是天賦，除非大腦有關部位受傷或病變，否則人人天生就具有語言的能力。大腦某部位的程式（program）自然會把詞語串為句子（曾進興譯，2006：91），但語言表現則是在 LAD 基礎上，透過社會互動，在環境中學到的（張春興，1993）。

三、社會文化歷史觀

　　社會文化歷史發展理論（Social-cultural-historical），形成於 1920 年代中期至 1930 年代初期，它認為人的高級心理功能，並不是人自身所固有的，而是受人類文化歷史所制約的，由與周圍人的交往過程中產生和發展出來的。Vygotsky 認為，高級心理功能（含語言）有一系列的特徵：(1)它們是隨意的、主動的，是由主體按照預定的目的而自覺引起的；(2)語言的反映水平是概括的、抽象的，由於有思維的參與而高級化；(3)語言的實現過程結構是間接的，是以符號或詞彙為中介的；(4)語言的起源是社會文化歷史發展的產物，是受社會規律所制約的；(5)從個體發展來看，它們是在人際交往過程中產生和不斷發展起來的，透過內化與外化的互動發展高層次的心理功能。整體而言，人類高級心理功能的發展是受社會文化歷史所制約的。

　　在 Vygotsky 理論中，特別提到內化（internalization）與內在語言（internal speech），所謂內化是指，特定團體或社會中的個體，把該團體或社會的期望和要求，吸收為指導自身行動規範的過程。Vygotsky 也認為，人的一切高級心理功能最初都是以外部交往的社會形式表現出來的，只是到後來，由於內化才變成為心理過程；人的內部活動是由於在社會影響下，將外部對象動作經過內化而逐步形成的。

　　內在語言是不起互動作用的言語過程，是個人思考時的言語活動。內在

語言雖未實際發聲，但語言運動器官實際上仍在活動，它向大腦發送動覺刺激，執行著和出聲說話時相同的信號功能。內在語言是於外在語言的基礎上形成的，在說話的過程中，內在語言向外在語言轉化即是外化。兒童因訓練不足，外化有困難，因而會詞不達意。而外在語言亦會內化，約略是在 3 歲左右。內、外化的過程在語言上具有特別重要的作用。外化是內部智力動作向外實際之轉化，不限語言，亦包括行為、執行、計畫等等。

　　Vygotsky（1962）在《思想與語言》（*Thought and Language*）一書中，提出 Stern 的語言發展理論，他區分語言的三根源為：有表達的傾向（expressive tendence）、社會因素（social）和具有意圖的思考（intentionality），其中唯有將客觀事物與聲音聯結的意圖是人類獨有。Skinner 認為，在語言發展的最早期，是人類天生具有驅力，傾向於與外界溝通，而且傾向具有意義的事，希望每件事物都有一個名字。語言發展有兩大原則：其一是兒童首先掌握「實物─語言」之間的外在建構，然後才轉化成為「符號─推論」此一內在建構；其二是語言發展在關鍵期前，有一段長時間複雜的分子組成過程，而非突然發生。Skinner亦提出，思考與語言的關係是智力運作的結果（Vygotsky, 1962）。

　　語言和思維的關係，依 Vygotsky 的看法分成三個階段：第一階段為嬰兒期，嬰兒建立一些概念，但概念與語言缺乏聯結；到 2 歲為第二個階段，語言和思維的發展才開始發生關係。內在語言幫助幼兒控制自己的思考和行為，而詞彙的學習影響幼兒的分類系統和概念的發展，因此，思想能形之於言，而語言亦趨合理化；最後一個階段，思想和語言融合為一體，這是純意（pure meaning）的境界。一般人的思維很難脫離語言，唯獨在科學或藝術的領域中，有少數的學者能超脫語言，不依賴語言來表達理論，例如：愛因斯坦的相對論（蘇建文等，1993）。

四、語言發展的階段

　　嚴格來說，語言發展是從兒童在 1 歲左右，說出第一批真正能被理解的詞開始，因而通常以詞的出現為界線，將整個過程劃分為語言準備期和語言發展期兩大階段。

（一）語言準備期

語言準備期也稱前語言期，分為產生和理解兩方面的準備。

1. 語言產生的準備，分為以下兩個階段：

(1) 反射性發聲階段：新生兒最初的哭，是開始獨立呼吸的標誌，是對環境反射的反應，或者是由生理需要而引起的對任何身體上不舒適的一種自然反應，又分成分化和未分化的哭聲。研究者發現，出生第 5 週起的嬰兒因哭叫聲而有後元音（vowel）以及隨後的輔音（congenant），但皆是反射性的。

(2) 呀呀語階段：大約 5 個月左右的嬰兒，出現能將輔音和元音相結合連續發出的聲音，類似「爸」、「媽」等單音節語音，但對他們毫無意義。有聽力障礙的嬰兒亦會發出呀呀語，但較正常嬰兒提早結束。9 個月是呀呀語出現的高峰，大多數嬰兒在 1 歲左右開始，產生第一個能被理解的詞，呀呀語的出現率便開始下降。

2. 語言理解的準備：

(1) 語言知覺：出生不到 10 天的嬰兒，就能區別語音和其他聲音，同時透過視覺觀察對語言區辨有相當之影響（曾進興譯，2006：210），因而嬰兒會對刺激作出不同的反應。嬰兒對語言刺激的敏感性亦表現在嬰兒具有「語音範疇知覺」上。而此種知覺在理解語言的過程中具有重要作用，唯有忽略大量語音範疇內的變異才能使語言的理解成為可能。

(2) 語詞理解：嬰兒在 8、9 個月時，已開始表現出能聽懂成人的一些話，並作出相應的反應。通常到了 11 個月左右，語詞才逐漸從複合情境中分解出來，做為信號而引起相應的反應，嬰兒才開始真正理解語詞的意義（李丹，1991）。

（二）語言發展期

　1 歲左右的兒童說出第一批能被理解的語詞時，即標誌著其進入語言發展期。Lenneberg 於 1967 年主張，語言發展也有關鍵期（critical period），大

約是 2 歲到青春期之間；Krashen（1973）則推測，腦側化在 2 歲到青春期之間完成，這也是所謂發展的時間界線，而 5 歲的大部分兒童都已學會語言了（引自曾進興譯，2006：188-189）。

1. 模仿語期回響語（imitative/echoic utterances）：兒童藉由構音，擴展其模仿能力，經過一段時間的回響語期，才能真正說出足以標記或辨認與他們有關的主要人、事、物之話語，此時期約略到 2 歲左右。

2. 辨語期（identification language）：15 個月到 2 歲，大多數兒童在他們的環境中已經用話語去辨認物體、人物和一些感到滿意的事情；也開始運用重疊的音節。此時，兒童亦能服從口語的命令而有所反應。

3. 發語期——需求和命令（anticipatory language: demands and commands）：在這個階段，兒童的話語可能伴隨著變化的姿勢或動作。大多數兒童已經產生 3 至 50 個或更多的表達性字彙，以及更多理解性字彙。他們亦能運用抑揚頓挫的音調來表示其意圖與意義。

4. 構句期（syntactic speech）：Adams 和 Victor（1993）在《神經學的原理》（*Principles of Neurology*）一書中指出，兒童語言之發展先自學習名詞開始，而後是動詞，之後才是其他。兒童與雙親及兄弟姊妹之互動會先自學單字開始，之後則受到所生長的文化環境影響。18 個月的嬰兒平均約可發出 1.5 個單字，2 歲可以發出 2 個單字的短語，2 歲半可發出 3 個連串單字，3 歲可發出 4 個連串單字，而所有母音都能發音，稍後則 p、b、m、h、w、d、n、t、k 的音都已具備，4 歲可發出 y、j、zh 音，5 至 6 歲可發出 f、i、v、sh、ch、s、v 音，7 歲可發出 th 音。整體而言，女生較男生早具有靈巧清晰的發音，且兒童知道的比能運用說出的字彙多。

◆ 五、語言發展與教育

首先澄清，標準語言並不表示語言能力優於非標準語言，而每一個人運用自己母語之能力才是真正的語言能力。

（一）後設語言覺知（Metalingulistic awareness）

　　後設語言覺知是指，意識到某些說或寫的字句，自其中選擇合宜者，大約 6 歲的兒童開始有此覺知，語彙增多至上千字，且開始探索原因。而在後設語言覺知上的差異會反應到平日學校之學業上（Cazden, 1972）。學生需要有對語言規則的明確知覺，同時對語言之涵義要有合宜之反應。而發展創意反應與科學反應，都須具有後設語言覺知，因之教師應了解學生該種覺知是否已發展完全，才能適時的教導。缺乏後設語言覺知，一個學生甚至無法發展到形式運思期。

（二）個別差異（Individual differences）

　　個體在語言能力和語言表現兩方面都有很大的差異，有關差異之歸因，與其歸因於智力，不如歸因於人格特質，例如：記憶、焦慮、環境差異、社會地位、背景等。因之教師應設法調適學生的語言表現，幾種方法說明如下：去除恐懼和焦慮；教導學生語言的明確規則；多採取對話方式，而少由教師用講授法上課；多使用反映性語言，少用情緒（衝動）性語言；運用記憶術以增進學生之記憶。

（三）社會語言能力與教育（Sociolinguistic compentence and schools）

　　失學的兒童很難完全發展語言，是因為教育本身有一套語言，接受學校教育才能完全發展語言；學校教育讓兒童學會整套運用語言的社會規則。所謂的「IRE」，其中 I 是指互動，R 是指反應或回答，E 是指教師的評估；這種上課的結構讓學生運用的學校語言與家庭語言之間產生溝痕。

　　社會語言學家自學校教育中發現了運用語言的規則，該規則包括對誰、何時、為何目的、說什麼、如何說等等；但並不是每個學生都做得很好，其中有個別差異。教室的規則常控制了班級中的參與，教師對低成就學生之期望似乎較偏向基本發音等問題，對較優秀的學生則會問些較深入的問題。

　　學生在學校學會的是「適時說適當的話」，而這又與學業及人際關係有

關。因之教師應明白教導如何與人溝通，並公平的給予每個學生參與的機會、背誦的機會、陳述知識的機會、回答別人的話的機會等等；同時要有耐心，因為學生不是一到學校即能運用學校規則、語言和學得的知識，需要教師的循循善誘才能達到（Gage, 1992）。

（四）社會支持與語言（Social support and language）

Vygotsky 指出，語言之發展是透過互動，係將內在語言外化，而把外界事物加以內化。內在語言與學習本身有相當程度之關聯，愈複雜之工作愈需要內在語言的複述。運用有聲思考（說出想法）更有助於問題解決，因而成人協助或指導兒童運用內在語言，不只有助其語言發展，亦有助於學業及問題解決（Eggen & Kauchak 1992）。

（五）將理論落實於教學情境中

家長或教師都可以設計不同的活動，讓兒童把說的故事寫下來，再讓他們讀出該故事，亦可用錄音機錄下兒童的話，鼓勵他們用自己的語言表達，並提供語言練習的機會。如果兒童使用不同的方言，要給予時間，用漸進的方式把方言轉化成母語，而勿採強行規定之方式（Eggen & Kauchak 1992）。

◆ 六、雙語教育（Bilingualism）

母語已成熟後的學習者，在約 2 歲時，學習雙語在認知發展方面，優於只用單一語言（曾進興譯，2006：217）。加拿大的一項實驗指出，雙語者在智力、學業成就方面都較優秀，學生同時能使用母語和學校採用之語言，使同學對他有較正向的看法和態度（Perl & Lambert, 1962）；亦有研究指出，雙語學生認知能力和態度都較優異。但亦要注意語言障礙，會造成非母語學習者，在閱讀、社會、科學學習的落後；因而教育心理學家提出教師教導雙語學生之重要認知：

1. 語言能力不等於智力，因之語文智力測驗常會低估了母語非標準國語學生的智力。

2. 雙語學生通常也是具有兩種文化的學生，因而課程宜重視文化背景不同的學生。

3. 學習兩種語文對認知發展無害，相反還有助於認知發展；因而雙語教育應受重視。

4. 雙語能增進經濟發展，對其他語言之了解有助於彼此之溝通、交流和互惠。

5. 學校應允許學生在學校有發展標準語以外的母語能力之機會。

 第四節　人格發展

　　人格發展係指，人格隨著年齡與學得經驗的增加，而逐漸改變的歷程。就感覺、情緒、氣質方面而言，先天之因素較多；心理分析論則有一套完整的發展順序模式，父母間尤其是母親之態度更受到重視。整體而言，人格特質中的慮病感、焦慮、膽小、本能驅力、安全需求、同情心、對外界批評的敏感度，以及缺乏組織等，是較受基因先天因素之影響（Adams & Victor, 1993）。

　　有關人格的描述很多，其中以五大向度（big five）最足以描述之：其一是外向（extravesion），其形容詞為主動的、肯定的、精力充沛的、熱情的、外出的、多話的等等，即社交性的向度；其二是信任（agreeableness），其形容詞為欽佩的、感謝的、慷慨的、好心的、同情的、信任的、正直的等等；其三是深思（conscientiousness），其形容詞為有效率的、統整的、有計畫的、可信的、負責的、澈底的等等，與思慮有關之向度；其四是情緒（neuroticism），其形容詞為焦慮的、自憐的、緊張的、易怒的、敏感的、不穩定的、擔心的等等，與情緒有關之向度；其五則是開放性（openness），其形容詞為藝術的、好奇的、有想像力的、頓悟的、獨特的、興趣廣泛的等等，與感性有關之覺知向度（McCrae & Costa, 1985）。

　　下述將簡述生物性趨向的氣質論、心理分析論、社會學習論、人文論對

人格發展之不同觀點。

一、Thomas 的氣質論

Thomas 等人（Thomas & Chess, 1977; Thomas, Chess, & Birch, 1968）之氣質論著重人格的發展，認為氣質是個體行為表現之總稱，與行為表現方式相同，注重行為如何的表現，和行為的能力、行為的內容或行為動機不同。因此，氣質是一個現象學的名詞，用來描述個體動作的快慢、規律化、適應度、動作表現強度、情緒本質和注意力集中等情形。Thomas 等人認為，個體在出生時就具有九項天生特質，並以此建立其人格理論（詳情請參閱第九章）。

二、精神分析論

（一）Freud 的心理分析論

Freud 將性本能和潛意識結合起來產生的幻想，形成性心理發展理論，人格之發展依之分成特殊的發展階段：

1. 口腔期：從 8 到 18 個月是所謂的口腔啃咬期。幼兒的牙齒長出來，開始有武器發洩其挫折感，在這時期也開始發展攻擊性，而與母親成為分開來的兩個個體。
2. 肛門期：大約自6個月到4歲，主要快感來自排洩，父母和兒童意志的鬥爭開始，也是初期超我的開始。
3. 性器期：大約自 4 歲起，性器成為幼兒感興趣的目的物。一般而言，可維持到7或8歲。此期亦有戀父、戀母情結。主要在於充分發展超我。
4. 潛伏期：大約在 5、6 歲進入潛伏期，持續到 12、13 歲。是性靜止期，所有和性有關的事物都被抑制或壓抑。
5. 兩性期：是性心理發展的最後一期，因荷爾蒙的變化產生了青春期，而形成兩性期，攻擊和性本能變得活躍，而再度把興趣放在異性身上。

（二）Erikson 的社會心理發展八階段論

Erikson 提出的發展順序，是按照胚胎的漸次生成說為原則（如表 2-1 所示）。人格發展是追隨一種「背景計畫」（ground plan），每一階段帶給個人一個危機，人格的發展可因而有定向。個人生理發展的程度與社會對個人的期待，帶來每一階段的危機特徵。如是負向的解決，將會降低適應，且成功解決下個階段危機的可能性亦較低；正向解決則適應較佳，下一階段亦較易成功的解決危機。而正向與負向非為整體而不可分割的，重點是每個階段中正向與負向的解決之間的平衡。

表 2-1　Erikson 社會心理發展階段中的心理社會危機

階段一	出生至 1 歲	信任和不信任（口腔期）
階段二	1 歲至 3 歲	自動和害羞、懷疑（肛門期）
階段三	4 歲至 5 歲	原創性和罪惡感（性器期）
階段四	6 歲至 11 歲	勤勉和自卑感（潛伏期）
階段五	12 歲至 20 歲	自我認同和角色混淆
階段六	20 歲至 24 歲	親密和孤立
階段七	25 歲至 65 歲	親密和停滯
階段八	65 歲～	自我統整和失望

三、發展的任務說

發展的任務（development task）是心理社會學習理論的結構性概念，界定了在一特定社會裡每一年齡層健康的、正常的發展。這些任務形成一個序列：成功完成一個階段的任務，將促使下一階段的任務易於完成。某一階段發展之障礙，使後一階段的任務將有可能產生困難，或使後續的任務無法完成。

R. J. Havighurst 確信，人類的發展是隨著年齡，人們努力完成其所處社會所要求的任務之過程；年齡是期望分等級的依據。且 Havighurst 認為，完

成發展任務有敏感期（sensitive period），它是一個人已成熟到足以獲致某一新能力的最大限度之時期，又稱之為可教導的時期（teachable moment）。在敏感期內，學習可提高任務領域中的學習和表現，然而即使敏感期已過去，學習仍然可以繼續，且在生活的相似領域中表現。

四、傳統行為論和社會學習論

傳統行為論的學者 Dallard 和 Miller（1948）認為，嬰兒被賦予特定反射動作（specific reflexes），有所謂天生反應階序（innate response hierachies），在天生基礎上就有某些反應器比較容易反應，且人類有初級驅力，透過學習而成熟成長。人類透過制約過程的增強、消弱等，發展出一套自己的性格（引自林淑梨、王若蘭、黃慧真譯，1994）。

社會學習論的主要代表是 Bandura，他的發展論點中心在於個人目標、計畫、自我效能以及其他的改變。這些改變可以透過觀察學習、替代式制約、自我規範來了解。Bandura 認為，人們許多行為乃是透過內在標準而被自我規範，此內在標準之建立來自早期生活中重要他人所給予的酬賞和懲罰。而自我效能是指，相信自己可成功的完成某行為之評估；它同時是決定行為的重要因素。社會學習論彌補了傳統行為論對認知的忽視，也不再侷限於動物實驗；更重要的是，其注意到了人類學習和行為大多發生於人際環境中，人與人之間的互動對人格之發展自有其影響。

五、現象學觀點

現象學重視自我概念形成的過程，Cooley（1902）認為，人際關係、他人看法是自我概念形成的重要因素。高自尊來自他人經常性的正向評估，例如：好我（the good-me）；而壞我（the bad-me）是對自己負向的評估，另外尚有非我（the not-me），是來自於別人強烈的不贊同，也是焦慮的來源。此外，「壞我」也是因他人評估建立良心的來源之一（Sullivan, 1953）。自我概念與環境、人的互動有很大的關聯，而來自他人的讚許，是積極正面促進成長的養分（引自林淑梨等譯，1994）。

六、特質論的發展觀

（一）Allport 的論點

Allport 主張「自我主義」或「統我」，其具有下述七項特點：

1. 身體自我意識（sense of bodily self）：對身體自我的意識大概在 15 個月時出現。

2. 自我認同的意識（sense of self-identity）：覺察到自己是個別而且獨特的。語言對促進此種認同相當重要，自己的名字對此種意識更具鞏固作用，這種意識約自 2 歲開始，且會延續下去。

3. 自尊的意識（sense of self-esteem）：大概 2 歲左右，自我提升（self-enhancenent）變得重要，通常表現出反抗的癖性。大概到了 4 或 5 歲左右，想提升自我的慾求由反抗性轉變成競爭性。

4. 自我的伸展（extension of self）：這是相當自我中心的階段，大約是 4 至 6 歲，帶有極端的占有慾，對任何事物都聚焦在與「我」有關的角度。

5. 自我形象（the self-image）：4 至 6 歲階段的另一重要因素是他人的評價方式。「入學」是受到他人期盼影響日漸增加的開端，他人的期望由此變得十分重要。

6. 自我是理性的抗衡者（the self as rational coper）：從 6 至 12 歲，慢慢覺察到自我足夠克服外界、解決問題，並理性的思考，而開始反思自己的想法。這也是與家庭、同儕團體、教會等等密切聯結的階段，是屬於服從的年齡，對壓力的因應則是全盤吸收。

7. 統我的努力（propriate striving）：經由生活目標的選擇以追求自我提升的傾向，有了人生計畫則表示達到覺悟統我努力的成熟階段（林淑梨等譯，1994）。

（二）Cattell 的論點

另一重要特質論者是 Cattell，他視人格發展為遺傳與環境因素兩者作用

的產物，因之他認為古典式制約與工具式制約是重要的。他同意人有改變的潛力，但更強調人格的穩定性。基本上，他認為人格的發展及一般性的行為由個人所屬的團體，諸如：在教會、家庭、學校活動的觀察，即可以獲得完全的了解，而且他認為團體和人一樣具有特質。描述某團體採用的向度，稱之為「群性」（syntality）（林淑梨等譯，1994）。

七、人格發展與教育

（一）角色認同

Erikson 的理論明確的指出，青春期的青少年需要獨立與責任感的賦予，該階段的關鍵在於群體的認同與疏離，最大的影響是同儕壓力，個體要面對角色之認同危機。教育的目標乃在於提供真實的經驗與責任。學校應提供不同的方案（program），尤其是在國中階段更應提供各種不同的教學，使青少年了解責任的意義，讓他們學習教、學、照顧同學，以助長其領導發展及心理成熟，發揮同理潛能。各種角色扮演對心理認同具有非常正向之影響，學校應適時的教導打工的學生正確的觀念，以防不當經驗的不利影響。（Sprinthall & Sprint hall, 1990）。

（二）創造力

在各種特質之中，創造力是值得重視的。創造力包括了思考的流暢、變通、獨特、精進，尤其獨特是其中心；以合理方式解決問題、善用工具，不論在實作或是社會方面的創作都屬之。而提到創造力，許多人會聯想到智力，事實上兩者之間的相關性並不高，語文測驗方面相關約 .20，非語文測驗方面為 .06，幾乎可以說它們是兩種獨立的能力（Gage, 1992）。

創造力可以培養和訓練，教學方式亦對創造力有所影響，以開放的心胸追隨成功的問題解決者。Torrance（1962）曾提出增進創造力的教室氣氛，例如：以開放、鼓勵取代強迫；以開闊心胸取代偏見；以示範取代批判等。

（三）自我概念

　　自我概念是對自己態度的一個總概念或總評，可以分成三層次，最高層是一般的自我概念，下一層次可分成兩大部分：一部分是學業的，另一部分是非學業的（nonacademic），例如：社會的和生理的，再下一層則可細分成單項學科的能力、人際關係、交友能力、體能、外表儀態等等的自我概念，其中基層是較易於改變的。一段時間的行為改變，和自我態度之改變是相輔相成的。

　　在重要他人方面，例如：父母、老師、同儕與個體之間的互動，是促成自我概念之主因。一旦兒童將自己列入少數團體（minority group），屬於較不受社會認同的弱勢，對自我概念多少有負面之影響。自我概念與成就之間有正相關，社會讚許和適度努力後的成功，有助於提高兒童的自我概念，也會提高其自尊。教師及重要他人應透過互動，來協助學生建立正向的自我概念（Gage, 1992; Shaffer, 2002）。

（四）焦慮

　　焦慮分為特質焦慮和狀態焦慮（Spielberg Ed., 1966），後者是暫時的狀態，與當時的特殊情境有關而產生的。整體而言，焦慮與動機有關，適度的焦慮有助於學業的表現，因而教師應先了解學生的焦慮程度。非結構式的學習環境有助於高焦慮的學生。Tobias（1979）認為，焦慮會影響學生檢索訊息、處理訊息和接受訊息的能力；因而教導學生減低焦慮，或是予以某種協助以降低焦慮，是有必要的。考試焦慮可以透過系統減敏法而減弱（Tryon, 1980）。同時，分辨情緒的和憂慮的焦慮亦有必要，讓學生專注在功課上可以降低憂慮引致的焦慮；學習技巧伴隨減敏法促成學業上的成就，亦有降低焦慮的效果。

　　教學的速度適當不致太快，亦有助於降低高焦慮者的焦慮；以自我的內在語言提示自己勿過度焦慮，亦有其作用。

（五）標籤和人格發展

教師須特別注意標籤的負面作用，它代表了錯誤的類化，尤其在忠誠、創造力、自信等方面不宜加以類化，因為這些可視不同之情境而有不同之狀況。負面的標籤往往會產生比馬龍效應，使學生負向的預期應驗，這是不妥當的；因而預防性的示範較之為學生貼標籤，對學生之人格發展有積極的意義（Gage, 1992）。

（六）雙語和人格發展

雙語被接受時，是社會化的推動力；不被接受時，對人格統整和情緒調適都會造成傷害。自己的母語若是弱勢語言，以非主流語言溝通不成，反而傷到了自尊。孩子會全球化的語言，則有助於其社會化，又因自覺有能力而有高自尊，也能與更多的群體溝通；此時，雙語即成為促進感情和社會調適的因子，同時有助於人格與情緒發展（王瑋，1988）。

（七）將理論落實在教學中

Erikson指出，不同年齡具有其不同的發展危機，教師可於潛移默化中協助學生發展。教師可注意下列原則：學習環境的安排、善於運用合作與競爭原則、儘量鼓勵學生自我比較、指定作業要明確、讓學生容易有成就感、允許無意犯的錯、有耐心的提示學生規則和問題解決的模式、對於年幼的孩子需要一個步驟一個步驟的說明。

在結構性的課程之外，應允許學生自由發表意見，教師亦應對學生的情緒需求有全面性的了解，當學生產生防衛性的語言和行為時，教師應特別注意其言行舉止以及服裝儀容背後的心理因素。

養成學生獨立、負責的習慣、以較寬廣的心對待學生、彈性教學等，皆有助於減少性別刻板印象和促進社會化。（Eggen & Kauchak, 1992）。

 第五節 道德發展

近 70 年來，針對道德方面的社會心理學研究，被三種理論取向主宰：Freud（1993）最先提出的心理分析論取向、Hartshorne 和 May（1928）提出的社會學習論取向，以及由 Piaget（1932）及 Kohlberg（1985）提出的認知發展論取向（引自俞筱均等譯，1993），說明如下。

一、Freud 的心理分析論取向

Freud 認為，道德就是超我（super ego）經由罪惡、羞恥及自卑等感覺，而產生對性本能及攻擊本能的控制（俞筱均等譯，1993）。超我是兒童經由父母或父母代理人的言語與行動中，所認識到的社會理想和價值觀。這些理想和價值觀也是經由有系統的酬賞和處罰而在兒童身上培養起來。被處罰的感覺通常會形成超我的部分，稱之為良心（conscience），被酬賞的行為呈現在超我中就是自我理想（ego-ideal）。最後良心藉著使個體自覺無價值或罪惡感而達到處罰個體的目的；自我理想則藉著傳達驕傲感和個人價值感來酬賞個體（林淑梨等譯，1994）。

道德焦慮（moral anxiety）是 Freud 提出之另一立論，它是來自對超我的處罰所產生的威脅感，它以罪惡感或害羞的感覺呈現。當一種原我衝動以「非道德」的方式威脅以獲得滿足時，超我會據此做出反應。道德焦慮是一種來自內部衝突的威脅（林淑梨等譯，1994），道德教育亦必須適切地處理此焦慮。

二、社會學習論

社會學習論除了重視良心發展中認同的角色，亦強調模範和模仿的部分。Kagan 對認同的定義是：「學習的認知反應」，藉此個人把認同之模範者的屬性、動機、特色及感情活動融入本身的心理結構中。

　　當兒童開始模仿成人時，主要是為了取悅父母並避免行為不當而不被贊同或受懲罰。之後，他們了解到好的舉止本身即具有報償性，而且服從本身也是令人愉悅的，因此在舉止上就會合乎道德，而由良心來行使自我規範的功能。王瑋（1988）認為，不論是師長、名人、歌星、運動員……，都有可能成為兒童崇拜的對象，但是父母才是最重要的模範，在子女的良心和道德發展上扮演決定性的角色。

　　道德與非道德的習得，就社會學習論而言，其歷程是相似的。而所謂的自我控制、利他行為、抗拒誘惑與同理心相關聯的道德價值或習慣，則由社會環境和環境中特別的情況決定之。道德行為則和文化是高相關的。

◆ 三、認知發展論

　　此派著重於道德思考的普同序階（stage）之發展，以 Piaget 和 Kohlberg 兩人之理論最具代表性。

（一）Piaget 的道德發展階段

　　Piaget 把道德發展分成兩大階段：一是約束的道德（morality restraint）；另一是互惠性道德（morality of reciprocity），如表 2-2 所示。前者的發展約在 3 至 11 歲，此時期兒童接受有支配力的規範，因為成人近似於全能，因而屬他律階段，兒童認為違反規範應當受到報復或公平賠償。此時期兒童對動機或意圖並不十分了解，而重視外在的行為結果。12 歲以上的青少年能運用抽象思考，內省敏銳取代外在規範。而內在監督的價值是透過互惠原則形成，並發展出自主運作的自我監督。在成長過程中與規範之強烈互動，是人格新層面和高創造力的肇因之一（王瑋，1988）。

表 2-2　Piaget 的道德發展階段

隨著認知的發展，對道德問題的了解也更清晰而細緻。他律階段的兒童較成人或青少年對是非的判斷來得固執和嚴厲。

他律（hetermomous morality）	自律（autonomous morality）
＊以約束為基礎：兒童以成人的規矩為依歸並完成之。 ＊態度反映出道德現實的行為：規則本身缺乏彈性，本質上是外在的、權威的、不容協商和打折扣，唯有遵行成人的規定。 ＊判斷好壞是因為行為的結果和客觀形式，公平取決於成人決定的內容；武斷和懲罰被視為公平。 ＊懲罰被視為犯錯的自然結果，正義是天生的。 〈道德現實主義〉	＊以自主個體的合作、成熟的認知為基礎：人與人之間的關係是平等的。 ＊理性道德態度反映：規則被視為成熟的同意，可以協商的，因為接受和一致同意而制定法規，根據合作的需求與成熟的顧慮而享有權利。 ＊好壞之判斷根據行動者的意圖，公平被視為平等對待或符合個人需求，公平的懲罰與過錯相當。 ＊懲罰被視為受人類的意圖所影響。 〈道德相對主義〉

資料來源：Slavin (1991)

（二）Kohlberg 的道德觀

Kohlberg 的基本主張如下（蘇建文等，1993），如表 2-3 所示：

1. 道德發展有其順序，而順序是世界性的，即全世界的人都經由一系列順序發展，同時順序是固定不變的。

2. 每一階段的發展是整體的，處於某一階段中，以某一理由原則來判斷不同的情境故事。

3. 個人若要達到較高層次的道德發展時期，則須先具有較高水準的認知程度；但另一方面，具有較高水準的認知程度，並不見得一定得達到高層次的道德發展。

表 2-3　Kohlberg 的道德發展層次序階表

道德思考層次	道德發展序階	
A.道德成規前期（pre-conventional level）： 自我社會期待是外在的。兒童對文化之反應，尤其好、壞的標籤。但重點放在物理效應反應或規則的物質部分。	1.處罰—順從導向： 規避處罰並對權力順服。 〈自我中心觀〉	2.工具目的和交換導向： 滿足需求和他人需求之權力，人際關係是一種相互對等、實用的道德（你替我抓背，我也才替你抓）。 〈具體利己觀〉
B.道德成規期（conventional level）： 考慮立即的結果和達成家庭、群體或國家的期待價值。忠誠的支持社會秩序，而不只是單純的符應社會習俗。	3.人際和諧導向： 為了相互人際期許或取悅他人，相當符合社會習俗要求以成刻板的合宜行為。被他人稱讚「好」是這時期的行事動力。目的和意向顯得很重要。 〈個別相互觀〉	4.權威和社會秩序保持導向： 負責、尊重權威、保有社會秩序，不為取悅他人，而因認為「為所當為」。 〈社會系統觀〉
C.成規後期或原則階段（postconventional autonomous, or principled level）： 努力界定道德原則，離開權威，依然有效的與自己團體的價值相對應。	5.社會契約、法規導向的個人權利： 對法律的義務感是因為個人所立的社會契約，而遵守法律是為了所有人的幸福及為了保護所有人的權利。「為大多數人的最大利益考量」，承諾情操布滿於家庭、友誼、信任及工作義務中。 〈超越社會觀〉	6.普同的倫理原則導向： 本於良心而界定權利，依循自己選擇的倫理原則，尤其是特定法律或社會協定經常具有效力。抽象、倫理權，而非具體之道德、人類相互平等的人權，尊重個人的尊嚴。 〈普同道德觀〉

資料來源：Gage (1992)

四、道德發展與教育

（一）認知發展與道德判斷

根據吳裕益（1982）的研究，認知發展與道德發展之間有如下之關係：

1. 認知發展與道德判斷發展有關，認知發展為道德發展的必要但非充分條件。
2. 認知發展與道德行為有關，認知發展較快者，其行為表現較能符合中小學教師的要求。

其中有關認知發展與道德判斷發展之間的關係，仍有賴其他條件之配合，才能促進道德判斷的發展。

陳建安（2001）研究犯罪少年和一般少年的道德發展，發現有下述結果：

1. 一般少年道德認知發展階段顯著高於犯罪少年。
2. 暴力犯在生命價值規範最低。
3. 竊盜犯在財產價值規範最低。
4. 一般少年與犯罪少年在法律與合法正義的價值觀方面差異最大。
5. 竊盜與毒品犯的道德認知推理有差異。
6. 竊盜與暴力犯的道德推理結構相似，但是在質方面有所差異。

因而陳建安建議，應先從認知發展行為解釋模式幫助了解青少年行為，且要著重法律與合法正義之價值觀，對於不同類型的犯罪，應給予不同社會認知建構的矯正。

綜合上述二人之論述，道德判斷與認知及實際行為表現有密切關聯，可見道德判斷乃是道德教育之重點。

（二）道德講話（Moral discourse）

Oser（1986）提出下述師生之間，提升道德思考層次的對話原則：

1. 直接指導道德衝突，並激勵高層次的道德思考。
2. 分析學生的信念、推理和立論。
3. 指導道德角色和道德同理心。

4. 指導如何了解並分享社區內有意義的道德規範。

5. 指導道德選擇和道德行為。

雖然道德推理與道德行為之關係非為必然，因而只有對話並不足以使學生為善，但對話可以引發學生的批判思考，並了解個人在社會的角色與意義。雖然事情發生時的隨機教育較能身體力行，但計畫中的課程更可周延而快速的引導學生進入道德發展的成規後期。

（三）道德與成規（Morality v.s. Convention）

道德界定內在的公平與公正，成規則根據社會良心決定何者為對、何者為錯。偷竊是道德問題，而如何穿著則屬於社會規範問題，但是7、8歲的兒童並無法區別這兩者之不同。不同年齡的兒童其發展各有不同，道德行為的表現須有相關的思考，太小的兒童對兩者都無法理解，青少年則對道德問題有相當之關切，因之兩難問題之討論於兒童後期和青少年期較合宜（Gage, 1992: 142-146）。

（四）情緒與道德

在失衡的心理狀態下，情緒會有複雜的反應。而影響失衡的因素不論動機、認知、生理狀態，或環境引導都有可能。不論是生理性的激起受到認知的解釋，或是環境影響的各種情緒的失控或受引誘，都可能產生不同的行為。另一方面，如對不好的行為感到擔心或有罪惡感，或對他人不義的行為感到氣憤，這種心理狀態往好的一面發展，會因同情心等而成就利他行為。Hoffman（1982）依據同情心成長理論模式，提出同情心成長的可能因素有情緒直接經驗，或較多感受與注意關懷他人，或曾接受較多感情，從中發展表達利他心力（引自俞筱鈞等譯，1993）。

（五）道德原則在教學情境中的運用

教室公約的制定本身即含有道德原則與規範，因之除了是以民主法制為產生之根據外，不同年級經常產生的不利他人之行為，亦應列入班規之內，例如在課堂討論中：取笑他人的行為妥當否、如何尊重他人、秉持同理心、

站在他人立場為對方設想等，都是。

　　教師本身要以身教給予學生良好的示範，誠信是最高的原則。當遭遇到兩難的道德問題時，可採用道德兩難的討論；但是教師必須對考試作弊有決定懲處權；在新進同學的安排上，教師在事前應先了解學生特質，並教導其與同學的相處方法；若有大欺小之行為發生時，除了以校規處理外，同理心的培養與討論更重要：「要別人如何待你，你要先如何待人」，是另一人際相處之道。

（六）教師與道德教育

　　關懷倫理學重視的是「人與人之間道德的相遇」，在關懷的關係中，受關懷者和關懷者都是主體。人性之中，本來即具有關懷之情，而建立在這上面就有實踐道德的動力。在教育方法中，「述說」與在情境脈絡中創造實踐都是良策（方志華，1999）。再參考 Kohlberg 的道德發展層次論，幾乎可以下斷言：一位尊重學生權利、鼓勵學生參與的教師，必然自身有較高的道德水準，能以人文的眼光看待學生、接納學生。以言教、身教、非權威的方式帶領學生，自然能因人性、民主和專業的帶領，而有較高的道德行為（張鳳燕，1996）。

（七）道德教學

　　現代的道德教育在方法上，宜以民主代替權威，以啟發代替灌輸，以自律代替他律。道德教育，其終極目標是在於培養自主自律、有情有義、統整的道德人格；因之認知與情意是一樣重要的。

　　在教學方法上，除了採取直接教學外，另輔以戲劇、角色模擬、團體討論等活潑的方法。在教材編製上，由個人特殊情境的道德思考，逐漸擴及更廣泛的社會道德。道德教育宜融入各科教學之內，而表演和創造的藝術對道德情感發展更有其功能，體育課程也可培養合群、容忍、守紀律、互相尊重、互助合作的道德精神。

第六節　情緒發展

　　情緒是一個人對社會期望和價值的一種反應，在人生的最初期，只是一種反射性情感（reflexive affect），經過與生活社區周遭人群等的互動而漸次發展，經歷包括情緒的獲得（acquisition）、區辨（refinement）和轉化（transformation）這些步驟，情緒發展也日漸成熟。

　　情緒的社會化和自我調適，受到家庭的影響最大。一般而言，雙親是嬰兒情緒的仿同對象，因為父母對子女的呵護照顧給予子女較多愉悅感，嬰兒接受到的負向情緒是相對較少的。

　　從嬰兒期開始，就有認識和解釋他人情緒的能力，8 至 10 個月大的嬰兒即有社會檢索能力，能認同和理解他人的情緒，不過學齡前主要的發展，仍聚焦在家庭對話和個人自我情緒上。然而，情緒表現和與保母之社會接觸，即具有調適行為的功能，協助兒童在非特定情境下感受、思考各種行為。

一、心理分析論

　　心理分析論用一句話描述情緒最早發生的依附行為：「嬰兒愛雙親，是因為雙親哺育嬰兒。」Freud 的理論指出，嬰兒性心理發展的第一期——口腔期，主要之滿足是透過吸吮得到，因而給予口腹滿足的對象（一般是指母親），即是情感的來源。當母親放鬆而溫和的餵哺嬰兒，除了提供食物之外，還給了其吸吮的機會和安全感。此期母親成了嬰兒的初級安全提供者，也是依附者和情感的目標。

　　Erikson 也同意 Freud 所說，母親的餵哺動作提供嬰兒情感和安全感之看法，但是將母親的責任看得比餵哺嬰兒更重要。Erikson 認為，母親哺育嬰兒的這種負責的照顧行為，使得嬰兒對人充滿信任（trust）；相反的，如果照顧者沒有提供哺育和溫暖的照顧，則嬰兒會對人產生不信任。如果嬰兒學到的是不信任，則在情緒發展上，會傾向於避開相互信任（mutual trust）的關

係，這種對人的不信任會影響其一輩子的情緒和其他方面的發展。

二、學習論

學習論亦同意哺育子女的動作很重要，但其主要理由卻有二：一是因為母親在餵哺嬰兒過程中的微笑等較正向的反應，使得哺育者包括母親或是保母得到增強，而會對嬰兒更加呵護照顧；二是哺育過程中母親或保母不只提供了食物，同時更多的滿足來自哺育者，例如：溫暖、溫柔的接觸、柔軟的、讓人安心、可靠的聲音（reassuring vocalizations）等；哺育不單單只是提供食物，還包括了各種舒適的感覺（commodity）。當親子餵哺之互動過程良好，嬰兒得到了依附情愛，則其會向母親表達各種情緒，例如：哭、笑、發出咕咕聲、吹口水泡泡，或模仿等，來引起母親或保母的注意，以保有有價值、會反應、有回饋的對象，母親也透過這種溫暖互動得到角色的增強（Shaffer, 2002）。

三、認知學派

認知學派的主要論點為，「知道」是長期依附與情感關係的先決條件，用一句話描述——「愛你，我必須先知道你會經常在那兒！」認知發展論著重嬰兒的認知發展層次，認為嬰兒在依附行為發生之前，必須有能力分辨陌生人和熟人。嬰兒若認知熟人會和他有長期關係，必須先理解或感受到所要依附者將與之有長期的關係（Schaffer, 1971）。所以認知學派把情緒發展的階段，界定在 7 至 9 個月大的嬰兒，而這個時期正是 Piaget 的「感覺動作期」之中，嬰兒開始找尋被藏起來的東西之階段。所謂「感覺動作期」的第四階段，陌生人和熟人的分別對 7 至 9 個月大的嬰兒是有意義的。嬰兒主觀認知會有長期情感依附與其行為有關，即所謂先認知才有情感依附。

四、動物行為學派

動物行為學派（Ethological）著重的是親子之間自然具有的關係，可以用一句話表達——「也許個體一出生就知道什麼是愛。」本理論主要的假設是，人類生來就有天生的（innate）行為企圖，唯有親子之間的情感聯繫

帶，才能在優勝劣敗的生物演化過程中得到存活的機會，因而嬰兒依附母親是求生存的天性。

　　本理論認為，嬰兒對可信賴的對象才有情感互動，此乃天生本能。同時強調在情感參與的互動中，嬰兒先有反應，而且對有可能在後續成長過程有互動情感的人有依附行為；之後在 9 個月大起漸次發展多重情緒，而不限於依附關係，例如：嬰兒天生就會主動對母親有情感之表達，即是。

◆ 五、生態學理論

　　在層層相扣、環環相連的周遭環境中生長，以生態學觀點看影響發展的因素有兩大要點：一是社會系統乃為交互影響的（reciprocal）；其次是這些系統之元素間相互之間則是動態力量（dynamic force），交互作用影響到個人的發展（Woolfolk, 2007: 74）。個體的情緒發展和社會發展有密不可分的關係。茲就教養方式與個體的情緒發展和社會發展之關係，如表 2-4 所示，說明如下。

表 2-4　教養方式

方式	高控制	低控制
高溫暖	民主型（告訴事件後果）	縱容型（嬌縱寵愛）
低溫暖	權威型（我說了算）	漠視型（不在乎）

1. 民主型教養：其子女因受到溫暖輔導、關心而少責罰；協助子女了解事情後果；期望成熟行為。但由子女自行做決定，如此教養長大的孩子會較快樂，而會懂得和別人相處。
2. 權威型教養：嚴格而多懲罰，少有溫情說話；子女易有罪惡感，有憂鬱傾向，比較難產生開放溫和親切的人際關係。
3. 縱容型教養：這樣教養長大的子女，像是長不大的孩子，因而和同儕相處也有困難。
4. 漠視型教養：前三種養育至少是有關愛和支持的，這種型卻是低溫暖、低控制的，是讓下一代受傷的（harmful）悲苦類型。

　　與同儕相處困難的還有：父母離婚初期的子女、與同儕各方面異質性高者、缺乏正向行為情緒者，或太好鬥、太退縮、注意力不集中過動兒等皆是。好鬥包括工具型（instrumental agression），是指有目的的特別積極做某事；敵意的攻擊（hostitle agression），是指放肆的、無故的、直接攻擊；身體的攻擊（overt agression）是指，直接攻擊他人身體；對關係的侵犯 （relational agression）是指，口語上的侵犯或惡意破壞他人的人際關係。（Woolfolk, 2007: 75-80）。

◆ 六、四個觀點

（一）餵哺有多重要？

　　1959 年，Harry Harlow 和 Robert Zimmerman 以猴子實驗，理解餵哺與溫暖之間的關係。小猴子的義母是兩隻造型不同的母猴模特兒：一是僅有鐵絲纏繞，一是有絨布包裹的母猴，但兩隻都有相同的假臉。該實驗結果是：小猴在難過、害怕時會奔向絨布媽媽，只有餓的時候才會到鐵絲媽媽身上吸吮。研究因而發現，溫暖、依附情感才是小猴對絨布媽媽親近的原因，似乎安全的接觸比餵食更有影響力，因為這個餵食者提供了多種愉悅情緒和回饋（Shaffer, 2002）。

　　Schaffer 和 Emerson 發現，二種行為可以預測嬰兒對母親或保母的依附情感；一者是母親或保母有多負責照顧嬰兒，其二是母親或保母所提供的刺激為何。

（二）娃娃臉效應（Kewpie doll effect）

　　早期動物行為學派提出銘印說（impriting），以鳥類的研究發現，牠們在出生一剎那的危機之後，認定一目標即視其為情感寄託之對象，如母鴨被小雞跟隨之情形，即是一例。這種第一眼相中即依附的天性，使得幼小動物得以存活，而代代相傳，更可演繹到某些稀有動物因為不會照顧幼小的下一代，而須依賴其他物種以免於消失，如貓熊即是。

所謂娃娃臉效應是 Longlois、Ritter、Casey 和 Sawin（1995）所提，有反應的小孩更容易與成人有情感上的互動。人類本即對初生嬰兒可愛的大頭、突出的前額、胖嘟嘟的雙頰、柔軟而圓潤的可愛模樣之娃娃臉有所偏好，因而初生嬰兒是招人疼愛的，人們自然對小娃娃、小動物會產生社會性情感。而一個天生喜歡笑、有主動反應的嬰兒，也會吸引成人對他的關心。而嬰兒的微笑更是一種初始反應，是對愉悅刺激的反應。對照顧嬰兒的親人或保母而言，這些潛在的訊號，例如：打嗝聲、興奮的手舞足蹈，或吹泡泡，會讓成人將之解釋為因其對嬰兒有良好的照顧；因而會發出聲音；有動作的嬰兒，會更受成人照顧，更加受到注意，成人也傾向與其分享快樂情緒（Gewirtz & Petrovich, 1982; Keller & Scholmerich, 1987）。這種長相上，娃娃臉和社會行為可愛吸引成人注意的行為，在演化過程中，無疑增加了嬰兒存活的機會，也是嬰兒主動散發出的情感魅力（Shaffer, 2002）。

Bowlby 堅持成人如同其他生物，對嬰兒有特別的反應，例如：成人很難忽略嬰兒的哭泣聲，自然的會對嬰兒付出溫暖關愛；而事實上，成人對嬰兒微笑的同時，常伴隨正向的語言（Gewirtz & Petrovich, 1982; Keller & Scholmerich, 1987）。嬰兒和保母或母親彼此增強，形成一個良性循環的情愛關係，而嬰兒與母親或保母的親密依附關係與良好互動，是嬰兒存活的極重要因素。

Bowlby 對於嬰兒與母親或保母之間的情感提出看法，他認為雙親在照顧嬰兒的過程中，漸漸有能力了解嬰兒，而給予適當的照顧；同時，受照顧的嬰兒也漸漸了解成人的規範，例如：初生嬰兒吃喝拉撒都不定時，但成人固定的餵食、換尿布會使嬰兒養成規律的習慣（Ainsworth, Blehar, Waters, & Wall, 1978）。

（三）分離焦慮

Bowlby（1973）提出演化論對分離焦慮之看法，他認為在演化過程中，許多生物存活受到威脅的危機，都是在幼小時與已長成的生物分開所造成的。因而在生物學上，動物本能會避免分離，以避開因分離造成的危機；嬰兒也是幼小動物，自然會害怕離開熟悉的環境、熟悉的人，而陌生的人與陌

生的環境意味著與熟稔之人與環境分離。當然這中間仍有文化上的差異，值得再深究。

陌生人焦慮與分離焦慮對嬰兒而言，一般自 6 至 9 個月大開始，而 14 至 18 個月狀況最嚴重。2 歲的幼兒對陌生人和分離焦慮更為明顯，主要與生理發展已能自由走動尋找刺激有關。

（四）父母對工作的態度與照顧子女之相關

Hoffman（1989）研究指出，母親愈快樂，對子女感覺的敏感度愈高；工作壓力愈小，子女的情緒愈穩定。因而職業婦女與全職母親對子女情緒的穩定度有一定程度的影響，其影響取決於母親對職業角色之看法，如果母親對職業和對待子女的態度是正向的，則子女的情緒亦傾向正向。

母親溫暖、有反應的照顧，使子女也學會溫暖、對人有反應；而若親子在情緒上缺乏感情的互動，對子女的情緒發展是一種危機。但職業婦女亦可以選擇溫暖有反應的保母或是幼教老師，因為溫馨的幼兒教育環境是有益幼兒情緒發展的（NICHD Early Child Care Research Network, 1997）。

七、情緒發展軌跡

依照生理年齡發展，大多數人的早期情緒發展如下：

1. 6 個月大的嬰兒開始有所謂的初級情緒，例如：生氣、傷心、驚訝、害怕等，如果成人給予關愛讚許，嬰兒會表現較多的正向情緒，會透過吸吮或轉移目標調節情緒。在情緒理解方面，已能區分面部的表情。3 個月前的嬰兒能反應愉快、不愉快，3 至 6 個月表情差異則更為明顯。

2. 在 1 歲以前，情緒的自我調節漸次改善，會透過咬東西或轉移目標調節負向情緒。對他人情緒的認知有更明顯的改善，開始有社會檢索的表現。

3. 1 至 3 歲，有更多自我情緒的覺察。情緒調適更有效，也會企圖改善或控制讓他不舒服的刺激或壓力源。在情緒理解能力發展方面，透過玩和活動與人互動，漸次有同情反應。但是手足嫉妒、幸災樂

禍、自我中心,或對特定人物的喜愛仍是明顯的。2、3 歲的兒童呈現出次級情緒,例如:害羞、光榮、罪惡、尷尬等。

4. 3 至 6 歲,開始會運用認知策略,調節自己的情緒和表現,能接受簡單的規範,也開始有情緒面具,對情緒表達操控漸佳。在情緒理解方面,主要是透過肢體運動表達來認識情緒,了解外在的原因與情緒間的關係。同理心反應已形成,且常有同理表現。

5. 6 至 12 歲,在情緒表達方面,自我情緒覺察伴隨道德判斷,內在自我標準隱然成形,自我調適的策略更加複雜,也更能專注自己的情緒問題。在情緒理解方面,已能統整自身與周遭的線索來了解他人的情緒,覺察他人的情緒能力漸次展開,能夠覺察同伴及他人的情緒反應。除了了解複雜的情緒外,此時期的同理心反應相當強烈。10 歲以前,偶有自以為已經成長,言行似大人姿態,會注意他人,但對他人之批評則十分敏感,大多數仍是自我中心的,用行動表現反抗,但是卻喜歡以助人或自我的成就取悅師長。稍長,會因為成人的衝突而有情緒適應的困難,愛幻想、有偏見,也會希望引起他人注意,對於規範有較彈性的解釋。

6. 青少年期,自我概念發展以自我建立為主,但在情緒表現方面常有不穩定現象。比較明顯的情緒有:反抗、憂鬱、沮喪、嫉妒、害羞、自卑、罪惡和情愛。在情緒理解方面,如果辨識正確,較不會有困難(唐淑華,2000;Shaffer, 2002)。青春期則因認知發展與社會要求,更能覺察自己和他人、自我激勵、自我情緒表達和調適。簡單的說,因為情緒智力的增長,青少年在情緒分辨、道德判斷、情緒表達、調適等方面有明顯的發展(劉慧慧,2001;Shaffer, 2002)。所以,「狂飆的情緒」未必是發展中的必然(林美珍等,2007)。

◈ 八、情緒發展與教育

　　情緒認知與學習經驗有關,隨著年齡增長,學習經驗增加,情緒認知出現大幅進步。情緒認知的發展有因先天的遺傳,也有賴後天環境和教育。因

此情緒發展應是個體遺傳、環境和教育等因素交互作用的結果。

　　整體而言，各種情緒是對刺激產生的激動狀態。隨著年齡增長和受教育影響，情緒表現的時機和情緒作用下的行為會有所差異。年紀愈小，表達的方式愈直接，成長之後則較會了解成因以解決問題，較少將情緒顯露在外。情緒之表現除了教育因素外，也受社會文化、風俗、習慣之影響。

（一）家庭氣氛與情緒發展

　　親子關係對情緒發展核心有深遠的影響。幸福快樂的婚姻，因為雙親對父母角色的準備充分，能提供足夠的關心和愛，表達對初生兒更多喜愛的情感，這些是嬰兒發展正向情緒的重要來源（Cox, Owen, Lewis, & Margand, 1989; Howes & Markman, 1989）。因而計畫生育的雙親對子女的照顧，是較有利於幼兒情緒初期萌芽階段之發展。家庭內正向的情緒是一個良性循環，負向則成惡性循環。

（二）托育中心與情緒發展

　　品質較好的托育中心，對幼兒情緒有較正向之影響，高品質托育中心之參照條件為：

1. 物質環境：乾淨、光線充足、安全無虞、適齡的遊樂設施。
2. 師生比：理想的師生比是 1：3，最多 1：6。
3. 特質：幼教老師要受相當之訓練，負責、延續的照顧，溫暖、情緒表達適宜，能與幼兒保持長期的情感互動。
4. 玩具與活動：要提供適齡的玩具和活動，並且不讓兒童獨處，必須使其在幼教老師觀察範圍內活動、遊戲。
5. 家庭聯繫：父母要喜愛子女，而且與幼教老師保持聯繫。
6. 證照：一方面是政府發給托育中心的證照，如政府立案證明，一方面是幼教老師須具備證照，如幼教學分（Shaffer, 2002）。

（三）情緒發展階段與教育之重點關聯

1.「獲得」情緒經驗階段

一般而言，長子女和中間子女的情緒智能高於么子女或獨生子女；自我概念愈高，情緒智能愈高；女生在國中階段的自我情緒智能、人際情緒智能或是整體情緒智能皆高於男生（徐振坤，2000）。而在情緒感受經驗方面，國小中、高年級男生的「罪惡感」顯著高於女生；在情緒適應行為方面，女生在「認知他人情緒」、「人際關係管理」、「自我激勵」與「自我情緒管理」等各方面則優於男生。在情緒感受經驗方面，國小四年級比五年級學生在「自卑自貶」、「緊張、害怕」方面有較顯著的負面感受經驗，而且四年級比五、六年級學生在情緒適應行為方面為差。同時，情緒適應行為與情緒感受經驗間，的確有著顯著相關，情緒適應行為亦可預測情緒感受經驗（胡慧宜，1998）。因而教師針對教學對象因材施教，運用日常生活中周遭的情境和故事教導學生適當的情緒反應，用合適的覺察策略提高學生的自我情緒和同理心，將有助於學生情緒智能的發展。

2. 在「區辨」情緒的階段

情緒發展中區辨的一項非常重要的元素是「心智理論」（theory of mind）。這機制使個體能了解他人的意圖，而有相對之反應。不論是人際關係，或是情緒反應，兩者任一。就情緒上有缺陷的自閉症者而言，研究者發現，「心智理論」的缺陷，是自閉症患者最明顯的問題（劉美蓉譯，2004：83）。

近代學者研究大腦是否在情緒發展中有重要基本影響，透過神經生理學研究確定：大腦區位影響情緒中生氣和害怕的控制中樞在隔膜（spetum）與杏仁核（amygdala）（Sternberg, 2009: 53）。

有關血清素這個神經傳導物質，已經被發現30至50%的自閉症孩童血液之血清素濃度異常的高（劉美蓉譯，2004：71），因而治療宜由醫療專業介入。在教育的立場上，重點放在父母、師長對子女、學生啟迪和輔導，更顯重要，尤其是在情緒控制和壓力釋放方面；不論在發展情緒、自我控制、焦

慮、挫折和心情波動、自我意識、憂鬱等各種情緒問題，首先要了解形成的
原因，再作細步的實用策略。

　　根據陳騏龍（2000）的研究發現，國小學童在情緒智能方面的能力，依
序是「認識自己的情緒」、「人際關係的管理」、「自我激勵」、「認知他
人的情緒」，最後才是「妥善管理情緒」。而情緒智能對幸福感和人際關係
之影響力具有獨立的預測效度。和善、聰穎開放、嚴謹自律、外向等人格特
質與情緒智能是正相關的；而情緒智能與負向支配性則是負相關的。不過，
人格特質卻無法完全涵蓋情緒智能。

　　在自我認同和自我想像的過程中，我們學會因應自己的情緒。試著了解
重要他人，也學著解釋別人的想法，和感受。情緒能力（competence）包括
了解和控制：一是了解他人意圖；二是同理心或洞察力。2 歲的小孩已經擁
有意圖感（intention），至少知道自己的意圖，他們會說出自己想要什麼，
也漸漸了解別人的意圖。學齡前兒童，已能了解並區辨意圖行為和反應行為
（react accordingly），而能和同伴相處，學齡兒童就能原諒他人非故意的犯
錯，愈成長愈能區辨他人做某事的意圖。2 至 3 歲會自行發展一套「心智理
論」，以了解別人，也就是人都各自有思考、想法、信仰、欲求和知覺。孩
子需要一套理論，以了解別人的行為。因為「心智理論」的架構，兒童增加
了了解別人不同的感覺和經驗，因而對知覺的看法有所不同（Woolfolk,
2007: 94）。

　　洞察力是持續發展的，直到相當的精進。因為了解別人的感受、想法、
才能培養合作和道德發展，也才能減少歧見，而能解決衝突，並鼓勵正向的
社會行為（Woolfolk, 2007: 94）。

　　Robert Selman 在 1980 年研究出洞察力的發展模式，在接近具體操作期的
運思期兒童，愈能了解不同的人，針對不同的情境，各有不同的反應。

　　10 至 15 歲的大多數人，已發展出一套旁觀者能力，可以在一小群人
中，區別不同人的意圖、想法、感覺等。在青年後期、成人前期，甚至可以
想像不同文化和社會價值對不同人的影響，以及會有不同知覺。如果無法體
會出不同文化和社會背景的人，會有不同知覺，萬一不小心，錯待了對方，
甚至會感覺自責。而在這種自責尚未非常嚴重時，輔導人員即應該協助他

（Woolfolk, 2007: 94）。

　　就區辨情緒部分，師長和家長仍有許多可以施力和共同努力的切入點。父母在家中、師長在學校，以及社會的行為示範與要求、教導，應有一致的規範，以免學童因價值的錯亂，而造成情緒學習的障礙。因而父母對師長的教導是協同而非對抗之關係，彼此良好的互動溝通亦有助於子女的情緒發展。

3. 在情緒「轉化」階段

　　所謂情緒轉化，係指將自身的複雜情緒加以轉化。這種轉化可透過歷史文化、文學詩歌、音樂藝術中，得到豐富的人文素養。以啟發性思考、有豐富意義的學習陶冶情意。善用舞蹈語言、文學語言、視覺語言、音樂語言、戲劇語言等激發現實世界與想像世界之溝通，昇華情緒，激發創作（崔光宙等，2000）。學校教育應注重五育均衡，美育的提倡更足以陶冶性情，使智慧增長的同時，情緒智能一併提升。而情緒的學習，可由了解情緒和表達情緒的策略著手。

 摘要

- 發展是身心兩方面一生之變化，狹義之發展只限於自出生至成人期。
- 早期遺傳與環境對發展之影響孰重爭辯不休，目前之觀點較偏向兩者是一體兩面、相輔相成。
- 就發展理論而言，心理動力觀強調「平衡」，行為主義觀強調「聯結」，器官成熟觀強調「自主的」和「自動調整」，人文主義觀強調個人的人性特質。
- 發展三大原則是先後順序的規律性、有個別差異、整體而言具有連續性。
- Piaget 認知發展的重點是階段發展，具有持續性，且有先後順序。
- 尋求平衡，透過調適、同化使基模結構達更高階段，乃為發展的過程。
- 在 Piaget 發展四階段中，感覺動作期（0～2 歲）為目標導向，尚無守恆概念，但已具記憶表徵。前運思期（2～7 歲）語言能力增加快速，過度類化語言，已有符號思考能力，但主要受知覺的支配。具體運思期（7～11 歲）對具體物質已可用邏輯思考，例如：已可了解槓桿平衡原理，懂得分類及序列。形式運思期（11 歲～成人）已可解決抽象和假設性問題，且能有系統的將所有狀況合併思考。
- Bruner 著重心理表徵，將認知發展分成動作表徵期、形象表徵期和符號表徵期。而語言符號是促進發展的原動力。
- Bruner 的理論與 Piaget 的不同，是其發展表徵具有同時性。
- Vygotsky 的理論除了注意心理層面，更注意到社會層面，認為內化與外化是學習之主要發展活動。
- 教學根據認知發展，其順序應是先具體而抽象，以發展程度訂定個人進度是最理想的；並宜以舊經驗為起始點，透過精緻回饋確實學習，透過人際互動培養群性。
- 語言發展經驗論強調後天環境經驗，天賦論強調生而具有的「獲取語言器官」（LAD），社會文化歷史觀則強調內在思維意圖與外在語言社區（language community）。
- 語言發展分為語言準備期和語言發展期。語言準備期是為語言之產生準備，分為反射性發聲階段、呀呀語階段。語言知覺、語詞理解則是語言理解之準備期。語言發展期的順序為模仿語期回響語、辨語期、發語期、構句期。此外，

個別差異也不可忽視，一般而言，女生較男性的語言發展較早，且發音清晰。

● 後設語言知覺是指，對自己用辭遣句與語言規則的明確知覺。

● 教師應了解語言受社會影響及焦慮對語言之影響，鼓勵學生用自己的話語表達。

● 學習者使用之語言如並非母語，有雙語背景，則其表現不能推論與智力有關，教師宜理解，對學生期待並有耐心。

● 人格有天生氣質部分，亦有後天與環境互動產生之部分，慮病感、膽量、本能驅力、安全需求、同情心、焦慮等與氣質較有關。

● 在人格理論中，Thomas 等人的氣質論強調天生特質，精神分析論著重不同階段發展之危機，發展任務觀著重敏感期與角色，行為學派著重增強與模仿，現象學著重自我概念之發展，特質論視人格發展為遺傳與環境兩因素作用之產物。

● 角色認同、創造力之培養、自我概念之發展、焦慮特質等都是教育中宜留意者，而標籤作用在人格發展過程之影響更不容忽視。在社會化的過程中，教師宜安排情境支持學生之人格發展。

● 道德發展是指，在社會化過程中學到的是非判斷標準，和按該標準表現行為的歷程。

● 在道德發展理論中，心理分析著重超我與自我理想產生之焦慮，社會學習論著重模仿、模範和認同，認知發展論自認知發展分析道德判斷。不論 Piaget 的他律或自律，或 Kohlberg 的道德成規前期、道德成規期、道德成規後期，都與認知的發展有不可分割之關係。

● 道德判斷之發展與認知發展有關，而認知發展是道德發展的必要而非充分條件，因而青少年階段實施道德教育是必要而可行的。

● 在認知之外，情緒對道德發展亦有影響，透過對他人之同情，而會增加利他的行為。

● 校長對老師、老師對學生之道德行為有舉足輕重之影響，因之校長之領導、學校氣氛、成績評定、資源分配、校園規範、學校課程安排、校內溝通方式與管道、決策流程等，都是道德教育的潛在課程。

● 道德教學除了直接教學之外，價值澄清、角色扮演都是有效的教學。

● 「身教強過言教」仍是道德教育的金玉良言。「見賢思齊，見不賢而內自省」是中、外（社會學習論）共同的看法。

● 「心智理論」是情緒發展中重要的元素。此機制對情緒反應、人際關係都是非

常重要的。因為心智理論的架構，2 歲兒童能了解他人的感覺和經驗。

● 在情緒發展過程中，家庭氣氛影響最大，托育中心也十分重要，而餵哺、分離焦慮亦是重要議題。

● 娃絑臉效應是嬰幼兒、小娃娃、小動物所具有的長相和吸引人想呵護的特質，使人們自然的，對初生有反應的嬰兒付出更多社會性情感，分享更多正向情緒。

● 情緒能力包括了解和控制。因而了解他人意圖、同理心和洞察力、區別他人意圖行為和反應行為，能促進道德和情緒發展。

練 習

1. 請舉例說明發展的一致性與連續性。

2. 如果科學概念可以分析成語言、自發概念、事實，請以此觀點說明語言在科學教育中的重要性，如何能教導兒童說出日常生活中有關的科學概念？請說明之。

3. 試述 Erikson 發展八階段在教育上的意義為何？

4. 後天與環境的互動對人格發展有影響，教師應如何培養與影響學生的健康人格？

5. 道德教育除了認知的啟迪外，尚須注意哪些問題？

6. 教師的道德認知是否重要？試說明其要義。

7. Kohlberg 道德階段之區別，澄清自我之價值觀，例如：有關「藥物的濫用」，下列敘述各代表不同的層次與序階，請指出其序階為何（Eggen & Kauchak, 1992: 76）？

   (1) 如果我吸毒會喪盡顏面。

   (2) 如果社會上每個人都濫用藥物，則社會必會混亂分裂。

   (3) 因為毒品太貴了，所以我負擔不起。

   (4) 如果因吸毒被抓到，是會被關起來的。

   (5) 如果父母知道我濫用藥物，他們會受不了。

   (6) 父親有酒癮，所以他叫我別喝酒。

   (7) 自由是有根據的，如果濫用藥物，表示自己沒有自由的權力，所以會失去自由。

8. 請陳述「心智理論」在情緒發展中的功能。

第 7 題解答：1.（一），2.（五），3.（二），4.（一），5.（三），
　　　　　　 6.（四），7.（五）。

參考文獻

中文部分

方志華（1999）。**諾丁關懷倫理學之理論發展與教育實踐**。國立台灣師範大學教育研究所博士論文，未出版，台北市。

王　瑋（1988）。**人類發展學**。台北市：華杏。

王文科（1983）。**認知發展理論與教育**。台北市：五南。

王慧敏（1989）。兒童動作發展歷程與輔導。**初等教育學報**，383-398。

江文慈（1993）。**槓桿認知能力發展的評量與學習遷移歷程的分析──動態評量之應用**。國立台灣師範大學教育心理與輔導研究所碩士論文，未出版，台北市。

吳裕益（1982）。**認知發展與道德發展角色取替能力創造力及人格發展之研究**。國立政治大學教育學系碩士論文，未出版，台北市。

李　丹（1991）。**兒童發展學**。台北市：五南

林美珍、黃世琤、柯華葳（2007）。**人類發展**。台北市：心理。

林清山（譯）（1990）。R. E. Mayer 著。**教育心理學──認知取向**（Educational psychology）。台北市：遠流。

林淑梨、王若蘭、黃慧真（譯）（1994）。**人格心理學**。台北市：心理。

邱明發（1986）。**國中益智班學生「長度」與「量」之保留概念的教學成效**。國立彰化師範大學特殊教育研究所碩士論文，未出版，彰化市。

邱維城（1962）。**發展心理學導論**。台北市：中文書局。

俞筱鈞等（譯）（1993）。L. Kuhmerker 著。**道德發展**（The Kohlberg legacy for the helping professions）。台北市：洪葉。

施玉麗（1984）。**認知發展能力不足的國小兒童學習「面積保留」與「面積測量」概念之研究**。國立彰化師範大學特殊教育研究所碩士論文，未出版，彰化市。

胡慧宜（1998）。**國小兒童情緒適應行為與情緒感受經驗之相關研究**。台北市立師範學院國民教育研究所碩士論文，未出版，台北市。

唐淑華（2000）。以主題統整課程方式進行國小低年級情意教育之行動研究。**花**

蓮師院學報，**13**，1-26。

徐振坤（2000）。**台北市國中生情緒智力與自我概念、家庭氣氛之相關研究**。私立中國文化大學兒童福利研究所碩士論文，未出版，台北市。

崔光宙、林逢祺、馮朝霖等（2000）。**教育美學**。台北市：五南。

張春興（1989）。**張氏心理學辭典**。台北市：東華。

張春興（1991）。**教育心理學**。台北市：東華。

張春興（1993）。**現代心理學**。台北市：東華。

張鳳燕（1996）。**教師道德推理研究**。國立政治大學教育學系博士論文，未出版，台北市。

陳伯璋（1978）。**教育的過程**。台北市：世界文物。

陳建安（2001）。**犯罪少年與一般少年道德認知發展之比較研究**。國立中正大學犯罪防治研究所碩士論文，未出版，嘉義縣。

陳騏龍（2000）。**國小學童情緒智力與幸福感、人際關係及人格特質之相關研究**。國立屏東師範學院教育心理與輔導研究所碩士論文，未出版，屏東市。

曾進興（譯）（2006）。R. Cottell 著。**兒童語言發展**（Children's language: Consensus and controversy）。台北市：心理。

游恆山（1991）。**發展心理學**。台北市：五南。

劉美蓉（譯）（2004）。S. Baron-Cohen & P. Bolton 著。**自閉症的真相**（Autism: The facts）（頁 68-83）。台北市：心理。

劉慧慧（2001）。**國中資優生情緒智力與道德判斷關係之研究**。國立台東師範學院教育研究所碩士論文，未出版，台東市。

賴保禎（1993）。**發展心理學**。台北縣：國立空中大學。

蘇冬菊（1992）。**縱論發展心理學**。台北市：心理。

蘇建文等（1993）。**發展心理學**。台北市：心理。

英文部分

Adams, R. D., & Victor, M. (1993). *Principles of neurology*. New York: McGraw-Hill.

Ainsworth, M. D. S., Blehar, M., Waters, E., & Wall, S. (1978). *Patterns of attachment*. Hillsdale, NJ: Lawrence Erlbaum Associates.

Bowlby, J. (1973). *Attachment and loss (Vol. 2): Separation: Anxiety and anger*. London: Hogarth Press.

Cazden, C. B. (1972). *Child language and education.* NY: Holt, Rinehart and Winston.

Cox, M. J., Owen, M. T., Lewis, J. M., & Margand, N. A. (1989). Marriage, adult adjustment and early parenting. *Child Development, 60*, 1015-1024.

Eggen, P. D., & Kauchak, D. (1992). *Educational psychology: Classroom connections.* New York: McGraw-Hill.

Gage, N. L. (1992). *Educational psychology.* Boston, MA: Houghton Mifflin.

Gewirtz, J. I., & Petrovich, S. B. (1982). Early social and attachment learning in the frame of organic and cultural evolution. In T. M. Field, A. Huston, H. C. Quay, L. Troll & G. E. Finley (Eds.), *Review of human development.* New York: John Wiley & Sons.

Hartshorne, H., & May, M. A. (1928). *Studies in the nature of character (Vol. 1): Studies in decit.* New York: Macmillan.

Harwood, A. C. (1997). *The way of a child.* London: Sophia Books Rudolf Steiner Press.

Haywood, H. C., & Tzuriel, D. (1992). *Interactive assessment.* New York: Springer-Verlag.

Hoffman, L. W. (1989). Effects of maternal employment in the two-parent family. *American Psychologist, 44*, 283-292.

Howes, P., & Markman, H. J. (1989). Marital quality and child functioning: A longitudinal investigation. *Child Development, 60*, 1044-1051.

Keller, H., & Scholmerich, A. (1987). Infant vocallizations and parental reactions during the first four months of life. *Developmental Psychology, 23*, 62-67.

Langlois, J. H., Ritter, J. M., Casey, R. J., & Sawin, D. B. (1995). Infant attractiveness predicts maternal behaviors and attitudes. *Developmental Psychology, 31*, 464-472.

McCrae, R. R., & Costa, P. T. (1985). Updating Norman's adequate taxonomy: Intelligence and personality dimensions in natural language and in questionnaires. *Journal of Personality and Social Psychology, 49*, 710-721.

NICHD Early Child Care Research Network (1997). The effects of infant child care on mother-infant attachment security: Results of the NICHD study of early child care. *Child Development, 68*, 860-879.

Oser, F. (1986). Moral education and values education: The discourse perspective. In M. C. Wittrock (Ed.), *Handbook of research on teaching* (3rd ed.) (pp. 917-943). New York: Macmillan.

Perl, E., & Lambert, W. E. (1962). The relation of bilingualism to intelligence. *Psycholo-*

gical Monographs, 76, 1-23.

Schaffer, H. R. (1971). Cognitive structure and early social behavior. In H. R. Schaffer (Ed.), *The origins of human social relations.* London: Academic Press.

Shaffer, D. (2002). D*evelopmental psychology childhood and adolescence.* Singapore: Wadsworth.

Slavin, R. E. (1991). *Educational psychology: Theory into practice.* Englewood Cliffs, NJ: Prentice-Hall.

Spielberg, C. D. (Ed.) (1966). *Anxiety and behavior.* New York: Academic Press.

Sprinthall, N. A., & Sprinthall, R. C. (1990). *Educational psychology: A developmental approach.* New York: McGraw-Hill.

Sternberg, R. J. (2009). *Cognitive psychology.* CA: Cengage Learning.

Thomas, A., & Chess, S. (1977). *Temperament and development.* New York: Lawrence Erlbaum Associates.

Thomas, A., Chess, S., & Birch, H. G. (1968). *Temperament and behavior disorders in children.* New York: New York University.

Tobias, S. (1979). *Anxiety research in educational psychology. Journal of Educational Psychology, 71,* 573-582.

Torrance, E. P. (1962). Developing creative thinking through school experience. In S. J. Parnes & H. P. Harding (Eds.), *A source book for creative thinking.* New York: Scribner.

Tryon, G. S. (1980). The measurement and treatment of test anxiety. *Review of Educational Research, 50,* 343-372.

Vygotsky, L. S. (1962). *Thought and language.* Cambridge, MA: The MIT Press.

Woolfolk, A. (2007). *Educational psychology* (10th ed.). New York: Allyn & Bacon.

第三章

行為取向的學習論與教學

修慧蘭

大綱

學習目標

在讀完這一章後，讀者應能了解：
1. 行為論對學習的看法。
2. 古典制約、操作制約及社會學習論的學習原理原則。
3. 行為論在教學及學生輔導上的應用方法。
4. 應用行為論之方法於實際教學情境中。

講台上，老師正努力的講解二位數的加法：「……個位數，4＋8等於多少？」「12！」小朋友齊聲回答。「好，我們把2寫在這……」「對於二位數的加法，各位小朋友都會不會了？」「會！」又是一片整齊宏亮的回答聲。老師很高興的出了作業，要學生回家作，第二天交。小康回家認真的作完作業，第二天準時交給老師，但再拿回作業時，卻發現10題錯了4題。

今天，數學老師繼續介紹三位數的加法，但小康似乎愈來愈聽不懂老師在說些什麼了，他開始覺得有些無聊，翻翻抽屜、打開書包，想找一些事來作。他抬頭正好看到前座小美的辮子上綁著兩個瓢蟲狀的結飾，他想……。

上述故事雖純屬虛構，但卻不陌生。試想，如果小康在二位數的加法上能順利完成學習，也許故事的發展將會是另一種情況。對於小康所出現的學習問題，如果你是那位數學老師，你會如何處理呢？希望在閱讀完本章之後，你會找到答案。

教學工作本是一個教與學的互動過程，學生的學習狀況會影響教師的「教」，而教師如何「教」又會影響學生如何「學」，以及學習的結果。以往的教學較偏向「教師中心」，教師如何教，學生就在此方式下吸收知識，至於學習結果如何，常歸因於學生的「資質」。而現代的教學工作則兩者均重，若與以往比較，則更呈現「學生中心」的傾向，因此對於「學生如何學習」此一課題，即受到教育心理學者的重視。

對於人類學習過程的了解，由於不同的派別有其不同的理論架構以及對「人」的不同假設，因此所提出的學習理論亦會有所差異。在心理學的學習理論中，較受到重視的三大學派為行為學派、認知學派及人本學派。每一學派之下，又有不同的學者在相同的理念之下，提出不同的學習原理原則。本章將介紹行為學派的學習論。

第一節　行為論的基本概念

行為論者 John B. Watson 認為，心理學若是一門科學，則必須以可觀察，而且可以測量的行為做為研究的材料，即專門研究引起行為反應的刺激（這些刺激及行為反應是可觀察、可測量的）、維持這些反應的酬賞或處罰（亦是可觀察、可測量的），以及如何藉著改變這些酬賞或處罰來改變反應。至於當個體接受刺激後，有機體內的反應，如情緒、想法等不可直接觀察得到的心理過程，均不在行為論的研究範圍內，例如：行為論者有興趣的問題會是：「在何燈光刺激下，個體會做出停止前進的反應？」若發現受試者在紅燈時會產生停止前進的反應，而在綠燈時則無此反應，則說紅燈是引起停止前進的刺激；相對的，停止前進是對此紅燈刺激的一個反應。至於看到紅燈時個體內心的想法，例如：擔心若不停止會被車撞，或被罰錢等，均不去探討。由於其著重外在可觀察到的行為，因此稱為行為論（behavioral theory）。

行為論認為，學習的發生是一種刺激與反應的聯結，若某刺激與某反應產生聯結，如個體看到紅燈就停止前進，即謂個體已產生學習，因此行為論的學習又稱為是一種聯結學習（association learning）。而此種聯結的發生是個體處在某種條件的約束、限制之下，即是在一種條件化（conditioning）狀況下，使得刺激與反應產生聯結，例如：原本紅燈並不會自動地使我們產生停止前進的反應，但在「若不停止，則會罰錢」此一條件的約束之下，最後個體即將「紅燈」與「停止」產生聯結。根據行為論的說法，行為完全是由環境中的情境條件化作用所決定。此種說法同時亦假定人性無所謂善、惡，人只是在環境條件安排下的一種被動反應者，且人是可改變的。若環境的安排是一種「善」的條件，則會產生一個做出「善」反應的人；相反的，則會產生一個做出「惡」反應的人，例如：若提供一種環境給一初生嬰兒，此環境的條件是「拿別人東西、說假話、傷害別人等會得到獎賞」，則此嬰兒慢

慢即學會此種行為方式,變成一個有「惡」反應的人。

行為論者較常在實驗室中從事實驗工作,運用各種設備(如電腦、儀器設備等),以控制刺激在某條件下發生,然後記錄個體的反應行為,因此他們所提出的研究證據都是量化的。行為論者常常以動物做為研究對象,因為其較容易控制所有情境,例如:先讓動物飢餓若干天,或是欲了解處罰對行為的影響而給予動物電擊。而上述這些研究若以人為實驗者,則須做更仔細的設計與考慮。

行為論的主張對於心理學的研究有非常大的影響,其所強調的嚴謹研究態度、完全科學化、量化的研究方法,的確對心理學的科學化產生非常大的影響。

在談行為論的學習原則之前,也許你會問「什麼是學習?」學習是透過經驗或練習,而使個體行為產生改變且維持一長久時間的歷程。由於學習是指一歷程,而歷程是無法直接觀察到的,但我們可以由個體行為的改變與否來推論此學習歷程是否發生或如何發生。上述定義包含以下三個概念。

◆ 一、學習是經由經驗或練習而產生

經過一學期的經驗與練習,個人在教學行為上有了改變;兒童在經過二個星期的練習後,學會了游泳;在經過一次車禍意外的經驗後,超速駕車的行為有了改變。上述的經驗與練習,有些是漸漸地、無形中累積出來的,有些是經由有系統的安排,但亦有突發的經驗。不論是長期或突發的經驗,不論是有系統或是沒有系統的練習,凡是因此而造成行為較長時間的改變,均是學習。但若不是經由練習或經驗所產生的行為改變,則不算是學習的結果,例如:嬰兒一生下來即會吸吮、身體漸成熟之後所產生的變高、變聲等改變,均不能算是學習的結果。

◆ 二、行為產生變化

學習的結果是行為產生了變化,此種變化可能是立即可發現的,例如:學游泳、學電腦等;在學習之後將可立即發現行為有了變化,如從不會游泳改變為會游泳。但有些學習的結果未必能立即產生明顯的行為改變,例如:

在上了一學期的教育心理學之後，個人在教室中教導學生的方式以及說話態度，不一定有明顯改變，但在某些想法上也許有了改變，此亦算是一種學習。或在學習之後，由於並無情境提供其表現行為，因此並未發現行為的改變，但往後一旦遇到某情境，即可發現此行為的改變，此種潛伏式的改變亦是一種學習。

◈ 三、行為是持久性的改變

若是經由藥物或暫時性的病痛而產生的短暫行為改變，則不能算是一種學習，例如：因感冒服藥而產生昏沉、嗜睡等行為變化，因服迷幻藥而產生意識變化等行為的改變，均不是學習的結果；只要藥效一過或不再服藥，上述行為即不會發生。

第二節　行為論的學習原則

行為論中對於學習理論有三大主張：古典條件化作用（classical conditioning）、操作條件化作用（operant conditioning），以及社會學習論（social learning theory）。此三大主張雖均採行為論之觀點，認為學習是刺激與反應聯結的歷程，但對於刺激與反應如何聯結則有不同的說法。本節將針對古典條件化作用及操作條件化作用，詳細說明其學習原則，有關社會學習論則留待下一節說明。

◈ 一、古典條件化學習

（一）Pavlov 的實驗

蘇俄生理學家 Ivan P. Pavlov，早在 1900 年前後用動物實驗發現此學習原理，並於 1904 年，因消化方面的研究獲得諾貝爾獎。由於其實驗及發現的學習原理可說是最早被提出來的，因此稱為古典條件化學習原理。以下即介紹他的實驗過程及原理。

　　Pavlov 原本正進行一項有關狗唾液及唾液對消化作用的研究，但他在研究過程中發現，狗不僅在吃肉末時會分泌唾液，更會在看到肉末或聽到送肉末的人之腳步聲時，就開始分泌唾液，因此他對於此現象非常有興趣。Pavlov 認為，當食物在口中時會有唾液的分泌是一種反射反應，即如有人對你眼睛吹氣，你一定會眨眼般，是一種不需學習的反應，Pavlov 稱之為「非條件反應」（unconditioned response，簡稱 UCR），所謂非條件，即表示不需任何環境特別安排。因此他認為，當食物在口中時，狗會有流口水的反應，此種反應是一種非條件反應，而食物即是一種引起非條件反應的非條件刺激（unconditioned stimulus，簡稱 UCS）。但 Pavlov 更有興趣的是，當狗看到肉末或聽到送肉末的人之腳步聲時，亦會有流口水的反應，他認為此種反應應是學習的結果，即是經過環境中有條件的安排才會產生的，因此 Pavlov 設計了一個實驗來證實他的假設。

　　Pavlov 先在狗的面頰做一小手術，將牠的部分唾液暴露在外，並加上一個膠囊，以便計算其唾液的流量，然後將狗帶至實驗室。實驗時，是以遙控方式將肉末送至狗面前的盤子內，並自動記錄其唾液的分泌；然後，Pavlov 想以燈光或聲音等原本不會引起狗分泌唾液的刺激，經由有條件的安排，使狗能學會對燈光或聲音產生流口水的反應。實驗開始時，打開燈光，狗可能會有些動作，但並不會有分泌唾液此種反應；幾秒鐘後，肉末出現，狗吃掉此食物，且顯示出有大量唾液分泌。此為一次實驗嘗試，之後重複此過程多次，即燈光出現之後馬上伴隨肉末出現，肉末出現之後則伴隨著唾液大量分泌。經過多次重複，最後，當燈光出現之後，即使還未吃到肉，狗即會產生分泌唾液的反應。就如同 Pavlov 先前所發現的，當狗聽到送食者的腳步聲時，即會有流口水的反應。

　　在此過程中，燈光是實驗者在環境中特意安排出現的刺激，稱之為條件化刺激（conditioned stimulus，簡稱 CS），食物（肉末）是一非條件化刺激（UCS），當吃下食物後分泌唾液此一反應是非條件反應（UCR），而最後當燈光出現，亦產生分泌唾液，此一反應則稱之為條件化反應（conditioned response，簡稱 CR）。雖然 UCR 與 CR 均是分泌唾液的反應，但前者是隨 UCS，即食物而產生的反應，而 CR 則是隨燈光（CS）所產生的反應。若用

圖 3-1 表示此學習過程，讀者將更清楚彼此的關係。

```
條件化之前：
    食物（UCS）→唾液分泌（UCR）
    燈光（CS）→注意或轉頭等反應
條件化過程：
    燈光（CS）＋食物（UCS）→唾液分泌（UCR）
條件化之後：
    燈光（CS）→唾液分泌（UCR）
```

圖 3-1　古典條件化學習過程

　　由 Pavlov 的實驗所發現的學習原理，即稱為古典條件化學習。所謂古典條件化學習，即是將條件化刺激與非條件化刺激配對呈現，使得條件化刺激能引發原先由非條件化刺激所引發的反應。

（二）古典條件化學習的其他例證

　　在生活中，我們也可以發現許多行為反應的獲得，正符合古典條件化學習的原則，例如：在夏日午後的雷陣雨情景中，我們常有看到閃電便立即搗耳朵的反應；此種刺激與反應的聯結過程，正是古典條件化的學習過程。其中，雷聲應是 UCS，搗耳朵是 UCR，閃電是 CS。在條件化之前，聽到大雷聲必然會有搗耳朵的反射動作，但由於光波比聲波快，因此在雷聲未到達前，閃電即已出現，然後才伴隨雷聲出現，最後一旦閃電出現，我們亦會作出搗耳朵的條件化反應。另外，在生活中我們常看到小朋友一聽到要去醫院，或走到醫院門口即大聲哭鬧不願進去，此種看到醫院即有哭鬧行為的聯結過程，亦可用古典條件化學習過程來解釋。

　　有一個有名的實驗，美國心理學家 Watson 和 Rayner 使用此種學習原則，使得一個嬰兒產生對白兔的恐懼，甚至對白鼠、白色毛皮大衣均有類似的恐懼。實驗中 CS 是小白兔、UCS 是巨大聲響。原本此嬰兒對小白兔並未有恐懼或哭的反應，但在實驗過程中，每當白兔出現後均伴隨有巨大的聲

響，最後此名嬰兒一看到白兔即有哭鬧的反應，即經由古典條件化學習後，此名嬰兒將白兔此刺激與恐懼（或哭鬧）產生了聯結。

（三）古典條件化學習中的重要現象

在古典條件化學習過程中，有以下幾個重要現象，這些現象會影響學習之產生或維持：

1. 條件化的獲得：在古典條件化學習過程中，必須讓 CS 與 UCS 伴隨出現，使彼此的聯結增強，則最後僅單獨出現 CS 時，亦會產生 CR，此種現象即稱為條件化的獲得。而欲使條件化獲得，會受到 CS 與 UCS 伴隨出現時間差距的影響。根據實驗結果發現，CS 在 UCS 前 0.5 秒左右出現，然後持續至 UCS 結果時才結束，此種時差將會使個體的學習速度最快。即 CS 出現 0.5 秒後，UCS 才出現，然後兩者一起結束，個體會最快產生條件化獲得的現象。

2. 消弱作用（extinction）：當條件化獲得之後，個體會對 CS 做出 CR 反應，但若 UCS 一直不出現，而只有 CS 出現，則所引發的 CR 強度會逐漸轉弱，最後甚至不出現 CR，此種現象稱為消弱作用，例如：若閃電已引起摀耳朵之反應後，若每次閃電之後均未伴隨雷聲出現，漸漸地，我們看到閃電而摀耳朵的行為反應會逐漸減少。

3. 自然恢復（spontaneous recovery）：在消弱作用產生後，若停止條件化學習，即不再出現 CS 或 UCS 等刺激，讓學習者休息一段時間，然後再單獨出現 CS，則仍會再度引發 CR，而且此時所引發的 CR 強度，甚至會比消弱現象時之 CR 強度更強，即有恢復的現象。此時若再將 CS 與 UCS 配對出現，僅需幾次練習，個體很快地即能完成條件化學習。

4. 類化作用（generalization）：條件化學習完成後，CS 會引起 CR 的反應，而且個體對其他相似的刺激也會引起 CR 的反應。如前述研究中的嬰兒原本是對小白兔產生大哭的反應，但在實驗完成後則發現他對小白鼠亦有大哭的反應，且是不需要再次經由條件化學習過程即會發生，此種現象即是類化作用。當新刺激愈類似舊刺激時，類化

的反應強度也愈接近原來的反應強度，若兩者差別愈大，則能引發
類化的程度則愈低。

5. 區辨作用（discrimination）：此現象正與類化作用相反。類化作用
是指個體會對類似的刺激做相同的反應，而區辨作用則是指個體會
對不同的刺激做不同的反應，例如：幼兒在學習對爸媽叫「爸」、
「媽」等聲音的反應過程中，也許會對所有接近他的男士均稱
「爸」，但漸漸發現，當他對其他人喊「爸」時，並未伴隨正向的
反應，因此漸漸地產生了區辨作用，以後則只對自己的父親喊
「爸」。

二、操作條件化學習

由古典條件化學習過程的介紹中，我們可以發現，此種學習的產生必須
要有一 UCS 與 UCR 的必然關係存在，然後才能將 CS 與 UCS 配對，以致引
發 CS 與 CR 的聯結。但在生活中，我們可以發現有許多行為的發生並未有另
一必然關係的存在，例如：我們穿衣、寫字等基本生活行為，並未有一種能
產生此種行為的非條件刺激，然後父母才將另一條件刺激與之配對，使我們
學會穿衣、寫字的行為。而此種穿衣、寫字，或動物玩把戲的行為，實際上
是由訓練者或教導者刻意要求孩子或動物做出此種行為，然後再給予鼓勵或
嘉獎的過程。由於在此學習過程中，個體必須自己操作環境事物，例如：穿
衣服、拿筆寫字，或小狗撿報紙等動作，因此稱為操作條件化學習。以下即
介紹在操作條件化學習原理中，較著名的兩位學者之主張及其發現。

（一）E. L. Thorndike 的實驗

當 Pavlov 在研究狗對燈光產生分泌唾液反應的同時，Thorndike 正在研究
一隻飢餓的貓是如何學會打開籠子的門閂，而得到籠外的食物。實驗過程
是：先將飢餓的貓放在一籠子內，門上有一簡單的門閂，而魚則放在籠子外。
一開始，貓會嘗試將爪子伸出欄外，希望能取得食物，當失敗後，貓會在籠內
走動或咬或抓，做出各種動作。無意間，牠碰到了門閂走出籠子，於是就得到
了食物；接著再把貓放回籠子內，籠子外再放一片魚，此時貓亦大致重複上

述的行為，直至再次偶然碰到門閂。此過程不斷重複多次後，就可以發現貓在籠子裡的無關行為顯著減少。最後，貓一進籠子即會做出碰門閂的動作，即貓已學會了開門閂此一反應。Thorndike 認為，貓會學得此一動作，是個體在嘗試錯誤中，由於某種反應會有酬賞，而其他的則不會得到酬賞，最後能獲得酬賞的反應就被保留下來，因而學會對某刺激做出此反應。Thorndike 稱此種酬賞方式為一種「效果律」（law of effect）。即如果一個反應能產生滿意的後果，那麼個體會不斷地重複此反應。也就是說，在學習過程中，某刺激能否引起所期待的反應，乃決定於此反應在事後是否能得到酬賞。

（二）B. F. Skinner 的實驗

Skinner 大致同意 Thorndike 的學習原則，但 Skinner 認為，個體滿足與否是個體內在的心理歷程。在研究行為科學時，只要能了解環境因素與分析個體的外顯行為，然後找出彼此的關係即可，並不需要了解個體是否滿足。

Skinner 設計了一個實驗用的箱子，在此箱子的一邊牆上有個桿子，箱內的老鼠若壓下此桿，一顆食物粒就會自動掉入桿子旁的食物槽內。此箱由 Skinner 發明設計，因此稱之為「Skinner 箱」（Skinner Box）。當老鼠剛被放進箱子時，牠會到處走動或聞或碰觸，在無意間碰觸到此桿而得到食物。Skinner 發現，隨著練習增加，老鼠壓桿的次數不斷增加。Skinner 由實驗發現認為，個體因本身的需求（如飢餓）來操作環境（如壓桿、打開門閂等）以獲得增強物（食物）；即發現刺激（桿子）與反應（壓桿）的聯結，主要受到行為是否獲得增強的影響。

（三）操作條件化學習過程中的重要現象

1. 增強作用

增強作用在操作條件化學習過程中，是一非常重要的因素。凡是能使個體操作性反應的頻率增加的一切安排，均稱為增強（reinforcement），而產生增強作用之物，即稱增強物（reinforcer）。增強物有兩種：一類為正增強物（positive reinforcer），指當個體產生反應後，此物的出現能增加該反應的

頻率，例如：食物的出現能增加老鼠的壓桿行為、老師的鼓勵可以增加學生的助人、安靜上課等行為，其中食物、鼓勵的話語均是正增強物；另一類為負增強物（negative reinforcer），指當個體產生某反應後，會使環境中原有的某物消失，而此物的消失有助於該反應頻率的增加，例如：將一實驗用的箱子底部鐵網分成二半，其中一半的鐵網裝置有電流通過，另一半則未裝置電流通過的設備，一旦老鼠躍過中間的柵門即免於受到電擊。即老鼠一旦做出跳過柵門的反應後，即會使原有的電擊消失，因此電擊是一負增強物，因其消失乃有助於跳過柵門此一反應的頻率之增加。又或是孩子為了逃避父母過度的關心（即嘮叨），會增加遲歸行為的頻率，在此學習過程中，嘮叨即是一負增強物。一般而言，負增強物均是個體不喜歡的刺激，如電擊、打、罵等。

有些刺激本身即具有增強作用，例如：食物、電擊等，此種增強物稱為原始增強物（primary reinforcer）；但另有一些刺激物本身原無增強作用，但其卻經常與原始增強物聯結在一起，而使個體認為它們也具有增強作用，這些刺激物稱為次級增強物（secondary reinforcer），例如：金錢、社會讚許、罰單等。

由正增強物及負增強物的提供或剝奪，可形成四種增強作用，如圖 3-2 所示，說明如下。

增強物的價值

反應後增強物的處理	正增強物	負增強物
給予增強物	A 正增強作用： 增加反應比率	B 處罰： 降低反應比率
剝奪增強物	C 消弱： 降低反應比率	D 負增強作用： 增加反應比率

圖 3-2　增強作用的類型

(1) 正增強作用（positive reinforcement）：細格 A 是表示，當反應後給予個體喜愛的正增強物，此種增強作用稱為正增強作用，例如：當狗幫主人咬回報紙後，主人摸摸狗的頭並說「好棒」，或是給予食物；當學生表達意見時，大家專心注意聽，或是學生表演完畢，大家熱烈鼓掌等，均是一種正增強作用，此作用會增加下次再做出同樣反應的比率，如再去撿報紙、再表達意見、再參與表演等。但如前述所言，所謂讓個人喜愛、有正向價值的增強物，會因人而不同。許多學生對於老師的稱讚、微笑、鼓勵有正向反應，但對某些學生而言，這些增強物則無法被視為是正增強物，反而是給予糖果，或讓其參加運動等才是適當的正增強物。

(2) 負增強作用（negative reinforcement）：細格 D 是一種負增強作用，即當個體做出某種反應行為後，個體不喜歡的事物或結果會被拿走、取消。在進行動物實驗時，此種負增強物（如電流）是一直存在的，如在一長形鐵籠中，中間的矮柵欄將此籠子區分為二小間：一間底盤通有電流，一旦老鼠進入此間即受電擊；另一間則無電流。只要老鼠跳過柵欄到此無電流的那一小間，則不會受到電擊。經過多次學習，老鼠一進入有電流的小間即會做出跳過柵欄的反應，此種學習就是透過負增強作用而產生。但在真實教學情境中，老師基於倫理因素，不可能讓負增強物一直存在，即不可能將學生一直置於一種有不欲後果的環境中，然後等學生做出良好行為反應時才將學生移出此環境，並終止此令人不喜歡的後果。因此在教學情境中，教師常是在學生做出一些不好的行為之後安排不好的後果，如給予處罰，例如：考試完後，若考不好要補考，或做額外作業，均是學生不喜歡的行為後果，或是表現不好則要多留校二小時亦是。當學生表現出良好、可欲的行為，如考得很好、表現很好，則可終止此種行為後果。因此，此種負增強作用亦可提高學生做出可欲行為的反應比率。但在人類環境中，負增強作用常是與處罰作用同時產生作用的，如努力讀書的行為一旦增加，不努力的行為則必然被減弱。

(3) 處罰（punishment）：細格 B 是指，當行為反應產生之後，個體會得到不喜歡的行為後果，即負增強物會出現，因此可以降低此種行為反應再發生之頻率，此種增強作用即是一種處罰，例如：上述老鼠的例子，若老鼠從無電流的小間跳到有電流的小間時即會受到電擊，則老鼠在此籠子中會學到不跳到有電擊的小間內，則跳至此小間的行為頻率會降低，此過程即是透過處罰而習得的。在學校情境中，記過、停學回家、額外課業、罰站、勞動服務等常是一種被當作處罰的負增強物。處罰是否有效？此問題在動物實驗中常被證明有效，尤其是採用嚴重的處罰（如電擊），常會使行為被永久地抑制而不再發生（Matson & Dilorengo, 1984）。但在實驗中也發現，如果此行為已經成為一習慣之後，一旦處罰不再出現，行為又會出現。而且在人類行為的研究上，處罰的效果更不如實驗室之效果佳，例如：給予某人責備的處罰可能因為滿足了其被注意的需要，反而使責備變成一正增強物，而造成處罰無效。

(4) 消弱（extinction）：細格 C 是指，當個體出現某種行為反應後，並未獲得令其喜歡的後果，此時個體下次再出現此種行為反應的機率將會下降，此種增強作用即是一種消弱，例如：前述 Skinner 箱的老鼠實驗，若老鼠一再壓桿卻得不到食物，一段時間後，老鼠壓桿的次數會一直降低。消弱作用正好與正增強作用相反，且是先完成正增強作用後，才可能產生消弱作用，例如：當老鼠已學會壓桿可得到食物後，食物卻不再出現，之後老鼠壓桿的次數即會減少，甚至降到零。但此降低的速度會多快，須視當初正增強時的狀況，例如：若持部分增強方式，則消弱的速度較慢；若持全部增強方式，則消弱的速度則較快。

2. 增強時制

當個體做出期待的反應時，應每次均給予增強物，或偶而給一次，此即關係到增強時制（schedules of reinforcement）的問題。若每次反應之後均出現增強物，此種方式稱之為全部增強或連續增強；若反應之後有時給予增強

物，有時不給，此種方式稱為部分增強。在實驗中較容易做到全部增強的方式，但在日常生活中，要求做到每次反應均有增強物則不容易。關於部分增強的方式又可依計時或計數的方法再分為四種方式：

(1) 固定時間的增強（fixed interval，簡稱 FI）：在前次的增強物出現過後的一段固定時間，第二次增強物即在此時的反應後面出現。如以前述老鼠在箱子壓桿之例而言，當老鼠壓桿之後的增強物是採固定時制部分增強，若每一分鐘才會出現一次增強物，則老鼠在上次壓桿並得到增強物後，必須等過一分鐘以後的第一個壓桿反應才再會有增強物，且這期間的任何壓桿行為均不會有增強物出現，之後，又須再等一分鐘後，此時的第一反應才會再有增強物。如果一位老師平時對學生的行為不給予任何鼓勵或處罰，唯有在每次月考後或每週週考後，依表現給予增強物，此種增強方式即為一種固定時間，如按月、按週的增強時制。

(2) 固定比率的增強（fixed ratio，簡稱 FR）：此種增強方式是依某種反應次數的比率，來決定增強物的出現，例如：十分之一比率的增強時制是指，每 10 次反應中的第 10 次反應之後才有增強物出現，而前面 9 次的反應均無增強物，而後又須再做出 10 次反應，才會有第 2 次的增強物出現。如果某位老師並不是在每次平時考試後就給予增強物，而是當學生累積 3 次（或 5 次等）得到某分數以上才給予增強物，或是許多廠商實施集 3 個瓶蓋可換取獎品之促銷方式，均為此種固定比率的增強時制。

(3) 不定時間的增強（variable interval，簡稱 VI）：此種增強時制，增強物會在一特定的時間週期之後發生，但從此次增強作用到下一次增強作用的時間卻是不固定的，例如：一個 1 分鐘不定時間的增強時制，其間有可能是間隔 1 秒鐘即有增強物，但也有可能間隔 119 秒之後才有增強物。也就是說，此種增強時制雖有平均的時間如 1 分鐘，但每次間隔時間卻是不固定的，如可能從 0 秒到 2 分鐘不等。

(4) 不定比率的增強（variable ratio，簡稱 VR）：此種增強時制如前項
不定時的增強般，亦有一平均次數的增強時制，如平均每10次給予
一個增強物；但有時是每隔一個反應就有增強物，有時則要累積 19
次反應後才會得到一個增強物，也就是每次增強物的出現，是依不
固定比率來增強的。

　　因不同時制的增強，個體也會產生不同的反應型態。在 FI 的時制中可以
發現，當動物得到了一次增強物後，其已習得的反應馬上降至零，也就是不
再反應，如不再壓桿；而當時間又快接近所設定的時制時，其反應才又快速
的增加。但在 VI 程序中，由於個體不知道何時才會有增強物，且不知道此
週期何時結束，因此其反應的出現頻率相當穩定。而在 FR 及 VR 的時制中，
個體會產生快的反應率，如果比率較小，個體反應出現率較計時的時制快，
即反應會在增強作用後立即發生，如同不停地反應；若比率較大，則在一個
增強作用後，可能會有短暫的停頓、不做反應，然後才會開始穩定的快速反
應，直至下一個增強物出現為止。

　　為了解上述幾種增強時制彼此之關聯，茲以圖 3-3 表示。

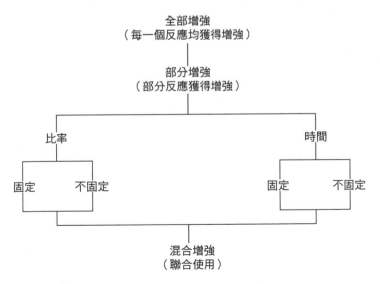

圖 3-3　增強時制圖

　　在教學情境中，甚少有教師事先規劃採用比率或時間等上述各種增強時制，而是跟隨著教室中所發生的事件反應，例如：當學生有好的表現，或有違規犯錯行為時，老師再處理。但一位有智慧的教師會知道如何利用正增強、負增強、處罰或消弱等作用，將其視為有利增強學生動機的方法。

3. 行為塑造

　　在上述 Skinner 箱中的老鼠壓桿實驗中，實驗者可以先設定好增強時制之後，即開始觀察、記錄老鼠的壓桿行為；也就是說，老鼠必須在多次嘗試錯誤的學習中，終於有一次做對了反應——壓桿，才得到增強物，然後經由多次增強作用，才產生新的行為。但此嘗試錯誤的過程可能需要很長時間的等待；為了加速對方的學習，實驗者可以運用塑造（shaping）的方式，即先將終點行為——壓桿，分成若干個一連串有關的行為，如壓桿前的一個行為是老鼠面對壓桿前 1 公分，再前面的一個行為是老鼠距離壓桿 5 公分，再之前的行為是老鼠走到箱子靠壓桿的這半邊等。只要老鼠做出最先前的行為，走到箱子靠壓桿的半邊時，即給予增強物，當老鼠已學會此行為後，再等老鼠離壓桿更近才給食物，最後老鼠已非常靠近壓桿，因此很快地就會做出壓桿的行為，並得到獎賞。此過程即是一種利用漸近的方式，對學習過程中有利於目標行為的相關行為均先予以增強，因此此壓桿行為是被塑造出來的，而不是等待它自己發生的。

　　在教室的學習環境中亦常用塑造的方式，例如：要讓學生學會在家認真寫功課，則須先分析學生要達成此行為目標之前，應做到哪些行為，例如：必須先抄完聯絡簿，並且把作業簿帶回家，然後才能回家寫功課，最後才是寫得很認真（如整齊、正確等）。只要先前的行為有達到即可給予增強，一旦此行為維持之後，就須等下一步的行為再出現才給予增強。或是一位上課常打瞌睡，且有時會遲到的學生，若老師希望他改變原來的行為，能夠上課專心聽講，則可採塑造方式，將上課專心聽講的行為分析成若干有順序的小行為，然後再針對這些先備行為給予增強。

🌑 三、社會學習理論

　　雖然由 Thorndike 的實驗中發現，個體的學習是在嘗試錯誤，經由行為後果的制約才產生新的行為。但在 1940 年代，Miller 和 Dollard 提出社會學習與模仿的概念，認為人類的許多學習行為是發生於社會情境中，人類的許多行為，如語言、工具的使用、在不同社會情境中的行為，大多是經由模仿別人的行為而產生的，而不是如實驗室的情境，是個人不斷嘗試錯誤，因被效果增強而產生的。

（一）觀察與模仿的差異

　　1960 年初，Bandura 提出其觀察學習理論，他先區別觀察學習與模仿兩者之差異。他認為觀察學習可以包括模仿，也可以不包括模仿。依照 Bandura 的說法，個人從觀察學習中學到的是某種訊息，經由認知過程，將學到的訊息以有利的方式來運作，所以最後表現出來的行為不一定是完全模仿所觀察到的行為，例如：一個兒童看到其他兒童在教室內奔跑而跌倒，基於這種觀察，此兒童可能會以走動方式避免奔跑所引起的危險。因此觀察學習是一認知過程，比模仿別人的行為複雜得多。

（二）增強在社會學習論中的功能

　　Bandura 亦從實驗中，區別學習與行為表現的差異。Bandura 讓一群兒童觀賞成人踢一個大玩偶的影片片段：第一組看到成人因攻擊而受到鼓勵；第二組看到成人因攻擊而受到懲罰；第三組看到的成人沒有受到任何鼓勵或懲罰。之後，兒童被帶到一個與影片中相同情境的房間內，並觀察該兒童的行為，結果顯示：第一組兒童的攻擊玩偶行為最高；第二組兒童的攻擊行為極少；第三組兒童的攻擊行為則介於其中。此一研究顯示，由觀察別人的經驗中，可以使自己的行為受到影響。但在此研究的第二階段中，研究者提供所有兒童一份能使他模仿影片中成人攻擊行為的誘因，結果所有兒童都模仿出此攻擊行為。也就是說，雖然三組兒童觀察到行為的不同後果，但可推測所有的兒童經由觀察都「學習」到了攻擊反應，但他們是否會「表現」出此反

應，則依其所觀察的對象是否受到增強或處罰的經驗而定。

因此 Bandura 認為，增強是影響行為表現的變項，而不是影響學習的變項，觀察學習可以發生於任何時間，既不需要有外顯的反應，也不需要有增強作用。

（三）認知在社會學習論中之功能

由於 Bandura 認為觀察學習是一認知過程，所以過程中的注意、保留、行為產生及動機等歷程均會影響學習的產生。觀察學習的認知過程如圖 3-4 所示。

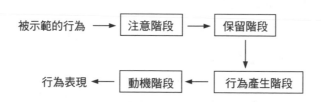

圖 3-4　觀察學習的認知過程
資料來源：Gage & Berliner (1990: 262)

所謂注意的歷程，是指觀察者是否注意到示範者所表現出的行為及其經驗，唯有觀察得到的行為才可能被學到。而觀察者會注意到何者，可能因觀察者個人的感覺能力、先前增強經驗，以及示範者的特質（如有吸引力、性別、年齡等）而異。Bandura 認為：「……如讓人們去做選擇，他們較喜歡選擇精通於產生好的成果之示範者，而不喜歡那些重複受到懲罰的示範者」（引自王文科譯，1991：398）。

第二個影響觀察學習的因素是保留的歷程。Bandura 認為，為了使從觀察中獲得的訊息有益於個人的行為，個人會以符號性表徵將訊息儲存起來。一旦儲存起來，就能夠在觀察學習發生後，在不知不覺中被檢索、複習，使得延宕示範作用得以產生，即使在觀察後，亦有能力長久利用此訊息。

第三個影響因素是行為產生的歷程，即一個人能以認知方式學習到許許多多的訊息、行為，但因個人的動作機能、個人的成熟度、是否受傷或生病等因素，而不一定能產生相同的行為，例如：當我們注意到示範者的溝通技

巧，也記下了溝通的基本原則，但可能因自己的發音不清楚，仍無法表現出示範者的溝通行為。Bandura 認為，即使個人具備所有足以做出適當反應的生理機能，但在表現出此模仿行為之前，仍需要一段認知的複習（rehearsal）。即在此過程中，個人會觀察本身的行為，並與以認知方式所複製出示範者的行為經驗做比較；若與記憶中示範者的行為之間有任何觀察上的差異，個人將會調整其行為，即利用自我觀察和自我修正，逐漸使個人產生與示範者類似的行為。

第四個影響因素為動機的歷程。Bandura 認為，增強作用有二種功能：第一種功能在於使觀察者期待表現此行為後會得到增強；第二種功能在於誘使觀察者在有機會表現此行為時，有動機去表現出此行為。換言之，Bandura 認為，學習者是從觀察自身行為或他人行為的結果中獲得訊息，例如：在何種情境下可以做何種行為，或不可做何種行為，此種訊息儲存於記憶中，然後在需要的情況下才表現出來。他認為增強只是一個影響行為表現的因素，而非決定學習的因素，無論是直接的、替代性的或自我引發的增強，只要能提供訊息，讓人們了解某項行為可以帶來酬賞，那麼在需要的時候，個人即會產生此行為。

綜合言之，Bandura 認為，觀察學習包括注意、保留、行為產生與動機等過程。若觀察學習沒有發生效用，有可能是觀察者沒有察覺到示範者的行為，或是沒有保留線索，或是沒有能力、沒有適當的誘因呈現出來。

Bandura 的理論顯然是一認知理論，且其強調人對人的影響，認為大多數的學習通常要包括社會環境中的他人，不論是別人給我們的直接經驗，或是觀察他人行為而獲得的替代性經驗，個人均是以此為基礎與他人互動。另外，Bandura 的研究主題是人與人之間的互動，在性質上，均是社會性的活動，而非其他研究者所採用的學習無意義音節，或訓練老鼠跑迷津等活動，因此 Bandura 的理論被認為是社會學習理論的一種（修慧蘭，1992：60-62）。

（四）交互決定論

Bandura 不同意人們的行為完全受制於外在環境的控制，此為極端行為學派的觀點。他舉老鼠學習壓桿以逃避電擊的實驗，來說明是環境影響個人

的行為，或是個人行為影響了環境此一爭論。這個實驗是每隔 1 分鐘會傳送一次電擊，若老鼠壓桿，則可使電擊延緩 30 秒，這些老鼠學習壓桿以完全逃避電擊，若沒有學會此行為的老鼠，則會經驗到週期性的電擊。Bandura 認為，雖然外在環境對所有的動物而言都是完全相同的，但是真實的環境則是靠他們自己產生的行為而決定。但，到底是動物控制環境，或是環境控制動物呢？Bandura 認為，環境會影響我們，但是哪一面影響我們，則是由我們對環境如何反應來決定。即人可藉某種方式與行動來影響環境，如老鼠壓桿使電流中斷，而改變後的環境將再依序影響後續的行為，因此 Bandura 提出「交互決定論」，強調環境、個人與行為三者交互影響的關係，個人的行為不僅受環境的影響，個人也可透過行為去改變環境，因此三者是互相影響、密不可分的。

（五）行為的自我調整與自我效能

由於 Bandura 認為人可透過行為來改變環境，而且個人可從替代經驗觀察學習到某種行為，但 Bandura 亦強調此學習過程中，並非由外在增強物來控制行為，而是由自我調整（self regulation）來控制的。經由直接與觀察到的學習，個人發展出的行為標準即成為自我評量的標準，如果個人的行為符合或超越此標準，則評定為正向，便可予以自我獎賞。若個人的行為低於此標準，則被評量為負向，便要予以自我懲罰來消除。此種自我評量的內在增強，對學習的影響更甚於外在增強的影響。

而自我調整的過程，Bandura 將其簡單分為三個階段：

1. 觀察自己的行為表現：例如若要自我控制處罰學生的行為，則先要觀察、記錄自己平時（如每堂課）處罰學生的次數或時間。

2. 判斷此行為表現：要以何標準來判斷所觀察到的行為表現呢？Bandura 認為，從觀察示範者的行為所得到的一般標準即可做為判斷的依據。但若標準訂得太高或太低，將會導致失望、無價值感或缺乏目標，唯有適中的分段目標，最能引起動機性和達到滿足。

3. 為自己決定行為的後果：利用自我增強或自我處罰來自我決定行為的後果，例如：自己若認真念完一門功課，就可以給自己一個鼓

勵，如去看場電影等。

知覺的自我效能（self-efficacy）在自我調適行為中，亦扮演著重要角色。所謂自我效能，是指個人對自己從事某種工作所具備的能力，以及對該工作可能做到的地步的一種主觀評價。此種評價來自過去自己的成敗經驗，以及看到他人與自己成敗的類似情形。具高自我效能者，會在環境中試圖控制事件，因此對不確定的事物較不易感到害怕，成就即會愈大；相反地，自我效能較低者，則較不敢嘗試，成就即較低。但若知覺的自我效能與真正的自我效能相反時，則可能產生挫敗或能力未激發的現象。

由上述之觀點可了解，此理論已逐漸遠離當初 Watson 所提出的學習理論，而是強調認知的重要性及自我可控制行為的概念，此種改變是行為主義的一種改變，由極端的行為主義漸漸發展出社會或認知取向的行為主義。

第三節　行為論在教學上的應用

前述各種理論已非常普遍地應用在教學或教育上面，例如：利用頒獎、記功、記過、警告等方式。有關正增強對學生行為的影響較無不同的意見，但對於處罰及消弱兩種增強方式須如何應用在教學上面，則須再做進一步討論；另外，在教學情境中被普遍使用的有條件增強及有關社會學習論在教學上的應用，亦將在本節提出討論。

◆ 一、處罰在教學上的應用

（一）處罰的效果

Good 和 Brophy（1990）認為，在引導學生學習的過程中應儘量少用處罰，因為處罰是一種應急、使行為停止、壓抑其反應的一種作用，它只能壓制那些過多的不良行為表現，且效果經常是暫時且依不同情境而定的。在很多狀況下，處罰並沒有改變學生不良行為背後的原因及需要，也並未引導學生可以如何表現，而且可能因處罰而引起學生對處罰者的憤恨。除此之外，

Gage 和 Berliner（1990）亦認為，受處罰者很可能會將對處罰者之怨恨類化（generalization）至與此處罰者有聯結的事物上，如對教師的怨恨會類化至其所教授的科目，甚至會怨恨學校。而且在實施處罰時，須避免學生因為逃避處罰而做出欺騙、隱藏事實等不良的行為（Hergenhahn, 1988）。換言之，處罰作用如同武器，由於會造成對方的不悅，因此可能是危險的，在不得不用時才能使用之。

（二）無效的處罰方式

Good 和 Brophy（1990）認為，下列四種處罰是學校中常見，但卻常是無效的處罰，即其無法降低不良行為的頻率，說明如下。

1. 停學回家

一些會干擾學校上課的學生，會被教師處以停學，交由家長帶回管教數日的處罰；但對許多學生而言，不用去學校反而令他們高興。即使停學，無法上課、課程落後，是學生所不欲的行為後果，但學生常常是怨恨多於悔過，因此此種處罰方式常是無效的。

2. 額外的班級工作

如打掃教室、整理校園等，亦經常被教師當作是一種處罰學生的方式。但指定學生做這些工作來當作一種處罰，意喻著這些工作是令人不高興的、是大家不願意做的，因此此種處罰亦有待考慮。

3. 體罰

體罰是學校或家長常用的一種處罰方式。Good 和 Brophy（1990）認為，除非是在不尋常的情境中（如孩子的行為已危害到自身或他人的生命安全時），體罰才有效；若在平時情況下使用體罰，則無法產生減低某行為的效果。最佳的例子即是那些有犯罪行為或反社會、有偏差行為者，經常是來自受到父母體罰的家庭，其父母在孩子尚未成年還害怕父母時，即利用體罰來控制孩子的行為，但當孩子逐漸長大之後卻產生憤恨。

體罰是一種對人的直接傷害，幾乎都會產生憤恨的情緒，且此種情緒比

害怕或悔過的情緒更強烈，以致無法使學生減低不良行為的再發生傾向。是否較輕微的體罰會較有效呢？Good 和 Brophy（1990）認為，即使較輕微的體罰亦無法使孩子因產生害怕而悔過，尤其對於那些常被粗暴體罰的孩子而言，輕微的體罰反而會滿足他們被同儕注意的需求。

　　國內對於教師是否可以體罰學生此一問題一直爭論不已，由「不准體罰」，至曾討論過的「暫時性疼痛」處罰辦法（拒絕體罰之道，1995），即可知各方一直持有不同的觀點，尤其近年來，因教師體罰學生，造成學生身體、心理的傷害，經家長向司法單位提出訟訴，結果教師受到罰金或判刑之處分，更使得教師應否體罰學生、若不體罰則如何管理學生等問題引起大眾的關注。在我國社會中，體罰是存在已久的事實，加上傳統「不打不成器」、「嚴師出高徒」、「棍頭出孝子」等觀念，多數人仍認為體罰是最為有效（如功課會立即進步，孩童會立即聽話、安靜等）的工具。但如前述所言，體罰只是眾多處罰的方式之一，且體罰只是多種改變學生行為的其中一種方法，更重要的是體罰會造成學生情緒上的不滿、遷怒、自尊心的受損或是身體上的傷害。有些人因此做出結論：若動（棍子）輒得咎，那就不管學生好了！由此正顯示，為人師者更應加強對於如何管理學生、改變其行為等有關之知識與技能，了解各種改變學生行為的方法與原理原則，才是為人師者最重要的工作。

4. 集體處罰

　　因為某個人的不良行為，而使用全班或某個團體均被集體處罰的方式，亦是在學校中常見，但也常是無效的處罰方法，例如：為了找出惡作劇的人，而施以全班跑操場的處罰，雖然有些人也許會建議使用此種團體壓力可能對某特定人物會有處罰效果，但如同體罰一般，其所產生的不良後果，如怨恨、類化、欺騙等，往往大於所希望產生的處罰效果——降低不良行為。

　　因為此種處罰方式，是強迫學生在同學與教師兩邊做出選擇，若選擇教師這邊，則會說出惡作劇的人；若選擇同學這邊，則不說出，但會受處罰。很多學生在此時會選擇同學，並聯合起一股全然不知或不理不睬的態度來挑戰教師，且當施予集體處罰時，他們也不會去責備特定同學。若是學生選擇

了教師這邊,對同學施以壓力,則對此選擇站在教師這邊的學生而言,可能會產生不健康的態度,例如:只要多報告教師別人的犯錯行為,自己就不會受到處罰等。

　　上述的行為處罰方式或處罰本身的效果,都一再受到懷疑,但為何仍有許多人在使用處罰呢?Skinner 認為,因為處罰獎賞了處罰者(Hergenhahn, 1988),剛開始時,處罰的確可以立即降低那些令處罰者不悅的行為,例如:教師在大聲責備後,全班立即安靜下來;教師宣布明天考聽寫,不到 80 分者要打手心 10 下,明天學生的聽寫成績立即全面提高等。但此種短暫的效果,卻會付出減少快樂學習的巨大代價。

(三) 有效的處罰原則

　　處罰在降低行為頻率上有其理論根據及效果,但有效的處罰須符合下列四項基本原則(Gage & Berliner, 1990):

1. 在行為反應之後立即出現處罰。
2. 讓當事人無法逃避處罰。
3. 盡可能使當事人緊張。
4. 對當事人提供有效、可欲的替代反應。

Good 和 Brophy(1990)認為,處罰要達到效果,須注意下列事項:

1. 在真正處罰之前應先予以警告。教師應清楚告訴學生哪些行為會受到處罰,且教師不希望使用這些處罰,但若學生做出不良行為時,則必須完全對此行為負責,即接受處罰。
2. 處罰是在慎重、有系統的方式下以抑制不良行為,而不是一種無意識的情緒反應、一種洩憤、報復或受到挑撥下的反應。
3. 處罰應盡可能愈短、愈輕微愈好,但仍要產生足以促使學生改變其行為的不愉快感受,例如:在課後只留下學生幾分鐘,討論其所做的不良行為,亦可能是一種處罰;因為如果此種做法能阻止、延後學生立即去做其想作之事,如和同學一起回家或儘早排隊吃午餐,這種處罰會比罰站、體罰等較重的處罰有效。

4. 處罰須伴隨著提供學生哪些是正向期待的行為，並清楚告知學生這些正向行為或規則存在的理由，以及某些不良行為為何是不適當的，即處罰應與正增強合併使用。

（四）處罰的多種方式

處罰的方式不一定是那些令學生羞愧、痛苦的方式，如果學生所犯的是一些損毀財產、物品的不良行為，則要求學生恢復、修復這些物品，此即是一種適當的處罰方法；若無法修復亦可由學生承擔自然、合理的後果，例如：學生破壞桌椅，則讓學生無桌椅可用若干天，或是損毀實驗器材，則停止該學生進行實驗若干次等。但若物品無法復原，亦無法讓學生承擔自然的後果時，亦可要求學生付出相當於修復原物品的代價，服務學校中的其他事項，如修剪校園中的花草等。如此學生不但能改變了原來的行為，即由破壞性行為改變為建設性行為，而且也復原了那些被破壞的物品。

暫時隔離法（time out）亦是一種經常使用的處罰方法，尤其是對那些在特定情況下情緒已失去控制，非常生氣或沮喪，或有攻擊行為、過動的學生，此時要求他們暫時離開教室，常是一種適當的反應方式。老師可要求學生至某房間被孤立的一角落或校長辦公室，直到他們能夠鎮靜下來、能適當的反應為止。尤其當此暫時隔離被當成是一種讓學生去解決自己情緒問題的機會，而不是一種處罰時，經常是很有效的。

對於那些濫用權力的學生，如借書不還或下課時引起打架的學生，則停止其借書的權利，或收回其下課的權利，要其下課卻仍須待在教室內，或不准與其他同學一起玩等，均是一種讓學生付出其不良行為的合理代價。

對於那些不寫功課的學生，較好的處理方式是放學後將其留校若干時間，以補足未完成的功課。此種方式讓學生清楚了解，若其逃避寫作業，只會造成要額外付出時間留在學校的後果。

◆ 二、消弱在教學上的應用

經由正增強作用而產生的不欲行為，即可使用消弱作用，即不再給予正增強來減低此行為；也就是說，教師須控制增強物的不再出現，以確保此行

為不再獲得正增強。在教室中最常用的不再給予增強的方式，即是忽視學生的某種行為，而此種行為是因獲得注意而產生的，例如：有些學生為了獲得注意，即使是一種被責備的注意，也會做出一些違反上課秩序的行為，此時要消弱此不良行為的方法即是不去注意、忽視學生所做出來的行為，例如：有些學生很熱衷發言，常舉手問問題，但有時站起來之後就說忘了要問什麼，或問一些與此課程無關之問題；此時，若忽視其舉手問問題的行為，不叫他起來發言，而是叫其他同學，則應可消除該生舉手問問題之行為。

但消弱作用並不總是適用的，尤其是若學生的行為具有破壞性，或公開挑戰老師，或說些諷譏的話，或是若忽視學生的行為會造成某些危險時，均不適於用此方法。因為若此時仍用忽視的方式，則會使學生產生一種老師無法處理問題，或老師根本未覺察到有問題，或老師不關心學生等印象，或讓學生產生混淆，誤認為上述的行為是可被接受的。

一般而言，消弱必須與正增強搭配使用才會有效，例如：正增強那些因聽課而發問的行為，但對那些隨便發問的行為則予以消弱。但在此過程中須有一先決條件，即增強物是老師可控制的，若增強物來自其他同學，例如：雖然老師不給予注意，但已獲得同學的注意，則此時消弱亦會無效。

Tanner（1978）認為，消弱、忽視的方式須在下列條件中才適用：

1. 問題的發生是短暫的，且是不嚴重、不會造成危險的行為。
2. 當對某行為給予注意會打斷課程進行時。
3. 產生該行為的學生平時的表現尚佳。

而且若學生不清楚老師為何不注意他，也許會更加強其行為強度以期獲得注意，或是用其他更嚴重的不良方式來獲得，因此清楚地告知學生原因，比只是不斷地重複使用忽視讓學生得不到滿足，可能對於改變學生的不良行為更有效果。同時，消弱切記須與正增強作用同時配合使用才會有效。

◈ 三、有條件的增強在教學上的應用

此增強作用是一種視某種情況下，才可以得到增強物的方式，即是在某種約定、條件下的增強。此概念亦是延伸 Skinner 的論點而來，例如：孩子想得到某種東西，則可以和孩子約定，當他做出某行為之後即可得到此東

西;又如:「功課做完以後可以打電動」,打電動是一種孩子喜歡的增強物,但只有在有條件、特定行為出現之後,才會獲得。此種增強方式應用在行為改變上已獲得不錯的效果。

Premack 即提出,在某時間較令人喜愛的活動,足以增強另一在此時間較不令人喜愛的活動(Atkinson, Atkinson, Smith, & Hilgard 1987)。因此,較令人喜歡的活動即可視為是一種增強物,並運用有條件的增強(contingent reinforcement),唯有當另一種在此時較不會出現的行動出現時,此增強物活動才會出現,例如:「寫完功課才可以出去玩」,即是運用「出去玩」此種活動為增強物,以有條件的增強作用,以增強寫功課此原來較不令孩子喜歡的活動。

根據此概念,父母與教師可以選擇適當有用的增強物,如各種孩子喜愛的活動,用口頭或書面的方式訂定契約,彼此同意有哪些行為可以獲得這些增強物。在訂定此種契約時,父母及教師須注意下列原則:

1. 契約中的增強物盡可能是立即出現,尤其是在學習的初期。

2. 運用塑造原則,以漸進的方式給予增強。即開始時對於小的、容易達成的行為,或有利於目標行為的有關行為就給予增強。

3. 開始時,先運用頻率較高但增強物量較少的增強方式。例如:開始時只要先寫完一項功課即可玩 10 分鐘,當行為已維持之後,再改變契約為寫完全部功課及複習後才可以玩。

4. 此約定須是一種因完成某任務或行為之後才得到鼓勵的約定,而不是因服從而得到鼓勵。老師及父母希望孩子學到的是,因為他們完成了某特定任務,如寫功課、打掃房間,因此得到鼓勵;而不是因為他們做了那些父母要他們做的事而得到鼓勵。

5. 必須在孩子達成任務之後才給予增強物,即是先寫完功課才能玩;須把孩子喜歡的活動,如「玩」放在所希望達成的行為之後。若把「玩」放在前面,如先玩 10 分鐘,然後再寫功課,則寫完功課後不再出現「玩」,即無法產生要孩子寫功課的目標行為。

6. 契約必須非常清楚地讓孩子知道,他們要如何表現,或表現到何種程度,並且很清楚地讓他們知道會得到何種獎勵,因此用書面資料

比用口頭說明會更清楚。

7. 契約須切實執行：許多孩子反應，當初訂了契約，但最後父母卻因
忘記或心情不佳而未執行原先答應的鼓勵，讓孩子非常灰心，因而
不再相信約定，也不再相信父母或老師。

8. 契約應採用正增強方式，雖然增強方式亦可以用負增強，例如：
「若寫完功課，我就不責備你」，但用正增強方式，「若寫完功
課，即可打電動 40 分鐘」，其效果更佳。

◆ 四、代幣制度

代幣制度（Token Economy）亦是增強理論在教室情境中的一種應用方
式。在此種制度下，當學生表現出良好行為（或不良行為）時，教師立即給
予學生一些代幣（例如：在登記簿上劃一記號，或給學生一張點券），在記
號或點券累積至某數量時即可兌換獎品或獲得某些權力。實施此制度時，如
前述訂定契約般，第一步驟是在實施前須清楚描述哪些行為可獲得代幣（如
按時交作業、舉手發言等）。第二步驟是找出有效增強物，例如：集滿 10
點者可得到貼紙、卡片等物質鼓勵；集滿 20 點可上台獲得全班的鼓勵、誇
獎；30 點可獲得當小老師的權力等。第三步驟即確實地執行此制度。

許多研究證實此種方案能顯著地降低學生的不良行為，例如：劉春榮
（1985）及司念雲（2002）即以代幣制度對國小學生的上課適應行為改變進
行實驗，結果發現，代幣增強制度不僅增進學生用功的適應行為（如注意聽
講、不遲到等），且可提高班級氣氛。

代幣制度也可用於智能不足者職業技能的訓練，以增進其工作效率，例
如：陳榮華（1991）以教養院職訓班智能不足的院生為對象，採 ABA 倒返
實驗設計，探討代幣增強方案對於提升職訓班學員工作效率的影響，結果發
現，代幣增強方案的實施不僅明顯提升智障者的生產量，而且對於改進庇護
工場內的工作氣氛亦甚具影響力。

另外，此種改變行為的方式，亦可應用在學生的人際互動或表達行為
上，例如：楊平蘭（1997）以此方式嘗試改變幼兒的害羞行為，經二個月的
實驗處理，結果發現幼兒主動舉手發言及自願參與班級活動的次數、音量及

與其他幼兒社會互動的時間均有改善。

　　蔣興儀（1998）認為，代幣制度已在教室中形成一種代幣文化，透過各種給獎的符碼，如榮譽章、貼紙、畫圈圈等，讓學生養成適當的行為習慣。此種制度改變了原有評量的定義，從注重結果的總結性評量改變為注重過程性評量；從和同儕比較的常模性參照改變為自我標準參照評量，但其仍只是一種教育手段，目的應是讓學生從制約過程中達到行為的內化。因此在施行代幣制度時須注意：(1)行為的標準和得到的獎勵須是有意義的聯結；(2)從被制約中引發出主動性；(3)過程中漸減低對外在他人標準的依賴，轉為內在自我負責、自我評價。如此才能彰顯代幣制度在教育中的功效。

五、編序教學與電腦輔助教學

　　編序教學（programmed instruction, PI）雖不是由 Skinner 最先提出，但當其以學習理論為原理說明此教學法後，則使編序教學廣為流傳。Skinner 發現，講演法是最普遍的教學方法，但卻違反了學習原理——學習資料須以細小步驟呈現、反應後立即得到回饋，而讓學習者以自己的步調學習。編序教學是使用一種被稱為教學機的機器，教師將欲教導的材料分成非常細小的步驟，然後依順序一一呈現在教學機中，學生可個別在教學機上依自己的步調學習，且在對其中內容做出反應後，教學機會立即給予學生回饋，告知其反應正確與否，若錯誤則可再回到前一步驟學習。

　　編序教學可以利用書本或用教學機來進行。若使用電腦來呈現編序的教材，此種教學稱為電腦輔助教學（computer-assisted instruction, CAI）。CAI所呈現的編序方式，往往比書本式或在教學機上的方式複雜，例如：書本式或教學機的編序教學，其因受限於書本的份量，常採用直線式的編序方式，即學習內容的進行是一個單元接一個單元的直線式連接，如圖 3-5 所示。

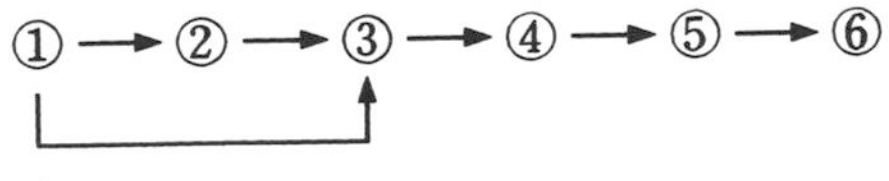

①→②→③→④→⑤→⑥

圖 3-5　直線式的編序方式

　　若內容較簡單或已學過，即可採取跳過某單元至下個單元的方式，但仍是直線式的。

　　而電腦因可儲存、處理複雜且龐大的資料，因此 CAI 多採分歧式的編序方式，如圖 3-6 所示。

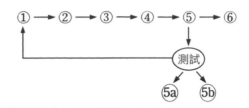

圖 3-6　分歧式的編序方式

　　分歧式的編序方式，即學習者在學習某一單元後會有一評量，以診斷學習者的學習效果，若學習者回答錯誤，則會依其錯誤類型，而指引至學習其他部分，例如：回到第 1 單元，或另外的 5a 或 5b 等新的單元。除此之外，CAI 亦提供令人感到興奮的視覺或聽覺效果，以及遊戲般的氣氛，此較能激發學生的學習動機。目前已有許多研究報告證明，電腦輔助教學的學習效果優於傳統的效果，且耗時較短，例如：鄒小蘭（1994）曾將 CAI 用於特殊班級，她為班上的一年級小朋友設計了「認識數字 1～9」這個單元的 CAI 軟體。課程結束後評估教學效果，結果發現學生不僅學會辨認數字，也會簡單的電腦操作，從使用 CAI 的過程中增加耐性、提升學習的興趣和專注力。

　　目前將人工智慧引入電腦輔助教學，以進行分歧式的適性教學，主要即是可針對學生的學習效果，而給予不同深度或廣度的教學內容，因此已發展出許多種學生模式技術，如 overlay model、bug library 等，其主要功能即是在電腦輔助教學程式中，記錄下學習者已學會的部分，或是將學習者的錯誤觀念建構於資料庫中（林文祥，2000），如此更可達成電腦輔助教學之功能目標。

　　雖然有人認為，CAI 較無法教授有關藝術或情意方面的課程，但熱衷於此種教學的研究者認為，只要能清楚界定教學目標及內容，再加上目前人工

智慧的迅速發展,電腦輔助教學應亦能達成上述目的,例如:已可將遊戲法、模擬法、發現法、問題解法等應用於 CAI 中(李文瑞等譯,1995),即 CAI 不只可用來訓練學習者學習具體、記憶性的內容,也不只是提供學習者的個別學習。目前透過網路之設計,已可進行合作學習的方式、遠距教學;而若將電腦與其他媒體結合,如與電視機、幻燈機結合,則可進行多媒體教學(劉信吾,1999)。

◆ 六、精熟學習與個別化教學

精熟學習(mastery learning)是由 Carroll(1963)有關學校學習的概念所衍生而來,之後由美國心理學家 Bloom 提出精熟學習此一學習取向。Carroll 認為,以學習時間可以定義出有關學習的二個重要因素:

1. 學生性向(aptitude):是指在其他條件均相同的情境下,學生學習所需要的時間。
2. 工作困難度(task difficulty):是指在其他條件均相同的情境下,學生學習一項任務所需要的時間。

Bloom 根據 Carroll 上述的概念認為,如果學生並不精熟課程中的單元,就應該給予其額外的更多時間及不同的教學輔助,直到其精熟為止。Bloom 認為運用此種方式,80 至 90%的學生均能達到傳統上只有一半的學生能達到的 A 或 B 的水準;意即精熟學習的理論認為,對所有不同能力、動機的學生,或不同難度的課程,只要提供各自所需的學習時間,則每個學生均能達到精熟此課程的地步。

陳麗華(1987)以精熟學習模式對國小四年級數學科的學習進行三週的實驗,結果發現,經由精熟學習的學生之數學成就高於一般教學的學生,且能提高學生對數學的積極態度。

精熟學習也可與電腦輔助教學相結合,例如:陳坤木(1993)依據精熟學習理論,發展出一套國小數學科電腦輔助學習軟體,探究教學後的效果,結果發現,電腦輔助精熟學習模式能顯著提升各教學單元的精熟人數和學生的學習成熟,也能幫助教師了解學生在各單元學習上的困難,有助於各單元教材內容的編修。

　　Keller 亦是根據 Skinner 的操作化學習原理，提出個人化教學（personalized system of instruction, PSI）。Keller 認為，傳統的教學並沒有提供足夠的增強物促使學生反應，因此其採用個人化學習方式，學生可以根據自己的速度學習，直到其精熟此單元（即在單元測驗分數達到 80 至 90%）時，即可學習另一新單元。若第一次學習無法達到此精熟水準，則應接受更多的時間、教學輔導及指導者（tutor）的協助。

　　吳和堂（1993）以個別處方教學，對國小五年級數學科進行六週的實驗教學，結果發現，雖然實驗組的數學成績無顯著優於控制組，但實驗組在數學情意態度的培養上有成效，且有持續效果存在。

　　邵心慧（1997）以英語科個別化補救教學，對 10 位英語學習困難的國中學生進行一學期的實驗，結果發現有 78%的學生回歸正常班級，而從問卷和訪談中得知，這些學生已克服學習困難，恢復學習英語的信心，培養正確而積極的學習英語態度。

　　雖然精熟學習與個別化教學有些差異，但其教學過程均依下列三個基本步驟來進行（Gage & Berliner, 1990）。

1. 初始教學：教師均須先把課程分成若干小單元，依序教學。在精熟學習時，仍以班級、團體方式進行，而個人化教學則是讓學生利用教學器材（如教學機或 CAI）獨自進行學習。

2. 精熟導向：此兩種學習方式均無所謂若學習失敗則要受到處罰的結果，當學習完一單元後，學生均會接受一簡短的測驗，若其通過精熟的標準——經常是達到 80 至 90%，則可學習下一單元，若未達到此標準，則繼續學習此單元。

3. 提供學習資源：在精熟學習取向中，教師對那些未達到精熟程度者常會提供補救教學；而個人化教學取向則會請一些已進階的學生來教導這些初學者。這些進階的學生不但說明課程、協助解決問題、解答那些錯誤的題目，並且亦提供支持與鼓勵。

第四節　社會學習論在教學上的應用

一、示範、觀察作用的影響

教師在學習情境中即是一示範者，不論在專門知識的教導過程中，或在人際行為等各層面，教師常是學生學習的對象。因此在教學過程中，教師若能示範出適當、清楚的行為，將有利於學生的學習。毛國楠（1983）發現，在教導智能不足兒童時，不論是動作技能的學習或是認知圖形的學習，實際的動作示範配合明確的口頭說明，兒童的學習效果最佳。

另外，同儕間的觀察、模仿亦會對學生的行為產生很大的影響。張鳳琴（1992）發現，同儕中的用藥比例對青少年用藥狀況的預測力達 40%，是最有影響力的因素，此表示同儕間的觀察學習具有頗大的影響力。因此如何讓學生不會觀察到同儕的不良行為，或身處在一不良行為環境中，並對行為給予不同的後果管理，應是身為教師及父母者之責任。

目前大眾傳播媒體充斥，不論透過電視、電影、報章雜誌及電腦網路，各種資訊及行為均可能是學生觀察、模仿的來源，例如：電視中所呈現或報紙所報導的暴力行為，若在劇情或現實中沒有受到處罰，甚至受到英雄式的崇拜或增強，則觀察者（如兒童、青少年）即可能透過觀察學習而學到這些社會不期待產生的行為，一旦在有利因素下即會表現出此種行為，例如：孩子在影片中看到主角如何竊取他人財物且得逞後，一旦遇到自己缺錢時，就很可能會做出相似的行為。身為教師，在大眾媒體充斥的現代社會中，應如何幫助學生避免媒體對學生的不良影響呢？Gage 和 Berliner（1990）建議，教師可在適當的機會與學生討論如何處理自己的憤怒、敵意或攻擊等感受。雖然透過電視等媒體，學生學到生氣時就打人，但教師有責任教導學生，但也不是簡單地傳送出相反的訊息——如生氣時不可打人，而是和學生一起討論，生氣時可以如何處理，以及各種方法的結果如何，還有在選擇時應考慮到哪些因素等。

💠 二、自我調整在教學中的應用

　　舉例而言，若有一位老師認為甲學生總是做出違反教室程序的行為，因此他很難與甲生共處，甲生亦表現出不喜歡該老師的態度；此時便可採用自我調整的方式，先請這位老師每天觀察記錄下自己與甲生互動的次數及互動的形式，如責罵他、叫他站起來回答問題、請他協助拿東西等，然後這位老師再評價所蒐集到的資料，若發現自己有避免與該生互動的現象，或發現自己與甲生接觸的機會常是甲生打架、上課說話或其他偏差行為發生時，這位老師就可以試著注意甲生的良好行為，並掌握此時機與甲生互動。如當甲生與他人合作時鼓勵他，或甲生有做功課、上課沒有說話時，皆去增強他，且當老師做出這些行為時，讚許自己一番，例如：有一次該老師與甲生一起愉快地吃便當，之後老師立即鼓勵自己一番；漸漸地，甲生的行為改變了，教師的行為也有所改變，不再被學生所困擾，也不再那麼不喜歡甲生。在很短的時間內，該名教師已調整了自己的行為，並比較公平地對待甲生。上述方式亦可用在協助學生自我調整行為上，例如：對那些較衝動、無法延緩滿足、缺乏注意力的孩子，亦可利用上述自我監控、自我評價及自我鼓勵的步驟來改變上述行為，以達成自我控制行為的目的。為達成此目的，Rosenhaum 和 Drabman（1979）提出下列原則：

1. 確定學生正確地記錄、監控自己的行為，如比較學生自己所記錄下來的行為與其他觀察者所記錄的行為之一致性。
2. 建立行為改變後所可以獲得的有條件之鼓勵。
3. 最後將此有條件的鼓勵轉移至由學生自己控制來給予。
4. 當由學生自己決定給予鼓勵時，教導學生使用言語及稱讚的語句來鼓勵自己。
5. 當學生已能控制自己的行為時，則將外在有條件的鼓勵收回。

　　透過上述自我調整行為的過程，即不須利用外在環境——如行為後果的改變，亦可自我指導地改變行為。

　　邱麒忠（1986）利用自我控制的方式，訓練國中學生學習習慣和學習方法，例如：增加主科學習時間、改進分心行為、做筆記及改善學習時間分配

等學習習慣。結果發現，經過自我控制訓練的國中二年級學生，其學習習慣及方式均有改進，且主科學業成績均有進步。

　　傳統的行為論強調刺激與反應聯結的重要性，將學習者視為被操控的對象，但在社會學習論及認知心理學的發展下，更重視行為者對刺激的知覺，以及後果對行為者的意義等。因此在設計電腦輔助教學或各種教學媒體時，更強調須了解個人的知覺原則或記憶、判斷歷程，才能達成適性的個別化教學目的；在設計各種獎懲制度時，對獎懲之意義，也須讓學生了解其原因。在此原則下，雖仍依循行為論的原理原則進行教學，但更能達成教育的目標。

 第五節　結語

　　在教學過程中，不論是如何將數學、語文等各種知識傳授給學生，或如何讓學生學會某些生活／教室規則，均是教師非常關心的主題。要解決上述問題，就需要了解人類是如何學習的。古典制約、操作制約及社會學習論的學習原理可以幫助教師了解，如何將「希望教的刺激物」及「希望學到的行為結果」予以聯結起來。但若欲成功的聯結、予以制約，最重要的是老師對增強物的選擇、增強方式的運用，或如何引發學生的注意等。這些步驟均涉及到老師對學生的理解及對教材或刺激物的理解，並非要機械性的對每一學科教材、每一行為，或對每一位學生均採同一方法，而是要非常注意其個別差異性，因此雖是機械性的行為論，但運用時仍須非常的人性化。

摘　要

- 行為論認為，學習的產生是一種刺激與反應的聯結結果。
- 古典條件化學習是將條件化刺激與非條件化刺激配對呈現，使條件化刺激引發非條件化的反應。
- 古典條件化學習歷程中會產生消弱、自然恢復、類化及區辨等現象。
- 操作條件化學習是運用反應後果增強物的出現與否以產生學習。
- 操作條件化學習歷程中須運用增強作用、增強時制及行為塑造等原則。
- 社會學習論主張學習可透過觀察模仿他人的行為而獲得。
- 社會學習論的學習歷程牽涉到增強理論、認知歷程及自我調控歷程。
- 行為理論運用在教學上，常見的如獎勵、處罰、代幣制度或電腦輔助教學等，除須了解各行為理論外，對學生個別差異性的了解亦是非常重要。

1. 請比較古典制約與操作制約之異同。
2. 請說明社會學習論中認知因素的重要性。
3. 一國小六年級學生沉溺於打電動，甚至翹課自己一個人去網咖打電動。父母生氣地把家中電腦送人，每天送孩子進校園，放學在校門接孩子回家，以防止孩子去網咖。但孩子仍想盡辦法讓父母放學接不到人，或中午翹課出去，放學時再回來。請您以行為論原理來說明應如何改變該生打電動之行為。

參考文獻

中文部分

毛國楠（1983）。**示範學習對國小智能不足兒童動作技能與認知學習效果之研究**。國立台灣師範大學教育與心理輔導研究所碩士論文，未出版，台北市。

王文科（譯）（1991）。**學習心理學——學習理論導論**。台北：五南。

司念雲（2002）。**代幣增強方案對增進注意力渙散學生用功行為成效之研究**。國立彰化師範大學特殊教育學系在職進修專班碩士論文，未出版，彰化市。

吳和堂（1993）。**國小數學科個別處方教學之實驗研究**。國立高雄師範大學教育學系碩士論文，未出版，高雄市。

李文瑞、單文經、朱則剛、吳明德、沈中偉、黃雅琴、朱麗麗、羅綸新、王燕超、侯志欽、田耐青、林思伶、朱湘吉、楊美雪（譯）（1995）。R. Heinich, M. Molenda & J. D. Russell 著。**教學媒體與教學新科技**（Instructional media and the new technologies of instruction）。台北市：心理。

拒絕體罰之道（1995，1月7日）。**中時晚報**。第3版。

林文祥（2000）。**學習評量和適性教學應用於電腦輔助教學——以國中電磁教學為例**。私立中國文化大學資訊管理研究所碩士論文，未出版，台北市。

邵心慧（1997）。**國中英語科個別化補救教學研究**。國立高雄師範大學英語教育研究所碩士論文，未出版，高雄市。

邱麒忠（1986）。**行為的自我控制對國中學生學習習慣和方法之個別輔導效能研究**。國立彰化師範大學輔導研究所碩士論文，未出版，彰化市。

修慧蘭（1992）。班度拉。載於中國輔導學會（主編），**輔導學的先驅**。台北市：師大書苑。

張鳳琴（1992）。**以社會學習與社會連結變項預測收容所中用藥少年之用藥狀況**。國立台灣師範大學衛生教育研究所碩士論文，未出版，台北市。

陳坤木（1993）。**電腦輔助學習在國民小學學生數學科精熟學習應用之研究**。國立台南師範學院初等教育學系碩士論文，未出版，台南市。

陳榮華（1991）。代幣增強方案對於增進中重度智能不足者職業技能之影響。**教育心理學報**，**24**，1-30。

陳麗華（1987）。精熟學習模式及其在國小數學科教學上之效果研究。國立台灣師範大學教育研究所碩士論文，未出版，台北市。

楊平蘭（1997）。幼兒在幼稚園內害羞行為改變之個案研究。國立台灣師範大學家政教育研究所碩士論文，未出版，台北市。

鄒小蘭（1994）。特殊班「電腦輔助教學」應用實例與成效。特殊園丁，9（4），39-47。

劉信吾（1999）。教學媒體。台北市：心理。

劉春榮（1985）。代幣制度對國小兒童適應行為班級氣氛及學習成績之成效研究。國立台灣師範大學輔導研究所碩士論文，未出版，台北市。

蔣興儀（1998）。教室文化中的代幣制現象。教育研究雙月刊，61，38-46。

英文部分

Atkinson, R. L., Atkinson, R. C., Smith, E. E., & Hilgard, E. R. (1987). *Introduction to psychology* (9th ed.). CA: Harcourt Brace Jovanovich.

Carrol (1963). A model of school learning. *Teachers College Record, 64*, 722-733.

Gage, N. L., & Berliner, D. C. (1990). *Educational psychology.* Boston, MA: Houghton Mifflin.

Good, T. L., & Brophy, J. E. (1990). *Educational psychology.* NY: Longman.

Hergenhahn, B. R. (1988). *An introduction to theories of learning.* NJ: Prentice-Hall.

Matson, J. L., & Dilorengo, T. M. (1984). *Punishment and its alternatives.* NY: Springer.

Rosenhaum & Drabman (1979). Self control training in the classroom: A review and critique. *Journal of Applied Behavior Analysis, 12,* 467-485.

Tanner (1978). *Classroom discipline for effective teaching and learning.* NY: Holt, Rinehart and Winston.

第四章

社會取向的學習論與教學

陳世芬

大綱

學習目標

在讀完這一章後，讀者應能了解：
1. 社會取向學習論對學習的看法。
2. 社會取向學習論之學習原理原則。
3. 社會取向學習論在教學及學生輔導上的應用方法。
4. 應用社會取向學習論於實際教學情境中的方式。

案 例

今天，老師又在小慈的聯絡簿上寫著：「昨天回家作業尚有許多錯誤需要訂正，請家長協助指導孩子訂正錯誤的地方。」小慈看完後心想：「難道昨天神明給的答案不對嗎？」原來，就讀小學三年級的小慈，因為母親吸毒入獄服刑，爸媽都不在身邊，從小就跟著阿公、阿嬤一起生活。阿公、阿嬤家裡開宮廟，他們已經六、七十歲了，也沒讀什麼書，都不識字。小慈每次問他們課業問題，他們只是搖搖頭，無奈的說：「阿公、阿嬤看不懂啦！要不然，阿公、阿嬤燒個香，祈求神明保佑妳，讓妳變得更會讀書。」

在這樣的家庭環境中成長，小慈幾乎沒有對象可以請教功課，她每天看著阿公、阿嬤求神問卜，心裡想：「如果這樣做真的有用，那我乾脆也學阿公、阿嬤，將不會寫的功課擲筊直接請教神明好了。」漸漸的，靠擲筊寫功課，請神明幫忙答題，已經成為小慈最擅長的事情。而小慈的阿公、阿嬤也贊同，而且還鼓勵小慈的行為，阿嬤經常對小慈說：「我們實在沒錢送你去補習班，或者讓你跟其他同學一樣去上安親班，所以你只好誠心祈求神明，這樣神明一定會保佑你。」

但是，小慈靠擲筊答題，根本無法全部答對，有時候僥倖矇到幾題，有時候幾乎全錯，在學校的成績表現也是起起落落，不甚理想。然而，一直以來，老師並沒有發現小慈這種荒唐的行為。只是，在這種家庭環境成長的小慈，因為成人無法給予協助，一時之間，她似乎也沒有其它的辦法可想了。

上述案例並非虛構，而是來自社會新聞的真實報導，當中的主角小慈是一位天真活潑的學生，其生理與認知發展成熟度與一般兒童相比並無差異，但隔代教養的結果導致她的學習表現不佳，並且學會了擲筊答題的荒唐舉動。試想，若小慈擁有正常的家庭環境，在成長學習的過程中，父母親可以關愛照顧她，適時地給予指導與協助，那麼她的學習表現是否會更加亮眼？

　　在教育心理學的重要理論當中，Pavlov、Thorndike、Skinner 等人認為，個體的行為與學習表現主要建立在刺激反應的聯結基礎；而 Piaget 則強調，個體自出生後即不斷地嘗試探索與操控周遭的環境，透過此主動建構的過程，將環境意義化，並發展出愈來愈分化，愈來愈容易理解的認知結構。然而，個體有些行為並非單純地由古典制約或操作制約學習而來，亦非如 Piaget 所主張的內在生理機能成熟，或基模的調適與同化。顯然地，個體的行為表現與其所處的社會環境息息相關。個體的行為表現與認知發展應是內在身心因素與外在社會環境交互作用下所決定。如上述案例中的主角小慈，其行為乃生理遺傳、認知發展、社會生活經驗等因素的綜合表現。

　　在個體的行為與認知發展上，強調外在社會環境的重要性者首推蘇俄心理學家 Vygotsky。Vygotsky 是文化歷史理論（culture-history theory）的創始者，也是一位馬克思主義者，他的一生雖然短暫，年僅 38 歲即因肺結核病逝，但卻在教學、研究、寫作與演說等方面窮其畢生精力，以俄文寫成的書籍和論文數量頗豐。然而，令人遺憾的是，Vygotsky 在有生之年未能將許多獨特見解與想法詳加闡述，並創造出完整的理論架構。在其死後，他的思想著作中有關智力測驗的思維，更受到蘇俄當局主政者的打壓與封鎖，直到 1956 年政府的禁令解除後，所遺留之兩本鉅作《思考與語言》（*Thought and Language,* 1962）與《社會中的心智》（*Mind in Society,* 1978）陸續被譯成英文後，Vygotsky 的思想論述才廣為人知，在教育與心理領域大放異彩。

　　Vygotsky 的理論思維深受 Marx、Hegel 和 Engels 等人影響，也受到 Piaget、Blonskii 和 Werner 等人對兒童心智發展理論的影響（Moll Ed., 1990），他雖認同 Gesell、Werner 和 Piaget 等人所強調之個體的內在發展對行為表現極為重要的觀點，卻提出另一個嶄新的看法，亦即若要真正了解個體的行為表現，必須同時考量其所處的社會歷史環境（the social-historical environment）。換言之，若要完整闡釋個體的行為表現，必須同時考量兩條發展主軸線：其中一條為強調自個體內在浮現的「發展的自然線」（the natural line）；另一條則為強調來自外在環境對個體影響的「發展的社會歷史線」（the social-historical line）（引自劉文英、沈琇靖譯，2007：10-13）。

　　Vygotsky 在著作中，對各家學者之研究論述有精闢的見解，並藉此幫助

自己發展有關思考與語言的理論架構與內涵，此對 20 世紀後半期的心理與教育學界造成深遠影響，如心理學家 Bruner 的研究理論，即奠基於 Vygotsky 的著作（Tharp & Gallimore, 1988），Bruner 於 1996 年指出，除非把社會文化情境以及其中的各種資源都放入考慮，否則無法理解學習、記憶、言談、想像等心理活動，因為這些活動只有當個體在文化中參與才有可能發生（引自宋文里譯，2001：19）。本章將介紹在 20 世紀後半期，影響許多心理學家與教育家之 Vygotsky 學習理論。

 **第一節 社會文化對認知發展之重要性**

影響 Vygotsky 之一的蘇俄心理學家與教育學家 Blonskii，強調人類所有形式的活動都具有深刻的社會性，應該在歷史發展中研究人們的社會行為。Engels 則指出，人類在演化的過程中，開始學習製造工具，如以石器切割肉類、撿拾木頭或以樹枝狩獵、摘取葉子遮蔽身體等；隨著工具的使用，逐漸理解工具使用背後之物理原理，致使心智功能漸開，同時也發覺群體生活的好處。當人類發展出新的工具來面對環境時，他們就更能察覺到物質的特性，因而發展出新的合作與溝通的模式，亦發展出計畫和遠見的能力（劉文英、沈琇靖譯，2007）。

由於 Vygotsky 深受 Engels 工具使用之著作影響，他認為當人類創造出新的工具來面對環境時，同時也創造出「心理工具」（psychological tools）來操控自身的行為，Vygotsky 將人類用以幫助自身思考與行動的各種心理工具，稱為符號（signs），而這些歷史文化演進過程中所產生的符號，正是了解人類思考的最佳路徑，亦是各種知識建構層面的關鍵所在。透過符號，個體可以調節社會與自身的內在運作功能，進而聯結內在與外在、社會與個體（John-Steiner & Mahn, 1996）。

Vygotsky 列舉了許多歷史文化中所產生的符號工具，如語言、數字與計數系統、助記技術（mnemonic techniques）、代數符號系統、藝術作品、寫

作文字、地圖與各種慣例符號等（John-Steiner & Mahn, 1996），人類對這些符號賦予意義，運用符號將知識內化，並協助自身思考與行動，而這也是人類有別於其他動物之處。Vygotsky 認為，除非深入審查這些符號，否則將無法了解人類的思考；Bruner（1962）則進一步將 Vygotsky 對符號工具的觀點解釋為個體之外顯活動內化進而產生思考，尤其是個體之外在對話的內化促使語言轉變成思考。Wertsch（1991）引用 Wittgenstein 之符號工具觀點指出，心理工具與個體的內在世界息息相關，且跟參與之活動緊密相連。

在 Vygotsky 眼中，語言、寫作文字、數字系統對人類心智思維發展影響尤其深遠。他認為，語言是人類最重要的溝通符號，也是個體與社會文化聯繫的核心系統。他也指出，語言使個體的思考與注意力得以脫離直接知覺範圍，利用語言得以回想過去與計畫未來；另外，語言的獲得與學習對成長中的個體尤其重要，因為語言讓幼小的孩子得以融入周遭社區環境的社交生活，能參與團體對話與遊戲，同時可促進孩子的思考能力。

例如：一位 5 歲的孩子會自言自語說著成人或其他兒童曾對他說過的話，如當他畫著太陽或白雲時，他可能會自言自語說著：「太陽在微笑，白雲正在後面追著太陽。」Vygotsky 認為，這就是自我中心語言的呈現，孩子運用它計畫故事或活動的情節，隨著孩子年歲漸長，自我中心語言會轉變成內在語言（inner speech），而變成協助思考的工具。

寫作文字也是 Vygotsky 認為最重要的符號之一。文字使得人類可以將資訊變成永久的保存紀錄，當人類開始學習寫作文字時，就必須跳脫較自然的肢體與臉部表達語言，利用抽象表徵來替代文字（劉文英、沈琇靖譯，2007）。此外，Vygotsky 在識字實驗中指出：「受過較多教育者比不識字者，具有更高層次的心理能力。」此結論雖然頗有爭議，但 Vygotsky 認為，個體在寫作或詞彙運用的歷程中，不斷地組織與思考，此對了解世界或與他人互動極具影響力。

數字與計數系統，對人類高等心理運作與思考發展亦影響極大。Vygotsky 認為，人類創造數字起因於無法單憑視覺將事物量化，例如：為計算飼養的羊群、牛隻或種植的蔬菜水果等，故需要整套的象徵符號協助計數。隨著社會文化演進，人類發展出不同的數字與計數系統，例如：印度人

發明阿拉伯數字、中國人發明計數算盤、古埃及文明的計數符號等；漸漸地，亦增加了以抽象和理論的方式來處理特定事物的質量問題，例如：在代數練習題中，當 X＋5＝Y，則 X＝Y－5，X 和 Y 即是數學演算過程中無意義的抽象符號。此外，Leinhardt（1996）在其數學概念教學實驗中曾提及線段、圓形、矩形與方形等符號表徵的功能，老師可以運用這些數學符號表徵向學生說明百分比的概念，這些符號如同語言般，已成為學生心中內化的知識，且是不同文化中共享的系統。

上述這些符號系統並非個體獨自發明，它們是社會文化演進的產物，對個體的認知發展深具影響力。當個體主動參與周遭的環境或社區活動時，會逐漸將其內化，變成汲取知識的鷹架。然而，這些符號系統卻被早期許多發展心理學家，如 Gesell、Werner 和 Piaget 等人所忽略，直至 Vygotsky 理論一出，許多學者才開始正視社會文化脈絡是如何參與人類心智的建構，並了解將個體心理發展與影響心理發展的社會文化因素二分的做法是不適切的。

 **第二節　人際互動與個體主動建構對認知發展之重要性**

Vygotsky 在其著作中，曾詳述人類高層次智力功能，如推論、理解、計畫與記憶等的發展過程，這些能力的習得與個體在社會中所獲得之語言、寫作文字、數字系統等符號工具息息相關，當個體獲得這些工具後，即可協助自身以社會的一份子運作。然而，個體究竟如何習得與運用這些工具呢？Vygotsky 認為，此乃個體與知識更淵博、能力更高的他人，如同儕、成人、教師或專家等互動的結果。自出生以來，個體的生活作息與應對進退幾乎離不開那些擴展其世界知識的成人，例如：在家庭或社區的非正式場合，以及學校的正式場合中，兒童透過與父母、手足、親戚、鄰居、教師、同儕等人的互動接觸，逐步通曉其所隸屬的文化本質，逐漸學得某些特定問題的解決技巧，因此在個體認知智力的重要進展上，人際互動與文化脈絡著實扮演了

舉足輕重的角色。

為突顯人際互動乃兒童發展進步的原動力，Vygotsky 以近側發展區的概念來說明兒童與較有能力之他人，在學習歷程中相互調整的動態本質，而根據近側發展區（the zone of proximal development, ZPD）的概念延伸得來的鷹架（scaffolding）作用，則更強調與重視師徒互動與調整的重要性。在 Vygotsky 的學習觀中，個體的認知發展乃在自然、社會、歷史、文化與智慧的脈絡根基下，與他人彼此辯證交錯的結果，因此，對於人類的認知探索應將重心置於意義建構的層面，而不能單以個人為基礎，更不能抽離社會情境與文化脈絡等因素（朱則剛，1994）。尤其 Vygotsky 認為，有效的教學發生在廣泛地社會制度下的氛圍，亦即應培養教師之間、師生之間與學生之間的合作氣氛，如此才能創造良好的學習情境，學生才能達到最佳發展境界（谷瑞勉譯，1999）。

再者，檢視 Vygotsky 和 Piaget 的理論，則可發現兩人最大相似處在於皆認同個體在自身發展的歷程中扮演著積極主動的角色，個體並非被動地接受成人社會所給予的一切指導；相反地，個體自出生後即是一位深具好奇心的探險家，不僅積極主動地探索周遭的環境，而且會在他人的協助之下，選擇和建構知識，學習如何解決問題。父母、專家或教師等成人若希望個體具有良好的學習效能，則應密切注意與覺察個體的學習動機。Vygotsky 以「個體的認知發展必須被視為合作事業」做為其認知發展理論通則，依此原則，個體一方面須主動發出訊號表達自身的需求，以提供成人了解其能力所及的線索；另一方面，成人必須敏銳地覺察個體所發出之線索，並據以修正其介入的性質與時機（任凱、陳仙子譯，2006）。換言之，個體的發展與學習，應被視為自身與他人共同參與的社會化過程，而非僅存於個體知識的組成過程（劉宏文，1996）。

由於 Vygotsky 強調認知發展的主動建構本質，即個體在知識習得與成為有能力的問題解決者的過程中扮演著積極角色，因此，Vygotsky 對個體認知發展所採取的立場，被稱為社會建構論（Social Constructivism），亦即個體的學習基於積極努力理解世界的作為，而非被動地獲得知識，當兒童可結合他人的力量來學習時，其學習效能最高（任凱、陳仙子譯，2006）。綜言

之，個體新知識的建構，發生於所處之文化脈絡中，乃個體與周遭的成人、教師或同儕等人的觀點與意義之相互討論與交換的結果。

 **第三節 社會取向的學習原則**

　　Vygotsky 曾使用許多實例去證明與發展自身的理論，內容主要聚焦於闡釋個體能力發展的歷程與新能力的起點（Driscoll, 1994），有關思考（thought）與語言（speech）之關係與發展、科學概念（scientific concepts）與自發概念（spontaneous concepts）之發展與學習、認知學習之近側發展區以及鷹架作用等，皆為 Vygotsky 在學習論上的重要主張。

◆ 一、思考與語言之關係與發展

（一）語言是人類獨有之發展特徵

　　在黑猩猩的實驗中，Köhler 證實了高等社會化動物黑猩猩（apes）會像人類一樣製造和使用工具，也會間接地察覺出問題解決的方式，他認為黑猩猩的行為表現正是人類智力行為的基礎。但 Vygotsky 卻認為，Köhler 的研究發現極為有趣，因為黑猩猩在問題解決上雖然有近似人類智力的行為表現，在牠們的互動過程中，也有豐富且大量的情緒表達動作、社會化情緒與辨識手勢等，但是黑猩猩終究還是缺乏語言這個極有價值的輔助技術，故無法利用語言發展意象（image），促進思考，以致於黑猩猩無法像人類般發展自己的文化（Rieber & Robinson Eds., 2004）。

　　Vygotsky 認為，就人類歷史發展層面而言，符號中的語言系統正是人類有別於其他高等動物之處，由於人類能善用語言，故能發展出高層次的心理功能，成為更有效率的解決問題者，可見語言著實扮演著重要的角色（蔡敏玲、陳正乾譯，1997）。

（二）思考和語言之關係與發展

Vygotsky 從 Köhler 的黑猩猩實驗結果，推論思考與語言的關係，他主張思考和語言應有不同的遺傳根源，各自擁有獨特的發展曲線，但在個體發展的歷程中，思考與語言的關係並非固定不變，在智力發展中存有前語言階段（pre-speech phase）；相對地，在語言發展中亦存有前智力階段（pre-intellectual phase）（Rieber & Robinson Eds., 2004），唯有認識思考與語言這兩條發展曲線的相互關係，才能正確解釋每一個年齡階段的個體在思考與語言方面的發展狀況。Vygotsky 將思考與語言發展關係分為下列四個階段（Rieber & Robinson Eds., 2004; Vygotsky, 1962）：

1. 原始或自然階段（the primitive or natural stage）：此階段的語言行為主要表示某種情緒與反應，像是孩子的哭、牙牙學語，甚至是第一個字的出現等。此階段的個體雖已具有初步回應他人的社會功能，但是語言與思考發展之間並無任何關聯，這些初期的智力反應並不依賴於語言，但它卻具有意識或目的。

2. 天真的心理階段（the stage of "naive psychology"或 naive physics）：處於此階段的個體，會運用自己的身體、周遭的物品與工具的物理特性，在理解邏輯運算之前，就能適當地使用語法結構，例如：此階段的兒童在尚未真正掌握原因、條件、時間等關係時，就已相當精熟「因為……」、「但是……」、「如果……」、「當……時候」等附屬子句的運用。換言之，此階段的個體雖無法了解自己是如何開始使用這些句法，但在精熟思考的句法前，已能掌握語言的句法。

3. 外在符號與外在運作階段（the stage of external sign and external operation）：處於此階段的個體，會藉助外在的符號來解決內在的心理任務，例如：兒童運用手指來做數學運算，幫助自己的記憶。在語言發展上，此階段正是兒童自我中心語言（egocentric speech）出現之時。

4. 內部紮根階段（the stage of "rooting"）：處於此階段的個體，其思考

方式已從外在的運作逐漸轉變成內在的計畫，在內化歷程中，個體開始在心理計算或運用頭腦進行無聲地計算，開始使用內在符號去進行邏輯記憶，此時內在與外在、抽象與具體的運作思維不斷地交互作用與轉換。在語言發展上，此階段的語言發展為內在的、無聲的語言。而當內在語言被用來為外在語言（external speech）做準備時，內在語言在形式上可能很接近外在語言，甚至完全變得像外在語言，例如：在準備一場發表演說時，內在語言與外在語言似乎沒有明顯的界線可言，它們彼此交互影響，此即 Vygotsky 所強調的內在語言的重要功能；當個體試著去了解情境、發現解決問題，或者計畫一個新的活動時，個體會使用內在語言，有時甚至會改變活動的進行，此顯示內在語言不僅是反映思考，而且還主動幫助思考，並促成心智結構的改變。亦即當個體有效地運用語言的計畫性功能時，思考結構便產生了改變（何東墀，2008）。

由思考與語言的發展四階段可知，Vygotsky 認為個體語言的發展是功能上的轉變，從外在語言逐步進展成自我中心語言，最後變成內在語言（Rieber & Robinson Eds., 2004）。雖然個體初期的行為具有意識或目的，但其智力發展並不依賴於語言。在前語言階段的個體主要是以肢體動作來表現思考，由此看來，在個體到達某個階段之前，語言與思考有不同的發展，彼此獨立。但 Vygotsky 認為，在個體 2 歲以後，思考與語言會逐漸結合，此階段的語言可以幫助個體控制自己的思考與行為，而詞彙的學習亦影響個體的分類系統與概念系統，故個體能將其所想要的以語言來表達，如 Stern 所言：「兒童有了他一生最偉大的發現……，每樣東西都有自己的名稱……」（引自李維譯，1998：48）。是故，語言和思考的關係是在自我中心語言階段開始明顯地互動，兩者不斷地起交互作用，亦即思考會影響個體的語言發展，語言的發展亦會影響個體的思考（何東墀，2008）。

（三）Vygotsky 和 Piaget 之自我中心語言比較

Vygotsky（1962）認為，個體的自我中心語言會出現於外在符號與外在運作階段，在其理論當中曾詳述自我中心語言的結構與運作本質，為了研究

自我中心語言，他安排了許多含有障礙物的挫折與困難情境，障礙物乃用來阻斷個體的問題解決歷程，藉此觀察個體在這些情境的自我中心語言表現。

然而，Vygotsky 並非第一個針對個體自我中心語言現象提出系統性解釋的人，Piaget才是第一位注意這種語言現象的學者，例如：Piaget觀察到一群5 歲的女孩在同一個沙坑玩耍，每個女孩都會對一些話題自言自語、侃侃而談，可是卻沒有人會想到其他人根本不知道自己在說什麼，他認為女孩的這種自言自語現象是一種自我中心語言，來自最原始的自我思考（autism）；換言之，女孩不會調整自己的語言來符合聽話者的看法，乃因「自我中心主義」作祟，女孩會設想聽話者的觀點是和自己一致的。Piaget也預估4至7歲處於前運思期的兒童，45%的語言具有這樣的特質（劉文英、沈琇靖譯，2007），而此階段的兒童並不在乎這種表達方式是否為別人所理解，而純粹是用來取悅自己（Kozulin, 1996; Piaget, 1959）。

Vygotsky 雖然同意個體自我中心語言在4至7歲年齡上的普遍性，但他卻不認同 Piaget 的論點，Piaget 主張自我中心語言本身並無用處，它僅是反應孩子思考能力的不足。相反地，Vygotsky 卻強調自我中心語言的正面積極功能，認為自我中心語言是內在語言出現之前的一個發展階段，兩者結構相似，皆具有智力功能；自我中心語言會在個體學齡階段消退，這時內在語言即開始發展起來。而 Vygotsky 亦以自行設計的困難情境說明此現象，當個體在困境中時，自我中心語言出現的機率幾乎為正常情境的兩倍，可見個體在困境中會運用自我中心語言來幫助思考運作，並將其視為調和個人思考與行動的工具，用以紓解緊張焦慮的情緒，並做為計畫問題解決的媒介。

此外，Piaget 認為當個體逐漸發展到具體運思期時，會克服自我中心主義，自我中心語言會隨著成熟而逐漸消失（如圖 4-1 實線部分），並隨即由社會性語言所取代。Vygotsky 亦不同意此觀點，他認為自我中心語言不會無故消失，它只是不再表面化，進一步轉變成內在語言。特別的是，Vygotsky 指出，自我中心語言對個體而言是一種新的成就，是社會語言的一種，它提供個體新的問題解決工具，因此，個體應該會多去使用它，故 Vygotsky 預測自我中心語言變成內在語言之前，事實上會增加（如圖 4-1 虛線部分）（劉文英、沈琇靖譯，2007）。

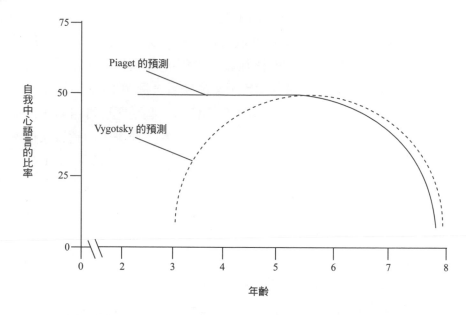

圖 4-1　Vygotsky 與 Piaget 自我中心語言的年齡發展趨勢比較

資料來源：取自劉文英、沈琇靖（2007：10-18）

二、科學概念與自發概念之發展與學習

學校教育的功能在於將系統化知識傳授給學生，但要如何設計有效的教學方法，將知識傳授給學生，就 Vygotsky 的觀點，則須先了解兒童腦中的科學概念發展，因為教學是學齡兒童獲得科學概念的主要來源之一，也是指導發展的有效力量，決定兒童心智發展的命運。以下茲分述自發概念與科學概念之區別、發展與學習。

（一）科學概念與自發概念之區別

Vygotsky 在《思考與語言》一書中指出，個體的概念（concept）並非僅是某種由記憶所形成的聯結總和，也不是某種心理習慣（mental-habit），概念本身是一種複雜又真實的思考活動，只有當兒童心理發展達到既定的水準，心智功能趨於成熟時，他才能掌握與學得概念（Vygotsky, 1962）。就概念的定義與內涵而言，Vygotsky 將其區分成科學概念（scientific concepts）與

自發概念（spontaneous concepts），兩者是在全然不同的內在條件與外在條件下形成與發展，促使兒童形成這兩種概念的動機並不相同，取決於源自教師的課堂教學或源自兒童的自身經驗。

科學概念的發展與學習必須透過學校有系統的教學活動，例如：學校教師所教導的數學原理、科學定律（如 Archimedes' law）、社會科學（如階級衝突）等類型的概念。科學概念具有四項特徵，分別為概括性（generality）、系統組織（systemic organization）、意識知覺（conscious awareness）以及自發控制（voluntary control）（Wells, 1994）。前兩項特徵「概括性」與「系統組織」是標示「科學」定義的指標，後兩項特徵「意識知覺」與「自發控制」是個體概念學習的本質，兩者彼此相依，可視為個體心理發展階段中的普遍特徵，故科學概念較為抽象化、具概括性，且其概括系統內的物體與事件，個體較無法直接看到或經驗。

相對地，自發概念與個體對世界的直接經驗有關，它是無意識的、無系統的、獨自學習的，甚至是錯誤的，通常在日常生活與學校外發展出來，因此，亦稱為日常概念（everyday concepts），例如：當 3 歲的孩子看見一根針或一枚硬幣沉入水裡，他可能會發展出一個錯誤的結論，即「所有小物體都會沉入水中」的自發概念，且會用此概念來預測日後掉入水中的不同物體之行為。

（二）科學概念與自發概念之發展與學習

Vygotsky 認為，處於學齡前階段的兒童，開始運用自身的感覺動作對所處之周遭家庭與社區環境事物產生具體的經驗，且透過與成人的社會互動逐步習得自發概念，但此時期之兒童對自發概念並未具有清楚的意識知覺，亦不明瞭思考運作的歷程。如前面提及之 3 歲孩子憑其直覺經驗而推測所有小物品都會沉入水中，但他並不明瞭箇中原理；直到進入學齡階段後，在學校有系統的教學下，兒童透過書寫符號與寫作練習、同儕對話等活動等，逐步發展並學得科學概念，此時兒童開始明瞭物品沉入水中乃基於阿基米德定律，亦開始改變先前已發展的自發概念的知識內涵（Tharp & Gallimore, 1988）。

　　在 Vygotsky 理論中，科學概念與自發概念的發展途徑並不相同，兩者循相反方向前進，自發概念乃從概念之低級屬性向高級屬性「自下向上」發展；而科學概念則從概念之高級屬性向低級屬性「自上向下」發展，例如：一位 8 歲孩子在未接受正式的學校教育之前，或許已經發展了「小狗」的自發概念，此概念主要來自於日常生活中對家中寵物小狗的印象。如果詢問孩子有關小狗的定義，他可能會回答：「小狗會大聲汪汪叫、有尾巴、身體上有很多毛」等。然而，在正式的學校教育中，老師會介紹有關動物的特徵、分類與運動方式等，如「小狗屬於動物中的哺乳類、胎生、肉食性動物、身體有毛、有四條腿」等概念。透過正式的學校教育，孩子開始形成生物的類別概念，理解物理運動原理，且擁有更寬廣的支撐架構來容納已發展的自發概念，並幫助自己了解「小狗」的定義。

　　然而，相反的發展途徑並未消除科學概念與自發概念間的聯繫與交互作用，雖然自發概念具有「非科學性」的本質，但卻是兒童學習科學概念的重要基礎，這兩種概念會在兒童進入學齡階段後交互影響，對彼此產生助益，有時為了發展某些科學概念，兒童還必須具有一定程度的自發概念，例如：上語文課時，老師欲教導兒童「羊入虎口」的成語概念，此時則需仰賴兒童已發展之「羊」與「老虎」兩種動物的自發概念，兒童才能對成語內容產生正確的理解。Vygotsky 認為，兒童的科學概念發展始於進入學校後的詞語定義發展，兩者具有相同一致的發展歷程，透過適當的教學歷程，兒童開始對語言的語義層次產生有意識的知覺與理解，進而促進其高層次思考運作（Wells, 1994）。

　　此外，Vygotsky（1962）認為，科學概念與自發概念之關係，如同教學與發展同等重要，若學校課程能提供足夠豐富的學習材料，那麼兒童科學概念的發展將超越自發概念的發展，因為科學概念乃是在成人的協同與教學歷程下所建構，兒童會在科學概念的發展歷程中發展出反應性意識，當兒童對科學概念的原理原則愈趨精熟時，則會促進自發概念的發展。Vygotsky 更主張，學校中的科學概念教導對兒童而言很有幫助，因為科學概念的學習創造了自發概念的近側發展區，且替兒童提供了更寬廣的架構來容納他們的自發概念（劉文英、沈琇靖譯，2007）。

🔶 三、近側發展區

（一）近側發展區的意義

　　Vygotsky 利用測量現象起源與歷史之遺傳分析（genetic analysis），來發展理論架構並進行研究，他認為研究者不應僅是關注發展的結果，而應該關注個體之高等心智功能的發展變化歷程。依此觀點，發展和學習乃發生於社會與文化所塑造之脈絡，由於歷史情境會不斷地變動，故導致個體學習的機會與脈絡亦隨之變動。然而，Vygotsky（1978: 80）指出，在 Piaget 的理論中，成熟是學習的先備條件，而非學習的結果，此種觀點並不適切；Vygotsky 認為，當孩子開始與環境中的成人互動，或與同儕合作學習時，學習即可喚醒個體之內在發展歷程，但學習並不等同於發展，只有適度且經過組織的學習才可促進心理發展。

　　為了更精確地闡述發展與學習的關係，Vygotsky 提出「近側發展區」的概念加以詮釋。所謂「近側發展區」意指，在問題或作業解決歷程中，個體未經他人協助或獨立完成時所達之實際發展水準，以及經過成人指導或較有能力之同儕協助後所達之潛在發展水準，兩水準間的差距即為個體之「近側發展區」。此定義涵蓋了「實際發展水準」（the level of actual development）以及「潛在發展水準」（the level of potential development）兩個概念：「實際發展水準」為個體能獨立解決問題或完成作業之能力表現；而「潛在發展水準」為個體在教師或成人指導下，或與能力較高的同儕一起合作下，能解決問題或完成作業之能力表現，近側發展區即是介於「實際發展水準」與「潛在發展水準」間的差距，其關係如圖 4-2 所示。

（二）近側發展區的階段

　　承上述，Vygotsky 雖然提出近側發展區的概念，但對於近側發展區的發展歷程並未具體說明，Tharp 和 Gallimore（1988）詮釋兒童如何發展語言時，根據 Vygotsky 的理念提出近側發展區四階段（four stages of the ZPD）（如圖 4-3 所示），主張「近側發展區」主要經歷較有能力的他人協助、自

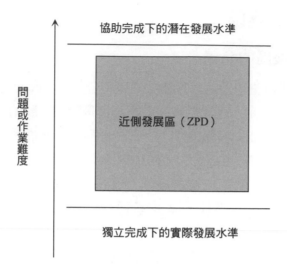

圖 4-2 近側發展區

資料來源：改寫自 Bodrova & Leong (1998: 2)

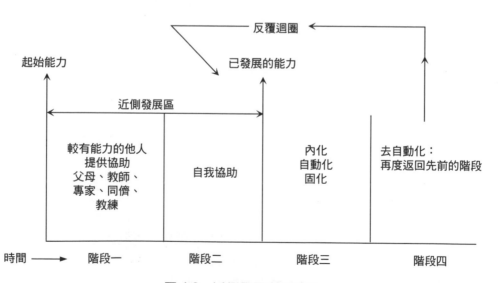

圖 4-3 近側發展區四階段

資料來源：改寫自 Gallimore & Tharp (1990: 185)

我協助、發展固化與自動化，以及遞迴遷移等四個階段。

階段一，個體表現需要較有能力的他人提供協助（Where performance is assisted by more capable others）。由於此階段的個體對於工作本質、情境以及目標的理解有限，需要專家或較有能力的同儕提供指導與示範，讓個體有所依循與模仿。然而，當個體透過參與活動與對話獲得一些概念後，協助者便可利用提問、回饋、高層次認知結構等方式協助個體的表現。此外，協助者（如專家、教師等）必須找出有層次或結構性工作之次目標或更次要目標，理解個體在這些目標下所具有之先備知識結構，以及該如何設計對話互動。若以教學歷程來看，在階段一中，教師的任務在於適時地協助學生理解工作目標，促使學生對自己負責、承擔學習責任，亦即教師對於學生工作表現所需承擔的責任逐漸下降，而學生所需承擔的責任逐漸上升，此即交接原則（the handover principle）（Bruner, 1983）。

階段二，個體表現仰賴「自我協助」（Where performance is assisted by the self）。此階段的個體不需他人協助即可完成工作，但並不表示個體的表現已達完全發展或自動化，在此階段，個體慢慢地從他人引導轉變成自我引導，依賴自我導向語言（self-directed speech）對自己的行動進行控制和調整，而成人或專家亦慢慢地減少對個體的控制與協助（Tharp & Gallimore, 1988）。

階段三，個體表現已達完全發展、自動化與固化（Where performance is developed, automatized, and "fossilized"）。當個體自我調整行為消失時，表示在個體的近側發展區中，已發展出工作所需之心理發展階段，此時，個體工作表現可達順暢、整合、內化與自動化境界，不再需要他人或自我的協助。

階段四，個體表現進入去自動化，再度返回近側發展區（Where de-automatization of performance leads to recursion back through the ZPD）。個體人生全程的學習乃由一連串調節化之最大發展區所組成，當個體已從他人協助發展到自我協助時，為了發展其它新的能力，他必須重複的返回最大發展區，再度經歷他人調整、自我調整與自動化等歷程。對具有相當能力之專家而言，他們會透過調節歷程進一步維持或提升自我表現，相對於個體，為了提升、改善或維持自我表現，他們亦會從自我調整階段遞迴到他人調整階段。

（三）近側發展區的性質

根據上述近側發展區的意義與階段敘述，近側發展區具有下列性質。

1. 近側發展區是隨時間持續不斷改變的區域

Bodrova 和 Leong（1998）指出，近側發展區並非固定不變，應將其視為隨時間持續不斷改變的區域；當孩子在他人協助下精熟某項技能或概念時，日後他將以此為基礎，運用這些能力去學習更複雜的技能或概念，例如：剛就讀小學一年級的兒童，可能需要老師一筆一畫有系統地指導他們如何書寫簡單的國字，如「大」、「田」、「雨」等字體結構；升上二年級時，兒童便能靈活運用先前已學會之國字筆劃與筆順基礎，促使自己在書寫結構較為複雜的國字，如「奔」、「雷」、「電」等時，更為迅速與正確。因此，今日個體在他人協助下達到的潛在發展水準，可能成為明日的實際發展水準（如圖 4-4 所示），而下一個近側發展區則建立在更高層次的實際發展水準之上，兩者交互影響，促進心智功能的成熟和發展。

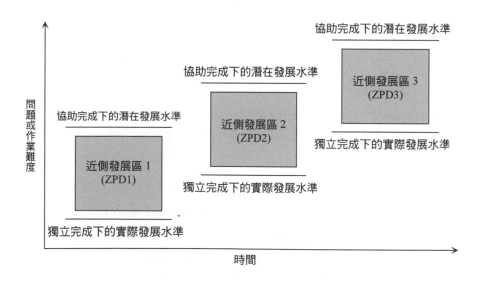

圖 4-4　近側發展區隨時間改變

資料來源：改寫自 Bodrova & Leong (1998: 3)

2. 近側發展區之大小會隨發展區域與發展歷程時間點而改變

近側發展區是在他人的支持互動下，進而發展成為自己獨立的心理能力，它是人際間的心理功能到個人內的心理功能之內化過程。然而，每個個體皆是獨一無二，故近側發展區可能會隨個體所處之文化、社會與成長經驗而有差異（Tharpe & Gallimore, 1988），且個體在某個時間點中，最佳學習區的大小亦會因發展區域的不同，與學習歷程的不同時間點而有變異。在發展區域方面，一位具有高度口語表達能力的小孩，可能在閱讀理解方面較少遭遇困難，但在數學除法計算上卻常遭遇極大的困難；Vygotsky 認為，這位兒童在數學方面需要成人或教師提供較大的協助，此方面的近側發展區較大；相對地，語文方面因較不需要他人的協助，故近側發展區域較小，此即 Vygotsky（1962）所稱兒童的近側發展區的區間愈大，其在學校的學習效果愈好。

在學習歷程的不同時間點方面，如果兒童在目前的數學計數表現很接近近側發展區下層的實際發展水準，此時兒童的近側發展區較大，老師所需提供的協助亦較多；當兒童在教師的協助之下練習數學計數三個月後，他需要教師協助的部分將會逐漸遞減，亦可以很快地完成計數題目。此外，由於個別差異的問題，個體在近側發展區的表現反應亦有所不同，例如：有些兒童在學習歷程中雖然獲得他人很多的協助，卻只產生極少的學習與發展效果；相對地，有些兒童在他人極少的協助之下卻有極佳的學習與發展效果。故對個體而言，似乎並無所謂的單一的、絕對的或必然的近側發展區。

3. 近側發展區並非無限延伸或毫無限制

近側發展區會突顯個體在任何特定時間點上的發展限制，因為近側發展區並非毫無限制，一位兒童不可能在任何一個時間點都可以被教會任何一件事，只有兒童在當下可以粗略表現的技能或概念，才可能產生協助下的近側發展區，兒童絕不可能被教會那些超越自己本身近側發展區太多的技能或概念，例如：一位還不會計算減法的小學一年級兒童，絕不可能在短時間內透過教師或成人的指導，而學會加減乘除的四則運算；另外，一位剛開始練習走平衡木搖搖擺擺的小學二年級兒童，亦不可能在短時間內被教會在平衡木

上倒立走路,因為這些技能顯然地超越兒童當下的近側發展區太多。

當兒童須學習的技能、策略或概念超越自身的近側發展區太多,Vygotsky 認為,兒童通常會直接忽視它、不使用它,抑或錯誤地使用這些技能、策略或概念的部分訊息。因此,若教師希望學生出現令人滿意的學習效果,則應小心謹慎地運用在教學歷程中給予學生的提示、建議、書籍、活動或同儕協同活動等策略。亦即一位教師不應畏懼嘗試運用高層次的教學策略,以激發學生達到近側發展區,但在教學歷程中,實應密切關注學生對這些策略的反應與注意力,進而做適度且彈性的調整。

4. 近側發展區與有效教學密不可分

Vygotsky 指出,過去的學校教育大多會藉由統一的智力或能力測驗,先行測量學生的起始能力或已精熟的概念,教師再依此結果設計課程進行教學,他指出此種做法是「個體發展領先教學」,尤其是傳統的教學或能力評量,僅評估個體在問題與工作解決歷程中獨自完成的能力,卻未考量個體是否能藉由與他人合作、獲得指引與支持等方式而完成工作的能力。換言之,傳統學校教育或能力測驗並未評量個體在他人協助之下的學習潛能。Vygotsky 在個體發展與學習的理論中,提出近側發展區的概念,他認為,教師若想達成有效教學,應該先了解每個學生的近側發展區,因為在教師準備教學前,個體必備的心智功能還尚未成熟,有效教學應領先於個體的發展,並喚醒或激發那些正處於成熟階段的心理功能(Vygotsky, 1962)。因此,教師有必要在教學前了解每位學生的起始能力與學習事物的潛在能力,然後設計課程內容,教導學生新的概念。

從近側發展區的角度來看,一位學生的認知發展潛能,如果只靠自己努力,發展相當有限;但若能獲得教師的指導,或跟學校同儕中發展較佳或較有能力的學生協同合作與激盪討論,則較有可能超越原有的實際發展水準,例如:小學三年級學生小茹在未接受教師指導與較有能力之同儕協助前,其實際發展水準明顯比其他同年齡學生為低,僅達到心理年齡 8 歲的水準。但當教師給予適切的指導,或透過班級中能力較高的同儕之協助帶領後,小茹的發展區間應該有更大的機會可向上提升,達到心理年齡 9 或 10 歲的潛在發

展水準，其中從 8 歲至 9、10 歲間的差距即為小茹的「近側發展區」。

◈ 四、鷹架作用

（一）鷹架作用的意義

　　Wood 等人（Wood, Bruner, & Ross, 1976; Wood & Wood, 1996）自 Vygotsky 的著作與研究內涵延伸提出「鷹架作用」，他們將鷹架視為一項隱喻（metaphor），用來說明在近側發展區中成人協助學習者的指導和支持類型，並藉此辨別何者才是促進有效學習的行動類型。而根據 Bruner（1978）的見解，鷹架作用意指，學習者正在執行某項作業或學習某些技能時，協助者降低其自由性的步驟，促使學習者能專注於他們正在學習的技能上。換言之，當成人開始協助兒童時，剛開始會控制工作中那些超出兒童能力的部分，使他們專注並完成自己能勝任的部分，之後成人逐漸減少協助，並促使兒童獨立完成工作，最後，兒童無需成人協助，亦可以完成超過自身能力的工作。

　　通常當學習者須完成的作業或問題超越自身的能力時，會促使他們專注其中，直到他們有能力勝任或解決問題為止，在這段期間，成人、較具能力之同儕或較有知識者可透過鼓勵、示範、提醒、暗示等方式提供協助，直到學習者具有能力可獨自完成作業或解決問題。好比蓋一棟大樓，經常會在該建築物的外觀清楚看見一個極為重要的架構——「鷹架」，鷹架雖然是暫時性的，在建築物落成之後即被拆除，但沒有鷹架，卻無法蓋好該建築物。成人的智能、支持與協助對兒童的能力發展與作業解決而言，即可視為「鷹架」，僅是暫時性的，當兒童發展出新的理解或解決能力時，成人則須停止提供協助。

（二）鷹架作用與學習

　　Schaffer（2003）認為，成人會依據兒童的年齡、能力，以及需完成的任務、工作、問題等特徵，使用某些策略協助兒童解決問題。在表 4-1 中，Schaffer 以成人與兒童在一對一的情境下共同完成一幅拼圖為實例，說明成

人會選擇哪一項策略，通常取決於成人觀察兒童對問題或任務所付出的努力。然而，無論成人使用哪一項策略，皆是為了架構鷹架以協助兒童表現，希冀促使兒童儘量發揮個人能力之極限。

表 4-1　在一對一情境中，成人協助兒童解決問題之策略

策略	以完成拼圖為實例
1. 引發兒童對物體的注意	指出、輕拍、做記號
2. 將任務依序結構化	「從四個角落開始拼，然後再拼四個邊。」
3. 將任務再細分成更小的成分	「找出馬的小塊拼圖片。」
4. 將關鍵特徵突顯出來	「看！這是其中一個角落。」
5. 示範操作	把拼圖片拿到缺口上方
6. 提示哪裡尚未完成	「現在必須找出馬的尾巴。」
7. 扮演記憶庫的角色	「你能像之前拼那片正方形一樣，繼續拼這一片嗎？」
8. 控制挫折	「你做的很好，快要完成這幅拼圖囉！」
9. 評估成功／失敗	「真厲害，你竟然自己找到那一片。」
10.維持目標導向	「只剩下房子的其它部分，這樣我們就拼完囉！」

資料來源：改寫自 Schaffer (2003: 204)

　　Wood 等人（Wood et al., 1976; Wood & Wood, 1996）也曾針對鷹架作用與有效學習之關聯性進行研究，他們觀察 3 至 4 歲的兒童，如何將含有木塊與木樁的 3D 積木，依照凹凸形狀組裝成為金字塔，當兒童無法完成組裝時，母親會採用何種教學技巧教導孩子完成組裝積木，如 4-2 所示。結果發現，許多幼兒在母親的引導協助之後，可學會自行解決問題，而其中最成功的母親乃能將自己的介入程度，隨時依孩子的能力表現做適度的彈性調整，母親所運用的伴隨策略（contingency strategy）在孩子的學習歷程中，隨時評估與監控其近側發展區，並在適當的時機點提供鷹架協助。

表 4-2　親子共同解決問題時，父母所採取的控制程度等級

等級		例子
1	一般的口語引導	「現在你嘗試做出些樣子。」
2	具體的口語指導	「拿 4 塊積木。」
3	指出材料	指出所需的積木
4	準備組合	將 2 個凹凸形狀的積木加以組合
5	示範操作	組合出 2 對積木

資料來源：改寫自 Schaffer (2003: 205)

　　Wood 等人認為，主導母親做出調整的原則有兩項：其一，當兒童組裝過程不順利時，母親應立即提供更多協助；其二，當兒童組裝順利時，母親應減少協助，並退居幕後（Schaffer, 2003）。上述兩項原則指出，鷹架作用具有權變原則（contingency rules）的本質，此表示成人對兒童所提供的協助必須依其發展與表現而保持彈性，確保所有的協助與指導均落在兒童的近側發展區中。換言之，協助者必須監控與觀察學習者達成既定目標的程度，以決定提供支持的程度多寡，學習者不僅有機會在完成目標的每個步驟中獲得必要的協助，此外還被賦予相當程度的自主權。

　　依據鷹架概念，學習是較有能力之協助者支持學習者達到「近側發展區」的歷程，亦是由社會支持到自我支持的歷程，鷹架可幫助學習者完成之前無法獨自完成的作業，逐步引導其達成既定的目標。自 Vygotsky 觀點來看，學習者須從他人支持協助的歷程中獲得成功經驗，之後才能發展自我支持與協助的能力（self-supported competence）。因此，有效的鷹架應可降低學習者在完成作業或解決問題時所遭遇的挫折，並鼓勵他們進而付出更多心力。由於鷹架作用與近側發展區的概念密不可分，兩者皆在說明在學習過程中，最初由專家（此指較有能力者，通常為父母、教師、成人、較有能力之同儕）提供訊息給生手（如學生、兒童），當生手的能力逐漸增加時，專家的支持協助比例則逐漸減少，直到生手具備獨立解決問題的能力。因此，Cazden（1988）及 Stone（1993）發現，後來的學者常把鷹架和「近側發展區」相提並論，甚至認為鷹架和「近側發展區」為同義詞。

綜合言之，有效的鷹架對學習者而言，具有下列貢獻（Rogoff, 1990）：

1. 學習者經由師長、成人、專家或較有能力的同儕之協助後，可降低對知識、技能以及新作業需求間的落差，並可以較輕易地完成作業，獲致成功經驗。
2. 雖然學習者最初面對作業會產生力有未逮的感覺，但與師長、成人、專家或較有能力的同儕互動交流後，可逐步提升成就感，加深學習活動的內涵，並擴展自身的學習經驗。
3. 在師長、成人、專家或較有能力的同儕組織化的教學與學習工具引導之下，學習者可以快速地解決更高層次的問題，達到並擴展自身的近側發展區。

第四節　社會取向學習論在教學上的應用

一、近側發展區與鷹架作用在教學上的運用

根據近側發展區與鷹架作用的概念，教師若希望促使學生達到最佳學習表現，在教學過程中須確實掌握下列原則。

（一）在學習者問題解決或完成作業歷程中適時提供協助

專家與生手（expert-novice）之互動模式，正可表徵近側發展區中的協助表現，通常專家被視為具有較多專業知識的人，生手則是專業程度較低的人，專家的責任在於提供生手所需的協助，並引導兩人之間的互動，使生手能學得必要的行為。在學校教育中，教師與學生的教學互動屬於專家與生手互動模式的正規化形式，但家庭間的親子互動、兄弟姐妹間的互動、社區中的人際互動等，可視為專家與生手互動模式的非正規化形式（Rogoff, 1990）。Schaffer（2003）指出，在師生、親子、兄弟、同儕間的每一種搭檔中，角色皆非對稱性，因為知識是由其中一位夥伴傳遞給另一位夥伴。

由於兒童在自身的認知發展過程中，可視為一名生手，必須透過各種社

會活動中他人的支持和引導式參與，才會逐步明瞭與習得知識技能。引導性參與（guided participation）可用以說明近側發展區中專家生手互動的運作特徵，它是發生在親子間、師生間的一種人際互動，強調教導過程的相互性（mutuality）。Rogoff（1993）將引導視為成人、知識較豐富或能力較高的人對兒童所提供的一種詳盡的、具暗示性的指示，亦視為各種社會活動中，成人對兒童有目的或使其凝聚注意力的引導。

然而，Vygotsky 認為近側發展區中所發生的運作，不全然侷限於專家生手之間直接明確的對話性指導，而應比專家與生手間的互動更為廣泛，甚至延伸至所有社會化的共享活動，如共同遊戲、閒聊等各種互動類型，此外，並非所有兒童需要的協助皆來自於成人有目的、有意圖的供給。Vygotsky 相信，兒童可以透過與其能力相等的同儕、想像的夥伴，或與處於其他心理發展階段的兒童互動交流，進而達到近側發展區中較高階層的表現水準，例如：同儕教導（peer tutoring）即是知識較豐富的學習者對另一名學習者提供教導或指引，以便將較落後或表現較差的學習者提升至相類似的能力等級之方法（Schaffer, 2003）。對教師而言，學生若可透過同儕教導彼此幫助，將可減輕教師繁重的教學工作負荷。值得注意的是，以程度較高的同儕做為指導專家時，其必須充分理解所欲解決的問題本質，在主導互動時，給予程度較差的生手足夠的表現空間，並適時的給予回饋或調整教學速度，在此情況之下，程度較差的學生才有可能透過同儕教導產生學習效果（Tudge & Winterhoff, 1993）。Schaffer（2003）認為，中年級兒童即具有使用上述策略的能力，足以擔任知識較差的兒童之專家師父。

（二）適時使用動態評量方式評量學生

運用近側發展區的概念評量學生的能力時，應從兩個向度著手：其一為評量學生在獨自完成作業或問題解決時，已了解的知識或可表現的技能；其二為評量學生在獲得不同層次的協助時，了解到的知識與可表現的技能。教師須注意的是，學生如何使用他人所提供的協助，或教師使用何種提示對學生而言最具學習效果，此即動態評量（dynamic assessment）的概念，這對改進與提升教室內的真實評量具有潛在與實質的助益（Cronbach, 1990; McAfee

& Leong, 1994）。

　　Vygotsky 所提之動態評量，主要源自於社會中介（social mediation）與內化作用（internalization）兩個概念。社會中介意指，學習者會透過「他人支持、自我支持、內化（自動化）、去自動化（進入下一個或留在原來的發展區）」的循環歷程，不斷提升自己的能力（Gallimore & Tharp, 1990）；內化作用意指，人類所有的學習活動皆受社會環境中與他人溝通、協商及互動歷程的影響，藉由他人的調整，特別是較高能力的同儕、師長或成人的示範協助，轉為內在語言的自我對話，再漸漸內化成自我的調整，此種從他人規範到自我規範的歷程，即為 Vygotsky 之內化作用。

　　有別於傳統制式的單向評量，動態評量乃是一種雙向互動的評量，強調教師需在學生遇到困難時提供協助，並視協助的多寡來進行評量。使用動態評量的目的有三：其一在評量學生「目前」所表現的水準；其二在評量學生是「如何」達到目前的水準；其三在評量學生「可能」可以達到的水準。換言之，動態評量是教師給予學生必要的指導或協助後，使學生的表現水準盡可能地提升，以發揮潛能，它亦是跨越多個時間點，偵測學生在表現方面的變化之一種結合教學與診斷的評量方式。

　　運用近側發展區的概念進行動態評量，除了可以真實地評量到學生的能力，透過學習、教學與評量三者環環相扣，亦可創造出更多的學習成功經驗，教師在動態評量之下，可使用多元的方式呈現問題，向學生再度示範或提示某個問題的解決關鍵、鼓勵學生表達他們所了解的，在兼顧學習結果與學習歷程的情況下，促使學生在協助之下達到最大的表現。

（三）兒童在協助之下的表現才是最適切的心理發展

　　Vygotsky 提出近側發展區的概念，此論述對教育心理學領域長久以來爭論的「何者才是最適切的心理發展的意義」激盪出新的火花，大部分的學者皆將兒童獨自一人在發展過程中的成就，視為最適切的心理發展，這些歷程與技能皆是兒童已發展成熟或完全發展的形式（Bredekamp, 1992）。然而，這並不包含兒童在他人協助之下的表現，或正在發展中的歷程與技能，因此，在教師提供學生協助，或鼓勵學生表現技能之前，他們必須等待或期望

學生表現的行為能自發性的浮現，Vygotsky 認為，此情況下的學生總是在表現自己近側發展區的最下面層次。

但是，Vygotsky 近側發展區的概念，將學生在協助之下的表現涵括在內，此定義將「最適切的心理發展的意義」進一步拓展延伸，其認為最有效的教學應聚焦於讓學生達到自身近側發展區的最高層次，教師除了須提供學生可以獨自完成的活動之外，亦要安排需要他人協助的活動，讓學生有機會和他人交流互動。因此，在教學歷程任一時刻的學習與教學對話，皆可促使學生提升發展層次。

以兒童的語言發展為例，假使成人沒有向上提升語言層次，僅是從兒童目前所表現的真實語言去提供語言刺激加以引導，那麼兒童可能只會使用兒語和同儕對話，無法說出完整的句子。相對地，倘若在真實情境的語言對話中，教師或父母等成人可以嘗試增加更多的語言訊息，或使用較為複雜的語言文法時，兒童則可以學習到更複雜的文法，並且擴展自身的字彙量與文法結構。故個體的最佳心理發展應奠基於社會文化脈絡之下，需在成人或他人所架構的鷹架協助下，逐步提升心理發展層次，達到最佳的學習表現。

二、逐步釋放責任模式在教學上的應用

根據鷹架作用的概念，Pearson 和 Gallagher（1983）提出「逐步釋放責任模式」（The Gradual Release Model），描述教室內教師教學的動態歷程，該模式強調教師需逐步釋放責任（gradual release of responsibility），引導學生變成一位獨立的學習者。Frey 和 Fisher（2006）根據此模式內涵進一步指出，逐步釋放責任歷程涵蓋四個相互作用的成分，茲分述如下。

（一）逐步釋放責任模式之步驟

1. 聚焦於教師示範（teacher modeling）：由於學生在某些領域的知識技能表現屬於生手，他們並不知道如何完成作業或解決問題，因此在逐漸釋放責任模式（如圖4-5所示）中，這些無法完成作業或解決問題的生手學生，需要大量的機會觀察專家教師的表現，教師有責任示範期望學生達成或學習的目標行為，教師所承受的責任遠大於

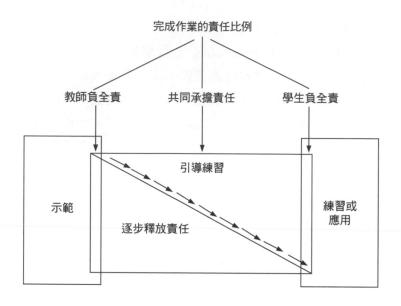

圖 4-5　逐步釋放責任模式三步驟

資料來源：改寫自 Pearson & Gallagher (1983)

學生。如 Vygotsky（1978）所言，教師必須使學生了解被社會特定
規則與對話社群所認同之閱讀、寫作、問題解決等運作原理，示範
是最有力的教學工具，而放聲思考（think aloud）是示範的其中一種
方式，透過教師之放聲思考，學生可以清楚地看出在科學、閱讀與
寫作活動中，教師是如何運用這些規則，如圖 4-6 所示。

2. 聚焦於教室中的充分教學：逐步釋放責任模式假設學生變成獨立的
學習者之前，必須擁有許多鷹架協助下的實作經驗，因此逐漸釋放
責任模式的中心即為學生的近側發展區（如圖 4-6 所示）。步驟二
中，學生會測試教師於步驟一所示範的行為技能，或者跟其他同學
澄清心中所想的疑惑，並練習新學得的知識技能。此外，近側發展
區中的教學仰賴鷹架，他人提供的協助與課程兩者整合之後，可引
導學生學習，並促進有效地思考。當學生面對不熟悉的事物或欲解
決問題時，教師可以適時提供鷹架，一旦學生有能力或是可輕易地

教師調整	協助之下的練習（鷹架）	學生調整
未來的發展 （學生還不能夠 做什麼）	近側發展區 支持下的發展 （學生在支持之下 能做什麼）	實際的發展 （學生在沒有支持下 能做什麼）
教師示範或放聲思考	教室策略	獨自學習

我做
你看 ⇒ 我做
你協助 ⇒ 你做
我協助 ⇒ 你做
我看

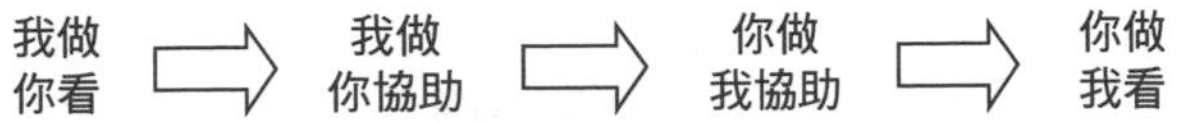

圖 4-6　逐步釋放責任模式內容架構
資料來源：改寫自 Wilhelm, Baker, & Dube-Hackett (2001)

完成作業，則須移除鷹架，因為鷹架僅是短暫的協助，教室內最常見的鷹架為教師的回饋。然而，學生亦可能在教師搭建的鷹架下遭遇失敗，此時他們必須理解，在新的學習事物上遭遇失敗屬於正常現象，教師需要幫助學生了解失敗的原因，以及下次需要改進些什麼，此為近側發展區中的基本要素。

3. 逐漸賦予學生責任，引導其獨自學習：此步驟的焦點在於逐漸增加學生對引導自我學習的責任感，此時學生需要時常提醒，以便記住教師教學的目的在於促使學生最後能培養獨立學習的能力。最後，學生需承擔完成作業的全部責任，換言之，學生不需要教師或同儕的協助，即可完成教學中較為重要與複雜的作業，如圖 4-5 所示。

（二）逐步釋放責任模式之成分

　　Frey 和 Fisher（2006）利用一正一反的三角形呈現在教學互動中，教師與學生所承擔的責任消長情形，並將兩個三角形劃分成四等分，呈現逐步釋放責任模式所涵蓋的四個成分要素（如圖 4-7 所示），分別為：

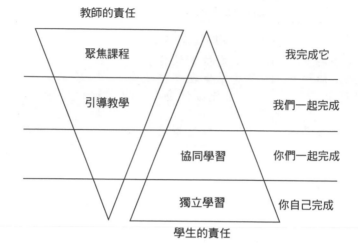

圖 4-7　逐步釋放責任模式四成分
資料來源：改寫自 Frey & Fisher (2006: 2)

1. 聚焦課程（focus lessons）：此成分允許教師向學生示範自己的後設認知歷程，就如一個主動的閱讀者，示範策略著重增進學生對某一脈絡領域知識內涵的理解。

2. 引導教學（guided instruction）：在引導教學中，教師透過問題、作業或任務去激勵、詢問與引導學生，增進學生對特定脈絡的理解力。

3. 協同學習（collaborative learning）：在協同學習歷程中，學生與同儕之間透過問題解決、討論、協商、思考等機會，鞏固自己對課程內容的理解。

4. 獨立學習（independent learning）：此成分是良好教學最重要的目標，教師提供學生實作與練習的機會，讓他們可以適時應用已學得的技能或知識。當學生將已習得之知識技能轉移應用於隨後的作業時，他們能綜合知識、改變想法，並鞏固自己的理解。此時，學生變成主動且有能力的學習者。然而，教師需了解逐步釋放責任模式並非呈直線變化，學生為了精熟技能、策略和學習標準，他們會在

每個成分之間前後來回移動。

　　Cazden（1988）曾應用上述模型解釋語文教學中教師與學生的個別互動，結果顯示，教師提供的協助可以逐漸減少，學生亦會學到獨自完成工作的能力。而 Wilhelm 等人（2001）出版之《策略性閱讀》（*Strategic Reading*）一書，利用社會文化心理學與認知科學等實證研究（Rogoff, 1990; Rogoff, Matusov, & White, 1996），說明教學歷程始於教師對學生示範新的概念或程序工具。如圖 4-8 所示，在閱讀課程中，教師一開始需不斷地重複示範自己如何閱讀，讓學生有機會了解教師在閱讀過程中運用何種知識技能；隨後師生共同參與閱讀，此時教師須適時提供學生必要的協助，如利用放聲閱讀（read aloud）、提問、腦力激盪等策略，引導學生掌握書籍重點與書本欲傳達的概念思維；最後教師將責任交給學生，如指定書籍讓學生獨自閱讀，評量學生是否能達成教學目標。

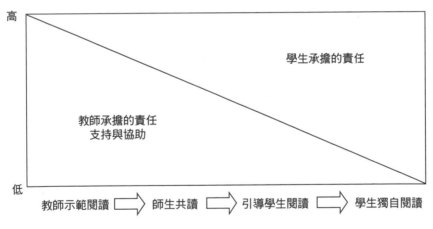

圖 4-8　逐步釋放模式與閱讀教學

　　Ritterskamp 和 Singleton（2001）也曾將逐步釋放責任模式，如圖 4-9 所示，應用於兒童的閱讀與寫作教學。這些程序涵蓋四個階段，顯示一個從上到下、逐步增加學習者責任的轉變，而日復一日、不斷循環此程序，每天皆可製造許多教學與學習機會，必要時會於師生討論中提供個別的協助。

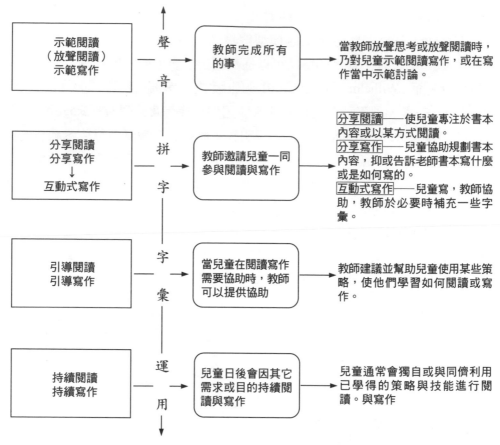

圖 4-9　逐步釋放責任模式應用於閱讀寫作教學

資料來源：改寫自 Ritterskamp & Singleton (2001: 115)

　　第一階段為示範閱讀與示範寫作：示範閱讀即為放聲閱讀，教師可透過放聲閱讀使兒童理解書籍用語與口語兩者間的差別，並理解寫作語言的結構與形式，進而從中學習新的字彙與概念。示範寫作即為放聲思考歷程，教師示範自己的寫作歷程，包含再思考、修正與編輯。學生觀察老師如何區分不同的意見與問題，選擇最符合寫作主旨的內容，教師可以向學生展示自己的寫作規劃策略，並說明即使是專家級的寫作者也需時常修正寫作內容，不斷反覆地從頭構思。

　　第二階段為從分享閱讀與寫作到互動式寫作：在分享閱讀中，書籍中的

放大字體或置於文章頂端的字，可以引導兒童成功地閱讀書籍內容，而教師亦可以向兒童說明成功的閱讀者曾歷經哪些閱讀歷程或使用哪些策略，對於兒童不明瞭的字彙，可請兒童反覆閱讀書籍以加強字義與概念理解；在分享寫作歷程中，學生在教師的協助下分享自己的經驗與興趣，衍生出某些意見與語言，進而運用在寫作文章當中，透過分享寫作的歷程，學生不但有機會參與其中，且可幫助自己在獨立寫作時更加具有自信心。而互動式寫作即為教師運用大張圖、表、書籍中精采的頁數等方式引導群體寫作，此時教師不但會示範與展示寫作歷程，而且學生亦可試著從各種不同的角度去描述故事或寫作內容的可能發展情節。在互動式寫作歷程中，教師角色在於幫助學生修飾字句與想法，並整合連貫成符合寫作主旨的訊息。這種在班級中編輯與校正的寫作教學方式，正好讓學生有機會練習自我修正與意義創造的策略。

　　第三階段為引導閱讀與引導寫作：引導閱讀的目的在於提升兒童獨立閱讀時的閱讀技能、策略、流暢性與自信心。在引導閱讀中，常見的策略包含：猜測、提問、確認、再閱讀、自我監控等，學生所閱讀的內容亦會逐漸增加難度。引導寫作有時可透過寫作工作坊之形式進行，教師在引導寫作歷程的展示與連貫對學生的理解極具關鍵效果，另外，學生在教師的引導與回饋下可建構個別化的寫作內容。

　　第四階段為持續閱讀與持續寫作：當學生可以閱讀的題材愈多，他們愈能改善與發展獨立閱讀的能力，教師可指定每日特定時間為獨立閱讀，並提供安靜閱讀的原則。獨立閱讀提供學生練習流暢力與獨立性，教師須教學生如何挑選好的讀物。在持續寫作中，教師可提供學生機會練習已學得之寫作策略、教師示範策略、分享寫作與引導寫作。學生為了真實目的或不同的觀眾而寫作，有時學生在教室內被教師教導如何運用資源，觀察學生獨立寫作可幫助教師去計畫引導。

　　綜合言之，逐步釋放責任模式強調，當學生在問題解決或完成作業歷程中尚未發展出專業知識時，教師可運用「我做、我們做、你們做、你做」（I do it, We do it, You do it together, You do it alone）的轉變歷程，逐步將責任轉移至學生身上，引導學生變成有能力的思考者與學習者。

◆ 三、合作學習在教學上的應用

合作學習（collaborative learning）雖然不是 Vygotsky 所提出，但許多學者卻認為，合作學習的心理學基礎源自 Vygotsky 的社會文化取向與認知發展思維（黃政傑、林佩璇，1996；Johnson & Johnson, 1994; John-Steiner & Mahn, 1996; Slavin, 1995），且合作學習亦是當前教育實務中的重要教學策略。由於合作學習強調師生共同參與、共同發現與建構知識的歷程，藉此教師可將既存知識傳遞給學生。過去 30 年間，合作學習被廣泛地運用在學前至大學教育階段、所有學科領域、教學與學習層面、傳統的與非傳統的學習情境，甚至於非學校教育計畫中。有關合作學習之理論模式、特質，以及教師在合作學習之角色定位，分述如下。

（一）合作學習之理論模式

從 Vygotsky 的觀點而言，人類的心智發展與學習活動無法脫離社會環境獨自存在，必須透過成人或能力較好的他人所做的示範、協助、調整等歷程，個體方能將自己與成人或是同儕之間的社會互動，屬於心理間的作用（interpsychological）逐步轉換成心理內的作用（intrapsychological）（Rieber, 1987; Wertsch, Tulviste, & Hagstrom, 1993）。有別於傳統的教學方法，合作學習重視學生和他人互動的機會，強調學生和他人共同達成特定的學習目標（Johnson & Johnson, 1999），故不再侷限於單向接收老師傳遞的知識，而是透過小團體共同合作學習課程的設計，讓學生學會從互相幫忙中學習及表達自我。由於學生在溝通的過程中會發現彼此存在不同的觀點，彼此必須尋找解決衝突的可行方法，因此，團體成員透過相互的給予、接受歷程，化解衝突，內化並重新建構原先知識的結構，學習運用新的策略、知識與技能。

John-Steiner 和 Mahn（1996）運用同心圓圖形（如圖 4-10 所示），顯示教室中的合作互動歷程與合作者的價值、角色、運作方式與衝突解決策略。在同心圓中，以圓形與虛線表示合作式的努力成果屬於一個動態及變動的歷程。從個別式、小群體、大型複雜之合作小組討論方案、文件與對話資料中，可看出合作類型概分為分散式（distributed）、家庭式（family）、互補

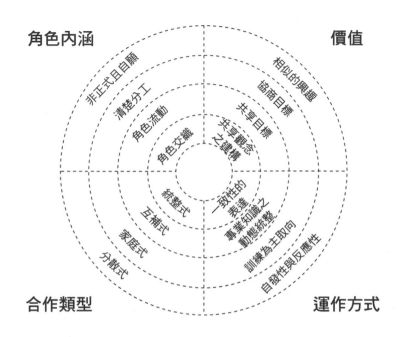

圖 4-10　合作學習──角色、價值與運作方式

資料來源：改寫自 John-Steiner & Mahn (1996: 200)

式（complementary）與統整式（integrative）等四種類型；四種合作類型所
對應的角色內涵分別為非正式且自願（informal and voluntary）、清楚分工
（clear division of labor）、角色流動（fluidity of roles）與角色交織（braided
roles）；此外，四種合作類型存在的價值由外而內依序為：擁有相似的興趣
（similar interests）、共同協商目標（negotiated goals and objectives）、共同
分享目標（shared goals and objectives）、共享觀念之建構（construction of
shared ideologies）；再者，四種合作類型之運作方式分別為自發性與反應性
（spontaneous and responsive）、訓練為主取向（discipline-based approa-
ches）、專業知識之動態統整（dynamic integration of expertise）、一致性的
表達（unified voice）。雖然自每層同心圓中可看出各合作類型所對應之價
值、角色特徵及運作方式，但彼此間並無絕對的邊界區隔，四種類型間亦無

階層之分，亦即初始之合作學習可能為任何一種類型，但可能會隨時間轉變成另一種類型。在合作學習中，緊張狀態的解除會改變合作學習的特徵，以及決定合作學習是否能夠持續下去。

從同心圓中，愈趨近中心的類型，合作學習更持久，協商溝通與共識價值的重要性更高，但是在分散式合作學習類型，如透過電子郵件討論交流資訊，成員間除了具有相似的興趣之外，卻無法發展價值觀；相對於統整式合作學習，成員間的合作學習通常較為持久、互惠與親密，價值觀會在共享之思想型態中逐步發展。互補式合作學習類型如教室內或商業上的團隊組織，乃依工作與學科進行區分；相對地，家庭式合作學習通常聚焦於提供社會服務，包含教育，通常以角色流動與專家統整為主。

（二）合作學習之特質

綜合國內外學者之主張，合作學習具備的特質包含異質性分組、積極互賴、個別績效、面對面促進式互動、人際與小團體技巧、團體歷程、小組酬賞，以及同等的成功機會等（黃政傑，1993；Johnson & Johnson, 1994），說明如下：

1. 異質性分組：合作學習中異質性分組十分重要，同一小組應儘量納入不同能力、族群、性別等不同背景的學生，針對課程與任務內容，學習彼此合作，此外，學生亦需學習如何與他人互動的能力，彼此對學習的成果負責任。

2. 積極互賴（positive interdependence）：這是合作學習成功與否的關鍵要素，在合作學習中，每位學生都是小組的一份子，而非單獨的個體，有責任與義務幫助小組內的其他學生。由於自己的表現會影響他人，而他人的表現也會對自己產生影響，故同組學生必須互相扶持，彼此協助，建立「浮沉與共」、「休戚相關」的關係。合作學習的積極互賴可透過下列四種方式建立：

   (1) 目標互賴：同組學生建立共同的學習目標，並努力達成目標。

   (2) 工作互賴：同組學生一起學習，並共同分擔工作。

   (3) 資源互賴：同組學生相互分享學習材料、資源或資訊。

(4) 角色互賴：分配學生擔任不同角色，如報告者（reporter）報告小組狀況；記錄者（recorder）記錄小組的活動過程及成果；協調者（coordinator）組織協調小組的運作方式；鼓勵者（encourager）給予適時的鼓勵、打氣。

3. 個別績效（individual accountability）：合作學習的成功有賴於小組學生精熟教材的程度，並能提供協助給他人，因此，合作學習的小組成員不宜過多，以確保每位學生都能負起自己該有的學習責任，不能只是搭別人的便車（get ride）。故合作學習主張個別績效的責任，以減少學生社會閒蕩（social loafing）的情形。在合作學習中，教師需經常要求和評鑑組員個人的學習以及對小組的貢獻，讓學生知道自己的夥伴需要什麼樣的協助和支持，所以合作學習可謂是「共同學習，獨自表現」。

4. 面對面促進式互動（face-to-face promotive interaction）：合作學習運用各種的學習活動，透過面對面促進式互動來提供學生有效的協助及回饋，增進學生對問題的了解。為了達成這種促進式互動，小組人數通常維持在 2 至 6 名，小組成員在面對面的溝通中，透過各種互動型態及語言的交換，為小組共同利益而奮鬥，增進彼此相互依賴，進而提升學習的內在動機與學習表現。

5. 人際與小團體技巧（interpersonal and small group skills）：合作學習在於學習學業有關的任務工作，與參與小組學習必備的人際技巧和小組團體技巧，此能力稱為小組工作（team work）。在合作學習的情境下，教師必須直接教導學生人際溝通技巧，例如：清晰地溝通、相互認識和相互信任、相互接納和支援、如何化解衝突等技巧。

6. 團體歷程：合作學習強調自我檢視的重要性，以追求不斷的進步與成長，因此，教師必須安排適當的時間及程序，分析討論班級中各小組的運作、功能發揮，以及使用人際技巧的情形，檢討彼此合作協助，以達成學習目標的情況，教師亦需觀察每個學生在團體內，是否能有效維繫工作關係，並適時予以指導。

7. 小組酬賞：當小組達成共同的學習目標時，即可獲得表現優異的酬賞。小組酬賞並非相互競爭的，而是以既定的標準來比較，每一個小組只要在既定的時間內達成目標，都能獲得相同的酬賞。

8. 同等的成功機會：小組表現的好壞，由每個學生的進步分數所決定，只要每個學生這次比上次進步，便可以為小組贏得進步分數。成績好的學生，只要維持優異的表現，一樣可以繼續獲取高的進步分數，因此不論成績表現是高是低，都有成功的機會，都會受到其他小組學生的重視。

上述八項都是合作學習的必備特質，缺一不可，若合作學習無法成功，教師便可以從這些因素裡尋找可能的缺失加以改進。

（三）教師在合作學習中之角色定位

在合作學習中，教師的任務在於提供方法，使學生運用各種資源進行學習，提升學生解決問題的能力，以及人際互動的技巧。因此，教師在合作學習中需扮演的角色定位為（李咏吟，1998；黃政傑，1994；黃政傑、林佩璇，1996）：

1. 界定教學目標：教師在教學之前，應先界定學科目標和合作技巧目標，讓學生在教學活動時能有所依循，產生有效的互動。

2. 設計教學流程：教師需依據學習內容的複雜性、難易度，設計教學計畫，以 1～2 節做為一個完整的教學流程。

3. 決定分組方式：合作學習的小組人數不宜多，教師在決定小組人數時，應先考慮教材、作業性質、個體社會技巧發展的水準、工作所需的時間等相關因素，再將學生分組，當學生尚未熟悉合作學習技巧前，組員安排可以同質團體為主，此由教師安排較為適當。

4. 計畫活動增進互賴關係：教師可透過教材安排，鼓勵學生發表與溝通，創造分享的學習情境；此外，教師應清楚解說教材，讓學生明白所有的學習和作業，使學生順利的進行學習活動。教師應建構一個目標互賴、獎勵互賴、資源互賴、角色互賴的學習情境，並隨機抽點學生的學習情況，以促進個人績效。在活動中，教師可視情形

說明期望的行為，以引導學生有適當的行為表現。

5. 進行督導及實施評鑑：教師可自行觀察小組的行為表現，也可請學生擔任觀察員，進行觀察時應盡可能使用觀察表，一次不要觀察太多行為，並應將觀察所得的資料提供小組參考。實施評鑑在合作學習中通常採用標準參照測驗，評鑑時教師可分為成就分數與合作行為分數進行評鑑。

綜合言之，合作學習將每個學習者視為主動積極的參與者，鼓勵彼此分享知識及經驗，進而形成正面相互依賴。學習者在團體中可藉由多樣化觀點之表達、交流，修正所學到的內容，並將新舊知識加以整合。此外，在合作學習中，教師有責任營造一種學習環境與氛圍，亦即讓學習者能夠持續性的幫助彼此學習、熟習課業內容或任務目標的環境（Slavin, 1991），學習者也必須知道每個人皆要負起需承擔的績效責任，唯有如此，才能達到學習目標。

 **第五節　結語**

Vygotsky（1962）認為，社會環境會加速或減緩兒童的發展，對兒童而言極為重要，依此觀點，一個人的發展必須置於社會脈絡之下檢視，方能窺其全貌。然而，社會脈絡屬於多層面的架構，涵蓋歷史、政治、經濟、科技與文學等，凡此種種皆是個人所隸屬的社會環境及與生俱來的元素，對人類發展深具影響力。Vygotsky 曾以文化工具或心理工具說明兒童就是在這些形式思維的協助下，參與社會的活動，逐步擴展心理認知架構。雖然 Vygotsky 不像 Piaget 那般長壽及著作豐碩，但是，他將社會文化與個人發展視為共生共存的歷程，並依此建構個體發展與教育心理學的相關論述，對後續學者極具啟示效果；尤其是 Vygotsky 強調，一個教學者必須在學生現有之技能階段與其潛在技能階段間搭起一座橋樑（Driscoll, 1994）。品質良好的教學仰賴於教學者對於每位學習者所擁有之敏感期的注意，此敏感期有其生物性、社

會性與文化性的特質；換言之，高品質的教學須領先於學習者的發展，並且領導它。故一位優秀的教學者不僅須了解學生的發展現況，更應當致力於實踐以教學促進學生身心發展之目標。

摘　要

- Vygotsk 強調，社會文化對人類發展的重要性，也重視人際互動與個體主動建構對認知發展的影響力。

- Vygotsky 將思考與語言發展關係分為四個階段，依序為：(1)原始或自然階段；(2)天真的心理階段；(3)外在符號與外在運作階段；(4)內部紮根階段。思考和語言雖各自擁有獨特發展曲線，但是思考與語言的關係並非固定不變，在智力發展中存有前語言階段，在語言發展中亦存有前智力階段。

- 科學概念是個體透過學校有系統的教學活動所學得之概念，具有概括性、系統組織、意識知覺以及自發控制等四項特徵；自發概念亦稱為日常概念，與個體對世界的直接經驗有關，是無意識的、無系統的、獨自學習的，甚至是錯誤的，通常在日常生活與學校外發展出來。

- 科學概念與自發概念的發展途徑，循相反方向前進，自發概念乃從概念之低級屬性向高級屬性自下向上發展；科學概念則從概念之高級屬性向低級屬性自上向下發展。

- 近側發展區意指，在問題解決歷程中，介於個體獨立解決問題之能力表現，以及個體經他人指導或協助後解決問題之能力表現，此兩者間的表現差距。

- Tharp 和 Gallimore 指出，近側發展區主要經歷較有能力之他人協助、自我協助、發展固化與自動化，以及遞迴遷移等四個階段。

- 近側發展區具有四項特徵：(1)近側發展區是隨時間持續不斷改變的區域；(2)近側發展區之大小會隨發展區域與發展歷程時間點而改變；(3)近側發展區並非無限延伸或毫無限制；(4)近側發展區與有效教學密不可分。

- 鷹架是一項隱喻，用以說明在近側發展區中，成人協助學習者的指導和支持類型，並藉此辨別何者才是促進有效學習的行動類型；換言之，鷹架作用是學習者正在執行某項作業或學習某些技能時，協助者降低其自由性的步驟，能促使學習者專注於他們正在學習的技能上。

- 有效的鷹架對學習者而言，具有三項貢獻：(1)學習者經由師長、成人、專家或較有能力的同儕之協助後，可降低對知識、技能以及新作業需求間的落差，並可以較輕易地完成作業，獲致成功經驗；(2)雖然學習者最初面對作業會產生力有未逮的感覺，但與師長、成人、專家或較有能力的同儕互動交流後，可逐步

提升成就感，加深學習活動的內涵，並擴展自身的學習經驗；(3)在師長、成人、專家或較有能力的同儕組織化的教學與學習工具引導之下，學習者可以快速地解決更高層次的問題，達到並擴展自身的近側發展區。

- 逐步釋放責任模式包含三步驟，依序為：(1)聚焦於教師示範；(2)聚焦於教室中的充分教學；(3)逐漸賦予學生責任，引導其獨自學習。

- 逐步釋放責任歷程涵蓋四個成分，分別為：(1)聚焦課程；(2)引導教學；(3)協同學習；(4)獨立學習。

- John-Steiner 和 Mahn 運用同心圓圖形顯示合作學習互動歷程，其概念為：(1)合作類型概分分散式、家庭式、互補式與統整式四種類型；(2)對應角色為非正式且自願、清楚分工、角色流動、角色交織；(3)合作價值依序為擁有相似的興趣、共同協商目標、共同分享目標、共享觀念之建構；(4)運作方式為自發性與反應性、訓練為主取向、專業知識之動態統整、一致性的表達。初始合作學習可能為任何一種類型，會隨時間轉變成另一種類型，緊張狀態的解除會改變合作學習的特徵，以及決定合作學習是否持續下去。

- 教師在合作學習的角色定位為：(1)界定教學目標；(2)設計教學流程；(3)決定分組方式；(4)計畫活動增進互賴關係；(5)進行督導及實施評鑑。

1. Vygotsky 認為人類思考與語言發展的過程與彼此的關係為何？

2. 兒童的科學概念與自發概念如何形成？教師如何於教學當中適度引導學生發展與善用自發概念與科學概念？

3. 何謂近側發展區？其對教學的啟示為何？

4. 何謂鷹架作用？鷹架作用與近側發展區的關係為何？

5. 逐步釋放責任模式的內涵為何？它與傳統的教學有何不同？教師該如何運用逐步釋放責任模式於實際教學情境中？

6. 何謂合作學習？其理論依據為何？教師在班級中實施合作學習時，應扮演的角色及定位為何？

參考文獻

中文部分

任　凱、陳仙子（譯）（2006）。H. R. Schaffer 著。**兒童發展心理學**（Introducing child psychology）。台北市：學富文化。

朱則剛（1994）。建構主義知識論與情境認知的迷失──談其對認知心理學的意義。**教學科技與媒體，13**，13-14。

何東墀（2008）。**心理學**。台北市：華格那。

宋文里（譯）（2001）。Jerome Bruner 著。**教育的文化──文化心理學的觀點**（The culture of education）。台北市：遠流。

李　維（譯）（1998）。L. S. Vygotsky 著。**思維與語言**（Thought and language）。台北市：桂冠。

李咏吟（1998）。合作學習的教學設計。載於**認知教學──理論與策略**（頁275-302）。台北市：心理。

谷瑞勉（譯）（1999）。L. E. Berk & A. Winsler 著。**鷹架兒童的學習──維高斯基與幼兒教育**（Scaffolding children's learning: Vygotsky and early childhood education）。台北市：心理。

黃政傑（1993）。**課程教學之變革**。台北市：師大書苑。

黃政傑（1994）。合作學習教學法。載於**課程教學之變革**（頁 209-228）。台北市：師大書苑。

黃政傑、林佩璇（1996）。**合作學習**。台北市：五南。

劉文英、沈琇靖（譯）（2007）。W. Crain 著。**發展學理論與應用**（Theories of development: Concepts and applications）。台北市：華騰文化。

劉宏文（1996）。建構主義的認識論觀點及其在科學教育上的意義。**科學教育月刊，193**，8-24。

蔡敏玲、陳正乾（譯）（1997）。L. S. Vygotsky 著。**社會中的心智──高層次心理過程的發展**（Mind in society: The development of higher psychological processes）。台北市：心理。

英文部分

Bodrova, E., & Leong, D. J. (1998). Scaffolding emergent writing in the zone of proximal development. *Journal of Literacy Teaching and Learning, 3*(2), 1-18.

Bredekamp, S. (1992). *Developmentally appropriate practice in early childhood programs serving children from birth to age 8* (Revised ed.). Washington, DC: National Association for the Education of Young Children.

Bruner, J. (1962). *On knowing: Essays for the left hand.* Cambridge, MA: Harvard University Press.

Bruner, J. (1978). The role of dialogue in language acquisition. In A. Sinclair, R. J. Jarvelle & W. J. M. Levelt (Eds.), *The child's concept of language.* New York: Springer-Verlag.

Bruner, J. (1983). *Child talk: Learning to use language.* New York: W. W. Norton.

Cazden, C. B. (1988). *Classroom discourse: The language of teaching and learning.* Portsman, NH: Heinemann.

Cronbach, L. J. (1990). *Essentials of psychological testing* (5th ed.). New York: Harper & Row.

Driscoll, M. P. (1994). *Psychology of learning for instruction.* Boston, MA: Allyn & Bacon.

Frey, N., & Fisher, D. (2006). *Language arts workshop: Purposeful reading and writing instruction.* Upper Saddle River, NJ: Merrill Education.

Gallimore, R., & Tharp, R. (1990). Teaching mind in society. In L. Moll (Ed.), *Vygotsky and education: Instructional implications and social applications of sociohistorical psychology.* New York: Cambridge University Press.

Johnson, D. W., & Johnson, R. T. (1994). *Learning together and alone: Cooperative, competitive, and individualistic learning.* Boston, MA: Allyn & Bacon.

Johnson, D. W., & Johnson, R. T. (1999). *Learning together and alone: Cooperative, competitive, and individualistic learning* (5th ed.). Boston, MA: Allyn & Bacon.

John-Steiner, V., & Mahn, H. (1996). Sociocultural approaches to learning and development: A Vygotskian framework. *Educational Psychologist, 31*(3/4), 191-206.

Kozulin, A. (1996). The concept of activity in Soviet psychology: Vygotsky, his disciples and critics. In H. Daniels (Ed.), *An introduction to Vygotsky* (pp. 264-274). London: Routledge.

Leinhardt, G. (1996). *Focusing on knowledge and actions for teaching* (Tech. Rep. No. CLIP-96-05). Pittsburgh, PA: University of Pittsburgh, Learning Research and Development Center.

McAfee, O., & Leong, D. (1994). *Assessing and guiding young children's development and learning.* Boston, MA: Allyn & Bacon.

Moll, L. (Ed.) (1990). *Vygotsky and education: Instructional implications and applications of sociohistorical psychology.* Cambridge, MA: Cambridge University Press.

Pearson, P. D., & Gallagher, M. C. (1983). The instruction of reading comprehension. *Contemporary Educational Psychology, 8,* 317-344.

Piaget, J. (1959). *The language and thought of the child.* London: Routledge & Kegan Paul.

Rieber, R. W. (1987). *The collected works of L. S. Vygotsky.* New York: Plenum Press.

Rieber, R. W., & Robinson, D. K. (Eds.) (2004). *The essential Vygotsky.* New York: Kluwer Academic/Plenum Publishers.

Ritterskamp, P., & Singleton, J. (2001). Teaching ideas: Interactive calendar. *The Reading Teacher, 55*(2), 114-129.

Rogoff, B. (1990). *Apprenticeship in thinking: Cognitive development in social context.* New York: Oxford University Press.

Rogoff, B. (1993). Children's guided participation and participatory appropriation in sociocultural activity. In R. H. Wozniak & K. W. Fischer (Eds.), *Development in context: Acting and thinking in specific environments* (pp. 121-153). Hillsdale, NJ: Lawrence Erlbaum Associates.

Rogoff, B., Matusov, B., & White, S. (1996). Models of teaching and learning: Participation in a community of learners. In D. Olson & N. Torrance (Eds.), *The handbook of cognition and human development* (pp. 388-414). Oxford, UK: Blackwell.

Schaffer, H. R. (2003). *Introducing child psychology.* UK: Wiley-Blackwell.

Slavin, R. E. (1991). *Student team learning: A practical guide to cooperative learning* (3th ed.). Washington, DC: National Education Association.

Slavin, R. E. (1995). *Cooperative learning: Theory, research and practice.* Boston, MA:

Allyn & Bacon.

Stone, C. A. (1993). What is missing in the metaphor of scaffolding. In E. A. Forman, N. Minick & C. A. Stone (Eds.), *Contexts for learning: Social cultural dynamics in children's development.* New York: Oxford University Press.

Tharp, R. G., & Gallimore, R. (1988). *Rousing minds to life: Teaching, learning, and schooling in social context.* Cambridge, MA: Cambridge University Press.

Tudge, J., & Winterhoff, P. (1993). Can young children benefit from collaborative problem solving? Tracing the effects of partner competence and feedback. *Social Development, 2,* 242-259.

Vygotsky, L. S. (1962). *Thought and language.* Cambridge, MA: The MIT Press.

Vygotsky, L. S. (1978). *Mind in society: The development of the higher psychological processes.* Cambridge, MA: The Harvard University Press.

Wells, G. (1994 Sept). *Learning and teaching "scientific concepts": Vygotsky's ideas revisited.* Paper presented at the Conference, "Vygotsky and the Human Sciences", Moscow.

Wertsch, J. V. (1991). *Voices of the mind: A sociocultural approach to mediated action.* Cambridge, MA: Harvard University Press.

Wertsch, J. V., Tulviste P., & Hagstorm, F. (1993). A Sociocultural approach to agency. In E A. Forman, N. Minick & C. A. Stone (Eds.), *Context for learning: Socioultural dynamics in children's development* (pp. 336-356). New York: Oxford University Press.

Wilhelm, J., Baker, T., & Dube-Hackett, J. (2001). *Strategic reading: Guiding the lifelong literacy of adolescents.* Portsmouth, NH: Heinemann.

Wood, D., Bruner, J. S., & Ross, G. (1976). The role of tutoring and problem solving. *Journal of Child Psychology and Psychiatry, 17,* 89-100.

Wood, D., & Wood, H. (1996). Vygotsky, tutoring and learning: Vygotsky and education. *Oxford Review of Education, 22*(1), 5-16.

第五章

訊息處理模式與教學

高源令

學習目標

在讀完這一章後，讀者應能了解：
1. 記憶的三種主要類型，以及三者在訊息處理過程中扮演的角色。
2. 長期記憶編碼的方法。
3. 依據訊息處理的記憶理論來解釋遺忘之方法。
4. 運用記憶術等策略記憶訊息，且記得更多、更廣、更久之方法。
5. 把訊息處理的理論應用到教學情境中之方法。

案　例

　　心星讀書很專心，而且她知道用各種方法理解。懂了還不夠，還用自己的話寫下來，再多讀幾次。她也善於察顏觀色，近日，她告訴媽咪：「阿嬤記憶力變差了！才說的事就忘了。但是卻常講些陳年往事，而且講起細節鉅細靡遺，講到高興時，眉飛色舞，好像個小女孩。」

　　這天，晚餐後，弟弟天星急著放下筷子，往電腦靠過去。爸爸責備說：「你啊！學習不專心，功課還沒做，玩線上遊戲癮頭卻很大。」天星說：「大人和我們對線上遊戲的看法和感覺不一樣，都不能體會遊戲的創意趣味！」不得已，天星拿起 8 公斤重的書包，走向書桌。

　　媽媽說：「你們都大了，這家裡應該不再有需要人家不斷提醒，才知道該做什麼的小孩子了。不是嗎？心星！」心星突然脫口說：「我們家有個小女孩，就是阿嬤！」大家忍不住笑起來。連阿嬤也笑了，還一面找掛在鼻子上的眼鏡。

第一節　有效能的訊息處理

　　人腦的功能是非常神奇的，尤其在直覺、知覺聯想、信念、感覺、感觸、價值觀、道德觀、創造力、積極思想和愛等方面。目前，先進的電腦人工智慧，仍無法產生或超越，其中最大的區別在於選擇性的知覺，例如：一個擁有初生兒的母親，她可以在吵雜的環境裡，分辨來自孩子極小的聲音，還能清楚知覺愛兒的感應。

　　訊息處理是一學術上的模式，其試圖用編碼、解碼、認知等方面解釋訊息傳遞的過程。本節主要在區辨人腦與人工智慧，並說明有效訊息處理中的知覺和注意力。

一、大腦和認知

早期研究學習能力，以所謂的智力來解釋大腦或心智；而高智力是指測驗出的分數。不論是早期 G 因素或 Thurstone 的基本心理能力，都包含：(1)語文理解；(2)語文流暢；(3)歸納推理；(4)空間視覺；(5)數的推理；(6)記憶；(7)知覺速度等，爾後有所謂智力結構。直到 Jensen（1979, 1998）主張用神經傳導的速度來了解智力。Jensen 認為，智商高者訊息傳導神經迴路較快，但這只是停留在亮燈實驗的假設。Kyllonen 和 Christal（1990）甚至主張，智力就是工作記憶（working memory），工作記憶敏捷就是高智力。

回到智力的生物基礎來討論人類的智力，無疑是由大腦所司，尤其是前腦的大腦皮質、視丘，下視丘，以及邊緣系統，包括海馬迴；而中腦、後腦也各司其職；但高層次的思考主要在額葉。

早期的訊息處理研究，主要是奠基於人類智慧的電腦模擬，與使用方法解決問題的電腦系統，即是被視為人工智慧（artificial intelligence, AI）的電腦模擬。研究者用 AI 來模擬人腦、研究人腦，但人腦與 AI 兩者仍有很多差異，如表 5-1 所示。

表 5-1　大腦與人工智慧的差異

	大腦	人工智慧
1.思考	人的大腦會思考	不會思考
2.問題解決	多項平行思考	重點在問題解決
3.問題解決	問題解決有寬度	特定問題解決的專家系統
4.同一時間	處理來源不同的訊息	一次處理一個指令
5.直覺	有直覺，可以處理更多問題	無直覺
6.懂與不懂	了解之後處理	不懂訊息，也可處理
7.智力	可以因環境關係、親密度、情緒、語言敏感而限制、處罰、增減智力。	不受環境刺激影響
8.智慧技能	因為生活環境、動機和訓練影響智慧技能	不受環境刺激影響

資料來源：整理自 Sternberg (2009: CH14)

一個有效能的訊息處理者，一要注意，二要聯結材料（訊息），三要使之有意義（Biehler & Snowman, 1990）：

1. 要有廣度和保持集中的注意力，而易引起注意者包括視、聽、嗅各種感官知覺及其喜好與興趣。一般而言，未預期的環境改變，是一種注意力的誘因。

2. 強調剛學習新觀念之用途，例如：日常生活中實際去測量、蒐集、與相關單位聯繫，以確定所學可運用的範圍，也能保持注意力。

3. 閱讀一小段文章，讓學習者說出文中的人、時、地、事、物，以及發生的原因等，可增進注意力的廣度。

4. 提示新訊息與舊觀念兩者之關係，並使之聯結；或思考並寫出或說出與目前講授教材有關的理論、模式原理、原則主題評論等，也能促成訊息的聯結。

5. 意義化與意元集組也很重要。意義化的部分，是注意文章中的意義、重點所在，以及文章中主角曾犯了什麼錯、做了什麼值得爭議的事等批判性的思考。有益於意元集組增廣的有效記憶方法，有助於複習。

6. 組織教材：注意到系列效應中的初始效應與時近效應，安排教材順序；如整體教材都很重要，在組織教材時，可更換其前後順序；練習及複習時則採用分散練習，此也能幫助重組、更新訊息。

7. 理念訊息用具體的語句來分析，使之意義明確，也能使訊息有意義。

下述方法有助成為有效能的訊息處理者：(1)示範；(2)練習；(3)背誦；(4)記憶術的運用；(5)設計理解性的問題。

◆ 二、知覺和注意力

在知覺和注意力方面，是人腦異於電腦，也可能人腦優於電腦，但人腦也可能造成扭曲和缺失；在訊息處理中，此兩者可載舟亦可覆舟。因為感官記憶是如此的短暫，而且訊息自感官到意識（consciousness）階段需要一段時間，其間的「注意」與「知覺」則相當具有教育上的意義。如何引起學習者的注意將是討論的課題。

（一）喚起知覺的原則和方法

唯有個體對環境中的刺激知覺到了，才有可能將感官記憶中的訊息轉入運作記憶和長期記憶之中。因為知覺的作用，我們得以把新事物與舊經驗相聯結。

訊息在運作記憶中不是客觀實體（objective reality），而是一種知覺實體（perceived reality），而我們的舉動行事皆以知覺為依據，如果知覺到錯誤的訊息，經運作記憶轉載入長期記憶，依然是錯誤的訊息；而錯誤的訊息編碼對訊息處理無益，反而有害。任何一個錯誤的知覺都會導致錯誤的概念，嚴重者，甚至會影響到複雜的認知基模（Eggen & Kauchak, 1992）。

知覺與經驗和期望有相當大的關聯，分述如下：

1. 知覺與經驗：主要探討經驗和基模、網絡之關係，以及知覺之間的關聯。過去的經驗會影響到個體對新刺激事物的解釋與知覺，應用發問方式能根據自己原有認知界定某項事物，倘使界定正確，表示先前所學正確；如果不能適當地界定事物與問題，則顯示原有知識與經驗仍應補強（Eggen & Kauchak, 1992）。

2. 知覺與期望：同樣的一件事或一句話，因為個體之期望不同，而有不同的知覺；訊息進入運作記憶的，不只是原本的實體（literal reality），個體對實體之解釋則更為重要；除了經驗具有影響解釋的重要左右力量外，期望亦有相同之影響，例如：預期的是有興趣的訊息，則對該訊息的知覺與預期中可能是無聊的訊息完全不同；預期是困難的和簡單的亦不相同。如何使教材讓學生期望為有趣的，極為重要。

（二）吸引注意力的原則和方法

在感官接受到了訊息之後，最重要的是要引起注意，如此才能讓注意力持久，並把焦點放在學習的事務上，神經生理學發現，對注意力有助益的化學物質是多巴胺。但在教育和教學方面，可以從四方面來探討：一是物理性的刺激；二是具有引發作用的刺激（provocative）；三是情緒方面的刺激；

四是強調的（emphatic）方法（Eggen & Kauchak, 1992）。

1. 物理方式：舉凡圖、表、投影片、黑板，甚至老師的走動、聲調的改變、加重語氣、某一姿態和活動都屬此方式；而模型則能吸引一種或多種的感官刺激。

2. 引發方式：舉凡獨特或是其本身產生不一致效果的事物，都能引導注意力；假設性的問題、爭議的話題都足以吸引學生的注意力；不一致的問題，如物理實驗在兩個不同液體的杯子裡各放一塊冰塊，一浮一沉，即可以吸引學生注意，並設法找出原因。這些都是引發式地導出學生注意力的方法。

3. 情緒方式：與個人有關，或是情緒性的字眼，最易引起注意，例如：每個人聽到自己的名字時，必然會注意。因此教師可以先行發問，再點名回答，學生必然會注意是否被叫到了名字。

4. 強調方式：遇到重要的教材，教師不妨以直接提示重點、強調其重要性的方式，讓學生覺察到重要性，知道有必要特別注意，例如老師可以直接告訴學生：「注意看黑板！」「這兩段文章很重要！」「這題基測考過數次！」如能採用法院陪審團方式的爭辯教學，當可以增強學生的思辨和注意力（Loman & Mayer, 1983）。更要讓學生了解教材背後潛在的邏輯和意義，則學生必會加以注意。因而老師的直接提示和強調是非常重要的。

第二節　訊息處理

在教學的過程中，教師必須把大部分的時間放在教導事實、概念、原則和認知技巧方面；亦即認知的歷程十分重要。而研究認知，其中的訊息處理模式協助我們了解記憶的結構、歷程以及在學習上的意義。簡單的說，訊息處理（information processing）模式是把人類看成訊息處理者（information processors），其模式如圖 5-1 所示。本節就類別、歷程及其影響因素分述如後。

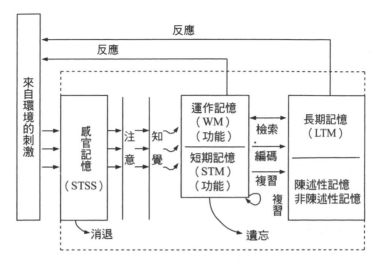

註：虛線內是內在認知歷程

圖 5-1　記憶的訊息處理模式

資料來源：整理自 Eggen & Kauchak (1992: 324)以及 Sternberg(2009: 183)

一、記憶的類別

訊息處理模式將記憶分成三類：感官記憶、短期記憶、長期記憶。

（一）感官記憶

感官記憶（sensory memory）是指，個體視、聽、味、嗅、觸覺等感覺器官在接受到足夠量的刺激後，將訊息的原始形式儲存保留的階段，也可以說是感官收錄（sensory register）或感官貯存（sensory store）例如：經由視像保留儲存成視覺，若未儲存為長期記憶，則僅是一瞬間的「瞥」一眼，隨即消退；而經聽覺輸入的訊息如未長期保留，則成為稍縱即逝的「餘音」。

1. 視覺的廣度與貯存

當外界的訊息投射到眼睛時，這些訊息經由眼球幾何光學的折射，在網膜形成了影像（image），這個過程稱為感官收錄（鄭昭明，1993）。而刺激消失之後，網膜仍能保存影像一段時間。根據 Sperling（1960）的研究，

一秒鐘之內訊息若未轉到較久的記憶，很快就會失去。Averbach 和 Corriell（1961）的研究顯示，運用條狀記號取代前實驗的字母，則影像的訊息只持續 250 釐秒（一釐秒是千分之一秒）。而有關的研究亦發現，受試報告的視覺項目多者 6 個，平均則是 4.5 個項目，沒人超過 12 個（Slavin, 1991）。亦即「注意的廣度」相當狹窄。

眼球在「閱讀」時保持急速跳動，跳動之間有短暫的停留，在一注視點至另一注視點之間暫停，這短暫的視覺貯存稱為視像記憶（iconic memory）（鄭麗玉，1993）。因為有視像記憶，才有動畫、卡通和電影的產生；但若同時呈現太多的訊息，學習或觀看時必然會產生困難。

2. 聽覺的廣度和貯存

和視覺訊息貯存一樣，也有聽覺訊息的貯存。Neisser（1967）稱聽的感覺記憶為回聲記憶（echoic memory）。Darwin、Turvey 和 Crowder（1972）證實，回聲訊息也是純感覺而未歸類的，正如網膜上的訊息本質上是視覺的，而且未經歸類的一樣。與 Sperling 研究相似，聽覺實驗全部報告自 9 個項目中只能報告 4.2 個項目，可知注意廣度亦是有限。但回聲訊息的持續時間比視覺為長，Darwin 等人發現，回聲記憶可以保留 5 秒鐘才消失（Anderson, 1990）。

（二）短期記憶

短期記憶（short-term store, STS）在功能上是一運作歷程，故又稱為運作記憶（working memory）。其中的精緻化處理過程，包括了第一層次的心智表徵、第二層次的認知層次，和第三層次的後設認知。這個記憶區的主要功能有二：其一是對接受到的刺激做立即反應，例如：閱讀、談話，都須一方面接受訊息，同時做反應；其二是理解刺激為何，而理解即是一種心智表徵。之後不論是計畫、執行或是計算、驗算等，都屬於認知層次。在這些心理活動運作的同時，自我監控和調整也同時或稍後進行，這些即是後設層次。

1. 短期記憶的特徵

訊息受到注意才會轉而進入短期記憶之中。而短期記憶的特徵之一是記

憶只及於此刻所發生的事情,訊息只在其中過渡數秒,例如:電話撥過之後,除了非常熟悉或具特殊意義者外,皆會忘記。特徵之二是短期記憶存在於意識層面,只有能意識到的訊息才構成短期記憶。特徵之三是短期記憶具有心理運作功能,因之又稱為運作記憶,例如:打牌時,除非印象特別深刻,否則下一局便會將前一局忘得一乾二淨;而心算主要即是短期記憶的運作。但 Sternberg(2009)發現,短期記憶能力和傳統智力測驗有正相關。

2. 短期記憶的容量

根據實驗研究,一般成人的短期記憶平均值是 7 個項目。Miller(1956)曾提出「神祕的七加減二」此一論文題目,其後對短期記憶之基本看法皆本於此。記憶的單元項目是「意元」,Miller 論文中所謂 7 個意元,是短期記憶的平均容量,例如:n、r、u 為三個意元,但經過意義化可以成為 run,則成為一個意元。這種將小意元組合為大意元的過程,稱為意元集組(chunking),透過意元集組可以增大短期記憶的容量。Gagne(1987)指出,一般人每分鐘可容納 15 個概念(concept)至 30 個概念,但只有一半可被接受。

3. 短期記憶維持的時間

根據實驗(Peterson & Peterson, 1959)指出,就 3 個無意義字母的字串記憶時間而言,立即回憶可達88%,間隔18秒則只記得15%,亦即短期記憶可以維持的時間不超過 20 秒。不需要記憶的運作記憶在 20 秒之內就如同被擦拭掉一般消逝。透過編碼、複習、檢索,短期記憶可轉入長期記憶,而自短期記憶轉入長期記憶需要的時間是 10 秒鐘(Simon, 1974),每分鐘自短期記憶可轉入長期記憶的容量約為 150 個英文字母。自動化則可彌補短期記憶的認知瓶頸。

4. 短期記憶的編碼

短期記憶的編碼究竟是形碼(visual code)、聲碼(acoustic code)、意碼(semantic code)之中的哪一種?這是研究者所關切的。許多心理學家認為,短期記憶主要以聲碼為主,而 Cooper 和 Shepard(1973)的研究則發現,短期記憶亦有形碼。Anderson(1990)及 Shulman(1970)提出受試使用意

碼，因為意思相同字的實驗證明，短期記憶也使用意碼（潘孝桂，2000）。

（三）長期記憶

　　如想把短期記憶變成永久保存的長期記憶（long-term memory, LTM），必須複習、轉移或經常使用；經過處理的訊息成為永久記憶（permanent memory），在容量和維持的時間方面都是無限的。而長期記憶的編碼與感官記憶、短期記憶都不一樣。

1. 長期記憶的編碼

　　長期記憶是永久記憶，不因發生的時間久遠而影響者，即是長期記憶，理論上是不會遺忘的。從一些老人家仍能清楚描述四、五十年前發生的事實，甚至對細節都能歷歷述說，可以理解長期記憶的意義。Penfield（1969: 129-168）的實驗指出，病患會因受電擊而回憶起遺忘的事情。經常複習與使用的訊息、有意義的編碼，和多重編碼的檢索指引是建立長期記憶的途徑。

　　長期記憶主要是意碼（Baddeley, 1966），因此記憶策略或所謂記憶術都強調有意義的學習和精緻化的組織學習教材。然而長期記憶亦經實驗（Paivio, 1978）證實，在語文處理時，是以意碼為主；在非語文處理時，則以形碼為主。而意、形兩碼實是相互為用、互輔運作的（張春興，1993）。在運用形碼編碼之同時，如背景有嘈雜的聲音，亦會干擾而使編碼有錯誤，但不同之實驗其影響有異（Sternberg, 2009）。情境亦對長期記憶有影響，所謂觸景生情，同樣情境下容易影響長期記憶的檢索，因而事件發生的整個情境會隨同事件一起編碼而貯存的這種現象，即所謂編碼特定原則（encoding specificity principle）（張春興，1993）。情境重現有助記憶，即是情境關聯記憶（state-dependent memory）（張春興，1993）。

2. 長期記憶的貯存

　　長期記憶的貯存方式尚未十分明朗，但根據目前認知心理學家的看法，長期記憶有陳述性記憶與非陳述性記憶兩種（Squire, 1987），如圖 5-2 所示，說明如下。

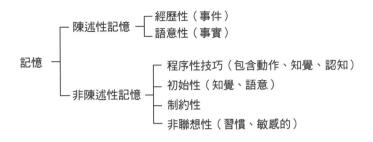

圖 5-2 記憶的分類
資料來源：Squire (1987)

(1) 陳述性記憶

　　以事實（what）的陳述為內容的記憶，即所謂陳述性記憶（declarative memory）。不論是描述事實發生的場景，或是描述某一事實概念、命題、原理原則、思想或解決問題的技巧等，都屬陳述性記憶（張春興，1993）。陳述性記憶又分成兩種：一為經歷性記憶（episodic memory）；另為語意性記憶（semantic memory）。分述如下：

　　a. 經歷性記憶：指的是個人的經驗、自傳式的記憶，乃以形象編碼，例如：閉上眼睛回想生活中的一幕，則人、時、地之情境都會一一浮現腦海，這種記憶即是屬於經歷性記憶。但因受到逆攝抑制（retroactive inhibition）干擾，後面發生的場景會遮蓋掉原有場景，而會有記憶不清楚的情形，只有非常重大的事情例外。重大事件發生的情形連細節都可以記憶得非常清晰，例如：911 事件讓全世界都能清楚記得當天的情景；921 地震讓台灣人刻骨銘心；大學指考則讓經歷過的人畢生難忘。

　　b. 語意性記憶：指的是記憶中的事實、概念、類化、抽象符號的意義與規則等，問題解決技巧、思考技巧與同時保留的長期記憶屬於語意性記憶。一般學校教授的課程，學生所學大部分是這種記憶，即知識的記憶，理解與應用都靠這種記憶。命題網絡（propositional network）和基模（schema）與語意性記憶有密切關係。如何運用概念構圖建構和組織所了解的訊息，基模理論如何解釋命題網絡與個

人智力結構、問題解決能力、決策能力的適配問題，都很重要。而語意性記憶之編碼與形碼、聲碼、意碼都有關係，尤其意碼絕對有助於語意性記憶，例如：俚語易記，即可為一例證。故而教師可多運用例證，並教導孩子在心中建構概念圖，再將實例口語化，應有助於教材之記憶。

(2) 非陳述性記憶（nondeclarative memory）

　　a. 程序性記憶（procedural memory）：有些記憶與活動發生的前後順序有關，稱為程序性記憶，如認知方面：實驗的步驟、機械操作的前後順序等；又如動作技能方面：學習騎腳踏車、學習游泳等；知覺方面：了解物品的結構和形狀、透視學、彩繪藝術等。

　　記憶透過一定程序的運作，乃形成某一有結果的知識，例如：數字或公式之記憶透過演算的程序形成知識。演算本身可稱為程序性記憶，透過短期記憶（又稱運作記憶）的運作程序，其間亦可能檢索運用已有之陳述性知識。再經過意義化，使「記憶」形成文字或圖表之長期記憶，即產生程序性知識。而將統整、調和後的知識經過不斷操作運用，即能產生程序性知識最後的表現，即所謂的自動化（張春興，1993）。又如：電腦使用者，首先要閱讀操作手冊（陳述性知識），將之理解為一般電腦知識，以文字或流程圖運作成程序性知識。而後多次反覆操作，成為自動化反應。只要一坐到電腦前，即能有一系列之反應與知識。尤有甚者可重複前人之研究，產生新的知識。其他如理化報告，數學演算、體操表演、看操作手冊修電器等，甚至某一模擬選組、選校之生涯抉擇皆可由之解釋。

　　程序性知識是學校技能教學的主要目的。學習具體事務，例如：打字、彈琴、球類、插花、駕駛……等，學會之後若沒有機會再操作，等到需要時，稍微練習仍然會做，這類學習依一定程序學會，熟練後可自動化的自記憶中檢索，立即恢復。而程序性知識也稱為功能性知識（functional knowledge），又稱為實用性知識（practical knowledge）。由此可見程序性知識是層次較高也較難的知識（張春興，1989）。

b. 初始性記憶（priming）：記憶活動與最初的關鍵有關，透過網絡最初始的中心點，記憶相互聯結；因其催化活動的效能被稱為初始效應（priming effect），是自某一記憶擴散的知覺或是語意性記憶。

c. 制約性記憶（conditioning）：指的是簡單的古典制約，即制約刺激引起制約反應。曾學習過的事物再次呈現即可喚起記憶即是。

d. 非聯想性記憶（non-associative）：指的是習慣或敏感的餘波，與個人的思考習慣或是獨特的感受性有關，例如：對某種氣味過敏的人，只要該氣味又被覺察到，即可喚起該項記憶（Sternberg, 2009）。

3. 長期記憶的檢索

檢索存在於短期記憶和長期記憶的過程。Sternberg 的記憶掃描研究（memory scanning task）所測得之回憶屬於短期記憶。然而，何以在短期記憶能檢索到某些項目？關於此，有平行和系列歷程之論，前者認為多重刺激使檢索同時進行，而後者認為完成某一檢索之後才會進行另一檢索，因而檢索的速度會愈來愈慢。檢索的數量多寡亦有兩種說法：一是耗竭說；另一是自動停止說。耗竭說與平行論是兩個相輔之假設，同時檢索會造成檢索之消耗，因而在反應時間內數量受限。自動停止說與系列論相輔相成，由於一項一項檢索，使完成檢索的時間增加，因而若有較長時間，則在短期記憶運作中可檢索較多東西。後兩理論較為心理學家們接受，而心理學家們更想了解記憶之歷程與功能。

編碼和複習固然有助於長期記憶之回憶和貯存，但檢索對長期記憶提取的成敗影響更大。心理學家們想了解的有二點：一是有效的檢索方式；另一是何因使檢索有效（林清山，1992）。甚或除了有效檢索方式（availability）外，尚希望確定其有效之程度（accessibility）（Sternberg, 2009）。

有四個不同的實驗，其結果皆可證明檢索對長期記憶的提取效果和程度之影響。Bousfield（1953）以60個單字讓受試者回憶。60個單字分成四類：15 個動物名、15 個蔬菜名、15 個人名、15 個職業名，隨機呈現給受試者。受試者如果貯存時是以集群方式，回憶時將單字分類檢索，則能回憶較多的單字。在 Tulving 和 Pearlstone（1996）的實驗中，於呈現分類的單字之前，

先給予同類字的總稱，隨後呈現要測試的單字，例如：先呈現「衣物類」，隨後呈現襯衫、襪子、褲子……等。測試分兩種不同方式：一種是任由受試者自由回憶，記錄回憶字數；另一種則給予分類總稱線索，再記錄字數。結果發現，有分類總稱線索之單字量比沒有線索者之數量多許多。在 Grossman 和 Eagle（1970）的實驗中，給予受試者 41 個單字，結果回憶同義字平均有 1.83 個字失誤，而不相關的字，平均有 1.05 個字失誤。編碼和貯存檢索會因同類而易或難提取，回憶時，同一類字會同樣被檢索，可能在貯存時即群集分類。Frost（1972）的實驗呈現的是圖畫，有 4 張衣物的畫、4 張動物的畫、4 張交通工具的畫，和 4 張家具的畫，結果與前述相似，視覺與語意編碼在貯存時分類，依類型檢索也是比較容易的。

檢索不只在形碼、意碼方面分類較易成功，聲碼方面亦同。在 Bower Clark、Lesgold 和 Winzenz（1969）的研究中，更證明隨機檢索只能回憶 19% 的單字；以階層目錄檢索，分類成主目錄與子目錄則可回憶 65%的單字。上述諸實驗，在在證明回憶失敗時，檢索方式不佳比編碼的影響更大（Sternberg, 2009）。

感官記憶、短期記憶及長期記憶之差異如表 5-2 所示。

表 5-2　三類記憶的差異

特質	感官記憶	短期記憶	長期記憶
訊息載入	在注意之前	需要注意	複習
訊息保留	不可能	繼續注意	重述、組織
訊息登碼	直接拷貝訊息	形碼、聲碼、意碼	形碼、聲碼，大部分為意碼
容量	大	小	不知其限制
訊息遺忘	消退	置換、減弱痕跡干擾、消退	干擾、消退，但以檢索問題為主（基本假設是不會遺忘）
痕跡期限	1/4 至 5 秒	至多 20 秒	多年
檢索	顯示（readout）	自動、暫時的聲碼檢索	檢索線索 自歷程中搜尋

資料來源：鄭麗玉（1993）

◈ 二、記憶的歷程

　　自感官記憶進入短期記憶過程中，注意與知覺作用是必然的歷程，且在教學上具有重要的意義。自動化則可降低注意的負荷，且可讓更多的心理資源用以處理高層次的心理運作，因而有配置心理資源之說。有關記憶貯存亦有些理論有別於前述長、短期記憶模式的處理層次論。若研究記憶而不論及遺忘，則不完全，且遺忘具有多種的意義及理論，抑制（inhibition）作用與促進（facilitation）作用對於記憶有相當之影響。此外，對記憶有影響的因素，除了學習者本身的能力、動機、態度、情緒、經驗外，尚有序位效應（serial-position effect）和閃光效應（flashbulb effect）等。

（一）注意

　　個體在所處的環境中可能忽略某些刺激，也可能因特殊情境對某種刺激較有警戒或是反應，這種選擇刺激反應的心理活動即是注意（Attention）。注意力有早期選擇過濾模式、消弱器模式，與後期選擇過濾模式三種，分述如下。

1. 早期選擇過濾模式（early-selection filter model）

　　所謂早期選擇，是指發生在訊息處理尚未有結果前的注意力運作，包括二種模式：開關模式（switch model）、消弱器模式（attenuator model），宋星慧（1988）之研究發現傾向於支持本模式。

(1)開關模式

　　Broadbent（1958）提出的假設，是在形式辨認（pattern recognition）之前，個體從感官記憶中選擇資料來進行形式辨認工作，具有特殊意義的事件容易受到注意，稱為注意力的開關模式，如圖 5-3 所示（引自劉信雄，1992）。

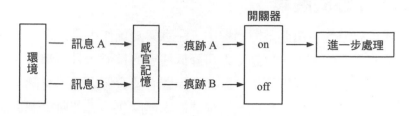

圖 5-3　注意力之開關模式
資料來源：取自劉信雄（1992：18）

(2)消弱器模式

Treisman（1964）認為，注意力之運作猶如消弱器（attenuator），當各種刺激能量同時出現，消弱器便會將訊息分組，而分別由各種管道（channel）處理之，調整則是依據生理上的線索（cues），如圖 5-4 所示。當訊息漸次消弱後，依訊息意義高低、先後順序做進一步處理，未注意的部分（unattended channel）則依是否有後續處理而保存，否則會自動消失。

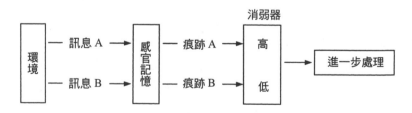

圖 5-4　注意力之消弱器模式
資料來源：取自劉信雄（1992：18）

2. 後期選擇過濾模式（late-selection filter model）

在訊息辨認之後，注意的選擇在長期記憶中引發有關反應，凡與舊經驗有關的消息，會先被選擇及注意，如圖 5-5 所示。

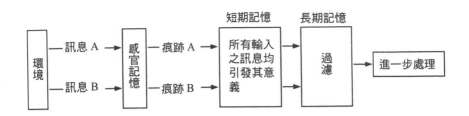

圖 5-5　後期選擇過濾模式
資料來源：取自劉信雄（1992：19）

3. 注意之能力模式（capacity model of attention）

　　由於人們通常無法對二個以上的訊息同時做覺知反應，Kahneman
（1973）乃提出假設，不相同的作業處理依個體能力對各種輸入之訊息刺激
分配其注意力，如在環境提供之資源迅速消失之狀況，唯有增加個體能力之
分配或集中注意，才足以改善。

4. 注意的主要功能特性

　　(1) 注意力是可以被分割的：人們經常在許多狀況下，須同時處理二件
　　　　以上的事，則資源要精確的配置到需要專注的事情上。生手與專家
　　　　差異即在此。
　　(2) 注意力有警戒功能：在許多狀況下，某些特殊信號的出現會引起注
　　　　意力，而且使個體產生警戒。在黑暗中，我們會自然的對突然出現
　　　　的聲光加以注意。
　　(3) 注意力會找尋刺激：我們經常會找尋環境中特殊的刺激，例如：有
　　　　煙冒出來時，我們一定會去冒煙的地方找尋原因。
　　(4) 注意力有選擇性：環境中存有許多刺激，但是人們會忽略某些，而
　　　　對另一些醒目的刺激特別專注，並設法掌握這些刺激，例如：在專
　　　　心玩線上遊戲時，周邊的環境干擾與嘈雜就被忽略了（Sternberg,
　　　　2009）。

選擇性知覺（selective perception）則與學習者的先備知識、需求、動機和情境有關。

5. 自動化（automatic）

當資源有限，作業經充分練習而熟練之後，便愈不需要依賴中樞神經處理能力（processing capacing）的運作，此種現象即為自動化（劉信雄，1992）。

在感官記憶及訊息特徵辨識之前，心理歷程之處理也是自動化的，Neisser（1967）稱之為「前注意處理」（pre-attentive process），它是前意識（preconscious）的狀態，然而在複雜作業需要辨明意義及分配能力（capacity）時，則增加「練習」可以減少對處理能力（processing capacity）的需求，此時之自動化是意識的，因此前者之處理是在注意力控制（attentional control）之下進行，而後者是在練習後之自動化，是有目的及可意識的。

6. 自動化與注意

自動化是自動的、不知不覺的系統處理，其中蘊含兩個觀念（Brown & Yule, 1983）：

(1) 自動化控制的處理（controlled processing）是緩慢且系列性的歷程，需要付出許多心力，並容許行動者積極表現控制作為。

(2) 自動化處理是一種平行歷程（a parallel process），在短期記憶中能立即檢視「所有項目」，不像需要控制的處理，在控制歷程中，所有項目是序列進行，一次只能檢查一個。

而 Schneider 和 Shiffrin（1977）曾運用 Sternberg（1969）的「記憶掃描作業」（memory scanning）實驗驗證，「一致性對應」（consistent mapping, CM）的練習是形成自動化歷程的條件，一旦自動化歷程形成，則不受刺激處理容量的限制，與刺激項目的數量有零斜率的關係，傾向於一種平行式的運作（宋星慧，1988；Sternberg, 2009）。

7. 自動化的特質

透過密集練習，可以成就高度的自動化（LaBerg, 1975, 1976, 1990; LaB-

erg & Samuels, 1974）。自動化歷程與非自動化——亦即受意識控制的歷程，
差異如下：

(1) 自動化歷程不太需要策劃：控制型的歷程需要刻意的努力，但自動
化歷程則不太需要有意圖的努力，甚至如在進行有意圖的活動時，
要儘量避免自動化的歷程。

(2) 自動化歷程一般在意識覺察之外：就意識覺察的程度而言，自動化
歷程中有可能意識到小部分，但大多是在意識覺察之外；有別於控
制型歷程是完全在意識覺察的狀況下。

(3) 自動化歷程忽略「注意」的資源：一般認知歷程要消耗許多注意
力，但是自動化歷程完全忽略「注意力」。

(4) 自動化歷程是同時發生的：一般認知歷程是系列處理，也就是每一
次一種類檢索，一次一步驟。而自動化歷程是平行的、同時發生
的。

(5) 自動化歷程節省時間：一般意識控制歷程在執行時所消耗的時間多
於自動化歷程。

(6) 自動化歷程和工作特質熟悉度有關：對熟悉、高度練習或大量而穩
定的工作，易產生自動化歷程，但是生手對不熟悉的工作或是複雜
的工作，就需要較多意識控制的歷程。

(7) 自動化歷程在低認知層次較易形成：高層次認知，例如分析、綜合
需要較多意識的過程，需運用較多思維能量；因之自動化多半是發
生在較不需分析、綜合的認知活動。

(8) 自動化歷程易發生在困難度較低的活動：困難度高的活動需要更多
努力和意識覺察，但是若有足夠的練習，也可以使複雜的作業產生
自動化。通常困難度較低的活動比較容易形成自動化歷程（Ster-
nberg, 2009）。

8. 自動化易伴隨之錯誤

自動化是生活中不可或缺的元素，但是伴隨自動化亦有許多不同類型的
失誤（Reason, 1990），如下所述：

(1) 在習慣成自然情況下介入的失誤：在形成自動化過程中，因對環境不熟悉或是未加注意，或是控制歷程未能好好掌握，失誤就進入了例行活動的自動化歷程，例如：更衣是一自動化的歷程，如果原本是要穿正式衣服外出，因一時失誤，可能穿拖鞋就外出了（James, 1970; Langer, 1989）。

(2) 中途打斷造成自動化歷程的疏漏：由於在一成不變的例行活動中有其他事情的發生，因而自動化歷程會少了一、二個步驟，例如：原本要到院子搬花盆，但因電話鈴響，接完電話就忘了完成拿花盆的動作。

(3) 重複自動化歷程：有時已完成了某自動化程序，但因他事干擾，為確定已完成某程序，會固執地再重複相同步驟，例如：正在發動車子時，有別的事干擾，有可能再發動一次車子。

(4) 自動化的行為完成與原目標不符的動作：在有意圖的行為過程，因為錯誤的記敘，而有錯誤動作，例如：購物返家，自動化地置物上架，卻可能將洗衣粉放到冰箱之類的動作。

(5) 突然介入的感官訊息干擾自動化歷程：強迫介入的資料造成自動化的系列活動因感官訊息驅入而停止，例如：正在撥電話時，聽到他人所唸的數字，而誤將電話號碼撥成該人說的數字。

(6) 自動化過程因較強的其他活動聯結而打斷：在一成不變的例行活動中，有更生動的聯結介入，使該自動化歷程以另一面貌呈現，例如：正在應門時，電話響起，有可能會對電話回應：「請進」。

(7) 無法完成自動化歷程的失誤：原本家居生活有許多自動化行為，但不知何以有時卻完全失卻了活力，例如：原本欲到某房間取某物，但是走進該房間，卻完全茫然，不知自己要做什麼（Sternberg, 2009）。

（二）知覺

　　知覺（Perception）主要是在眾多刺激中，發現或遭遇意義，或是透過我們的經驗加以解釋。知覺亦是由於注意到某特定已進入感官記憶的刺激，經

過學習者的知覺，將之轉入運作記憶或短期記憶之內，此刻環境的刺激方具
有意義，因之運作記憶乃是知覺到的實體。

有關知覺之看法與研究成果，略舉數則以明之：

1. 根據黃榮村（1972）的研究發現，知覺相似性與反應歷程之間有等
   值性的關係存在，亦即知覺相似性愈高、反應強度愈大。李光復
   （1971）的研究卻發現，刺激消息量與反應時間的直線關係，只存
   在於刺激與知覺之間，並未反映出反應歷程之特性。而不同的心向
   對刺激之知覺有不同的影響，心向的作用較可能是激動知覺歷程。

2. 眼音廣度（eye-voice span）：這是指在朗讀時眼睛的掃描先於聲音
   的距離，通常是以測量字數來表示距離的大小。Quartz（1897）的實
   驗曾讓受試者朗讀一段文章，當受試者唸完某一個字後，實驗者把
   文章移開，或把燈關掉，而受試者還能繼續唸出一些正確的字，這
   些正確的字數就稱為眼音廣度（引自楊文進，1981）。根據楊文進
   的研究發現，運用找標題策略者，眼音廣度較長；而文義脈絡不同
   種類會造成眼音廣度的差異。運用「找標題」的知覺策略者，不論
   立即回憶或延宕回憶，皆有較好的回憶量。訊息量的多寡對眼音廣
   度並不會造成影響，而閱讀的速度愈快者，其眼音廣度愈長。在朗
   讀的時候，有一半的受試者會受到命題的影響。

3. 在視覺訊息處理管道之研究方面，袁之琦（1991）提出下述之結
   果：巨觀方面的組合搜尋研究發現，形狀、運動、立體視覺間的關
   係較緊密，形狀、色彩、立體視覺間次之，而色彩知覺最為獨立。
   研究結果較支持 DeYoe 和 Van Essen（1988）以及 Zeki（1990）的生
   理模式。微觀方面的隨機點似動運動研究，得到形狀、立體視覺、
   似動運動知覺三者在各階段之橫向聯結關係，以亮度對比之形狀界
   面線索分析最先完成，形狀邊界線索則提供短距似動運動、立體視
   覺與形狀知覺的訊息處理基礎。最終運動知覺的形成，則可透過短
   距似動運動之分析直達，亦可透過立體視覺分析後，送往長距似動
   運動偵測系統中做處理，而後達成運動知覺。第三個管道是由短距
   似動運動分析完訊息，送往長距似動運動偵測系統，而達成運動知

覺的偵測。此外，形狀知覺的偵測在前，有通路送往長距似動運動
偵測系統，是為形狀與長距似動運動知覺間的關係。Zeki（1990）
的視覺神經傳遞路徑圖，應可視為註腳。

（三）替換論（Alternative perspective）

1. 處理層次的涵義和證據

處理層次（levels of processing）實驗是由 Craik 和 Lockhart（1972）研究
出以物理的視像、音韻的聲碼、語意的三種不同層次方式對受試者發問，結
果發現愈深層愈能檢索。與 Zinchenko（1962, 1981）的邏輯相同，語意和分
類 的 檢 索 比 聲 音 同 韻 檢 索 更 容 易 成 功，例 如：dog-（animal）與 dog-
（leg），因前者在分類上有意義，檢索時比後者要容易。屬於感官分析的淺
層次處理痕跡弱，訊息不易維持於記憶中；屬於語意分析的深層次處理痕跡
強，訊息才易貯存於記憶中。在任一層次的分析，訊息可以一再循環。Craik
和 Lockhart 稱此歷程為「初級記憶」（primary memory, PM），並用來解釋容
量限制的現象。他們認為個體以有限容量的中央處理器處理訊息，一次只可
處理少數的項目，而訊息的處理量視訊息再循環（亦即複述）的層次而定。
假如訊息的循環層次深，個體就能夠有效地利用舊有的知識和經驗，訊息的
處理就較容易，也記得多（鄭麗玉，1993：89-92）。

2. 自我檢索效應（self-reference effect）

每個人都有非常精緻的自我基模（self-schema），透過自我描述（self-
descriptive），根據內在線索、自己歸因、個人經驗等編碼。運用這些對個
人有意義的系統建構、編碼，比有建構但非個人經驗的非自我參考（non
self-referent）編碼要有效。也就是說，根據自己熟悉的先備知識建構訊息，
比由他人建構的訊息在檢索時要更有效（Bellezza, 1992; Rogers, Kuiper, &
Kirker, 1977; Sternberg, 2009）。

雙代碼假說（dual code theory of memory）主要是由 Paivio（1978）提
出，他認為人類記憶歷程有兩種代碼系統：一為視覺影像代碼；另一為語文
符號代碼。如同時具有視、聽表徵者，其回憶優於只聽或只看的情形，例

如：面孔比名字容易記得，如果名字和面孔聯結則更容易記起。

（四）記憶建構的本質

檢索只是再建構（reconstruct）記憶的歷程之一，但是線索（cue）和推論都對記憶建構有影響。線索若是成對出現，比單一出現有效，給予標籤比不給標籤有效。只有理解洗衣服的人，才能建構洗衣服這個活動。建構過的內容比散亂的容易回憶。

1. 自傳式的記憶（autobiographical memory）

每個人對自己經歷的事都有所記憶，同時，對成長中各階段的記憶有深有淺。根據 Rubin（1982, 1996）的研究發現，對一個中年人而言，其青少年期的記憶要比近日發生的事回憶得更清楚（Sternberg, 2009）。

2. 初始效應與時近效應

所謂初始效應（primary effect）與先入為主的觀念相仿，如學生對一系列訊息中首先呈現者之印象必然較深；而相反的，若需資料讓學生保有清晰的印象，則近日呈現的新資料較易回憶，即所謂時近效應（recency effect）（Stigler, 1978）。

針對自傳式記憶，Sehulster（1989）研究了上演 25 年、284 場的歌劇，不只與傳統期望的初始效應與時近效應相符合，更加可以證明。因為 25 年中，最先前的幾場表演和結束前的表演較容易為觀眾所記憶。

(1) 初始效應

在學習過程中，如果以自由回憶方式測量，則較早呈現的單字比中間（及其後）呈現的單字易回憶。在自傳式記憶也是如此，學習內容的序位亦同，最先的活動最易記憶，而且之後也最不會遺忘。對這個效應最普遍的解釋是：我們對最初呈現的訊息較注意，而且運用較多心理力量，複習次數也較多（Rundus & Atkinson, 1970）。

(2) 時近效應

如前自傳式記憶段落所述，中年人對近日發生的事記憶較鮮活。而學習時，實驗結果顯示，有順序呈現的單字，最後面出現的單字或項目讓人記憶

最深刻；最後呈現的比中間呈現的資料印象較鮮明。

　　時近效應是因學習材料之後、測驗之前不受訊息干擾，因而記憶清晰。初始與時近效應是教師必須要注意的，因最初和最後的教材易於保留，教師不妨把教材中最重要的部分放在學習的一開始和結束時，並加以組織。亦即表示唯有不懂這兩種效應的老師才會把剛上課的時間用來處理雜事，而不是從事教學活動。相反的，教師應把握時效，一開始上課，即開宗明義的教以重要而需要學習的概念；下課前再將課程重新整理，或是處理必須交代給學生的一些班級行政事務。

（五）記憶扭曲

　　人們都有此經驗，有時自己說的事，不論該事件是否曾經發生，都因自己說了，而深信該事曾發生過，這可以說明記憶是會被扭曲的。許多研究都傾向支持記憶扭曲之現象（Sternberg, 2009）。

1. 七大不可避免現象

　　Schacter（2001）提出扭曲記憶的七大不可避免現象（sins），如下：

(1) 短暫（transience）：記憶是很容易消失的，因而讓我們有虛幻、無常之感。

(2) 心不在焉（absent-mindedness）：人們都有因心不在焉而弄錯的經驗，在記憶方面，也經常因為不夠注意而扭曲記憶內容。

(3) 舌尖效應（tip of the tongue）：因為記憶的阻擋，突然叫不出很熟悉的人名，或突然唸不出一個字。我們常常會忘記自認為會記得的人或事，因而話到舌尖突然打住，其主因是突發的障阻（blocking）。

(4) 錯誤歸因（misattribution）：所謂聽而不聞、視而不見，是因所聽所見對個人而言意義不大，因此記憶中會有某些部分是不清楚或扭曲的。

(5) 暗示的感受性（suggestibility）：在回憶某事物時，若旁人提示曾有某一物品或事情時，則我們容易接受建議，將之納入記憶之內（Sternberg, 2003）。

(6) 偏頗（bias）：個人曾有的經驗會主觀的影響記憶，例如：過去對疼痛的經驗不同，則對疼痛的描述程度也不相同。

(7) 固執（persistence）：回憶一序列的經驗，其中特殊的或與其他不同者易被回憶，例如：某人一直都是成功的，但在記憶中，他偏向記得失敗的一次（Sternberg, 2009）。

2. 目擊者證言（eyewitness testimony）

記憶扭曲雖然談的主要是現象，而非記憶建構，但是也可能表示在建構記憶時，我們所建構的是與事實出入的認知。我們都有這樣的經驗：共同參與某一聚會的人在描述該聚會時，每個人談的是不同的經驗；同班同學回憶共同參與的活動時，卻有不同的描述。有關於此，我們可以用目擊者證言更清楚的說明。目擊證人在美式法庭的陪審團定罪制度有相當的決定性，但是根據 Loftus 和 Ketcham（1991）之研究指出，縱使目擊者可以做非常詳盡的細節描述，但是仍有混淆反應，因為人們會把想像放到記憶之內。大多數人認定記憶只因為看見或想到而產生，事實上，仍有想像混雜其間。Garry 和 Loftus（1994）發現，每年有一萬個以上的目擊證人被測出有記憶的失誤。

早期 Miller（1978）的實驗中，以幻燈片呈現一個行人走過徒步區，先在有「停」字的交通號誌之前停下，之後再向右轉，然後再呈現意外事件的幻燈片。因為呈現的幻燈片非動畫，回答問題時，受試者一半會問：是否有車闖紅燈，另外也有人問交通號誌是不是「讓」，而這些都非原幻燈片呈現的內容。結果整體回憶記得「停」的號誌者比記得「讓」的記憶內容要詳實多34%。又 1993 年，Wells 在目擊者證言假設之研究更發現，縱使加害者並未出現在被指認行列之內，目擊證人仍會受到行列陣容之影響，而指認其中一人是加害人，因而警察也會受到錯誤指認影響。嬰兒則會受到典型制約影響認知（Rovee-Collier & DuFault, 1991）。在相同環境中，其回憶量多於變換環境之情況，顯見編碼與檢索會受認知的環境脈絡影響。而背景因素亦是建構記憶中重要的元素。

3. 抑制的記憶

許多心理學家曾研究抑制記憶的性質，但卻有不同的看法。就以童年創

傷事件若被壓抑至潛意識層面而言，一派心理學家設法運用技巧使受試者回憶，因為他們相信只要曾存有的記憶都可以再現。但另一派心理學家卻以童年性虐待為例，說明壓抑的記憶是扭曲的，因為同一事件，被虐待者的描述往往不同。1995 年，Roediger 和 McDermott 延用 Deese 於 1959 年的實驗，給予受試者 15 個字，這 15 個字都與某一字有密切的關係，而該字並未出現在 15 個字之列。結果受試者回答時，往往會將此一關係字列在 15 字之內，並指他們曾看到該字。此實驗再度說明記憶扭曲之存在，但是否與記憶抑制有完全之關係，卻難下斷言（Sternberg, 2009）。

4. 背景脈絡影響編碼和檢索（context effects on encoding and retrieval）

　　影響訊息編碼、貯存和檢索的主要脈絡之一是基模，透過專家（expert）與新手（novice）的差異，可以比較脈絡對編碼、檢索之影響。專家基模能更精緻地編號、貯存和檢索（Chase & Simon, 1973; Frensch & Sternberg, 1989）。專家會運用背景脈絡統整和組織新訊息，甚至補強缺失或扭曲的訊息。自語意訊息，專家可以透視其畫面，更善於應用後設認知策略組織或預示新訊息。專家的信心有助於記憶再現。經驗、脈絡使訊息更清楚、鮮活而富於細節。

　　因為專家與生手在知識領域和經驗上質量的差異，故而科學教育的有經驗老師與新進教師在解題速度、精確性、問題表徵、解題計畫、解題策略都有顯著之差異（楊坤厚，1989）。教學策略與教學表徵自是專家優於生手（張賴妙理，1999）。

5. 閃光記憶（flashbulb memory）

　　閃光記憶亦是脈絡之一。Conway（1995）指出，這種記憶因為驚訝或驚嚇之情緒影響編碼、貯存和檢索，例如：911 雙子星大樓被飛機衝撞或峇里島爆炸事件，這些石破天驚的景象讓人們永銘在心，因為其與情緒受刺激有極大關聯。Bohannon（1988）認為，因為情緒刺激使目擊者反覆靜默複思，而加深了記憶，因為複誦是成為長期記憶的因素。而 Neisser 和 Harsch（1993）則認為，這類事件因知覺豐富、多重編碼，會加深正確的記憶（Sternberg, 2009）。

　　會影響記憶深刻度的背景脈絡，除了強烈的情緒外，尚有心情（mood）

和意識狀態。如果編碼時和檢索時的心情與意識狀態相接近，則語意訊息的檢索會較容易（Baddeley, 1989; Bower, 1983）。另一影響記憶的因素是酒精和藥物。根據 Eich（1995）的研究指出，酒精和藥物亦如同心情、意識狀態一樣，是記憶的建構背景脈絡，在用藥和飲酒狀態時，易檢索先前用藥和飲酒時的編碼。但 Baddeley（1989）研究發現，在酒精與藥物作用之下，沮喪的情緒較多，因而檢索的回憶亦以沮喪的狀態編碼者居多。

Godden 和 Baddeley（1975）之實驗更為「背景脈絡影響編碼與檢索」下註腳。他們將受試者分別安排在 20 呎深的海底，以潛水方式受測，和在陸地上施測，所測的都是回憶 40 個不相干的字母。結果證實，受測與學習編碼之物理環境相同時，測驗結果優於編碼與檢索的背景脈絡不同的時候（Sternberg, 2009）。Amabile 和 Rovee-Collier（1991）以 3 或 6 個月的嬰兒為受試者，測量其在可移動嬰兒床內踢的反應，發現周遭環境改變對嬰兒之反應有影響。可知對一個「編碼—檢索」的新手而言，背景脈絡亦是有影響力的。在操作制約建立的相同背景脈絡中，受試者反應較多。

Matlin 和 Underhill（1979）對人類回憶之研究指出，整體而言，在愉悅情緒下喚起的記憶多為愉悅的回憶，在沮喪的情緒下所回憶的以沮喪事件居多。而回憶的整體來看，大多數人檢索的愉悅回憶多於不快樂的回憶（Sternberg, 2009）。

同時，編碼的背景脈絡和檢索解碼的背景脈絡有交互作用。自我參考檢索（self-reference）效能聯結了編碼和檢索。Watkins 和 Tulving（1975）的聯結字對測驗指出，再認結果優於回憶結果，因而配對字中的一個字是另一個字的線索。編碼特定原則（encoding specificity）之效果讓聯結配對回憶結果（答對 73%）優於再認結果（60%）。

個人所建立的檢索線索則更有效。Mantyla（1986）實驗發現，透過受試者自行建立之檢索，亦即受試者自行在試題 5 至 600 個單字之中或運用其他單字，由受試者自己配對互為線索，其測驗結果較優；因為其編碼和檢索之中有交互作用。Moscovitch 和 Craik（1976）實驗發現，編碼和檢索的處理層次相配合，則訊的回憶更佳。而先備知識亦會影響編碼和檢索運用視像、語意或相輔的編碼層次。

（六）配置心理資源

　　我們的內在心理歷程究意是如何運用有限的資源，於有限的時間內，運用短期記憶（或運作記憶）的有限容量？訊息處理歷程對於如何有效的運用心理資源，提出了配置心理資源（Allocating mental resources）的看法。

　　自配置心理資源之角度看訊息處理，以其同一時間只能專注一件事於處理訊息時，必須借重自動化驅力（automatic drive）或是有意的在意識層面或非意識的狀態下，將注意力配置成重要的事務與較不重要可以稍微忽視的事情，依優先順序分配其心理資源。

（七）運作記憶

　　傳統的訊息處理理論有三個貯存位置，如圖 5-1「記憶的訊息處理模式」，運作記憶只是短期記憶的別號。然而 Anderson 的 ACTR 模式（如圖 5-6）則賦予運作記憶不同的功能。

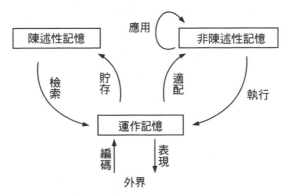

圖 5-6　陳述與非陳述知識的統整模式
資料來源：取自 Sternberg (2009: 324)

　　傳統訊息處理模式視運作記憶是接受貯存之結構，等同於短期記憶。但是較近之模式——替換論的訊息處理（如圖 5-7）則認為，運作記憶是統整視覺、聽覺訊息，並將意元組織為有意義的意元集組（chunk），同時透過運作記憶把新的訊息和原有的長期記憶加以連接（hook）。運作記憶不只如

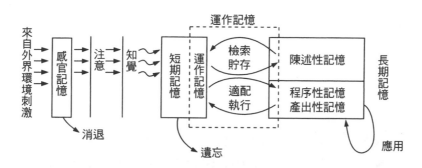

圖 5-7　記憶的訊息處理模式

資料來源：取自 Eggen & Kauchak (1992: 324) 以及 Sternberg (2009: 324)

同自長期記憶庫這座倉庫搬運訊息的運輸碼頭，甚至被喻為多媒體產出庫，不斷製造產生形象、聲碼，並協調統整之，加以做有意義的安排。形碼和聲碼以及其他訊息貯存之後，這些訊息可透過運作記憶再統整以全新方式呈現，亦即運作記憶取出長期記憶訊息能形成新訊息，以符合的新要求（Sternberg, 2009）。

替換論把運作記憶一部分視為短期記憶，一部分視為長期記憶，它掌握較近貯存長期記憶的活動，是簡短而較短期的貯存長期記憶。

Baddeley（1990, 1992, 1993, 1998, 2000）及 Baddeley 和 Hitck（1974）統整模式綜合了傳統訊息處理和處理層次論（LOP）的架構。運作記憶包含了：(1)簡短保存視覺想像；(2)內在語言是音韻的迴圈（loop），發生在口語表達之前，如果沒有內在語言，口語訊息會慢 2 秒，協調注意力並掌握反應，是執行的中心；(3)分層次的系統以呈現其他認知或知覺，是長期記憶與短期記憶的緩衝器。Baddeley、Craik 和 Lockhart 並提出，視覺與物理（聲碼）兩歷程分別有分節迴圈（articalatory loop）。

傳統訊息處理和替換理論在記憶貯存的定義、視覺關係的隱喻、訊息作用的隱喻及強調的重點差異如下：

1. 記憶貯存的定義：傳統訊息處理模式視運作記憶為短期記憶的一種，有別於長期記憶。替換說視運作記憶為長期記憶之一部分，包

括組織知識、程序性記憶之部分，也包括簡短的短暫位置變換、閃進閃出的短期記憶。

2. 視覺關係的隱喻：傳統訊息處理模式認為，短期記憶和長期記憶是分開的，也許是並列或是階層的讓短期與長期記憶相連。替換說視運作記憶是能化為長期記憶之元素，而短期記憶只是運作能力中非常短、小的一部分。

3. 訊息作用的隱喻：傳統訊息處理模式認為，運作記憶是介乎短期記憶與長期記憶之間，往返而不同時留在短期與長期記憶之間。替換說認為，運作記憶平日存在於長期記憶中，當活動時，訊息因之移動到長期記憶，特殊運作記憶又將需要之訊息在短期與長期記憶之間移動。

4. 強調的重點：傳統訊息處理模式強調，長期記憶和短期記憶是不同而有差異的。替換說則強調在長期記憶與短期記憶之中，訊息活動的運作記憶（Sternberg, 2009）。

（八）遺忘

對學習的經驗失去重現的能力，稱為遺忘（Forgetting）。遺忘的形式很多，諸如對往事無從回憶，對原本熟悉的刺激情境不復辨識，對學過的動作技能不能再度表現等，均謂之遺忘；遺忘乃是一種現象（張春興，1989）。何以有些事情會記得，有些會被遺忘？何以我們可以檢索得到多年前的記憶，卻不記得昨天發生的事情？依據訊息處理模式之觀點，大多數的事項在短期記憶中已消退、遺忘，不曾轉到長期記憶之內；然而長期記憶也有無法檢索之情形，下述為遺忘的主要說法。

1. 干擾說＆催化說

干擾說（Postman & Underwood, 1973）是指，訊息相互混淆造成遺忘，可能是新的訊息干擾原有的訊息，亦有可能是新的訊息受原有記憶之干擾。

(1) 倒攝抑制（retroactive inhibition）與倒向干擾（retroactive interse-rence）（RI）是相同的，係指一種造成遺忘現象的心理歷程，新的

學習經驗干擾了舊經驗的回憶。新舊兩種學習在內容與性質上極相近時，倒攝抑制現象尤其顯著，例如：幼兒初學數字 6 與 9，尚未記熟 6，立即教 9，則會將兩者弄混。

(2) 順攝抑制（proactive inhibition）與順向干擾（proactive interference）（PI）是同義的，係指舊經驗干擾對新訊息回憶的現象，順攝抑制是構成遺忘的原因之一，例如：在台灣開車是靠右行，學會駕駛者到英屬地區則會有不適應之情形（因英、澳皆是車行左邊）。此即為順攝抑制之例（張春興，1989）。

記憶的催化說則指與抑制相反之情況亦有順向與逆向兩者，即順攝助長（proactive facilitation）與倒攝助長（retroactive facilitation）。順攝助長是學會一事物，有助其後再學習之相仿事物；而倒攝助長是指繼續學習之事物有助於原先學習之事物。分述如下：

(1) 順攝助長：又稱為順向催化，是在前後兩次聯想學習中，舊有學習對新學習的記憶有加強作用的現象。如兩次刺激反應之聯想學習，如果前一聯結加強了後一聯結，即為順攝助長，其負面影響與本詞相對者即是順攝抑制。

(2) 倒攝助長：又稱為倒向催化，是在前後兩次聯想學習中，新學習對原有學習的記憶有加強作用的現象。如兩次刺激反應之聯想學習，如果後一聯結加強了前一聯結，即為倒攝助長，其負面影響與本詞相對者為倒攝抑制。就遺忘而言，順、倒攝抑制作用應多注意且避免。教學中在學生學習一段落時，應有充分時間讓他們思考，例如：教學相長，為了教學而再學習，對原學習必有幫助。

表 5-3　抑制與助長對記憶之影響比較

順序　　　　作用	負向	正向
新學習影響舊學習	倒攝抑制	倒攝助長
舊學習影響新學習	順攝抑制	順攝助長

2. 消退理論

消退理論（decay theory）認為，訊息因長久不用而消弱減退，所以一時想不起來。但自然事件主要是受事件因素（factors）的影響，見景之所以會傷情，只因此景與前景有相當的共同因素。因此，事件之遺忘常因缺乏共同因素之提示，非僅由時間因素所決定，以消退理論來解釋，似較為勉強。

3. 反應之競爭

反應之競爭（response competition）也是干擾現象之一，其可能發生的情形是，當一個線索可能引起二種不同的反應時，便產生反應之間的競爭，例如：同一位學生在社會學及心理學課堂上，該二科均談及「行為」一詞但定義不同，若在某一場合聽到「行為」一詞，必然引起二種反應間之競爭。而二者之中，僅有一個正確答案，另一個是不正確答案，不正確者便不被增強，因而消弱了線索與該反應行為間之關聯強度。此種現象，認知心理學稱之為「忘卻」（unlearning）。

4. 線索依賴（cue-dependent）

無法檢索長期記憶中之資料，其主要原因可能是缺乏適當線索，或缺乏有效的線索所致，因此可以說是由於線索拙劣（poor cues）之關係（劉信雄，1992）。因之記憶策略之主要目的是運用較佳的線索，以便檢索。

◆ 三、Sternberg、Case、Klahr 和 Wallace，以及 Siegler 訊息處理觀

（一）Sternberg 對訊息處理模式觀點之摘述

Sternberg 將訊息處理與智力發展的概念相結合，即訊息處理智力論，其主要論述中的智能三元，包含：知識獲得成分（knowledge acquisition components）、表現成分（performance components）、後設成分（meta component）、此三者為智力獲得的歷程部分，尚有經驗部分及與環境互動部分。其中後設成分是策略建構的機轉，知識獲得的目標在於得到新訊息，但獲得

新訊息並非教育之目的。學校教育首應著重問題解決，因之訊息處理有關訊息之複誦、貯存，乃是為遭遇問題時提供適當之背景訊息。

（二）Case 對訊息處理模式觀點之摘述

訊息處理中的短期記憶，因其容量有限制，因而造成認知成長的限制。Case 認為，除了生理成熟能讓兒童對較困難的認知有進一步的表現外，自動化的建立歷程與概念的建構皆有助於突破短期記憶的瓶頸。

Case 並建議，教師的教學必須敏於觀察學生記憶力的限制，而且應該設法減少學生工作記憶的負荷量（林清山，1992：67）。

更重要的是，Case 企圖把訊息處理和發展兩者之間，透過記憶能力、容量、策略和學習相聯結。在數學解題能力方面，Case 即發現，「4 ＋ ？＝ 7」這類題目所需要的短期記憶容量之需求，已遠超過 6、7 歲兒童之能力，因為在運用解題的正確策略時，需要運用相當多的短期記憶容量。同時 Case 也樂觀的認為，如果 6 歲的兒童會運用錯誤的策略，亦必會運用正確的策略。

（三）Klahr 和 Wallace 對訊息處理模式之摘述

Klahr 和 Wallace 二人對 Piaget 的同化、調適、平衡提出不同的看法，他們所提之理論乃以電腦模擬為基礎，理論植基於類化（generalization）。在自我修正產出系統（self-modifying production systems）之下，將類化分成三種表徵和訊息單位，即時間順序（time line）、規則的覺察（regularity detection）與消除重複（redundancy elimination）三者，亦以之解釋兒童與成人對訊息處理的差異。

時間順序是類化的根本，主要在處理資料，對新情境有系統的記錄，亦同時對之反應，該反應又導致新的情境。數的保留實驗，兒童必須一一揀拾與計算；情境中所有細節都一一記錄，是兒童運用時間順序之證明。成人多少曾訝異於兒童能清晰記得小東西被放在什麼地方的現象，即因幼兒處理訊息是依順序且不放過細節所致。

其次，對規則的覺察至少有三種以上的類化，包括了不同物品的平衡遷移（equivalent transformation）的類化、相同物品的類化，以及不同數量物品

的類化等。

　　而消除重複則是在訊息處理系統檢核在時間順序中，簡化或減少某些程序，仍會產生相同結果的快捷方法。不同的兒童會採用不同順序發展其技巧，或是在遊戲中、放鬆時或白日夢裡發展。因之 Klahr 和 Wallace 並不贊同 Piaget 的發展階段論，而較傾向於系列步驟（lock-step），以更簡單的方式描述認知的發展。

（四）Siegler 對訊息處理模式觀點之摘述

　　Siegler 主要自策略的選擇與發現機制導致適應，來解釋認知系統，並認為兒童會運用策略，且在 3 種以上。其基本概念衍生自生物與認知的演化，尤其重視策略的選擇。圖 5-8 即為其策略選擇模式。

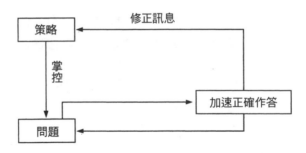

圖 5-8　Siegler 的策略選擇模式

 第三節　**記憶策略**

　　記憶乃是重新將過去學習過的經驗顯現出來，而這些學習過的經驗可以是語文的，亦可能是動作的；但不論如何，都是意識層面的運作。如何能將過去學習的經驗保留較久，除了要注意日常生活中的起居規律化、適當的睡眠、營養之外，養成記憶的習慣亦十分重要。然而在訊息自刺激而形成記憶的過程中，由於有人屬於聽覺型，有人屬於語言型，有人屬於視覺型，要使

記憶力良好，除了博聞強記，了解自己，發揮優越的感覺系統外，合宜的記憶策略運用則更能增強記憶。本節討論將較偏重語文學習、系列和自由回憶學習及其策略、配對聯結學習及其策略，以及記憶術。

◈ 一、語文學習

語文學習（Verbal Learning）是一些符號組合的認知，再加上意義化和將其表徵抽象化的歷程。語文的形成除了刺激反應聯結外，經過意義化形成概念，甚至可建構概念。其過程經過複雜的概念保留、概念增添、概念捨棄、概念增強等類別內的概念改變；亦有較難改變的概念取代（即根本的概念改變）和總總的精熟概念（蕭建嘉，2001）。

這意義化的過程則包括了制約學習意義化和自然的意義化。在人類語言系統中大致分成語言和文字，前者是聽覺性質的聲音符號，後者屬於視覺性質的形象符號（賀淯華，1981）。以下是兩種不同性質符號的特質和學習歷程。

（一）聽覺性質的符號

有研究指出，短跑選手的聽覺反應時間較快（潘孝桂，2000），主要是由於他有較快的中樞訊息處理速度。語言是有意義的聲碼，由於制約學習，這些有意義的聲音與符號圖形相聯結，聽覺性質即透過視覺表徵形成語言，例如：在學習拉丁語系的文字時，宜多運用聽覺複誦的制約學習，學習拼音重於記誦字母符號。Paivio（1986）指出，人類認知系統對語文符號採取系列處理，這些符號必須在知識架構中建立意義方可。

（二）視覺性質的符號

文字是有意義的圖形，圖像包含所有與感知有關的訊息，例如：象形文字以視覺刺激為主，且這些圖像被賦予意義，故而學習中文時，宜先了解各圖形的特點和組合的規則。Paivio（1986）認為，圖像符號是平行同步處理的，複雜的個別物件可以被整合為一個整體的圖像。也因為此，短期記憶可同時處理較多的資訊（錢正之，1998）。

在語言學習方面有三種典型：系列學習（serial learning task）、自由回憶學習（free-recall learning task），以及配對聯結學習（paired-associate learning task）。

二、系列和自由回憶學習及其策略

系列學習的材料通常是依一特定順序排列者，或是依時間發生之先後順序，或邏輯上具有先後順序的教材，例如：五線譜、化學原子序、詩詞等。以礦物為例，礦物的名稱可依其硬度排列而成為一系列的元素；而自由回憶的教材，是一連串未依特定順序而排列者。不論前者或後者，都需要運用足夠的背誦，或組織後再複誦；因之必然受到初始效應和時近效應之影響，在順序上，排列於前或最後的項目較之排列於中間的項目容易記憶。所以在自由回憶學習時，可將要記憶的項目依不同順序排列，反覆記誦，則不致於只記得最前面和最後面的材料。

在練習時，學習的步驟是很重要的，因為短期記憶中的訊息要經過再三的複習、編碼和檢索才能儲存到長期記憶。而不同教材的練習方法也有所不同，一般而言，有集中練習（massed practice）與分散練習（distributed pratice），教材方面又可分整體法（whole method）與部分法（part method learning）。而不論哪一種教材或策略之使用，都不可忽視過度學習（overlearning）策略。一般之策略敘述如下。

（一）學習材料與學習方法的選擇與配合

平常學習的材料，大致可分為動作技能、語文符號、思考推理等不同的性質，而同一類材料又可分為長、短、難、易等。沒有一成不變的原則，但約略如下：

1. 如學習材料是語文符號或動作技能方面，多數發現分散練習的結果優於集中練習。但屬於思考推理式的學習材料，則學習方式不宜過度分散，因為思考的歷程一經開始就不宜中斷。

2. 若學習材料較易，學習者興趣較濃厚時，則以集中練習為佳；但在學習材料較難、學習者缺乏興趣，以及易生疲勞等情形下，則以分

散練習為宜。

3. 若學習教材較短且較有意義、有系統組織（如散文、詩歌等），宜採用整體法；若所學習的材料較長而且是機械的、分散獨立的（如人名、地名等），則宜採用部分法。

4. 採用分散練習法學習時，整體法較部分法為宜。

5. 如學習者的智力高、能力弱，而且對所學已具有相當基礎時，較宜採用整體法，反之宜用部分法。

6. 在實際學習時，不宜太拘泥於哪種學習方式。在學習之初先用整體法，若發現特別困難的部分，則可採部分法再加強練習。

（二）過度學習的運用

過度學習是指，當我們學習某些材料時，並不止於可以記住或學會該一材料而已，而是在學會某項材料後繼續重複練習該一材料。重複練習的結果，往往可以使我們的學習更澈底，而學習的效果也較佳。

過度學習某項材料的程度，可以直接影響到回憶該項材料的多寡。不過，這種影響與學習材料的繁簡難易有關。簡單容易的材料往往不需要太多的過度學習，而且過度學習也產生不了太大的作用；反之，複雜而難學的材料，如果要能夠保持較長的記憶，多量的過度學習是有必要而且有益的。通常訓練式的訊息（drilling information）較適合採用過度學習，例如：心算、特例拼字等。

（三）組織學習材料

幫助記憶的另一個有效方法，是把學得的材料加以適當的組織。蕭建嘉（2001）把相類似又有關的材料連在一起，並設法把那些易於混淆的材料分開，這樣做不僅可以增進學習，而且有助於保存在記憶中訊息的回憶。記憶術中的組織架構法即為一種好的策略，適用於自由回憶學習。

（四）自我追憶（Self-questioning）

在學習某項材料的過程中，試圖去回憶所要記住的東西，並用內在語言

自設問題，可以幫助該項東西的記憶。追憶一方面使學習者選定那些需要熟記的重點；另一方面也為學習者提供了回憶記憶中訊息的機會。因此，在整個學習過程中，早些從事主動的回憶工夫，乃是幫助記憶的有效方法，也是一種後設記憶。後設記憶有兩個重點，一為分析需要，亦即工作需要的分析；另一則是發展記憶的策略。然而原則上對於 7 歲以上的兒童再教此策略為宜。教導策略時，並須讓學習者有自知之明，知道哪種記憶策略對個人有效，哪些則否。在記憶術中的位置法、字鉤法、音韻諧音法、字首法、句首法、口訣法、組織架構法等，都有助於系列和自由回憶學習。

◈ 三、配對聯結學習

配對聯結學習是指，被指定有關聯的一組成對項目的學習，例如：國家一首都、元素一原子量等，前者稱為刺激字（stimulus terms or words），後者稱為反應字（response terms or words）。也就是透過制約學習，看到刺激項目，即可回答出反應項目的學習（賀淯華，1981）。

配對聯結除了可運用於外國語文的學習外，通常使用於相反詞的配對，以聯結刺激字與反應字。由於兩字之間的連鎖關係，當呈現了第一個字之後，易於造成混淆。而且一般而言對於心智殘障者，配對聯結是困難的學習（Jensen, 1979），若提供適當的媒介（mediator），則智能障礙者亦可與一般程度的兒童有相同的學習成果。

（一）區別刺激

受到倒攝抑制的影響，如果在一節課中呈現太多相似的聯結，則會有負面的影響，因而合適的配對聯結字群應是彼此之間有相當的不同，例如：聯結第一組字是 A 開頭的字母，第二、三組即不宜再採 A 為開頭的字母。另外，在呈現一組配對聯結字之後，給予適當的練習時間，之後再呈現另一組聯結，亦可以避免混淆。

（二）選擇刺激

為了吸引注意力，而在刺激字部分應予選擇，例如：第一組聯結的刺激

字可以選擇特別易引起注意的字，或是依某種順序排列的刺激字，都能吸引學生注意。這種配對聯結甚至已經使用到鴿子的訓練，例如：呈現藍色三角，則鴿子會啄物，其他顏色則不會；此表示顏色的差異是影響反應的因素，而非形狀的差異。

（三）刺激編碼

主要是讓學習者將要學習的聯結字與某一中介心像相聯結，則該聯結更顯有效，例如：馬與 horse 的配對聯結學習過程，如學習者想像一匹馬在馬路上是有助於記憶的。記憶術中的許多策略都屬此類，例如：心像法、關鍵字法，即是。

四、記憶術

記憶術是指有助記憶的各種方法，早在古希臘、羅馬時代的人們，即採用各種方法輔助記憶，亦即運用方法把各種觀念連成一個「人為的整體」，而使其中各部分能相互啟發。其原則是使人們的思想能透過該「人為的整體」，再呈現一個原本較為生疏的觀念，特別是一系列互不相干的觀念，例如：依音韻而成的詩句。或是把熟悉的記憶結構，例如：地點和一系列的項目聯結起來，這種方法對於依一定順序記憶一系列項目十分有效。

記憶高手強調，如果想要記得牢，就必須使記憶形象古怪，因平平淡淡的聯想大都極易忘記。而記憶的原則更有「7C」之說：(1)完整（complete），要把所有的訊息納入；(2)簡要（concise），最忌訊息雜亂無章；(3)和諧一致（coherent），要合乎邏輯；(4)具體（concrete），使之具象化，因抽象內容不適記憶；(5)概念化（conceptual），要使訊息具有意義、可以理解；(6)正確（correct），最忌張冠李戴或不當之解釋，猶如以水流解釋電流之情形即屬不當；(7)設想周延（considerate），適合學習者的年齡或能力之語彙表達（Gage & Berliner, 1992）。因而不論是哪一種記憶術，都有賴學習者自行對事物編碼，如果是自編自用能有較好的效果；如果編碼過於一般化，與個人經驗無關，便會失效。

（一）多重編碼（multiple coding）

　　環境是複雜的，如何才能使記憶的清晰度增加？而且，編碼也包括了視覺的形碼、聽覺的音碼，尚有嗅覺、味覺、觸覺、動覺等等並無法分割。一朵鮮花除了色彩美麗尚有香味，美麗的舞姿可以觸動心弦；天地萬物充滿了色彩，我們生活在一個多彩多姿的世界裡，在同一個時間裡不可能只運用一種編碼記憶（Gage & Berliner, 1992）。因而在編碼的時候，可以運用想像把各種感覺聯繫起來。

（二）右半腦非語言心像（imagery）

　　語言區在大腦左半球，因之被稱為優勢半球；但是右大腦半球在非語文功能方面卻是優異的。右半腦受傷者，其注意與知覺方面會表現困難，而且對辨別方向、認定面孔和物體都有困難，也易有忽視癥候。左腦與語文編碼，右腦與視覺編碼、圖形編碼之關係相當令教育界注意。具體、空間訊息，是以幾何圖形用想像的效果較好；抽象、序列訊息，則以語文編碼較宜，例如：有關定義、原理、原則之敘寫、電腦語言等等。然而兩者之間有非常密切之關聯，Bower（1970）指出，若能將兩者相聯結，為圖形訊息加上語文的標籤，而把語文的訊息加上圖畫，則在檢索訊息時會更加快速。所謂語意圖（sematic maps）即是一種有助記憶之策略（Gage & Berliner, 1992）。如果學校教學時能教導學生如何運用圖形聯結語意，勢必能增大貯存的記憶容量（Shepard, 1967）。自日常生活中我們亦發現，具體的事物容易學習和記憶，抽象的觀念和文句則不易背誦；如果能將之圖像化，則在記憶時常有所助益，例如：看圖識字或是附插圖之成語故事，都能把抽象語意具體化。

（三）高階語言編碼（high codability）

　　亦即具體的字眼編碼，因為具體語言較易編碼與檢索。Levin（1976）建議，教導兒童運用心像、全現心像、身體意象等形成意象的心理歷程，在學習上是較為有效的，尤其兒童年齡在 7 歲以上，教導其用具體語言編碼和

運用心像的效果受到肯定（Gage & Berliner, 1992）。太年幼的兒童尚無法運用策略學習，一般而言，在 5 歲之前的兒童沒有策略，也不會運用策略，6 至 9 歲可以教以策略，但仍須成人提示才會使用，10 歲左右，則知道如何學習策略，而且能夠自發的運用策略（Eggen & Kauchak, 1992）。因而 7 歲入小學之後，即可以教導如何運用實物相關聯的字說明有關的教材，例如：要教「狼狽不堪」之語，最好能以圖片或動畫呈現出，前足長的狼與後足短的狽兩種動物行走時，必須同進同出、同行而止的困難情形，兒童才能了解其語意，且易記得；待稍長後才能領悟日常生活中困難情境之描述。

（四）字鉤法（Pegword system）

用字鉤法增強記憶的做法是，先建立一套自己熟用的「記憶掛鉤」（hook）（張春興，1989），和先前記憶中的系列相聯結，再運用有意義的故事串聯之（Sternberg, 2009）。這是種聯結記憶法，學習者可以運用熟悉的名詞或圖表建立順序，在日常生活中經常使用。

（五）位置法（Method of loci）

使用「位置法」首先要選擇一個熟悉的環境，再把想要記住的項目與熟悉的位置相聯結，視覺中某一地標與特殊事件相聯結，而要點是心像與擬記憶的項目是互動的（盧雪梅，1991）。如果要記住某歷史日期，可以在自己腦子裡建立起一座「想像域」，此域分成若干區，每區有10棟房子，每棟房子有10間房間，每一房間有若干方格（即所謂記憶空間），分布於四壁、天花板和地板。如果我們想記住歐洲發明印刷術的歷史年代（AD 1440），只須把一本想像的書或其他印刷品，放在想像域歷史區的第 1 棟房屋第 4 個房間的第 40 個方格內即可。

（六）音韻諧音法（rhymes）

押韻的詩詞、歌曲、兒歌、勸世歌，都運用聲音上的和諧或是特殊易記的調子。也許有些兒歌並沒有意義，只是一串押韻的語文，但是卻讓人終生難忘，即使其字數非常長亦不受到限制，例如：「你氣我不氣，氣死沒人

替。」

(七) 字首法（Acronym）

這種記憶術主要是於背誦一系列單字時使用，亦稱為頭字法，例如：要背誦五大湖的名稱，只需記 HOMES，再由五個字母聯想五大湖的名稱為 Huron、Ontario、Michigan、Erie、Superior；又如：GRE 為 Graduate Record Examination 的簡寫，有助於記憶；再如：讀書方法中的 REAP 四個步驟是 read（閱讀）、encode（編碼）、annotate（註解）和 ponder（審思）的簡稱。

(八) 句首法（Acrostic）

其原理與字首法相似，唯其採用的是以句子為首的第一個字，串聯成另一有意義的詞句，以便記憶，例如「人道」代表：「人」心唯危、「道」心唯微。

(九) 關鍵字法（key-word method）

我國學者劉英茂（1977）曾利用關鍵字法，教國一和高一學生學習英文，發現提供關鍵字和心像有助於國一學生記憶英文字彙，但對高一學生而言，則可能因為關鍵字的提供造成干擾，以致影響學習。所以教導學生利用心像圖和關鍵字法學習，可能須視學生的年紀而定。較年幼的學生因為缺乏自行運用此法的能力，故必須具體提供他們關鍵字和心像圖（Pressley & Levin, 1978）；但是年長的學生具有自行運用的能力，則可能只須教以原則，他們即能自行建立自己的關鍵字和心像圖，更有利於學習（鄭麗玉，1993：80）。

Solso（1988）將關鍵字兩階段原則繪成如圖 5-9 所示。

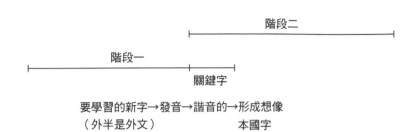

階段二

階段一

關鍵字

要學習的新字→發音→諧音的→形成想像
（外半是外文）　　　　本國字
　　　　　　　　　或熟知的字

圖 5-9　關鍵字兩階段原則

形成想像時，則可將新學字彙與原熟知字彙的形象聯結成為一幅心像。

（十）口訣法（initial-letter strategies）

在某些公式或數值的記誦方面，口訣法是非常實用的策略，例如：三角函數的公式以及圓周率的近似值為 1.414，可以「意思、意思」的口訣記憶。口訣法亦可用在其他方面。有教育心理學家用 MURDER 來教導學生學習策略，M 表示 Mood，讀書必須在良好的心情之下為之，並要訂定讀書計畫、時間表，全心投入、專心；U 表示 Understanding，對教材首重了解，並界定重要的或困難的概念；R 表示 Recall，最好建構出關鍵的概念構圖，以便回憶；D 表示 Digest，摘要須能反映與定義出關鍵性的觀點和問題；E 表示 Expand，是一種運用學習的策略，學習者可以用自我發問的方式確定學習的教材可運用的範圍；R 表示 Review，是對整個學習的回顧，亦可視為後設認知的部分，主要在分析先前的失誤及修正學習策略。因之，學習者運用 MURDER 即可以提醒自己在學習時的策略，並一一做檢視。

（十一）組織架構法（Organizational schemes）

基本上，所謂之記憶術乃是以訊息的結構為基礎，再加上意義化以及中間的媒介，使訊息易於記憶和檢索。而結構之依據可能是時間、地點、聲音、影像，以及正射影圖等，也有根據語意分類者。總而言之，未經組織的零散訊息是極不容易回憶的（Sternberg, 2009）。

Solso（1988）曾將受試者分成五組，分別用不同的方式記憶 24 個不相干的單字，這些單字呈現的時間是 4 分鐘，控制組用強記的方式，一組運用數目字與單字聯結、一組運用圖形與單字聯結、一組則將單字嵌入一段文章之中、一組則將單字加以分類，根據屬性分成不同的類組。一週之後測試，結果以分類組織的學習者記憶保留量最多，而系統的聯結或心像的保留量都不及，其中又以死背強記組為最差。因之組織學習的教材十分重要。

應用本記憶術的範圍極廣，自學習內容至上街購物時的雜物單，皆可以組織整理便於記憶，例如：家庭主婦要購買一週的雜物，經常會丟東落西，則不妨依其需要分類，如食物可以分成早餐、午餐、晚餐，而三餐又可以分成不同之菜餚依所需材料分類；若如此分類，則即使是要辦滿漢全席，亦不會太過困難。

第四節　訊息處理模式在教學上的應用

在教學時，適當的教學法與變化的呈現方式，足以吸引學生的注意力，唯有學生專注於課業上，教學才有效果。如何讓學生集中精神，學生本身的動機、態度、資質都是重要的因素。教師的任務乃在於善喻，並授以學習策略，減低學生學習障礙。而問題的解決或較高層次的思考皆以記憶為其基礎；訊息處理的理論提出感官記憶、注意、知覺、短期記憶、長期記憶的特質，其在於協助學習者了解記憶之特徵。但記憶並非學習之終點與重心，主要在於有效的記憶，自動化的過程可以成就更高層次的認知。學習策略與記憶術所提供之原則與方法，其目的在於減低思考過程中花費太多能力於基本的記憶層次，而妨礙高層次思考之運作；因此協助學生成為有效的訊息處理者，乃是教學的重點。

◆ 一、感官記憶策略的應用

呈現訊息之後，要給予學生足夠的時間，再予以新的刺激或訊息，例

如：老師在板書之後，不要立即擦掉，要讓學生有時間抄錄下來；呈現地圖之後，亦要給予足夠的時間讓學生看地圖，然後再開始講述或是發問。

　　為避免記憶痕跡消失，老師發問時應一次只問一個問題，並用有效的實例吸引學生的注意力，例如：教師可以把具體的問題寫在黑板上，同時只問與之相關的一個問題。慢慢提出問題之後，依順序加深問題程度，並讓學生複述指示或引導語；尤其是有先後順序的活動或作業，更需要複述，例如：老師給予一個操作性作業，並問誰願意第一個操作，在操作之前點名，並確定某生要操作之後，再問操作的第一步是什麼，學生回答之後，再問第二步是什麼。

◆ 二、短期記憶策略的應用

　　短期記憶的容量與時間的限制，是學習上最需要克服的瓶頸，因此意元集組策略更顯重要。意元集組策略是短期記憶的最佳策略，因為可以增進每一節訊息的訊息總量，例如：101001000100001000100 是複雜的，但是 10、100、1000、10000、1000、100，就成為六項，而容易記住（Miller, 1956）。因此，當使用了意元集組策略記憶時，即使短期記憶的真正大小可能仍然不變，但在記憶廣度測驗的實作表現卻能有所增進。

　　短期記憶的嚴重限制，對教育有幾點涵義：

1. 應避免讓幼兒做超過其記憶負荷的工作。
2. 兒童有能力學會各種策略來將他們要記的列單加以集組。對學校中負擔較重的功課，應該要鼓勵兒童發展出有效的意元集組策略（林清山，1992：57）。
3. 為避免短期記憶負荷過多，教師應以簡短的描述取代冗長的說明，並放慢說話速度，對低年級的學生更必須注意。
4. 在日常教學中經常讓學生練習，使基本技巧成為自動化，可減少使用運作記憶的容量。
5. 將重要的關鍵或觀點抄在黑板上，或用投影機，或發講義，以便有些跟不上進度的同學可以參考書面資料，而不會因運作記憶的容量限制，對於老師講授的內容無法記住。

三、長期記憶策略的應用

1. 提示概念之間的關係，以便學生發展複雜的網絡基模，例如：教師可將生物的屬性依照界、門、綱、目、科、屬、種構成網狀圖，讓學生清晰知道分類的原則，與不同生物之間的關係。

2. 將新的概念與原先所學相聯結，例如：教數學連加法之前，可以再問有關加法的問題，讓學生將兩者相聯結。

3. 盡可能運用具體方式呈現抽象的概念，儘量引導學生運用心像，例如：國文老師可以提供一段內含衝突的文章，讓學生自具體描述中了解內在衝突的意義（Eggen & Kauchak, 1992）。

4. 根據編碼原理，回憶時有效的檢索線索應該是編碼時使用的線索，因此若想回憶某事物，最好回到或想像當初的地點再回憶。（鄭麗玉，1993：102）。

5. 資料若能有系統的組織，可以促進記憶與回憶，因此教材的呈現宜有系統、有組織。若能由學生主動架構或由教師提供學生一個組織架構，則效果更佳，且以前者較優。（鄭麗玉，1993：102）。

6. 評量學生的方式應儘量多元化，因為不同的評量方式可能會反應出相當不同的結果。再認法和有線索的回憶比自由回憶評量測得的學習結果更能提高學生成就，因此教師的工作也該幫助學生針對考試方式做有效的學習活動。

7. Bartlett 和 Carmichael（1932）的實驗研究發現，受試者會根據圖形名稱詮釋和記憶圖形。人們似乎根據期望或舊有知識在學習時詮釋訊息，然後在回憶時再建構出訊息，也根據自己的文化背景或知識詮釋並記憶訊息，所以有效的學習應先建立必備的知識，或引發恰當的知識，作為了解與記憶新學習之基礎。Bransford 和 Johnson（1972）曾唸一段短文給受試者聽，然後要他們估計自己的了解程度並回憶其內容。有一組沒有給標題，有一組是唸完短文後給標題，另外一組則是先給標題再唸短文。結果是先給標題再唸短文的表現較好，另外兩組沒有區別。即使已有知識，但沒有恰當的引發

出來（即沒有標題），仍然無法幫助其學習與了解。Johnson 之另一實驗給予學習者適當的線索，這些線索促使學生進步較快。因此與其將所有的時間一遍又一遍花在所要學的材料上，不如利用部分時間建立必要的學習基礎，例如：引發恰當的背景知識或建立先備的知識（鄭麗玉，1993）。

◆ 四、運用訊息處理模式原理的教學活動

在教學活動中，讓學生願意參與是教師的首要任務，而設法使教材與學生基模相配合，使學生易於組織教材，並注意到學習者既有的經驗，都是教學活動成功的要因；而教以正確的編碼策略、建構知識，讓學生了解干擾與助長的作用，甚至教以記憶術都可使教學活動生動活潑且更有效。

（一）有關教室中的活動

教學活動最重要的是希望每位同學都能參與，因而討論、發問、共同解決問題，都是促成學生參與的活動，例如：歷史老師可以用假設性的發問，讓學生了解事件的前因後果；數理老師可以呈現一些題目，讓學生討論並分析結果。

（二）教室中的組織架構訊息

教師可以教學生概念構圖的原則，或是分析概念之關係，運用樹狀圖、故事圖或階層圖、流程圖把要建構的概念與基模相聯結。文法老師可以把句子分析成結構圖，再一一解釋；數學老師可以將問題用流程圖呈現，讓學生判斷因果與模式。問題解決可將事件依故事順序呈現。

（三）新舊教材之間的銜接

因為新訊息若與長期記憶中已存有之舊經驗相聯結，教學時可以事半功倍；事前了解學生的先備經驗，再介紹新教材，並將新舊教材做比較，有助學習的精緻化。不過教材呈現與比較之前提要素，必須是已習會舊有者，再與新教材比較，否則易生混淆，例如：生物老師要教循環系統之前，可先了

解學生對消化系統之了解程度，教導過程並可比較兩者之異同。

（四）精緻化的編碼使教材意義化

有意義的編碼易成為長期記憶，與前述先備知識之比較，發現材料之關係並找出組型、類別，使編碼更明確而具有意義，例如：化學老師教還原作用時，不妨要學生與氧化問題作比較，並要求學生自行舉例說明。經過比較、澄清問題再編碼的知識是有結構的，易於長期記憶檢索。

（五）重視課程的開始和結束

因為初始和時近效應，教師宜把握一堂課的開始和結束。在開始時可將前一天的問題作為討論之議題，再將今日課程重點摘要呈現，於課程即將結束前，對該堂課的教材做重點式摘要回顧，例如：數學課一開始可先討論前一節課之重要題目，再進入新教材，下課前重新複習本節課的內容，複習亦包括了公式的運用等重點。

（六）具體的發問

即使是描述抽象概念的問題，亦宜使用具體實例發問，讓學生清楚問題的主要概念，例如：有關熱脹冷縮原理的問題，如能呈現具體實物，如將飲料置入熱水中之後，再發問，其效果較之抽象描述為佳。

（七）教導學生應用各種記憶術學習容易弄混的項目

如果可以用簡單方法幫助記憶，老師應盡可能示範，例如：運用口訣背誦化學元素符號，或是運用心像聯結等等，讓學生學習事半功倍，必能引燃其學習動機，且不易混淆教材。

（八）讓學生了解干擾的作用

學習中的干擾會造成遺忘，因而在教以相似的教材時，必須讓學生知道因有干擾與助長之作用，須將先前所學弄清楚，再學相似的其他教材，並應作比較，強調不同屬性；課程告一段落，要讓學生比較與回憶，例如：英文

文法課講完動名詞，可以讓學生比較與先前所學分詞的異同，並自行舉例說明，且給予足夠時間思考與複習。

（九）強調教材的重要部分

為了便於檢索，在教學時老師提示教材的重點，一則引起學生注意，一則亦有助編碼與檢索。老師的提示往往是長期記憶的線索，例如：地理老師不妨告訴學生，將在地圖上填出首都名稱的試題，事前的提示會讓學生特別留意。

（十）呈現訊息要有充分的背景脈絡

教導新的訊息，必須先自實際生活中發現問題，綜合各種現象，讓學習經驗與生活現象相結合，則檢索時即有豐富的線索可尋，例如：生物老師教動脈與靜脈時，可以先問同學為何常聽到動脈硬化，而較少聽到靜脈硬化，試著寫出常聽到有關動脈與靜脈的問題，再分辨其結構、功能等。

綜前所述，在教學活動中，學生的參與、學會組織聯結教材、讓教材具體、有意義以及注重比較、分組型的學習活動等，都是訊息處理模式強調的重點（Eggen & Kauchak, 1992）。

摘 要

- 在訊息處理模式中，記憶分為感官記憶、短期記憶、長期記憶。

- 感官記憶是指個體視、聽、味、嗅、觸覺等感覺器官在接受到足夠量的刺激後，將訊息的原始形式儲存保留的階段。

- 短期記憶是訊息進入長期記憶的瓶頸，而短期記憶與運作記憶所指的是同一種記憶，記憶容量為 7 ± 2 意元，保留 20 秒時間；心理運作如心算，亦在此記憶部分。

- 透過意元集組可以增加短期記憶的空間。

- 短期記憶只及於此刻所發生的事情，存在於意識層面，具有心理運作功能，又稱為運作記憶。透過編碼、複習、檢索，短期記憶可轉入長期記憶。其選擇有三：(1)遺忘；(2)複習，以暫時保留在意識層；(3)與舊經驗相結合，增加複習時間，使訊息成為長期記憶。

- 長期記憶的容量是無限的，而且永遠記得，沒有時間限制。

- 長期記憶分成陳述性記憶和非陳述性記憶，陳述性記憶可分為經歷性記憶和語意性記憶；非陳述性記憶則可分為程序性記憶、初始性記憶、制約性記憶和非聯想記憶。

- 陳述性記憶中的經歷性記憶指的是個人生活上經驗的記憶；語意性記憶則是對抽象符號之記憶。

- 注意的主要特性有：它是可以被分割的，它有警戒功能，它會找尋刺激，它有選擇性。

- 注意力有早期選擇過濾模式、消弱器模式與後期選擇過濾模式等三種。

- 知覺主要是在眾多刺激中找尋意義，或是透過我們的經驗加以解釋。

- 處理層次說認為，訊息之貯存並非在兩個不同的「記憶貯存所」，而與記憶項目收錄在深淺不同處理層次中有關。

- 有限的注意在配置心理資源時，自動化有極大作用，透過密集練習，可以成就高度的自動化。

- 遺忘有干擾說&催化說、消退理論、反應之競爭及線索依賴等四種。

- 干擾說含順攝抑制、倒攝抑制，是順向與逆向對記憶之減弱說法；亦有順攝助長、倒攝助長，是順向與逆向記憶之促進作用，使其後或先前訊息更容易記

憶。

● 語文學習是一些符號組合的認知，再加上意義化和將其表徵抽象化的歷程。語文的形成除了刺激反應聯結之外，經過意義化形成概念，甚至可建構概念。

● 記憶策略極多，其中多重編碼、右半腦非語言心像、高階語言編碼、字鉤法、位置法、音韻諧音法、字首法、句首法、關鍵字法、口訣法、組織架構法都是有效的記憶術。

● 教師在教學過程中呈現訊息時，最好如辦流水宴席般一樣樣慢慢上，並給予學生參與、和舊經驗相聯結、精緻化的組織教材、比較、應用的機會，始為有意義、有效能的教學。

練　習

1. 請畫出十元硬幣的正面和反面，並分析畫得出或畫不出這個您每天使用非常熟悉的物品，原因何在？

2. 請描述每日必看報紙的刊頭，並分析是何原因可以描述出某部分，而無法描述出其他的部分？

3. 請寫出到目前為止，您的初戀、最近一次的戀情和其他戀情，其中印象最深刻的是哪一次？為什麼？可以用訊息處理解釋嗎？

4. 請陳述一件您常被嘮叨的事情，並描述該嘮叨者的年齡、性別、他說的內容及嘮叨是否可以用訊息處理解釋？

5. 請背誦您最熟的一段文章，並說明當初是如何記下來的？

6. 請哼一段歌曲，並用訊息處理解釋何以該曲（可能是兒歌、可能是流行歌曲……）如此容易被檢索？

7. 請說出上週日晚餐的每一道菜，並解釋何以記得或記不得的原因？

8. 請說明電視新聞的頭條和一分鐘回顧方式與教學中前導架構、摘要的異同與意義。

9. 請立即說出一個印象最深的廣告詞，並用訊息處理原理說明何以記得牢？

10. 請用訊息處理理論解釋開會時引言與結語的意義。

參 考 文 獻

中文部分

宋星慧（1988）。**認知發展理論**。國立台灣大學心理學研究所碩士論文，未出版，台北市。

李光復（1971）。**消息傳送心向與認識閾**。國立台灣大學心理學研究所碩士論文，未出版，台北市。

林清山（1992）。**教育心理學**。台北市：遠流。

袁之琦（1991）。**視覺訊息處理管道之互動關係研究**。國立台灣大學心理研究所碩士論文，未出版，台北市。

張春興（1989）。**張氏心理學辭典**。台北市：東華。

張春興（1993）。**現代心理學**。台北市：東華。

張賴妙理（1999）。**初任暨資深國中生物教師在運輸作用、遺傳與演化單元的教學表現**。國立台灣師範大學科學教育研究所博士論文，未出版，台北市。

賀淙華（1981）。**現代心理學**。台北市：國家。

黃榮村（1972）。**不同的刺激組成對知覺相似性及反應歷程的影響**。國立台灣大學心理學研究所碩士論文，未出版，台北市。

楊文進（1981）。**知覺策略與中文眼音廣度**。國立台北師範大學教育學系碩士論文，未出版，台北市。

楊坤厚（1989）。**中學生認知能力與遺傳學概念學習之相關研究**。國立彰化師範大學科學教育研究所碩士論文，未出版，彰化市。

劉信雄（1992）。**國小學生認知風格、學習策略、自我效能、與學業成就關係之研究**。國立政治大學教育研究所博士論文，未出版，台北市。

劉英茂（1977）。高中生使用心像記憶法習得英語字彙研究。**中華心理學刊，19**，31-38。

潘孝桂（2000）。**短跑選手與非運動員之聽覺事件關聯電位比較**。國立台灣師範大學體育研究所碩士論文，未出版，台北市。

鄭昭明（1993）。**認知心理學**。台北市：桂冠。

鄭麗玉（1993）。**認知心理學**。台北市：心理。

盧雪梅（1991）。教學理論——學習心理學的取向。台北市：心理。

蕭建嘉（2001）。以概念構圖的動態評量（**CMDA**）探討國小高年級學童的概念改變—以「地球的運動」單元為例。國立台北師範學院數理教育研究所碩士論文，未出版，台北市。

錢正之（1998）。**CAL** 學習環境中不同教學型態對物理學習效果的影響度（**I**）。行政院國家科學委員會專題研究計劃成果報告。

英文部分

Amabile, T. M., & Rovee-Collier, C. (1991). Contextual cariation and memory retrieval at six months. *Child Development, 62*(5), 1155-1166.

Anderson, J. R. (1990). The adaptive nature of human categorization. *Psychological Review, 98,* 409-429.

Averbach & Corriell (1961). Short-term memory in vision: Bell system. *Technical Journal, 40,* 309-328.

Baddeley, A. D. (1966). Short-term memory for word sequences as function of acoustic, semantic, and formal similarity. *Quarterly Journal of Experimental Psychology, 18,* 362-365.

Baddeley, A. D. (1989). The psychology of remembering and forgetting. In T. Butler (Ed.), *Memory: History, culture and the mind.* London: Basil Blackwell.

Baddeley, A. D. (1990). *Human memory: Theory and practice.* Needham Heights, MA: Allyn & Bacon.

Baddeley, A. D. (1992). Working memory. *Science, 255,* 556-559.

Baddeley, A. D. (1993). Verbal and visual subsystems of working memory. *Current Biology, 3,* 563-565.

Baddeley, A. D. (1998). *Human memory: Theory and practice* (Revised ed.). Needham Heights, MA: Allyn & Bacon.

Baddeley, A. D. (2000). The episodic buffer: A new component of working memory. *Trends in Cognitive Sciences, 4,* 417-423.

Baddeley, A. D., & Hitch, G. J. (1974). Working memory. In G. Bower (Ed.), *Advances in learning and motivation* (Vol. 8) (pp. 47-90). New York: Academic Press.

Bartlett & Carmichael (1932). *Remembering: A study in experimental and social psychol-*

ogy. Cambridge, UK: Cambridge University Press.

Bellezza, E. S. (1992). Recall of congruent information in the self-reference task. *Bulletin of the Psychonomic Soviety, 30*(4), 275-278.

Biehler, R. F., & Snowman, J. (1990). *Psychology applied to teaching.* Boston, MA: Houghton Mifflin.

Bohannon, J. (1988). Flashbulb memories for the space shuttle disaster: A tale of two theories. *Cognition, 29*(2), 179-196.

Bousfield, W. A. (1953). The occurrence of clustering in the recall of ramdomly arranged associates. *Journal of General Psychology, 49,* 229-240.

Bower, G. H. (1970). *Imagery as a relational organizer in associative learning.* The Psychology of Memory.

Bower, G. H. (1983). Affect and cognition. *Philosophical Transaction: Royal Society of Landon (Series B), 302,* 387-402.

Bower, G. H., Clark, M. C., Lesgold, A. M., & Winzenz, D. (1969). Hierarchical retrieval schemes in recall of categorized word lists. *Journal of Verbal Learning and Verbal Behavior, 8,* 323-343.

Brandsford, J. D., & Johnson, M. K. (1972). Contextual prerequisites for understanding: Some investigations of comprehension and recall. *Journal of Verbal Learning and Verbal Behavior, 11,* 717-726.

Brown, G., & Yule, G. (1983). *Teaching the spoken language.* Cambridge: Cambridge University Press.

Chase, W. G., & Simon H. A. (1973). The mind's eye in chess. In W. G. Chase (Ed), *Visual information processing* (pp. 215-281). New York: Academic Press.

Conway, M. A. (1995). *Flashbulb memories.* Hove, UK: Lawrence Erlbaum Associates.

Cooper, L. A., & Shepard, R. N. (1973). Chronometric studies of the rotation of mental images. In W. G. Chase (Ed.), *Visual information processing.* New York: Academic Press

Craik, F. I. M., & Lockhart, R. S. (1972). Levels of processing: A framework for memory research. *Journal of Verbal Learning and Verbal Behavior, 11,* 671-684.

Darwin, Turvey, & Crowder (1972). An auditory analogue of the Sperling partial report procedure: Evidence for brief auditory storage. *Cognitive Psychology, 3,* 255.

DeYoe, E. A., & Van Essen, D. C. (1988). *Trends Neurosci, 11,* 219-226.

Eggen, P. D., & Kauchak, D. (1992). *Educational psychology: Classroom connections.* New York: Maxwell Macmillan International.

Eich, E. (1995). Search for mood dependent memory. *Psychological Science, 6,* 67-75.

Frensch, P. A., & Sternberg, R. J. (1989). Expertise and intelligent thinking: When is it worse to know better? In R. J. Sternberg (Ed.), *Advances in the psychology of human intelligence* (Vol. 5) (pp. 157-188). Hillsdale, NJ: Lawrence Erlbaum Associates.

Frost, N. (1972). Encoding and retrieval in visual memory tasks. *Journal of Experimental Psychology, 95,* 317-326.

Gage, N. L., & Berliner, D. C. (1992). *Educational psychology.* Boston, MA: Houghton Mifflin.

Gagne, R. M. (Ed.) (1987). *Instructional technology: Foundations.* Hillsdale, NJ: Lawrence Erlbaum Associates.

Garry, M., & Loftus, E. F. (1994). Pseudomenmories without hypnosis. *International Journal of Clinical and Experimental Hypnosis, 42,* 363-378.

Godden, D. R., & Baddeley, A. D. (1975). Context-dependent memory in two natural environments: On land underwater. *British Journal of Psychology, 66,* 325-331.

Grossman, L., & Eagle, M. (1970). Synonymity, antonymity, and association in false recognition responses. *Journal of Experimental Psychology, 83,* 244-248.

James, W. (1970). *The principles of psychology* (Vol. 1). NY: Holt, Rinehart and Winston.

Jensen, A. R. (1979). Outmoded theory or unconquered frontier? *Creative Science and Technology, 2,* 16-29.

Jensen, A. R. (1998). *The g factor.* Westport, CT: Praeger/Greenwood.

Kahneman, D. (1973). *Attention and effort.* Englewood Cliffs, NJ: Prentice-Hall.

Kyllonen, P. C., & Christal, R. E. (1990). Reasoning ability is (little more than) working-memory capacity? *Intelligence, 14,* 389-433.

LaBerge, D. (1975). Acquisition of automatic processing in perceptual and associative learning. In P. M. A. Rabbit & S. Dornic (Eds.), *Attention and performance.* London: Academic Press.

LaBerge, D. (1976). Perceptual learning and attention. In W. Estes (Ed.), *Handbook of learning and cognitive processes (Vol. 4): Attention and memory.* Hillsdale, NJ: Lawrence Erlbaum Associates.

LaBerge, D. (1990). Attention. *Psychological Science, 1*(3), 156-162.

LaBerge, D., & Samuels, S. J. (1974). Toward a theory of automatic information pressing in reading. *Cognitive Psychology, 6*(2), 293-323.

Langer, E. J. (1989). *Mindfulness.* New York: Addison-Wesley.

Levin, L. A. (1976). Various measures of complexity for finite objects (axiomatic description). *Soviet Math. Dokl., 17*(2), 522-526.

Loftus, E. F., & Ketcham, K. (1991). *Witness for the defence: The accused, the eyewitness, and the expert who puts memory on trial.* New York: St. Martin's Press.

Loman, N. L., & Mayer, R. E. (1983). Signaling techniques that increase the understandability of expository prose. *Journal of Educational Psychology, 75,* 402-412.

Mantyla, T. (1986). Optimizing cue effectivenessll of 500 and 600 incidentally learned words. *Journal of Experimental Psychology: Learning, Memory & Cognition, 12,* 66-71.

Matlin, M. W., & Underhill, W. A. (1979). Selective rehearsal and selective recall. *Bulletin of the Psychonomic Society, 14*(5), 389-392.

Miller, G. A. (1956). The magical number seven, plus or minus two: Some limits on our capacity for processing information. *Psychological Review, 63,* 81-97.

Miller, G. A. (1978). Semantic relations among words. In M. Halle, J. Bresnan & G. A. Miller (Eds.), *Linguistic theory and psychological reality* (pp. 60-118). Cambridge, MA: The MIT Press.

Moscovitch, M., & Craik, F. I. M. (1976). Depth of processing, retrieval cues, and uniquencess of encoding as factors in recall. *Journal of Verbal Learning and Verbal Behavior, 15,* 447-458.

Neisser, U. (1967). *Cognitive psychology.* New York: Appleton-Century-Crofts.

Neisser, U., & Harsch, N. (1993). Phantom flashbulbs: False recollections of hearing the news about challenger. In E. Winograd & U. Neisser (Eds.), *Affect and accuracy in recall: Studies of "flashbulb" memories* (pp. 9-31). New York: Cambridge University Press.

Paivio, A. (1978). Imagery, language, and semantic memory. *International Journal of Psycholinguistics, 5*(2,10), 31-47.

Paivio, A. (1986). *Mental representations: A dual coding approach.* New York: Oxford University Press.

Penfield, W. (1969). Consciousness, memory, and man's conditioned reflexes. In K. H. Pribram (Ed.), *On the biology of learning* (pp. 129-168). New York: Harcourt, Brace & World.

Peterson, L. R., & Peterson, M. J. (1959). Short-term retention of individual verbal items. *Journal of Experimental Psychology, 58,* 193-198.

Postman, L., & Underwood, B. J. (1973). Critical issues in interference theory. *Memory & Cognition, 1,* 19-40.

Pressley, M., & Levin, J. R. (1978). Developmental constrains associated with children's use of the keyword of foreign language vocabulary learning. *Journal of Experimental Child Psychology, 26,* 359-372.

Reason, J. (1990). *Human error.* New York: Cambridge University Press.

Rogers, T. B., Kuiper, N. A., & Kirker, W. S. (1977). Self-reference and the encoding of personal information. *Journal of Personality & Social Psychology, 35*(9), 677-688.

Rovee-Collier, C., & DuFault, D. (1991). Multiple contexts and memory retrieval at three months. *Developmental Psychobiology, 24*(1), 39-49.

Rubin, D. (1982). On the retention function for autobiographical memory. *Journal of Verbal Learning and Verbal Behavior, 121,* 21-38.

Rubin, D. (1996). *The normative and the personal life: Individual differences in life scripts and life story events among USA and Danish undergraduates Published in Memory.*

Rundus, D., & Atkinson, R. (1970). Rehearsal processes in free recall: A procedure for direct observation. *Journal of Verbal Learning and Verbal Behavior, 9,* 99-105.

Schacter, D. L. (2001). *The seven sins of memory: How the mind forgets and remembers.* Boston, MA: Houghton Mifflin.

Schneider, W., & Shiffrin, R. (1977). Controlled and automatic human information processing. *Psychological Review, 84,* 1-66.

Sehulster, J. R. (1989). Content and temporal structure of autobiographical knowledge: Remembering twenty five seasons at the Metropolitan Opera. *Memory and Cognition, 17,* 290-606.

Shepard, R. N. (1967). Recognition memory for words, sentences and pictures. *Journal of*

Verbal Learning and Verbal Behavior, 6, 156-163.

Shulman, H. G. (1970). Encoding and retention of semantic and phonemic information in short-term memory. *Journal of Verbal Learning and Verbal Behavior, 9,* 499-520.

Simon, H. C. (1974). How big is a chunk? *Science, 183,* 482-488.

Slavin, R. E. (1991). *Educational psychology: Theory into practice.* Englewood Cliffs, NJ: Prentice-Hall.

Solso, R. L. (1988). *Cognitive psychology* (2nd ed.). Boston, MA: Allyn & Bacon.

Sperling (1960). The information available in brief visual presentations. *Psychological Monographs: General and Applied, 74,* 1-28.

Squire, L. R. (1987). *Memory and the brain.* New York: Oxford University Press.

Sternberg, R. (2003). *Cognitive psychology.* Singapore: Wadsworth.

Sternberg, R. (2009). *Cognitive psychology* (5th ed.). Singapore: Wadsworth.

Sternberg, S. (1969). The discovery of processing stages: Extensions of Donders' method. In W. G. Koster (Ed.), Attention and performance II. *Acta Psychologica, 30,* 276-315.

Stigler (1978). Some forgotten work on memory. *Journal of Experimental Psychology: Human Learning and Memory, 4*(1), 1-4.

Treisman, A. M. (1964). Selective attentionin man. *British Medical Bulletin, 20,* 12-16.

Tulving, E, & Pearlstone, Z. (1996). Availability versus accessibility of information in memory for works. *Journal of Verbal Learning and Verbal Behavior, 5,* 381-391.

Watkins, M. J., & Tulving, E. (1975). Episodic memory: When recognition fails. *Journal of Experimental Psychology: General, 104,* 5-29.

Zeki (1990). Parallelism and functional specialization in human visual cortex. *Cold Spring Harbor Symposia on Quantitative Biology, 55,* 651-661.

Zinchenko, P. I. (1962). *Neproizvol noe azpominanie* [Involuntary memory] (pp. 172-207). Moscow: USSR APN RSFSR.

Zinchenko, P. I. (1981). Involuntary memory and the goal-directed nature of activity. In. J. V. Wertsch, *The concept of activity in Sovice psychology.* Atmonk, NY: Sharpe.

第六章

認知取向的教學

曾慧敏

大綱

學習目標

在讀完這一章後，讀者應能了解：
1. 認知學習的要點。
2. 如何應用學習策略，以增進學生的學習成效。
3. 概念學習及其在教學活動中的應用。
4. 如何加強問題解決能力，以增進學習結果之應用。
5. 認知教學法之應用。

案 例

　　吳老師想從生物段考成績了解學生是如何準備考試及平時學習，他詢問了成績高低不同的各三位學生後，發現有相當大的差異，成績較佳的學生有持續做筆記的習慣，會把各單元重要的概念畫成圖像式的架構，平常也都訂有學習計畫，依自己的表現及老師的指導隨時調整；而成績較不佳的學生則通常都是考試前才匆匆背誦劃線之處，平常並無讀書計畫，也不清楚自己上課中哪些聽不懂。這些差異顯示出，學習者能否運用適當的學習策略和自我調整學習的方式，是影響學習成效的重要因素。

第一節　認知學習──有意義的學習

　　新世紀對教育的挑戰是，知識有效期因環境的快速變遷而相對縮短，學校習得的知識效能迅速遞減，知識教育因而不再只是傳授內容的多寡，重要的是，學習者如何有系統的獲得知識概念，有解決問題的能力。換言之，學生在知識學習的過程中，須經由教師的協助與指導，學會自己建立領域知識的結構，成為一個主動的參與者，而非被動的接受者；惟有如此，不論未來其面對什麼樣的情境，都能活用知識。學習的目的和功能在於使知識具有生產性，而學生有主動求知的能力，亦即教育在新世紀的任務是，培養學生一種無時不在的學習能力、思考能力和判斷能力。

　　20 世紀後期新的學習觀已不再強調一致性，而是使學習者能具備更大的彈性和適應性，知識的多寡不是檢驗學習的最後目的，取而代之的是發展個體心理的自我管理能力，是可以選擇和形塑環境的能力，一種建立個人和環境的意義關聯之能力（吳慎慎，2000）；進入21世紀這種學習的特徵已更為明顯。早期行為學派認為，學習是指環境對學習者產生的一種持續可觀察行

為的改變；認知學派觀點則認為，學習不只是獲得知識，在學習的歷程中，學習者的角色也不再是被動吸收；學習是個體智能結構的改變，使得他們有能力去顯現行為的改變，因此強調過程的重要。要使知識的習得、應用均發生效果，學習者的角色須重新定位，即以教師為中心的取向改為以學習者為中心的取向，學習者居於主動，教師的功能是協助學生在學習的過程中，運用適當的方法習得知識，使之能儲存於長期記憶並以有系統組織的方式存在，有利於日後的活用，此時教材就不再只是片斷、機械式的背誦結果。

　　認知學派主張，學習者具有主動建構知識的能力，因此學習的主角是學生而非教師，在知識傳遞與創造的過程中，教師的角色由以往單向的傳輸者變成是學習情境的設計者和引導者。影響近代教育最深的認知心理學家當屬 Piaget 和 Vygotsky 二位，說明如下。

◈ 一、Piaget 的觀點

　　Piaget 認為，人的智力結構具有整體性、轉化性及自我調整性三種特質，結構的產生發展是因人的個體活動與外在物體二者交互作用所構成，轉化及自我調整的特性則使個體藉由學習產生結構的變化。Piaget 學習論的主要論點是，學習是一個建構過程，個體建構其對知識的了解，只有經由自己建構的經驗才能了解知識內容的意義。學校因而必須給學生體驗世界的機會，這種經驗不只是實體的操作，還包括概念的心智運作，建構概念因而是認知學習中的核心（Ginsburg & Opper, 1988）。在 Piaget 的發展理論中，促使學習得以進展並使個體適應良好的二項重要作用是同化與調適，同化（assimilation）是將環境中已有的元素納入組織中，即以現有的基模把新的事物放入已知的結構中；調適（accommodation）則是改變現有的基模，修正自己以回應新的情境。同化與調適很少單獨發生，而是一種互補過程，個體由此達到平衡的狀態（王文科，1987）。

　　Piaget 因為持知能結構是可以改變的、動態的觀點，因而主張認知的發展有階段性。他認為認知發展可以依知能結構的不同分為：感覺動作期（sensorimotor stage，約 0 至 2 歲）、前運思期（preoperational stage，約 2 至 7 歲）、具體運思期（concrete operational stage，約 7 至 11 歲）和形式運思期

（formal operational stage，11 歲以上）等四個階段。感覺動作期的主要特徵是以身體去認識世界，自我與其他物體尚未分離，學習從反射性的動作到整體導向的活動；前運思期逐漸開始使用語言及思考，但通常只能注意到事物的某一面，是自我中心的時期，很難從別人的觀點看問題；具體運思期開始可以解決具邏輯形式但是實物操作的具體問題，了解保留、逆轉、分類及系列的概念；形式運思期可以解決邏輯形式的抽象問題，具有假設及推理的能力，能形成科學、社會及自我議題的思考。

◆ 二、Vygotsky 的觀點

Vygotsky 是蘇俄的心理學者，他對認知的理論反映了今天大多數心理學家認同的觀點，即兒童的文化環境塑造了其認知發展，決定兒童如何學及學到有關於這個世界的事物（Ceci & Roazzi, 1994）。Vygotsky 強調，個體所處社會文化環境對學習影響的觀點被稱之為「社會文化理論」（sociocultural theory），此一觀點強調，兒童及所處社會有知識的成員間合作式的對話對發展的重要；藉由這些交互作用中的思考和行為，兒童學到社會中的文化。Vygotsky 相信，人類活動發生在文化的環境中，而且無法離開環境來理解人類活動。他的一個主要概念是，我們特殊的心智結構和歷程可以追溯到與其他人間之交互作用，這種交互作用不只是單純的影響，而是實際構成了認知結構和思考過程（Palincsar, 1998）。

Vygotsky 強調，文化提供支援思考的工具，他相信所有高階的心智過程如推理、問題解決都是經由心理工具，例如：語言、符號和信號的中介而完成。綜上理論有以下幾個重點（谷瑞勉譯，1999；Rogoff & Chavajay, 1995; Woolfolk, 2007）。

（一）社會文化的影響

如前所述，Vygotsky 強調，認知發展是由個體所處的文化環境醞釀出來的，文化可以提供認知許多重要的發展輔助工具。Piaget 所觀察到每一個體都會歷經幾個不同的階段並非一種必然，因為其中包含了文化對兒童某種程度的期望和活動；他假設一個兒童文化發展的每一個功能都出現兩次：先是

社會的層次，屬於人際之間的（interpsychological）；其次是個別的層次，屬於自我內在的（intrapsychological）。換言之，高階的心智過程首先出現在當人們共同建構活動時，接著才內化為個體的認知發展。此即藉由與他人的互動中形成一種認知的學徒關係（cognitive apprenticeship）（Slavin, 2006）。

（二）語言的重要

認知發展是透過共建過程（co-constructed process），這是一個人們通常藉由語言、交互作用和協商的社會過程，以創造出一種了解或解決一個問題，最後的成果是所有參與者共同形成的。在這過程中，語言占有重要的地位。Vygotsky 十分重視語言對認知發展的影響，他認為兒童的私語（private speech）對他們的自我調整、計畫監控，以及導引自己思考和問題解決等能力的發展，扮演非常重要的角色。Vygotsky 把這種從聽覺的私語到緘默內在的私語，視為認知發展中一個重要而基礎的過程。

（三）近側發展區

Vygotsky 認為，在學習上應重視的是，學生在他人協助下最大的可能表現或潛力，而不是目前所學習到的東西是什麼。從目前到他可能發展的界限便是近側發展區（The Zone of Proximal Development, ZPD）。而要讓學習者可以達到他可能發展的界限，教育者提供適當的協助與指引，則是最重要的關鍵。近側發展區是學習與發展產生假設推測的動力根源，所指的是一個特定的距離，從孩子能獨力解決問題，到獲得成人或該文化中其他人的協助，而完成工作之間的距離。教育者所提供的協助，Vygotsky 稱為鷹架行為（scaffolding），鷹架是對學習和解決問題的協助，這種協助可以是線索的提供、提醒、鼓勵、分解問題、提供範例，或其他可以讓學生成為獨立學習者的任何事物。鷹架的提供雖然重要但也要小心，當學習者需要時提供，當其能力增加時則應適時減少，只有在他們真正被困住時才介入學習活動，這對培養學習者自我規範的能力是十分重要的。

◈ 三、其他人的觀點

　　Von Glasersfeld（1989）認為，知識並非被動接受外在環境所給予的，而是由有認知能力的學習者主動建構的。但學習者並無法自行於孤立的情境中建立知識，而知識的有用性也應是其未來可以運用在實際的生活情境裡，故知識是個體與他人在一種社會情境中互相思辯的結果。Brown、Collins 和 Duquid（1992）所提出的「情境認知」（situated cognitive），主張知識是蘊含於學習情境脈絡及學習活動之內的重要部分，學習者不能獨外於學習的情境脈絡。知識是學習者與情境互動的產物，以一種統整、不可分割的學習觀點來作詮釋，一種由周邊參與漸進至核心的歷程，而非自足式的建構，且本質上深受活動、社會脈絡及文化的影響。因此從認知觀點來看，情境認知對學習有二項重要的意義：一是學習所關注的不再是「單一的學習者」（person-solo），而是學習加上週遭環境（person-plus-the-surround）；二是學習者會主動學習環境進行互動與協調，以建構所需的知識（陳品華，1997）。

　　不論是 Piaget 或 Vygotsky，他們均主張學習者是學習的中心，要協助學習者主動建構知識。不過，要建構什麼樣的知識呢？應該是對學習者有意義的、能理解的對象。詹志禹（1998）指出，在學習中認知的主動涉入是必要條件，任何有效的教學或學習策略都必須能幫助學習者主動學習並產生意義。學習者主動在環境中獲取、應用知識的歷程中，學習變成一種衍生式的學習（generative learning），學習者的學習能力端賴知識一再地被聯結，將解釋新訊息的方式加以運用，形成建構的歷程（鄭晉昌，1993）。

　　個體能活用知識，以有效累積新知或解決問題，是學習者思考後的結果，因之協助學習者獲得有意義的學習是教學重要的目標之一。Seifert（1991）認為，認知取向解釋學習集中於個體，它在本質上是整體的，所有的行為都是有目的的，早期的 Gestalt 學派屬此，近代則有 Bruner 和 Ausubel，二者均強調意義和了解的重要，反對背誦或將訊息分析為小的元素或組織的過程，他們重視概念間的關係。Eggen 和 Kauchak（1992）則主張，意義是用來描述在長期記憶中概念間聯結的數量。

　　有意義的訊息是指，在長期記憶中以網路聯結事實或概念，它可以導引

新資訊與先前已習得的知識產生聯結。不過,它需要學習者的主動投入,具備了解和融合新訊息的先前經驗與知識(Slavin, 2006)。Bruner 認為,有意義的學習包含二個意義:一是學生應該了解知識體的結構勝於背誦名稱、日期或規則等零碎的知識;二是學生也要學習如何發現他們需要知道的,只有當學生領悟到學科的結構時,才會產生有意義的學習。從智識的結構而言,學生應該學習一個學科的結構,當學生能經由協助掌握一個學科的結構時,他們比較有可能記住所學,了解可以用到不同情境的原則,並能準備精熟較複雜的學習(Biehler & Snowman, 1990)。為達成有意義的學習,余民寧(1997)認為,要具備三種條件:一是所要學習的材料,在本質上是必須有意義的;二是學習者必須具備相關的知識或概念,即所謂的「先備知識」;三是學習者必須顯現出有意義學習的心向,即願意主動聯結概念架構,建構有意義的理解。

綜上所述,吾人可知,有意義的學習是要使學生習得教材的意義,使其不只是靜態的記憶資訊,而是在未來的學習或生活中均能真正發生作用。學生所學到的是一種結構化的知識,新知識也很容易與舊有的知識系統發生關聯。以知識基模的觀點而言,有意義的學習應該會使學習者原有基模的廣度和深度同時增加。而有意義的學習,對學生而言,必須經由其在學習過程中,自身主動的涉入、教師的引導、同儕的互動等諸多條件配合才能產生。

 **第二節　認知類型與學習策略**

當學生的學習評量結果不如預期時,老師和家長的第一個反應通常認為學生可能不夠用功,卻較少想到其實可能是學生未做有效的學習,導致事倍功半。我們經常期望學生能學習得好、記得久,但卻很少在教學的過程中了解學生的學習類型,以給予適當的學習指導。近來有關學習的理論,集中在學習過程中學習者的主動角色,包括了學生在學習前的先前知識及學習的認

知。影響學習者學習成效的因素繁多,諸如性別、年齡、教學方法、教材結構、學習策略或認知風格等,其中學習策略或認知風格的影響日受重視,因為它涉及學習者的內隱特質,但它並無所謂的好壞或優劣(許麗玲,1999)。學習策略會影響學習者的編碼歷程,進而影響學習者的學習結果和表現,因此教學時教師應注意學習者的認知類型及偏好的學習策略,以達事半功倍之效。

一、認知類型(學習風格)

當我們說一個人的風格如何如何時,表示其行為或習慣有某些特定的型態或偏好,這種偏好進而影響其在很多方面的表現。同樣的,在探討學生的學習效果時,也發現學習者的認知偏好會影響他們的學習策略和結果。

認知類型或稱學習風格是指,一個人在學習的過程中呈現一種具有相當穩定的反應方式,是個人面對情境時,藉由知覺、思考、問題解決而表現出來的一種習慣性特徵,具有一致性和穩定性(劉信雄,1992;羅芝芸,1999)。Riding 和 Cheema(1991)認為,認知類型可從三個觀點來看:一是結構觀;二是過程觀;三是二者兼具。如果是採結構觀,則視認知型態是先天的,是訓練或教育環境中一個既定的東西,一旦類型確定,則訓練材料便可以配合個體的認知型態;而如果是採過程觀,則將學習的重點放在其如何改變,訓練者會試著去培養那個改變,認知類型便是可以建立的,可用來彌補缺點或強化優點,因為學習類型是動態而非永遠不變的;學習類型如被認為兼具二種性質,它便是相對的有穩定性,不會像水一樣沒有自己的形狀,但同時保持彈性。

二、認知類型之理論

許麗玲(1999)將各研究者依其不同面向的分類,彙整為幾種不同的認知型態,說明如下。

(一)單向度分類法

如內向與外向型;視覺型、聽覺型與體覺型;場地依賴型與場地獨立

型；沉思型與衝動型。

（二）多向度分類法

1. 依人格類型區分：Jung 以態度和心理功能分為內向、外向（前二項為態度向度）、思考、情感、感覺和領域（後四項為心理功能面向）等六項，其後 Myers-Briggs 再將其擴充為十六種心理類型。

2. 依處世態度區分：Gregorc 認為，認知風格即為處事方式的觀念，依時間和空間二個向度可將學習者分為：具體系列、具體隨機、抽象系列和抽象隨機等四種類型。

3. 依經驗學習區分：Kolb 依經驗學習將學習模式分為：聚合者、同化者、分歧者和調適者等四種。

4. 依行為取向區分：Honey 將學習者分為：行動者、慎思者、理論者和實用者等四類。

5. 依刺激環境區分：環境刺激的要素有：學習環境、情感、社會性、生理性、心理性。

6. 依心理自治方式區分：Sternberg 以「功能」、「形態」、「幅度」、「範圍」和「傾向」等五個面向，將學習者分為各種不同的類型，如立法型、行政型、司法型（功能面向）；君主型、階級分明型、寡頭統治型、無政府型（形態面向）；全球型、地方型（幅度面向）；內在型、外界型（範圍面向）；自由型、保守型（傾向面向）。

7. 依參與程度區分：吳玉明以學習者的參與程度分為：積極主動型、慎思熟慮型、按部就班型和漠不關心型等四類。

◆ 三、學習策略

　　一般人可能比較不容易察覺，自己是屬於哪一種認知類型的學習者，但卻很容易在準備考試時，使用許多方法讓自己能得到高分，這些方法的運用其實就是我們所要談的學習策略。學習策略是用來促進學習成效的方法，是一種思考的過程，用來達成特定的學習目標（李姿青，2006）；換言之，是

在學習過程中，任何學習者用來提升知識的獲得、統整、保留和回憶的行為或思考的活動（郭郁智，2000）。大部分的研究發現，性別、年齡和學習策略的使用有顯著差異（張翠倫，2002；郭宜君，1996；賴香如，2003）；而學習策略與學業成就有顯著正相關，適當的學習策略，對學生的學習結果有正面的效益（楊招謨、陳東陞，1997；Gagne, 1985; Palincsar & Brown, 1984; Scott, 1988）。邱上真（1991）研究發現，學業總分與智商的相關低於與學習策略的相關。林玉惠（1995）研究學習策略對國中英語科低成就學生之學習效果發現，學習策略訓練對他們而言，立即效果雖不顯著，但能有效增進其延宕效果。歐陽萌君（1992）發現，當教學法與學生所喜愛的認知類型相配合時，學生的學習比較好。影響國語科學習策略之因素為：動機、摘錄要點、學習輔助和焦慮，而影響數學科學習策略之因素則是：動機和摘錄要點二項（劉信雄，1992）。

學習策略可以從外在的行為觀察得到，也可以從內在的思考模式或歷程來看，而其最終的本質在解決學習任務（張新仁，2006；張瓊友，2002；Lenz, 2006）。綜而言之，學習策略教學的必要性，可由下列理由得知（邱上真，1991）：

1. 訓練學生成為有效而獨立的學習者是教育的終極目標。
2. 成功的學習端賴學習策略的有效運用。
3. 大多數學生缺乏有效使用學習策略的技巧。
4. 學習策略是可以教也可以學的。
5. 學習策略對學生的學習是有正面的效益。

認知類型雖是個人處理訊息的典型方法，但也有相當的個別差異（楊坤原，1996）。傅翌雯（2007）綜合各研究者對學習策略的定義和觀點，認為學習策略歸納出以下六項特質：

1. 一致性：個人特質因素是影響學習策略使用的重要因素之一，諸如學習習慣、認知模式等，因此同一個體的學習策略型態通常具有相當的一致性。
2. 發展性：個體會隨著年齡的發展而採用不同的策略，如小學階段較常使用複誦策略，中學階段會逐漸採用較為高層次的策略，如組

織、精緻、理解監控等。

3. 權變性：學習策略的使用固然有一致性，但因學習的情境、學科內容及個別差異的存在，因此學習策略的發生並非一成不變的。

4. 目的性：為達成學習特定的任務，以產生有效的結果，學習策略的使用多具有目的導向。

5. 主動性：個體的學習方法和態度有主動和被動之分，主動性的學習者多半使用較為高層次的策略，而被動者則使用較低階的方式，如背誦或機械式操作。

6. 層次性：學習策略同時包含外顯的操作程序和步驟，以及內隱的心理過程。

◆ 四、學習策略之類型

Mayer（1988）認為，學習策略是指影響學習者如何處理訊息的行為。學習策略是學習者在學習過程中，可以被教導並加以使用之技巧，它是學習者投入的行為和思想，用來影響學習者的編碼過程。某一特定的學習策略可能會影響學習者的情意和動機、狀態，或是其選擇、獲得、組織、綜合新知識的方式（Weinstein & Mayer, 1986）。它不同於記憶術（menemonics），在學習複雜的教材時，須用到概念間較有次序性和其間的關係，如複誦、精緻化、組織等。這些設計構成所謂的學習技巧，用來提高學習複雜訊息的行為組型（陳慧芬，1991）。

學習策略有各種不同的分類方式，李咏吟等人（1995）依涉及層次的不同，將其分為：基本學習策略、支援學習策略及統合認知策略等三種。基本學習策略是人類處理訊息之內在思維、如何登錄、組織、記憶等；支援學習策略是支持內在學習活動的外在可察覺之行為，如做筆記、劃重點等；統合認知策略指學習者對自己學習策略的了解。而 Weinstein 和 Mayer（1986）則將學習策略分為：複誦（rehearsal）、精緻化（elaboration）、組織（organization）、監控（monitoring）、情意和動機（affective and motivational）等五大類。此外，Short 和 Weissberg-Benchell（1989）指出，有效的學習策略可以分為認知策略、後設認知策略及動機策略等三大類。

　　茲將一般較常為學習者所使用的學習策略，略述如下。

（一）複誦策略

　　複誦是使用重複練習或重述，以增加短期記憶的訊息，並促進長期記憶的保留，當學生閱讀文章時將內容逐字地大聲唸出來，以增進其記憶和了解。Mayer 和 Cook（1980）發現，這個方法對學生學習文章有實質的幫助。而自動使用複誦策略，會隨著年齡增加而增加（Hagen & Kail, 1973），複誦進而成為自動化反應，是很多學習的基本要求，在學習內容不是太多的情形下，此一策略仍有它的必要性。

（二）精緻策略

　　精緻策略的主要目標之一，是在二個學習事件、內容間，建立一種內在聯結的關係。精緻策略可以利用視覺精緻與語意精緻二個方法來進行，視覺精緻可包括：心像法、位置法、連鎖記憶法、關鍵字法、字鉤法等；語意精緻則包括：重組、做筆記、產生類比、問問題、做摘要等方式。即綜合現有資訊與先前知識的關聯，再將此知識從長期記憶中轉入工作記憶，並以此知識統整未來可能進入的訊息（Weinstein & Mayer, 1986）。在一般教學中又以做筆記、摘要的使用最多，因為做筆記或摘要的歷程是要求學習者對學習內容予以重組。訊息須引起學習者的注意，進而思考概念或材料間的關係，改以自己的文字和意思重新表示，這個過程便是很好的一種學習經驗，效果也都不差，不過這種策略的應用，對不同的教學法效果也會因人而異。

（三）組織策略

　　假如學習的材料較為龐雜，內容有層次分別，有聯結或邏輯關係，則組織策略則不失為一個好方法，因為它不只是了解學習要點，進一步還要能將其重新以有架構的方式保存。要使學習內容大量有效地被記憶，基本方式之一是將其分類到一更大的組織架構中；較複雜的組織策略之目的則不僅止於分類，更進一步要學習建立內在關係的聯結，這種技能可藉由外在的訓練加以提升。其訓練方法以網路圖狀和基模極具效果，近年 Novak 等人（Novak,

1990; Novak & Gowin, 1984）提出的「概念構圖」，也可視為組織策略的一種。

網路圖狀是將材料分為幾個部分，再找出各部分間的關係，成為一張網路之表徵，這種訓練在教材主要意念上成效頗佳，但在細節的記憶上則未必有較強的表現（Holley, Dansereau, McDonald, Garland, & Collins, 1979）。Cook（1982）曾以基模訓練幫助學生辨認科學教科書的文章結構，包括類化、列舉、序列、分類和比較、對照等五種，訓練組的大學生有一本描述和舉例說明這五種結構的冊子，對照組則不接受訓練，之後全部受試者閱讀 20 篇科學文章，再依材料的結構將這些文章分為五組，結果發現結構訓練組分類之能力較控制組之正確性高。

Derry（1989）也認為，基模知識之直接教導是學習策略之重要部分，具備基模了解教材之意義，才能建立學科學習內容的主要觀念。有效基模的訓練在語文知識之方法有：集中注意力、建立基模（說明文法架構組織）和精熟概念等三種；如係程序性之知識，則有組型學習、自我教導（教導學習者了解專家的模式）和練習等三種。

（四）理解監控

理解監控是要學生對教學單元或活動的學習目標，自己評估達到的程度，必要時還要能修正達到目標的策略。事實上，從認知的觀點來看，這個策略是後設認知的能力，即學生在學習的過程中，可以用自己的知識和策略去知覺、控制自己的學習（Weinstein & Mayer, 1986）。Paris 和 Mayers（1981）發現，理解監控較差的學生，對學習過程中不利的影響因素較不易知覺到。Meichenbaum 和 Asarnow（1979）設計了一種訓練學習者監控學習的方案，它集中在對自我發問、自我探詢、自我增強和自我評鑑等自我能力的認知訓練，結果發現在不同的工作、環境、對象中實施，可以確定即使兒童不能發展出工作特定的反應組型，但確能發展出一般的策略。

（五）情意策略

協助學習者集中注意、管理表現、有效時間管理、建立及維持動機，其

最終目的是在讓學習者創造、控制一個適合的學習環境。

　　減少測驗焦慮被認為是一種典型的情意策略。一般認為，測驗焦慮的產生是個體對壓力環境的一種行為反應，但近來的觀點，則視其為學習者對造成其壓力事件的知覺和評鑑。許多學生擔心自己在學校的成敗，尤其是在測驗上的分數，因而轉移了他們的注意力到自我批判、無能感、失敗。有關降低測驗焦慮的研究，大致有系統減敏法（Deffenbacher & Parks, 1979）、焦慮管理訓練（Deffenbacher, Michaels, & Daley, 1980），以及傳統的測驗技巧訓練（Kirkland & Hollandsworth, 1980）。楊招謨、陳東陞（1997）研究發現，國內國小五、六年級的學生已能擅用動機、態度、專心、時間管理等學習策略。

（六）閱讀理解策略

　　能閱讀理解是所有學習的基礎，也是進一步學習的先備條件，因此協助學生建立良好的閱讀理解能力是很重要的。目前使用較多的閱讀理解策略是 Robinson 的 SQ3R，以及 Thomas 和 Robinson 等人的 PQRST（曾慧敏、劉約蘭、盧麗鈴譯，2001）。

　　SQ3R 代表瀏覽（survey）、提問（question）、閱讀（read）、思考（reflect），以及複誦（recite）。瀏覽是先用略讀方式了解閱讀內容之大意，以得到重要主題的概念；提問是在略讀後自己提問相關的問題，一般可將大小標題轉換為問題，以得悉文章所要傳遞的主要訊息；第三步驟便可開始仔細閱讀，在閱讀中尋找提問的答案；另外在閱讀過程中應留一些時間思考，使所讀與所知能形成聯結；最後以複誦方式了解自己理解的程度。

　　PQRST 代表預覽（preview）、提問（question）、閱讀（read）、自我背誦（self-recitation），以及測驗（test），過程與 SQ3R 大同小異，差別在於 PQRST 最後多了一個自我測驗的步驟。這五個步驟中，自我背誦尤其重要，撥出學習中一個重要比率的時段主動背誦，比運用全部的時間一遍又一遍的閱讀更好。事實上，不論是 SQ3R 或是 PQRST，都是將組織策略、精緻策略及提取練習等三種原則綜合運用。前述幾種策略如果運用得當，實際上在一般閱讀時應不會有太大的困難，不過針對文章的閱讀時，我們可以特別

再運用 SQ3R 或 PQRST 的方法予以加強。

五、學習策略之教學

　　大部分研究多已證實，學習策略是可以被教給學習者的，正確的學習策略也的確有助於學習者得到較佳的學習效果，但教師如何將其適當地傳授給學習者，則應注意下列原則（陳慧芬，1991；Slavin, 2006; Woolfolk, 2007）：

1. 須與教材及學生學習類型、年齡配合。
2. 知道何時、如何適當的應用不同之策略。
3. 學習技能和學科內容是同等重要的，學習技巧不能代替學科知識的教學。
4. 培養學生有使用的意願，包括動機激勵訓練方案。

　　學習策略既然是可以學也可以教的，在課程設計或教學時除了上述四項原則外，應如何進行會較有效益，以下幾種方式，可供吾人參考（張新仁，2006；Weinstein & Underwood, 1985）：

1. 嵌入式教學（embedded instruction）：直接把學習策略放入學科的教學中進行，在教學中順便將學習策略的各種方法，配合不同科目的特性、情境加以練習，這種模式可以減輕師資訓練不足之問題。
2. 後設課程（meta-curriculum）：在教材中另外加入專頁或專章，列出與該科有關的學習策略，同時在教學中進行。這個方式不僅有助於策略的獲得，也較能持續使用策略。
3. 輔助課程（adjunct program）：另外開設一門學習策略的課程供學生選擇。

　　學習策略是屬於程序性知識，因此在訓練時的一般程序計有：(1)選擇實用且可教得會的學習策略；(2)改變學生原有的歸因和信念；(3)分析學習策略涉及的先備知識和技能；(4)清楚說明選用學習策略的定義；(5)明確教導學生為何使用該策略；(6)明確教導學生何時使用該策略；(7)訓練學生如何使用教導之策略等七個步驟（張新仁，2006）。

第三節　概念學習與問題解決

一、概念的意義

在日常生活中，當我們試著描述、定義、澄清某個事物之特質、特性、意義或見解時，就是在一種關係網絡中，以概念分辨出一個對象，因此我們可以說概念是一組具有共同特性的事物的總名稱。它可以代表同一類的物體、事件、有生命的有機體、特性、一種抽象的事物（鍾聖校，1990）。

鄭昭明（1993）認為，概念基本上可以看成是知識系統的組成單位。在知識系統中，概念常被看成是一個「節點」或是一個「幾何點」，而其內容只不過是一組的「指向聯結」，或一組的「屬性」或「特性」。一個概念是一個象徵的建構，它用來代表外界事物或事件的共有性。傳統上將概念定義為事物分類的原則，但 Tessmer、Wilson 和 Driscoll（1990）則認為不僅於此，它還是一種認知的工具，並包含了陳述性（declarative）和程序性（procedural）知識。Brown 等人（1992）更認為，概念性的知識像是一套用在不同情境和目的的工具。

Klein（1996）主張概念具備屬性及規則二項特徵：屬性是任何一種東西或事件具備固定或連續性，所謂固定是指只有它才有的，連續性則是指同屬性可能存在不同的東西上，如顏色的界定；規則是指界定東西或事件是某特定概念的範例。

綜上各研究者對概念的定義，吾人可以知道，基本上，概念是用來界定或分類某些事物的共同性或原則，但它的功能可不止於定義或分類，個體如能進一步的善加利用，則可以用來當做認知的工具，對實際問題的解決亦有助益。因此，Child（1986）及 Ehrenberg（1981）認為，概念具有下列幾項特徵：

1. 概念不是真的知覺事件，而是事件某些方面的表徵。
2. 概念有賴於先前經驗。

3. 概念在人類是符號的表徵。

4. 概念可以形成水平式或垂直式的組織。

5. 概念的功能至少有兩種方式：擴展的（extentionally）和立意的（intentionally），擴展的是一般性的共同點、客觀的；而立意的則是主觀的、個人的。

6. 某些概念是可以不合理性的。

7. 道德概念不是經由我們的意識形成。

8. 概念都是抽象的：這是因為概念是構成類化的心理意象（mental image）特徵，用以產生範例。

9. 「概念」不能如「事實」被驗證其錯或對。

◈ 二、概念教學

　　學生在開始任何一種新的學習內容時，他所帶到學習裡最重要的部分是他先前的概念（余民寧，1997）。Elliott、Kratochwill、Littlefield 和 Travers（1996）認為，概念決定了我們所知所信所行，概念決定了環境、加深知覺的關係、澄清思考，尤其運作了整個學習過程。有意義的概念對記憶亦有很大助益，學生概念的好壞是學習能否成功的最佳指標。他們同時認為，Bruner、Goodnow 和 Austin 早期提出，經由概念產生分類具有相當的正面功能，於今觀之仍有其價值；這些功能包括：可以降低學習的複雜度、可減少重複性學習、提供教學方向、鼓勵學生進行聯結，因此概念教學要如何有意義和有效果是十分重要的。概念學習是一種抽象化的歷程，也是建立後續知識體系能否較結構化的重要因素，然因概念並非具體存在於實體世界，學生開始時多不容易馬上形成，如何使用適當的方法便十分重要。

　　Joyce 和 Weil（1996）認為，無論使用哪一種教學策略，任何一種概念教學的課程都包括四種要素，即範例和非範例、相關和非相關的屬性、概念的名稱、定義。概念約可分為自然概念及邏輯概念，自然概念是為應付日常生活而產生的，它與「典型」有關，即某一類別中最好或最能代表該概念的例子，例如：桌子、刀子、太陽等。邏輯概念則是為達成特別目的而創造出來的，常被用來當做分類和推理的基礎，由其形式來看，是以關係為本質。

邏輯概念屬性組合的形式大約有四種：一是單言（或稱斷言）式（affirma-tive rule），只牽涉到一個屬性，最容易學習，如「任何大的形狀」；二是否定式（negative rule），指任何一個不是概念所定義的屬性，如定義「眼盲」為任何可以看到東西的人就不是眼盲；三是連言式（conjunctive rule），指同時具備二個要求的屬性，如「結婚又有一個小孩的人」；四是選言式（disjunctive rule），指二個屬性都具備或只有其中一個即可，如「大的或圓形的」。上述四種規則在實際教學或運用上有時不是那麼容易區分，例如：河流與小溪的不同、蝙蝠是不是鳥類等（鄭麗玉，1993；Klein, 1996）。

Pinces（1980, 引自張鳳燕，1991）及何俊青（1995）說明概念可以用圓椎模型發展出，由規則推論到例證的演繹法，以及由例證推論到規則的歸納法二種。Klein（1996）主張，概念學習的理論可從聯結論和認知論來看，聯結論主要是典型論（prototype theory）和範例論（exemplar theory）；認知論是以檢驗假設，包含保守聚焦法（conservative focusing）以及同步掃描法（simultaneous scanning）。

近年來，教育不斷強調學習者自己建構所學習知識體系的重要，知識愈有結構化的特質，學習者對該學科內容的概念愈清楚，也愈能靈活應用。康乃爾大學學者 Novak 等人提出的「概念構圖」（concept mapping）概念，在近十餘年來對各學科的教學有很大的貢獻。Novak 等人認為，大部分的概念幾乎都是由命題形式所習得，概念構圖便以命題形式，來表徵想要教學或學習的概念間的階層聯結關係，它不只是記住原理原則而已，而是要求對所學習內容的概念先做階層性的分類（hierarchical classification）和分組（grouping），並且要將兩兩概念間的關係予以聯結（linking），再在聯結線上標註名稱（labels），來輔助說明概念與概念間的聯結關係（relationships），以形成一個網狀結構圖。換言之，概念構圖包括概念本身階層、聯結線、聯結語、交叉聯結線、聯結概念有意義的命題等（余民寧、潘雅芳、林偉文，1996；Novak, 1990; Novak & Gowin, 1984）。

概念構圖為一種透過視覺化的圖像表徵，表達學習者知識概念間關係的一種學習歷程，透過概念間的聯結形成命題，並以階層式的排列，形成學習者自己的知識架構體系（陳玉欣，2006；Cliburn, 1986; Novak & Gowin,

1984），這個架構是藉由聯結線（linking lines）和聯結語（linking labels），將概念聯結形成龐大的知識架構，其特色在以文字與符號呈現二度空間的圖解表徵，讓抽象的認知結構具體化、視覺化（陳玉欣，2006）。概念構圖在教學上可提供教師了解學習者的先備知識、起點行為以及概念上模糊之處，具有認知診斷的功能，亦可做為學習上後設認知策略或啟發式教學之輔助（陳嘉成、余民寧，1998；Kinchin & Hay, 2005）；陳玉欣（2006）綜合1993 至 2005 年間，51 篇有關概念構圖的實證研究中，發現大部分研究都肯定概念構圖能顯著預測學習者學科概念之理解，有助於概念知識的轉變，與學科成就表現有顯著關係，但也有研究結果不完全支持概念構圖的效益（李秀娟，1998；時德平，2001；Brandt et al., 2001）。

概念構圖需要學習者自己架構概念，它不僅強調概念的組織和統整，更具有視覺型組織訊息為本質的特色。概念構圖在近年的實證研究中，多數都支持概念構圖對學習應用的空間是很大的，有的認為概念構圖是一種直觀式的啟發方法，也有把它當成是後設認知的學習策略，以了解概念改變的探索，或視其為評量工具，做為改進教學及評量的參考。概念構圖可以清楚地顯現學習者現有的概念架構，從概念構圖中，教學者可發現哪些是學習者已經學會的，哪些是其正在嘗試去精熟的？哪些是必須努力去學習的？但研究也發現，要促成學習概念的改變，除了利用概念構圖外，更重要的是要能提供概念改變的適當情境，使學習者養成動腦思考、動手操作的習慣（耿筱曾，1997；Carey, 1986; Stice & Awarez, 1987; Wallace & Mintzes, 1990）。

要使概念學習教學較為有效，有下列幾點原則（Ehrenberg, 1981; Elliott et al., 1996; Slavin, 2006; Tessmer, Wilson & Driscoll, 1990）：

1. 概念應該就是很清楚的被確認為概念，而非事實原則、態度或技巧。
2. 應清楚地陳述概念所具有的特徵，並能區分範例和非範例。
3. 概念愈有意義才愈有價值，可利用分類或概念樹的方法呈現。
4. 提供各種經驗，鼓勵尋求及應用共同元素的活動。
5. 將概念或分類以有系統的方法與學生之先備知識聯結。

🔷 三、問題解決及其教學

知識教育的最終目的，不在靜態的保留，而是在不同情境和工作上可以活用；動態的應用，包括學習的遷移和問題解決的能力。問題解決在近年來逐漸為學校教育所重視，因為學生離開學校後會碰到各種不同的問題，這時候他們需要的是有能力獨立解決它，而不是回頭找老師提供答案，因此培養學習者解決問題的能力已是課程中不可缺少的一環（Osborne, 1988）。

張俊彥、翁玉華（2000）的研究發現，問題解決能力不同的高中生，解釋資料、觀察及形成假設等科學過程技能的表現上，都有顯著不同，在問題解決的思考流程之質性分析上也有明顯差異。Gage（1986）主張，可以將問題解決看成是填補認知結構空隙、形成層次概念或發現高層次的規則（引自張俊彥、翁玉華，2000）。

簡言之，問題解決可以分成二大類：一是將概念性的知識導入，而不需要數字上的問題，這種較質化的問題解決途徑，稱為「科學化的問題解決」（scientific problem-solving）；相對地，另一種則是教導學生認知技能的遷移，並運用數字為工具，此種較量化的問題解決途逕，稱為「數學化的問題解決」（mathematical problem-solving）（徐新逸，1998）。問題解決的本質是必須具備以下三種能力（趙居蓮譯，1997）：(1)學習者必須具備知能技巧、規則及概念；(2)基模形式有組織的語言訊息，使學習者有可能理解問題及評估解決方法是否適當；(3)認知策略使學習者能夠選擇適當訊息和技巧，也使學習者能確定在想解決問題時所選擇和使用的策略最為恰當。換言之，問題解決不能僅靠學科內容知識的提升，還需要其他能力的配合。

問題解決教學固然重要，但是要教學生解決什麼問題呢？所謂的問題，是指一個人欲達某一目標，但仍未確定達成的方法之狀態；換言之，當一個人知覺到需要完成某些目標，但未立即知道該如何去完成的狀態就是「問題」（Biehler & Snowman, 1990; Good & Brophy, 1990）。鄭昭明（1993）認為，問題是兩個狀態的衝突或差異，衝突是呈現狀態（persented state），差異是我們所希望達到的狀態，即目的狀態（goal state）。一般而言，在教學上的問題有三大類型：(1)結構完整的問題（well-structured problems）：陳述

清楚，知道解題的步驟、評鑑的標準，通常採用算則解題法（algorithm）；
(2)結構不完整的問題（ill-structured problems）：問題的陳述、解題的步驟、
評鑑的標準都很模糊；(3)議題（issue）：結構不完整而引起強烈感覺的問
題，可因人們情緒不同而分為正反二類，其主要目的不在決定行動，而是確
認議題最合理的闡釋。

問題解決即是應用知識和技能去達到某些目標；換言之，也就是從呈現
狀態到目的狀態。Gagne（1985）認為，問題解決可視為學習者發現先前的
習得規則，並將其用到另一新問題情境解決的過程。它需要認知策略和智能
技巧，認知策略是指應用頭腦的方法，而智能技巧是用規則解決問題，包括
規則、概念、辨識及基本的聯結（Biehler & Snowman, 1990）。

雖然前述結構完整、結構不完整、議題等三類問題有些差異存在，但近
來的理論和研究都認為好的問題解決者不論遇到哪一類的問題，所應用的一
般解題取向是相同的（鍾聖校，1990；Biehler & Snowman, 1990; Bransford &
Stein, 1984; Gick, 1986; Krulik & Rudnick, 1988; Ruggiero, 1988），所謂一般的
解題取向包括下列五個步驟：(1)了解問題的存在；(2)了解問題的性質；(3)
蒐集相關訊息；(4)形成及執行一個解決方案；(5)評估解決方案。

（一）了解問題的存在

良好的問題解決者知道自己的問題所在，知道自己何時會有問題；而不
擅於解決問題者，則常常不知道自己已有問題，問題在哪裡。因此要能解決
問題，首要條件是知覺到問題的存在，但此一步驟常被忽略。愈能了解問題
存在的學習者，一般而言也愈有表徵問題的能力，即面對問題時，較易形成
與問題相關情境事物的關係。

（二）了解問題的性質

分析問題是決定問題解決能否成功的關鍵步驟，所謂對症下藥，症狀未
能診對，其後之藥方再有效也無法治病。定義問題所在，是指能仔細而正確
地將其限定在某些範圍內，因為它常是決定解決方案或策略選擇的依據。愈
複雜愈新的問題，愈需要花更多的時間去適當的界定。只有學生對學科知識

有真正的了解，他們才能正確的呈現問題；學生常常只是依線索陳述原則，但並不知道自己在說什麼。

問題是一個人對事物關係的初步表徵，學習問題分類有助於這種關係的認識。問題解決能力強的人，傾向依據數字結構來歸類，而能力差者則依據故事的前後文字（story context）來歸類。由於科學問題含有豐富的陳述性知識（declarative knowledge），會構成所謂的故事背景，故如何輔導兒童不受到或避免故事背景的限制，而注意其數理結構是很重要的。許榮富、黃德亮（1986）曾指出，把問題當做性質問題比數量問題重要，他們所謂的性質，是指問題背後各概念現象間的邏輯關係，而數量是指依故事背景相似而套公式的計算。

在分析問題時，我們從研究中可以發現，解決問題的專家與生手，在這個步驟上會有些明顯的差異（柯華葳，1993；Mayer, 1992）。專家在問題分析上花比較多的時間，會把問題分析成許多層級的問題，他們以單位儲存事實知識，能將問題的特徵與其背後的概念相結合，並將問題類型化。

（三）蒐集相關訊息

好的問題解決者，會先從自身開始蒐集訊息，他們知道長期記憶中已習得的知識之重要，而會去提取；而差的問題解決者，則不會提取相關的訊息，即使是才學到不久的知識。為減少後設認知的缺陷，教師必須在問題解決的教學上，強調提取和使用先前知識的重要。對結構完整的問題，這一步驟與問題表徵同時發生，我們從長期記憶中可以很容易提取所需的訊息，但對結構不完整的問題或議題則會碰到二個困難：一是與解決問題有關的訊息，往往會大到無法持續保留；二是愈來愈多的情況顯示，我們可能無法擁有所有相關的訊息，因此需要藉助於圖表或統計資料。

（四）形成及執行一個解決方案

問題解決的方法和教學問題的解決，一般可分為二大類：(1)算則解題法（algorithms）：採固定步驟，循序解決一定可以找到正確答案，適合用於結構良好的問題；(2)捷思法（heuristics）：採用一般原則、程序原則，以取得

訊息解決問題，但不保證如前法一定可以獲得解答，可適用於較大範圍，允許自行發現解答。

Royer、Cisero 和 Carlo（1993）提出問題表徵的三個方法，以協助解決方案，這三個方法分別是：(1)複製領域訊息法：將問題情境簡要呈現給學習者，再要求其回憶，以了解學習者對訊息的知覺與組織方式；(2)問題歸類法：給學習者一些問題，要求他們將解決方法相似的問題歸成一類，藉以了解其表徵問題的能力；(3)情境判斷法：對學習者呈現一系列標準問題及附隨的比較問題，比較問題是與標準問題表徵相符程度不等的問題，從他們對比較問題與標準問題以相同的方式來解題，判斷他們對問題表徵的深度。

（五）評估解決方案

對不同類的問題，宜採用不同的標準：(1)對結構完整的問題，須看答案是否有意義，以及是否有其他代替方案；(2)對結構不完整的問題，評鑑要在解答實施前後，以某些有系統的架構做為引導。Ruggiero（1988）建議一個四步驟的方法，首先問並回答一些問題，其次是確定不完善和完整的地方，然後是從他人獲得可能相反的反應，最後是設法改進。

對解決方案的評估，我們可以發現，專家在這過程中對每個見解都會有所說明及支持的理由，在方案中可以看到較清楚的邏輯，解法間構成一個互有聯繫的網路，似乎有一個原則在引導整個解題過程，且他們多半不會只提出一種方案。同時，專家可以再從所呈現的問題表徵之連貫性、對應性與連接性來檢視方案的可行性。連貫性是指表徵不同部分間彼此是否有關；對應性為表徵與實際問題狀態的對應程度；連接性則為學習者知識與之相連的程度（柯華葳，1993；Greeno, 1997）。

四、影響問題解決的因素

問題解決能力的養成，雖有方法與步驟可循，但並非總是有效，而通常未產生效益的原因有二：一是心向，指人們傾向重複使用先前成功的解題經驗，不管其是否恰當或是否有更有效的方法；二是功能固著，指人們囿於事物原有的功能，在新的情境中不能有效的使用不同的方法解決問題（鄭麗

玉，1993）。詹秀美（1991）研究發現，家庭社經地位、父母管教方式、智力、學習方式等對問題解決能力有顯著的預測力，其中以智力與問題解決能力的關係較為密切，其餘變項不宜單獨用來預測問題解決能力的高低，而創造力與問題解決能力也有顯著的相關。

　　問題解決的活動，可以發展有耐心的思考，也是未來生活日趨重要的能力；因為離開學校後，很多問題是沒有固定答案的，也沒有師長隨時在一旁指導，碰到問題時要知道如何尋求解決方法和支援，這在在考驗著學生，因此學會此一能力是十分必要的。

 **第四節　認知學習之教學**

　　目前認知取向的學習論，廣泛應用在實際教學的有：Bruner 的發現教學法、Ausubel 的前導架構，此外強調情境認知與問題導向的教學法，也在近年受到重視。

一、Bruner 的發現教學法

　　Bruner 認為，學習可分為三個歷程：獲得、以意義的形式轉換知識，以及測驗知識的適當性，通常這三個歷程是同時發生的。而學習的三種形式則分別是：(1)動作學習（enactive learning）：類似 Piaget 的動作智能，是以操作物體來學習；(2)影像學習（iconic learning）：藉視覺學習，學生可能藉心像、圖示學習數學公式，而實際上並不真正知道如何正確使用或用文字描述；(3)符號學習（symbolic learning）：知識的抽象表徵，通常透過語言表示（Seifert, 1991）。此三種學習同時表示認知發展的三個階段。Bruner 認為，這三種表徵系統是平行並存的，但也具有獨特性，三者之間是互補的而非互相取代的。表徵系統具有階層統整性（hierarchical integration），即較高階段的發展特性會含攝或綜合較低的發展特性。三個認知表徵方式的劃分，主要在於認知能力與內涵結構化的發展，並不在於階段的明確劃分。因此，在教

育上 Bruner 認為，如果我們能轉換教材以適合兒童目前認知發展水準的表徵模式，則兒童也能學會教材上的重要概念。

Bruner 認為，認知是一個過程，而不是一個產品，因此教師的角色是創造學生可以自己學習的情境，而不是在提供一套訊息給學生，因而提出發現教學法（Discovery Learning）。發現教學法是學生從自己主動探索中學到概念和原則，它強調學生獨立學習的重要性。發現教學法的優點有二：一是引發好奇、動機；二是訓練獨立解決問題的能力，它對開放式學校運動及其他人本主義取向有所影響（Slavin, 2006）。

發現教學法不是任由學生自行學習，仍須透過適當的指導才能產生，因此在實際教學上有以下幾項原則和方法可供參考（Biehler & Snowman, 1990; Woolfolk, 2007）。

在教學原則上：

1. 讓學生從興趣中建立能力，並滿足好奇心，即使所追求的觀念和課程並沒有直接相關。
2. 學習必須是有彈性和探索性的。
3. 在有結構的指導下最能產生「發現」的結果。學前兒童適合無指導式的發現學習（unguide discovery），但一般中小學生若使用無指導式的發現學習，容易變成不可處理或無生產性的學習活動。

在教學方法上：

1. 建立輕鬆的氣氛，安排學習情境。
2. 用特定問題將討論予以結構化，要求學生討論熟悉的主題或有關的意見。
3. 時間有限且只有一個主題時，可要求學生圍成一個圓圈，全班討論。
4. 時間較多且主題不只一個時，可將全班分成幾個小組，要求學生須與其他人有目光的接觸。
5. 計畫課程，定期回到重要的概念：(1)以熟悉的訊息強化學生的知識結構，特別是以不同的方式呈現教材；(2)回到困難的概念並仔細的討論；(3)再重複思考一個問題時，學生常常可以找到前次沒有想到

的解答；(4)從不同的角度呈現教材和應付未解決的問題，可以幫助學生改善他們的智能。

然而，發現教學法也引起一些批評，如：(1)低年級或高年級低成就者不適用；(2)發現教學法應在基本的問題解決過程教過後才強調；(3)可能引起挫折，如教師對無創造性的討論不給予指導，較優秀的學生可能獨占發現的結果；(4)只有一位學生有機會說出學習發現的結果（Biehler & Snowman, 1990）。而 Reilly、Lewis 和 Tanner（1983）則認為，發現教學法的缺點有：(1)需要較多的時間，因為不知何時才會產生結果，為趕教學進度，對一般教師會有困難；(2)是否能有所發現，受學生程度的影響很大，只有較聰明、有興趣的學生才比較容易有所發現；(3)學生可能並不明白他們所發現的意義何在。發現學習法並不必然是有意義的學習，除非老師努力讓學生了解並能解釋他們所發現的是什麼。

發現教學法的精神主要在藉由學生的自行探究，產生學習成果，使學生能建立一種「證據－解釋」取向（Evidence-Explanation Approach）的學習（Chi & Chia, 2006），學生不但是以自主學習的方式探索問題，進而因此習得所需的概念，就科學教學之探索取向而言，包含了「專題本位學習」（project-based learning）、「問題本位學習」（problem-based learning）二大類，茲分述如下（陳毓凱、洪振方，2007）。

專題本位學習，始於一個「驅動問題」（driving question），驅動問題的功能是在引導學習者探究行動之出現，教師提供學生自身經驗、生活現象和當前社會重要議題，都是可以驅動問題產生的來源。再藉由觀察與操作，將問題分割成更細微的子題，從而發現資料，資料的發現則是專題本位學習的關鍵成分。為得到成功的結論，學習進一步分析與闡釋資料，以獲得結論，但結論或據以產生的產品，其型態為何非重點所在，而是如何將之與他人分享或傳遞。換言之，這種學習模式是由學生自行建立學習架構，從沒有既定答案的問題著手，接著設計、評估及反省計畫的內容，直到最後能產生結果（鄒慧英，2000）。

問題本位學習包含「事實」、「必須知道的訊息」、「學習議題」、「行動計畫」等四個子成分；事實是由問題描述得到的訊息；必須知道的訊

息則是為進一步了解問題及解題的資訊；藉由事實及所知訊息，學習者學會形成可以研究探索的議題；最後採取行動計畫。

這二種教學模式的共同點有四：(1)學習歷程均以學習者為中心；(2)利用真實世界的現象，將議題形成探索的問題；(3)非線性的學習歷程（較重視相對的不可預測性而非線性的因果邏輯關係）；(4)小組學習：學生必須於社群中學習。

◆ 二、Ausubel 的前導架構

Ausubel 認為，有意義的學習包含二件事：一是有意義的教材；二是有意義的學習心向（learning set）。在有意義的學習中，學習者必須具備一個有意圖的學習目標，它可以被非權威式的同化，且實際地進入學習者的認知結構，在認知結構中並有相關的概念可與之相連。Ausubel 認為，發現學習不必然就是有意義的學習，因此他將「接受、發現學習」和「背誦、有意義學習」二者予以區分。Ausubel 認為接受學習，如講演式的教學，之所以被視為無價值，是因為認為它必然只是背誦學習。他也認為，從學習的類型（背誦、有意義的）和教材呈現方式，可將學習結果分成四個向度來看（Reilly et al., 1983），如圖 6-1 所示。

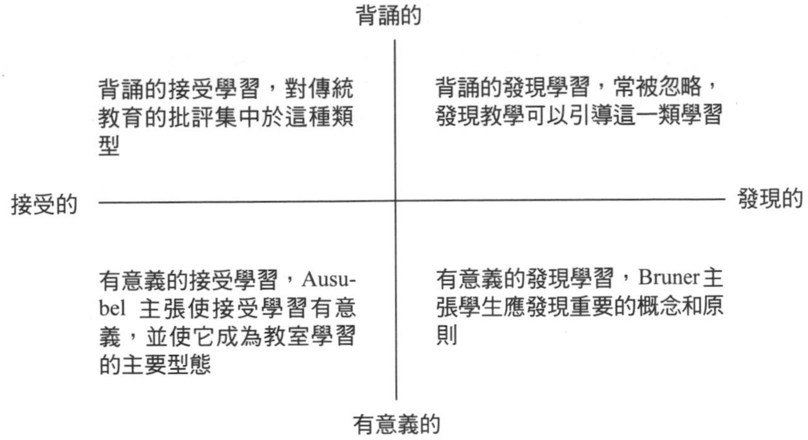

背誦的

背誦的接受學習，對傳統教育的批評集中於這種類型

背誦的發現學習，常被忽略，發現教學可以引導這一類學習

接受的 ——— 發現的

有意義的接受學習，Ausubel 主張使接受學習有意義，並使它成為教室學習的主要型態

有意義的發現學習，Bruner 主張學生應發現重要的概念和原則

有意義的

圖 6-1　學習結果的四個向度

與 Bruner 相反，Ausubel 發展一個教學理論，以呈現有組織形式的關鍵概念，引導學生的思考，鼓勵學生精緻化的練習。教師在呈現細節前先呈現主題或概念，提供架構後，再重複一次概念，使用許多的範例和問題來評量學生了解教材的程度，並提供必要的矯正或澄清。因此解釋性教學不只是講演法，也不同於背誦學習或未思考的技巧，而是由教師負責建構或引導學生的思考。解釋性教學的一個關鍵技巧是前導架構，它是將新教材放在一個有意義情境中的一種介紹性評論，提供一個穩定的架構，以組織細微的訊息並與其他訊息聯結。這架構可以是解釋性的架構（expository organizers）或比較性的架構（comparative organizers）。解釋性的架構，是解釋一般性的觀念及其間的關係，並指出易引起混淆的關鍵，直到學生了解；比較性的架構則類似類比，比較即將學習的教材及學生已經知道的知識之間的關係。為能有效利用前導架構，必須使其真正的類化，而不是重寫或重述課文內容（Seifert, 1991）。

此外，Ausubel 提出「前導架構」（advance organizer）的概念，它是指即將學習主題的一種初始陳述（initial statement），提供新訊息的架構並且與已知的訊息相聯結（Joyce & Weil, 1996），其目的在協助教師盡可能有效並有意義地傳遞大量知識，同時加強學生認知結構與新增訊息的保留。就教學而言：

1. 前導架構的目的在解釋統整教材，並與已習得之材料發生關係，一般是植基於學科的重要概念、命題、原則與定律之上，最有效的架構是使用學習者已熟悉的概念、詞彙、命題來說明。

2. 架構的本身便是重要的內容，須加以教導，它可以是一個概念或相關的敘述，無論何者均須花時間解釋，以使學生充分了解。

3. 架構通常和先前材料十分接近，但也可以有些距離，以便提供一個新的觀點。

4. 呈現方式：「解釋式」適用於不熟悉的教材，「比較式」適用於較熟悉的教材。

Ausubel 和 Bruner 二人，雖均以認知觀點來闡釋學習，強調意義和了解的重要，反對背誦，但對如何達到此目的的方法則有不同的看法，其主要差

異在於學生在學校應該花多少時間，獲得別人創造的訊息。相對於由解決問題中得到的經驗，Bruner 認為，學生應在學校得到相當的問題解決經驗，有助於他們解決教室以外問題的能力；而 Ausubel 則認為，教師最好盡可能在教室中有效率的呈現教材，假設問題解決技能是很重要的，則教師應有系統的教導（Biehler & Snowman, 1990）。Bruner 和 Ausubel 對認知學習的觀點，雖有上述的差異，但 Reilly 等人（1983）認為，二者卻有更多的相似處：

1. 都強調意義和了解：Bruner 主張用歸納法，而 Ausubel 主張用演繹法，但二人都強調學習中意義和了解的重要。

2. 都強調學習教材的實體比口語的記憶重要：了解實質內容，在將來的使用上，才能有更多的遷移和用處。

3. 都強調關係：Bruner 強調任何學習的東西如何與其他的事情有關，以及如何發現這些關係間的意義，Ausubel 則說明新教材與現有認知結構的關係。

4. 都強調學習廣泛概念和原則的重要：Bruner 稱其為「一般的」概念（general concepts），有較高程度的類化性，這和 Ausubel 的「定錨概念」（anchoring ideas）和「架構」（organizers）很相似。

5. 都強調組織結構：Bruner 倡導學科的基層結構，而 Ausubel 則描述教材如何在認知結構中組織。

6. 都主張學校的學習應在日常水準的複雜度，而不要減少過度簡化的實驗情境。

7. 二者都是認知理論，都試著了解人的理解過程更勝於外在的物體世界。

8. 都強調語言的重要，視其為人類思考和溝通的基礎及學校學習的工具。

9. 都認為準備度是非常重要的，且是任何有意義學習的起點。

10. 都同意改進教學的基本需求，即使教室中的學習對學生是有意義的。

過去 30 年來，研究並未發現 Bruner 的發現教學法，和 Ausubel 的前導架構法何者更勝一籌，而是配合特定的學生和教育目標，各有其優點（Mayer,

1988）。對教師而言，其挑戰在於配合學生、目標、教學情境，而不在於選擇哪一種特定的方法。

◆ 三、情境認知與問題導向學習

問題導向學習源自醫學教育，在國外行之多年，甚至已普及至法律、商業教育等不同學科領域（Beebe, 1994; West & Watson, 1996）。問題導向學習的主要特徵有以下五點：(1)以問題為學習的起點；(2)問題必須是學生未來的專業領域中非結構式的問題；(3)一切的學習內容是以問題為主軸所架構的；(4)偏重小組合作學習，較少講述法的教學；(5)學生必須擔負學習的責任，教師是指導後設認知技巧的教練（王千倖，1999）。

問題導向學習之所以強調以「問題」為學習之開端，是因為它能反映出日常生活中實務工作者的學習歷程，即為解決問題而學習。而以非結構性問題取代傳統結構性問題，則是認為無論是生活或科學世界中並無真正的標準答案。合作學習的必要性乃因解決問題須有良好的方案，透過小組激盪，可以產生對問題新的認識，在批判性的反思中更可提高分析判斷的能力。學生必須在學習過程中經由老師的指引，自己發現答案；而答案沒有一定的標準，因為它不是是非題，同樣的問題，不同的情境、不同的人會做出不一樣的抉擇。

情境學習強調知識要在真實情境中習得，知識是學習者與情境互動的產物，本質上是受到活動、社會脈絡及文化的影響。科技對它能提供的脈絡有三類：(1)實際的工作或學習情境；(2)高度真實性的替代品；(3)藉由影像或多媒體程式提供的情境，稱為「錨式情境教學」（anchored instruction）。其主要精神在於生活中有許多可資應用的素材範例，引導學生在情境中發現問題、形成問題和解決問題，學習做「假如……會如何」（What if）的思考。解題不只是測量、計算，而是不斷省思的歷程，省思是賦予意義的過程，由此養成的思考習慣，便能將其所習得的技巧應用到實際生活中（徐新逸，1995）。情境認知理論強調二個要點：一是教學活動的真實性（authenticity）；二是以認知見習（cognitive apprenticeship）為策略（Brown, Collins, & Duguid, 1992）。此理論也強調，應該提供學生一個日常認知、真實的作

業，並以問題導向（problem-oriented acquisition）而非僅有事實內容（fact-oriented）的學習環境（王金村，2006），這樣的學習是一種透過文化的相關情境而來，Sternberg 和 Williams 稱為「enculturation」（Sternberg & Williams, 2002）。

近年來，由美國 Vanderbilt 大學的認知科技小組（Cognition and Technology Group at Vanderbilt, CTGV）發展的 Jasper 解題系列（The Jasper Series），是頗受肯定的一個實驗，它是結合建構學習理論、情境學習理論、產出學習、錨式教學和合作學習的教學，簡述如下（張新仁，1997）。

（一）理論基礎

1. 建構學習理論：教學設計非預先計劃好教材內容，而是提供一個探索的環境。

2. 情境學習理論：學習是在真實的情境中進行，不能與情境脈絡分離。

3. 產出學習：主張教學應幫助學生投入主動產出的活動，例如：數學課程便應包括主動的知識建構、開放性問題、概念和程序結合的問題。

4. 錨式教學：教學時應將其重點定位在一個有意義的情境中，例如：引導學生觀察模擬專家如何思考。

5. 合作學習：以小組合作學習的方式幫助學生相互學習、討論，共同釐清和解決問題。

（二）實際做法

Jasper 解題系列是適用於國小五、六年級數學解題的互動式影碟電腦輔助數學教學系統，其特色在於提供多媒體的學習環境。

每張影碟單元是 15 至 20 分鐘的冒險故事，在故事的結尾時，主角會面對挑戰，要求學生解決，故事之後均設計衍生性的活動，包括「What if」的問題情境，通常完成整個單元的相關作業要一個禮拜。發展 Jasper 解題系列的目的，不在取代數學課程，而是讓學生在所提供的實際解題情境中，了解

數學和日常生活的關係。

（三）課程設計原則

1. 影碟呈現的形式：動態畫面具真實感，有助激發學習動機，理解概念。

2. 敘述故事的形式：生活化的故事，可創造一個有意義、內容豐富的情境。

3. 產出的形式：要求解答的問題，是在結束時才衍生，留給學生很大的思考空間。

4. 隱藏資料的形式：解題所需的相關資料隱藏在故事中，學習者必須自行分辨哪些是需要的、哪些是不需要的。

5. 問題的複雜度：所要解題的步驟與一般教科書只需少數幾個不同，往往多達十餘個，也就是複雜度極高。

6. 與其他課程結合：問題情境會延伸到其他領域學科的相關知識，有助於知識的整合。

7. 配對式的冒險故事：每個故事有三個相關單元的配對式教材設計，一來有助於學生反覆練習和熟悉所要學習的概念，二來可以增加學生討論類似的經驗，有助於延伸思考和學習遷移。

（四）實驗成效

本實驗發現，學生在數學標準成就測驗中，涉及一、二個步驟的數學文字題、對問題解決的廣泛評量、數學態度及類推題的遷移效果上均有良好的表現。

綜上可知，認知心理學的學習觀點對教學的意涵有如下幾點（曾月紅，1996；鄭婉敏，1999）：

1. 賦予學習材料新意：人的認知學習與智慧始於對符號的不斷詮釋，學習材料有其自身的結構，是學習的重要線索之一。

2. 強調學習者本身資源的可利用性：學習者的先備知識是學習的起

點，包括其語言能力、該學科先前的背景知識、思維模式，以及後續教學過程中學習者間的互動關係。

3. 提升語言的功用：Piaget 和 Vygotsky 的認知論都強調語言在學習中的重要角色，語言的使用是一種中介的工具，能使學習更有效。

4. 強調教師的充分準備與覺知：學習者固然是學習的主角，但教師是觀察者、示範者和啟發者，其任務在提供學生一個詮釋機會的環境，而非權威解釋者。教師們自己對訊息處理的能力最直接影響了學生的學習，因此教師必須要有充分準備與對訊息的敏銳覺知。

5. 強調社會互動與情境認知：知識的獲得不再只是學習者被動接受的結果，而是讓學生有機會聽到不同的詮釋，它要在真實的情境中，在與人互動、思辨的過程裡，才能產生意義。

6. 注重思考：認知教學強調，學習是為了要獲得知識概念間的結構關係，要建立這樣的結構化概念，就必須要引導學習者注重思考能力的運用，重視每個人不同的詮釋。不同的詮釋提供不同的觀點，可促進學習，不必刻意糾正。

7. 強調獲得學習工具為教學的重要目標：學習工具隱藏在學習經驗中；學習及解決問題過程的自覺與反思，活用學習策略，這些均是獲得學習工具的重要途徑。

8. 強調教學的動力性：教學中表徵知識的方法不是唯一的，應使用多種符號系統於學習上。

◈ 四、自我調整學習

Newman 曾提出一個疑問：「在學生克服厭惡學習的過程中，教師到底是幫助或抑制了學生？」換句話說，在協助學生成為一位獨立的學習者之過程中，教師有無對學生加以教導支持、鼓勵學生自我計畫、自我監控以及自我評量，以成為一個自我調整的學習者，是認知學習結果重要的指標之一（黃俊傑，2007）。當代教育觀點認為，不應把學習者視為被動的反應角色，而是主動的學習者，除了建構知識體系外，還有能力創造有利於自己學習的環境。自我調整學習定義的演進從最早的後設認知地、動機地、行為地

主動參與自己的學習歷程，到個人自動化和控制相聯結，個體會調整朝向目標，擴展專家知識和自我效能；最後到1990年代以後，自我調整學習的意義進展到社會脈絡觀點，強調自我調整學習不單是個體個人的知識和技能，更涉及到學習者與同儕以及教師間的交互作用。不過無論定義為何，它們共同的元素是：有目的地使用特定的歷程和策略、以自我導向回饋迴圈來監控、學習者如何及為何選擇特定策略，廣義來看是包含個別化和社會化歷程（陳玉玲，2002）。

自我調整學習（Self Regulated Learning, SRL）起源於健康心理學、教育心理學、組織心理學的研究，它是指學習者在學習中設定目標，嘗試監控、管理以及控制本身的認知、動機、行為的活潑，而具有建構性過程（Boekaret, Pintrich, & Zeidner, 2000）。近代教育心理學從早期只重視認知，轉而強調學習者的動機、情感、行動控制和學習策略觀點（程炳林、林清山，2002），這種轉變是期望能形成個體自我調整學習的能力，此一能力形成的歷程涉及甚多面向，大約包含了動機信念、目標設定、行動控制、學習策略等因素，是一個動態的狀態，各因素間具有循環辯證的互動關係（桂慶中、劉炳輝，2002）。

自我調整學習是一個主動建構的學習歷程，是功能取向亦為獨立自主自我導向的學習方式，藉由對任務的分析及其自身動機的覺察，設定學習目標，並加以監控、調整，有效地達成學習任務。自我調整學習的發展和形成，是受個人、環境及行為三方交互作用而成，個體自我調整的行為並單純地起於個人的內在歷程，同時會受到個體行為和外在環境的影響（賴英娟、巫博瀚，2007）。

Trawick 和 Corno（1995）指出，自我調整學習涉及意志控制、動機因素、認知活動等三個層面。意志控制包括目標保護及資源管理歷程；動機因素包括目標設定及成功期望；認知活動包括自我監控及策略使用。自我調整學習議題的出現，乃因當代學習理論及教育目標，在使學習者能成為一個既是獨立自主又具有產生學習效益的個體。教學中自我調整學習的建立，係由諸多相關理論築成，例如：現象學自我調整觀點、Piaget 的自我調整論、Vygotsky 的自我調整理論、操作制約學習理論、社會認知學習理論、訊息處

理理論、意志控制理論、建構主義的自我調整學習（黃俊傑，2007），茲分
別略述如下：

1. 現象學自我調整觀點：現象學強調自我覺知對人類心理功能的重要
   性，這些知覺組合成一明顯的認同，個體對自我訊息的來源是和外
   在環境互動後的結果。

2. Piaget 的自我調整理論：自我調整包括自動性、主動性和意識調整等
   三種類型。

3. Vygotsky 的自我調整理論：自我調整學習的重點在語言的特色，有
   二項特徵：一是內在語言是知識和自我控制的來源；二是成人與兒
   童的對話是傳遞和內化語言技能的工具。

4. 操作制約學習理論：學習者在刺激與反應聯結的情境中建立行為的
   關聯性，透過操作制約的歷程，自我調整學習可以分為自我管理、
   自我監控和自我增強等三項次歷程。

5. 社會認知學習理論：社會認知學派將自我調整學習看成是自我觀
   察、自我判斷和自我回應等三個歷程的組合。自我觀察專注在行為
   本身，需要自我記錄行為的規律性和接近性；自我判斷指，比較目
   前行為表現和目標一致性的差異；自我回應則是學習者對本身進步
   情形的信念，如完成目標的滿足感、自我效能的增強、動機的維持
   等，可以具體評量的部分。

6. 訊息處理理論：一個良好的訊息處理者，多半也是一個良好的後設
   認知統整者，知道何時及如何使用適當的學習策略。

7. 意志控制理論：意志是指面臨產生分心的情境，對目標仍能保持專
   注及努力。

8. 建構主義的自我調整學習：個體在一個具思考、互動的環境中，建
   構出自己的知識系統。

自我調整學習技巧需要有人指導，其發展歷程大約可分下列四個階段
（Zimmerman, 2000, 引自黃俊傑，2007）：

1. 觀察期：經由觀察他人的模式看出其主要特徵和策略，傳達出表現
   標準和動機傾向。

2. 模仿期：學習者的行為漸漸接近所觀察模式的一般性策略。

3. 自我控制期：學習者已逐漸可以在一個結構性環境中熟練運用技能，此時焦點不在外在效果的熟練，而是基本歷程。

4. 自我調整學習期：學習者已能基於目標要求隨意運用策略做調整，能系統化用他們的表現改變個人與環境。

自我調整學習對個體的影響，在學生的學習歷程中扮演著關鍵性的角色，從消極面來看，能減低學習過程產生的挫敗感，不致視學習為畏途；在積極面上，可以培養正向的學習動機，善用學習策略和環境資源，產生有效的學習。巫博瀚、王淑玲（2004）在研究中發現，善於自我調整的學習者有比較多的預先思考階段，展現高度的自我動機，並且以個人目標而非以他人成就為依據，會依情境選取適當的策略；換言之，一個人的自我調整學習能力，是可以做為預測學習行為與表現的有效變項（程炳林、林清山，2002；劉佩雲、簡馨瑩、宋曜廷，2003）。這也正是 Merrienboer 和 Sluijsmans（2009）對學習的詮釋，他們認為，一個好的學習作業應能使學習表現出三種元素，即能表現作業本身、能評量他們自己作業，進而會選擇改變表現的未來作業。

摘　要

- 認知論的學習觀點認為，學習最重要的目的不在記憶零碎的知識，而是使學習者的認知結構和認知歷程以一種較有系統或組織的方式發展，將學習結果變成一個相互之間有關係的概念知識網，而不是個別獨立的事實。

- 認知論的建構觀點主張，學習要有效果需要學習者主動的涉入，教師只是一個指導者，從以往的傳輸者變成學習情境的設計者，學習者在學習過程中居主動的位置，才能創造有意義的學習。

- 有意義的學習是指，學生從學習中學到的是該科的重要概念及其間的關係，學習結果是有結構的組織。

- 學習類型是指，一個人在學習過程中所呈現的一種相當穩定的反應方式。它具有一致性、發展性、權變性、目的性、主動性、層次性。

- 認知類型可依單向度及多向度做不同的分類方式。

- 學習策略是學習者在學習過程中用來增進學習結果的技術，包括複誦、精緻化、組織、理解監控、情意策略。

- 正確的學習策略有助學習者得到較佳的學習效果，也是可以被教導的，因此教師應於課程中適度地教導。

- 概念指事物分類的原則，是事物共同的特徵或屬性。概念學習包括原型的獲得以及類化和辨識技能的發展。

- 問題解決即是應用知識和技能去達到某些目標；換言之，也就是從呈現狀態到目的狀態。問題解決的方法一般可分為二大類：(1)算則解題法（algorithms）：採固定步驟，循序解決一定可以找到正確答案，適合用於結構良好的問題；(2)捷思法（heuristics）：依一般原則、程序原則，以取得訊息解決問題，但不保證如前法一定可以獲得解答，可適用於較大範圍，允許自行發現解答。

- 一般的解題取向包括下列五個步驟：(1)了解問題的存在；(2)了解問題的性質；(3)蒐集相關訊息；(4)形成及執行一個解決方案；(5)評估解決方案。

- 認知學派的學習論在實際教學上的應用，最為人知的有 Bruner 的發現教學法與 Ausubel 的前導架構。

- Bruner 的發現教學法，是要學生從自己主動探索中學到概念和原則，它強調學生獨立學習的重要性，這個方法被視為結構教學方法的一種重要補充。

- Ausubel 提出「前導架構」的概念，它是指對即將學習主題的一種初始陳述（initial statement），提供新資訊的架構並且與已知的訊息相聯結，其目的在協助教師盡可能有效並有意義地傳遞大量知識，同時加強學生認知結構與新增訊息的保留。

- 自我調整學習（SRL）是認知學習中重要方式之一，是一種主動建構學習的歷程、設定目標、自我監控及管理，有效調整自己達成學習任務。

- 認知教學的新趨勢是情境認知與問題導向，以問題反映出日常生活的實務面，強調知識要在真實情境中習得。知識學習者與情境互動的產物，受到活動、社會脈絡以文化的影響。

練 習

1. 建構主義學派如何看待人類的認知學習？
2. 認知類型會影響個體學習成效，教師如何於教學中適度地了解學生的認知型態，以利教導學生善用學習策略，以提高學習成效？
3. 學科的知識如何透過概念學習來建構學生的學習效果？
4. 問題解決能力是否有學科的差異？如何提高學生問題解決的能力？
5. 請比較 Bruner 的發現教學法與 Ausubel 前導架構教學的差異。

參考文獻

中文部分

王千倖（1999）。「合作學習」和「問題導向學習」培養教師及學生科學創造力。**教育資料與研究，28**，31-39。

王文科（1987）。**認知發展理論與教育——皮亞傑理論的應用**。台北市：五南。

王金村（2006）。**思考風格對情境錨點與學習策略之影響**。國立高雄師範大學理學院網路學習學程碩士論文，未出版，高雄市。

何俊青（1995）。**國民小學數學概念教學實驗研究**。國立高雄師範大學教育研究所碩士論文，未出版，高雄市。

余民寧（1997）。**有意義的學習——概念構圖之研究**。台北市：商鼎。

余民寧、潘雅芳、林偉文（1996）。概念構圖法——合作學習抑個別學習。**教育與心理研究，19**，93-124。

吳慎慎（2000）。多元智能的學習觀——分布認知學習與個人化學習的新視野。**社會教育學刊，29**，123-151。

巫博瀚、王淑玲（2004）。自我調整學習的理論與實踐。**中等教育，55**（6），94-109。

李秀娟（1998）。**不同教學策略對國中生學習生物的影響**。國立台灣師範大學科學教育研究所碩士論文，未出版，台北市。

李姿青（2006）。**員工自我效能、學習策略與數位學習成效關係之研究**。國立高雄應用科技大學人力資源發展學系碩士論文，未出版，高雄市。

李咏吟等（1995）。**學習輔導——學習心理學的應用**。台北市：心理。

谷瑞勉（譯）（1999）。L. E. Berk & A. Winsler 著。**鷹架兒童的學習——維高斯基與幼兒教育**（Scaffolding children's learning: Vygotsky and early childhood education）。台北市：心理。

林玉惠（1995）。**學習策略訓練對增進國中英語科低成就學生學習效果之研究**。國立高雄師範大學教育研究所碩士論文，未出版，高雄市。

邱上真（1991）。學習策略教學的理論與實際。**特殊教育與復健學報，1**，1-49。

柯華葳（1993）。問題解決教學模式之建立——以國小環境教育為例。國立中正

大學學報，**4**（1），1-32。

徐新逸（1995）。「錨式情境教學法」教材設計、發展與應用。**視聽教育，37**
（1），14-24。

徐新逸（1998）。情境學習對教學革新之回應。**研習資訊，15**（1），16-24。

時德平（2001）。**概念構圖教學策略與食譜式教學法對國小五年級學童「電與
磁」的概念學習之比較性研究**。國立台北師範學院數理教育研究所碩士論
文，未出版，台北市。

桂慶中、劉炳輝（2002）。皮亞傑認知發展論探討自我調整學習歷程之建構與應
用。**中等教育，53**（5），112-122。

耿筱曾（1997）。為什麼概念圖是一種有效的教學策略。**科學教育研究與發展季
刊，9**，76-79。

張俊彥、翁玉華（2000）。我國高一學生的問題解決能力與其科學過程技能之相
關性研究。**科學教育學刊，8**（1），35-55。

張新仁（1997）。認知教學革新。**教育研究雙月刊，58**，64-77。

張新仁（2006）。學習策略的知識管理。**教育研究發展期刊，2**（2），19-43。

張翠倫（2002）。**國小學生社會領域學習策略與學業成就關係之研究**。國立屏東
師範學院國民教育研究所碩士論文，未出版，屏東市。

張瓊友（2002）。**國小高年級學生多元智能與學習策略之研究**。國立新竹師範學
院課程與教學研究所碩士論文，未出版，新竹市。

張鳳燕（1991）。教導心理學微觀——從概念學習談國小數學教育。**師友，284**，
24-29。

許榮富、黃德亮（1986）。問題解決能力的教育。**科學教育，91**，2-13。

許麗玲（1999）。**認知風格在虛擬實境遠距學習遷移之影響**。國立高雄師範大學
工業科技教育學系碩士論文，未出版，高雄市。

郭宜君（1996）。**嘉義市成人學習策略及其相關因素之研究**。國立中正大學成人
及繼續教育研究所碩士論文，未出版，嘉義縣。

郭郁智（2000）。**國民中學學生學習策略、批判思考能力與學業成就之相關研
究**。國立高雄師範大學教育研究所碩士論文，未出版，高雄市。

陳玉欣（2006）。**概念構圖學習成效與影響因素之相關性研究**。國立成功大學教
育研究所碩士論文，未出版，台南市。

陳玉玲（2002）。自我調整學習理論探究及相關研究。**教育學刊，19**，27-45。

陳品華（1997）。從認知觀點談情境學習與教學。**教育資料與研究，15**，53-59。

陳毓凱、洪振方（2007）。兩種探究取向教學模式之分析與比較。**科學教育，305**，4-19。

陳嘉成、余民寧（1998）。以概念圖為學習策略之教學對自然科學習的促進效果。**國立政治大學學報，77**，201-235。

陳慧芬（1991）。善用學習策略。**國教輔導，30**（3），7488-7495。

傅翌雯（2007）。**大學生學習策略及其運用之個案研究**。國立屏東教育大學教育學系碩士論文，未出版，屏東市。

曾月紅（1996）。符號學與認知學習、科際整合、教育研究的關係。**教育資料與研究，9**，66-68。

曾慧敏、劉約蘭、盧麗鈴（譯）（2001）。**西格爾德心理學**。台北市：桂冠。

程炳林、林清山（2002）。學習歷程前決策與後決策階段中行動控制的中介角色。**教育心理學報，34**（1），43-60。

黃俊傑（2007）。**國小高年級學生的自我調整學習因素及其學習策略教學效果之研究**。國立高雄師範大學教育學系博士論文，未出版，高雄市。

楊坤原（1996）。認知風格與科學學習成就的關係。**科學教育月刊，194**，2-12。

楊招謨、陳東陞（1997）。國小高年級學童策略之研究。**特殊教育與復健學報，5**，169-198。

詹志禹（1998）。認知的主動性。**教育研究資訊，6**（1），28-51。

詹秀美（1991）。國小學生創造力與問題解決能力的相關變項研究。**台中師院學報，5**，155-175。

鄒慧英（2000）。專題學習的概念介紹與評量設計。載於**新世紀優質學習經營研討會論文集**（頁 35-52）。台南市：國立台南師範學院測驗發展中心。

趙居蓮（譯）（1997）。R. M. Gagne 著。**學習與教學**（The conditions of learning and theory of instruction）。台北市：心理。

劉佩雲、簡馨瑩、宋曜廷（2003）。國小學童閱讀動機與閱讀行為之相關研究。**教育研究資訊，11**（6），135-158。

劉信雄（1992）。**國小學生認知風格、學習策略、自我效能、與學業成就關係之研究**。國立政治大學教育研究所博士論文，未出版，台北市。

歐陽萌君（1992）。如何有效應用學生之學習風格。**特教園丁季刊，8**（2），6-40。

鄭昭明（1993）。**認知心理學**。台北市：桂冠。

鄭晉昌（1993）。電腦輔助學習的新教學設計觀──認知學徒制。**教育資料與圖書館學，311**，55-66。

鄭婉敏（1999）。認知的學習理論的意涵──及其對教學的啟示。**台中師院學報，13**，59-72。

鄭麗玉（1993）。**認知心理學──理論與應用**。台北市：五南。

賴英娟、巫博瀚（2007）。自我調整學習理論在網路學習情境之應用。**研習資訊，24**（4），27-34。

賴香如（2003）。**高高屏地區後期中等教育學生學習動機與學習策略之研究**。國立屏東科技大學技術及職業教育研究所碩士論文，未出版，屏東縣。

鍾聖校（1990）。**認知心理學**。台北：心理。

羅芝芸（1999）。**兒童認知風格、情緒智力與問題解決能力之相關研究**。國立高雄師範大學教育研究所碩士論文，未出版，高雄市。

英文部分

Beebe, R. J. (1994). *Problem based learning using student consultant teams*. (ERIC, Document Reproduction Service, No. ED 372671)

Biehler, R. F., & Snowman, J. (1990). *Psychology applied to teaching* (6th ed.). Boston, MA: Houghton Mifflin.

Boekaert, M., Pintrich, P. R., & Zeidner, M. (2000). Self-regulation: An introductory overview. In M. Boekaert, P. R. Pintrich & M. Zeidner (Eds.), *Handbook of self-regulation* (pp. 1-9). San Diego, CA: Academic Press.

Brandt, L., Elen, J., Hellemans, J., Heerman, L., Couwenberg, I., Bolckaert, L., & Morisse, H. (2001). The impact of concept-mapping and visualization on learning of secondary school chemistry students. *International Journal of Science Education, 23*(12), 1303-1313.

Bransford, J. D., & Stein, B. (1984). *The IDEAL problem solver.* New York: W. H. Freeman.

Brown, J. S., Collins, A., & Duquid, P. (1992). Situated cognition and the culture of learning. *Educational Researcher, 21*, 32-42.

Carey, S. (1986). Cognitive science and science education. *American Psychologist, 41*,

1123-1130.

Ceci, S. J., & Roazzi, A. (1994). The effects of context on cognition: Postcards from Brazil. In R. J. Sternberg (Ed.), *Mind in context* (pp. 74-101). New York: Cambridge University Press.

Chi, M. T., & Chia, Li-Gek (2006). Problem-based learning: Using ill-structured problems in biology project work. *Science Education, 90,* 44-67.

Child, D. (1986). *Psychology and the teacher* (4th ed). OK: Continuum.

Cliburn, J. W. (1986). Using concept maps to sequence instruction materials. *Journal of College Science Teaching, 15*(4), 377-379.

Cook, L. K. (1982). The effects of text structure to the comprehension of science prose. Unpublished doctoral dissertation, University of California, Santa Barbara, CA.

Deffenbacher, J. L., & Parks, D. H. (1979). A comparison of traditional and self-control desensitization. *Journal of Counseling Psychology, 26,* 93-97.

Deffenbacher, J. L., Michaels, T., & Daley, P. C. (1980). Comparison for anxiety management training and self-control desensitization. *Journal of Counseling Psychology, 27,* 232-239.

Derry, S. J. (1989). Putting learning strategies to work. *Educational Leadership, 47*(5), 4-10.

Eggen, P. D., & Kauchak, D. (1992). *Educational psychology: Classroom connections.* New York: Macmillan.

Ehrenberg, S. D. (1981). How to make it happen in the classroom. *Educational Leadership, October*, 36-43.

Elliott, N. S., Kratochwill, T. R., Littlefield, J., & Travers, J. F. (1996). *Educational psychology: Effective teaching, effective learning.* Madison, WI: Brown & Benchmark Publishers.

Gagne, R. (1985). *The condition of learning and theory of instruction* (4th ed.). New York: Holt, Rinehart and Winston.

Gick, M. L. (1986). Problem-solving strategies. *Educational Psychology, 21*(1, 2), 99-120.

Ginsburg, H., & Opper, S. (1988). *Piaget's theory of intellectual development* (3rd ed). Englewood Cliffs, NJ: Prentice-Hall.

Good, T. L., & Brophy, J. E. (1990). *Educational psychology: A realistic approach.* New

York & London: Longman.

Greeno, J. G. (1997). Process of understanding in problem solving. In N. J. Castellan, S. B. Pisoni & G. R. Potts (Eds.), *Cognitive theory* (Vol. 2) (pp. 43-83). Hillsdale, NJ: Lawrence Erlbaum Associates.

Hagen, J. W., & Kail, R. V. (1973). Facilitation and distraction in short-term memory. *Child Development, 44,* 831-836.

Holley, C. D., Dansereau, D. F., McDonald, B. A., Garland, J. C., & Collins, K. W. (1979). Evaluation of a hierarchical mapping technique as an aid the prose processing. *Contemporary Educational Psychology, 4,* 227-237.

Joyce, B., & Weil, M. (1996). *Models of teaching* (5th ed). Boston, MA: Allyn & Bacon.

Kinchin, I. H., & Hay, D. B. (2005). Using concept maps to optimize the composition of collaborative students groups: A pilot study. *Journal of Advanced Nursing, 51*(2), 182-187.

Kirkland, K., & Hollandsworth, J. G. (1980). Effective test taking: Skills-acquisition versus anxiety-reduction techniques. *Journal of Consulting and Clinical Psychology, 48*, 431-439.

Klein, S. B. (1996). *Learning: Principles and applications* (3rd ed.). New York: McGraw-Hill.

Krulik, S., & Rudnick, J. A. (1988). *Problem-solving: A handbook for elementary school teachers.* Boston, MA: Allyn & Bacon.

Lenz, B. K. (2006). Creating school-wide conditions for high-quality learning strategy classroom instruction. *Intervention in School and Clinic, 41*(5), 261-266.

Mayer, R. E. (1988). Learning strategies: An overview. In C. E. Weinstein, E. T. Gowtz & P. A. Alexnader (Eds.), *Learning and study strategies issues in assessment, instruction and evaluation* (pp. 11-22). New York: Academic Press.

Mayer, R. E. (1992). *Thinking, problem solving, cognition* (2nd ed.). New York: W. H. Freeman.

Mayer, R. E., & Cook, L. K. (1980). Effects of shadowing on prose comprehension and problem solving. *Memory & Cognition, 8,* 101-109.

Meichenbaum, D., & Asarnow, J. (1979). Cognitive behavior modification and meta-cognitive development: Implications for the classroom. In P. C. Kendall & S. D. Hollon

(Eds.), *Cognitive behavioral interventions: Theory and procedures.* New York: Academic Press.

Merrienboer, J. J. G., & Sluijsmans, D. M. A. (2009). Towards a synthesis of cognitive load theory, four-component instructional design, and self-directed learning. *Educational Psychology Review, 21*, 55-66.

Novak, J. D. (1990). Concept maps and vee diagrams: Two meta-cognitive tools to facilitate meaningful learning. *Instructional Science, 19,* 29-52.

Novak, J. D., & Gowin, D. B. (1984). *Learning how to learn.* Cambridge, UK: Cambridge University Press.

Osborne, E. W. (1988). *Using problem solving teaching: Theoretical and philosophical considerations.* (ERIC ED 305 392)

Palincsar, A. S., & Brown, A. L. (1984). Reciprocal teaching of comprehension: Monitoring activities. *Cognition and Instruction, 1,* 117-175.

Palincsar, A. S. (1998). Social constructivist perspectives on teaching and learning. In J. T. Spence, J. M. Darley & D. J. Foss (Eds.), *Annual review of psychology* (pp. 345-375). Palo Alto, CA: Annual Reviews.

Paris, S. B., & Mayers, M. (1981). Comprehension monitoring memory and study strategies of good and poor readers. *Journal of Reading Behavior, 13*(1), 5-22.

Reilly, R. R., Lewis, E. L., & Tanner, L. (1983). *Applications for classroom learning and instruction.* New York: Macmillan.

Riding, R., & Cheema, I. (1991). Cognitive styles: An overview and integration. *Educational Psychology, 1*(3 & 4), 193-215.

Rogoff, B., & Chavajay, P. (1995). What's become of the research on the cultural basis of cognitive development? *American Psychologist, 50,* 859-877.

Royer, J. M., Cisero, C. A., & Carlo, M. S. (1993). Procedures for assessing cognitive skills. *Reviews of Educational Research, 63,* 201-243.

Ruggiero, V. R. (1988). *Teaching thinking across the curriculum.* NY: Haper and Row.

Scott, M. E. (1988, Spring). Learning strategies can help. *Teaching Exceptional Children, 20*(3), 30-34.

Seifert, K. L. (1991). *Educational psychology.* Boston, MA: Houghton Mifflin.

Short, E. J., & Weissberg-Benchell, J. A. (1989). The triple alliance for learning: Cognition, meta-cognition, and motivation. In C. B. McCormick, G. E. Miller & M. Pressley (Eds.), *Cognitive strategy research: From basic research to educational applications.* New York: Springer-Verlay.

Slavin, R. E. (2006). *Educational psychology: Theory into practice* (8th ed.). NJ: Prentice-Hall.

Sternberg, R. J., & Williams, W. M. (2002). *Educational psychology.* NJ: Allyn & Bacon

Stice, C. F., & Awarez, M. C. (1987). Hierarchical concept mapping in the early grades. *Childhood Education, 64*, 86-96

Tessmer, M., Wilson, B., & Driscoll, M. (1990). A new model of concept teaching and learning. *Educational Technology Research and Development, 38*(1), 45-53.

Trawick, L., & Corno, L. (1995). Expanding the volitional resources of urban community college students. In P. R. Pintrich, R. J. Menges & M. D. Svinicki (Eds.), *New directions for teaching and learning no.63: Understanding self-regulated learning* (pp. 57-70). San Francisco CA: Jossey-Bass.

Von Glaserfeld, E. (1989). Constructivism in education. In T. Husen & N. Postlethwaite (Eds.), *The encyclopedia of education: Supplementary* (Vol. 1) (pp. 162-162). New York: Pergamon Press.

Wallace, J. D., & Mintzes, J. J. (1990). The concept as a research tool: Exploring conceptual change in biology. *Journal of Research in Science Teaching, 27,* 1033-1052.

Weinstein, C. E., & Mayer, R. E. (1986). The teaching of learning strategies. In M. C. Wittrock (Ed.), *Handbook of research on teaching* (3rd ed.) (pp. 315-327). New York: Macmillan.

Weinstein, C. E., & Underwood, V. L. (1985). Learning strategies: The how of learning. In J. Segal, S. Chipman & R. Glaser (Eds.), *Relating instruction to research.* Hillsdale, NJ: Lawrence Erlbaum Associates.

West, D. J., & Watson, D. E. (1996). *Using problem-based learning and educational reengineering to improve outcome.* (ERIC, Document Reproduction Service, No. ED 400242)

Woolfolk, A. (2007). *Educational psychology* (10th ed.). Boston, MA: Allyn & Bacon.

第七章

動機與學習

葉玉珠

大綱

學習目標

在讀完這一章後，讀者應能了解：
1. 動機的定義與內涵。
2. 主要的動機理論。
3. 操作制約、需求、信念、價值及期望
　與學習動機的關係。
4. 主要學習動機理論的內涵及其應用。
5. 教師信念與學生學習動機的關係。
6. 如何促進學習動機。

案 例

　　有一個美國人，21歲時第一次做生意失敗；22歲時角逐州議員落選；24歲時第二次做生意失敗；26歲時愛侶去世；27歲時一度精神崩潰；34歲時角逐聯邦眾議員落選；36歲時角逐聯邦眾議員再度落選；45歲時角逐聯邦參議員落選；47歲時提名副總統落選；49歲時角逐聯邦參議員再度落選；52歲時當選美國第十六任總統。他屢仆屢起，最終成就不凡；這個人就是美國總統林肯。

　　再舉一個教室情境的例子。

　　老師：「現在開始做生物習作上的練習題；做完的同學請舉手。」班上40位學生卻有著許多不同的反應。例如：

　　小明像往常一樣，楞在那兒，喃喃自語地說：「這太難了，我不會做。」但當老師幫他忙時，他卻可以正確答題。即便如此，他仍說：「那是我隨便猜的，我並不是真的會做。」

　　小英做完並舉手，請老師逐題檢查她是否做對了，因為她要做到最完美。有一次她全答對了，老師給她加了五分；從此以後，她每次都很認真做練習題。但是她從不做沒把握的事；她從不嘗試那些較複雜而且不會考的課外練習題。

　　大華對於生物課非常有興趣，他看了很多課外讀物。如果要他自己找一個有興趣的主題，並寫一個報告，他一定可以做得很好。但他的考試成績卻不是很理想；他認為只要能考到「80分」就可以了。

　　大安連練習本都沒帶，也不願意看隔壁同學的練習本；他根本不想學習。

　　為何同一班學生，卻有著如此不同的反應？教師又應如何處理？

　　林肯持續不斷地競選、落選，然而他卻不氣餒，愈挫愈勇。在遭遇許多困難後，他仍然持續進行各種競選活動的原因是什麼？其強烈的成就動機是一個重要的原因。為何前面案例中，同一班學生卻有著各種不同的反應？其

實那些學生代表著不同的動機類型及不同的因素對其動機的影響。小明和小英對自己的能力似乎不太有信心（與自我效能及歸因有關）；大華對他感興趣的東西有很強的學習動機，對他不重視的東西，則不想要有好的表現（與成就目標、期望及價值有關）；大安則似乎毫無學習動機。動機是學習不可或缺的，但如何引發或促進學生的學習動機卻一直是教師心中的謎。究竟何謂動機？是什麼原因影響動機的形成？它如何影響學習表現？教師又該如何因應不同的學習動機，以進行有效的教學？這些問題即為本章所要探討的。

 第一節　**動機的定義與內涵**

◆ 一、動機的定義

為何有些學生一回家就會先把功課做完，而有些學生卻非得等到最後一刻才願意做功課？為何有些學生一打開書就可以很專心念書，而有些學生在念書時卻總是心不在焉？為何有些學生可以持之以恆地把一整本小說從頭到尾看完，而有些學生卻看不到 2、3 頁就放棄？這些問題均涉及動機問題。

動機（motivation）是引發、引導和維持行為的一種內在狀態（ Pintrich, Marx, & Boyle, 1993; Woolfolk, 2007），它常和特質產生交互作用後影響一個人的行為（Winter, John, Stewart, Klohnen, & Duncan, 1998）。當提及動機時，我們常會想到下面五個問題（Woolfolk, 2007）：

- 是什麼原因促使一個人採取某種行動？例如：放學回家後，為何有些學生選擇先做功課，有些學生則選擇先看電視？
- 花多久時間開始從事某項活動？例如：放學回家後，為何有些學生立刻開始寫功課，有些學生則要拖到很晚才要開始寫？
- 一個人在採取了其所選擇的行動之後，其涉入的程度有多高？例如：開始寫功課後，是很專心、認真地寫功課，還是邊玩邊寫功課？
- 是什麼原因促使一個人堅持或放棄從事某項行動？例如：為何有些學生會把整本《紅樓夢》看完，有些學生則只會看幾頁？

- 當從事某項活動時，個體的思考和感覺是什麼？例如：學生在看《紅
  樓夢》時，是覺得自信並樂在其中？或是擔心明天的考試？

這些問題所涉及的層面甚廣，不同的學者與理論學派也提出不同的看法。這些問題的答案稍後再做介紹。一般而言，動機具有以下三個特質。

（一）動機對於做決定的影響並非基於單一法則

並非所有人在做決定時，其所依循的法則均相同，例如：有些人在做決定時完全是基於價值因素，而不考慮成功的機會；有些人則是完全基於期望的因素，而忽略價值層面的因素。因此，行為動機乃受個人的相關知識及偏好所影響。

（二）動機是一種動態的意向

動機受外在變動的環境因素之影響甚鉅，因此，動機是可以被改變、增強或減弱的。

（三）動機需要靠努力維持

維持「動機」是需要付出代價與努力的。而維持動機最重要的因素，就是要具有自我調節（self-regulatory）的精神，如此動機方能成為自動自發的以及持久的學習動力。

因此，動機不僅是一種認知系統的現象，而且是一個統整的心理現象。

二、動機的功能

游恆山（1990）指出，一般心理學家認為動機的主要功能有五，如下。

（一）解釋行為的多樣性

教師在教學過程中常會發現，具有相同能力的學生，在同一項學習任務上的表現卻往往有很大的差異。「動機」可以幫助解釋這樣的個別差異。

（二）建立生物歷程行為的關聯

　　人類是生物性的有機體，會對外界刺激做反應。然而，單憑外在刺激似乎不足以解釋行為的普遍發生，還必須藉助內在的生理歷程。Woodworth 將動機視為是決定行為的一種內在驅力。

（三）從外在行動推論內在的狀態

　　行為是「內在情緒與動機狀態」的一種表徵，因此從外在行為可以推論或解讀他人的內在狀態，例如：一個交情平淡的朋友突然對你阿諛奉承，因為他／她可能有求於你。

（四）行動的責任歸屬

　　個體的內在動機和控制自己行動的能力，會共同決定個體在行動上的責任。因此，當個體出現下列狀況，使得行動不是出自於自由意志的支配時，往往較不需要負責：(1)沒有預期到行為的結果；(2)外在的力量強到足以決定行為；(3)受到藥物、酒精或強烈情緒的影響。

（五）解釋為何處於逆境仍能不屈不撓

　　動機可以幫助我們了解並解釋，為何有些個體處於逆境，仍會堅持完成其工作或持續其行動，例如：參加奧運比賽的運動員，即使天候惡劣、身體狀況不佳，仍堅持繼續完成其賽事；林肯持續不斷地競選、落選，最後成為美國總統，也是一個例子。

　　綜上所述，動機是一個抽象的概念，它與個體內在的信念和心理歷程息息相關。藉由探索動機，可以幫助教師了解或是推論學生行為表徵的意義，有助於促進學生的學習。

◈ 三、動機的類別

綜合過去學者對動機的分類，常見的動機分類為：生理性動機（physical motivation）與心理性動機（psychological motivation）；內在動機（intrinsic motivation）與外在動機（extrinsic motivation）。

生理性動機與生理需求有關，口渴動機、飢餓動機、性動機和母性動機等均屬於生理性動機。心理性動機包括成就動機（achievement motive）、親和動機（affiliation motive）和權力動機（power motive）等。成就動機是一個人追求卓越成就的內在驅力；親和動機係個體在生活中，與他人維持親近或親密關係的需要；權力動機則是個體想要支配他人或影響他人的內在力量（葉重新，1998）。

在談到教學與學習時，最常見的分類為內在動機與外在動機（McCown, Driscoll, & Roop, 1996; Ormrod, 1995; Woolfolk, 1995）。內在動機與個人本身或內含於工作中的因素有關；外在動機則涉及與個人以外或與工作無關的因素。當從事某項工作所持的原因是：這個工作很有趣、它可使我獲取重要的技能，或它是一項很有意義的工作時，此一從事行為即為內在動機所激勵；反之，若從事某項工作的原因是：可獲得好成績、可獲得獎勵，或可得到恭維等時，此一從事行為即為外在動機所驅使。因此，當兩個人表現出完全相同的行為時，其動機可能截然不同：一個可能是出自於個人的興趣（為內在動機所驅使）；而另一個可能只是為了迎合師長或父母的期望（為外在動機所驅使）。

Ryan 和 Deci（2000）指出，或許沒有任何單一現象比內在動機更能反映人類正向的潛能。內在動機是人類與生俱來尋求新奇和挑戰、延展和訓練個人能力、探索和學習的傾向。內在動機的建構描述了人類對於同化（assimilation）、精熟（mastery）、即興的興趣（spontaneous interest）及探索（exploration）的自然傾向，而這樣的本質傾向不但對認知和社會發展是必要的，也是人生中喜悅和價值性的主要來源。

在學習的過程中，動機對於學習過程及結果的重大影響是經常被討論的；不同動機的學生在認知涉入程度及學習結果的品質上，可能有很大差異。為內在動機所激勵者，可能會對於所從事的工作較投入並有所承諾；而為外在動機所激勵者，很有可能會因為外在誘因消失而停止從事此一工作。Pintrich（1986, 1987）的研究發現，較內在導向者，傾向運用較多的認知策

略及後設認知策略；他因而建議教師針對不同類型的學生，可透過不同的中介變項以促進學生的主動學習。

　　學生的學習是基於內在動機或外在動機的影響，對其學習目標的設定也有很大的影響。基於內在動機者傾向使用精熟目標（mastery goal），而基於外在動機者則傾向使用表現目標（performance goal）（Ames, 1992; Dweck & Leggett, 1988; Elliott & Dweck, 1988）。使用精熟目標的學生會將重點置於如何增進自己的能力，而使用表現目標的學生則會將重點置於如何獲得他人正面的肯定與避免負面的評斷（McCown et al., 1996）。使用精熟目標與表現目標的學生之特徵比較如表 7-1 所示（Ormrod, 1995）。

表 7-1　使用精熟目標與表現目標的學生之比較

使用學習目標的學生	使用表現目標的學生
相信才能可以透過練習和努力而逐漸發展。	相信才能是一種穩定的特質，不是練習和努力可以改變的。
視努力為改善才能的必要條件。	視努力為才能不足的表徵，認為有才能的人不必太努力。
選擇學習機會最多的工作。	選擇能充分展現自己才能的工作，避免選擇使他們顯得才能不足的工作。
對於簡單的工作感到無趣與失望。	對於簡單的工作感到放鬆。
對於課程教材的學習較可能是受內在動機所驅使。	對於課程教材的學習較可能是受外在動機所驅使。
使用能真正促進靈活學習的策略（例如：有意義的學習、理解監控）。	使用僅能促進機械化學習的策略（例如：重複、逐字記憶）。
從自我進步的角度評估自我表現。	從與他人比較的角度評估自我表現。
視錯誤為學習過程的正常現象與有用訊息，並藉由這些錯誤改善自我表現。	視錯誤為失敗與無能的表徵。
不管努力的結果是成功或失敗，只要自覺盡力即對自我的表現感到滿足。	只有當表現成功時，才會感到滿足。
對失敗的詮釋是：需要更努力。	對失敗的詮釋是：能力不足；因此，未來仍然會失敗。
視教師為協助其學習的資源與引導者。	視教師為法官、給予獎勵者和處罰者。

資料來源：改寫自 Ormrod (1995: 479)

　　此外，許多內在動機和外在動機的比較研究也發現，與外在動機者相較，持內在動機者表現較高度的興趣、自信，這樣的興趣和自信會進一步提升其表現水準、堅持度、創造力（Deci & Ryan, 1991; Sheldon, Ryan, Rawsthorne, & Ilardi, 1997），以及自尊和整體幸福感（Deci & Ryan, 1995）。可見，內在動機對個人的學業學習，乃至於未來人生目標及美好人生的實踐，均扮演著重要的角色。因此，如何促進內在動機，是教師致力達成的重要教學目標。

第二節　動機理論的取向

　　Woolfolk（1995）認為，有關動機的理論主要有如下四種取向：行為取向、人文取向、認知取向和社會學習取向。Borich 和 Tombari（1997）則認為，動機理論可分為兩大類：「生物行為動機理論」（Biobehavioral Motivation Theories）與「認知動機理論」（Cognitive Motivation Theories）。「生物行為動機理論」相當於 Woolfolk（1995）所提及的行為取向與人文取向動機理論的結合；「認知動機理論」則相當於認知取向與社會學習取向動機理論的統合。Weiner（1991）更提議以「人如機器」（Person-as-Machine）此一隱喻來描述「生物行為動機理論」，而以「人如理性思考者」（Person-as-Rational-Thinker）此一隱喻來描述「認知動機理論」。不論分法為何，一般認為動機理論包含：行為取向、人文取向、認知取向、和社會學習取向。以下即針對這四種取向，略作說明。

◆ 一、行為取向

　　行為主義者認為，行為乃由驅力所促動，而驅力則因生理上的需求而產生，如在個體行為表現時給予需求的滿足（後效強化），就會強化保留該行為（外在動機）；因此，行為主義者主要是以「獎勵」（reward）及「誘因」（incentive）來解釋動機。獎勵乃任何能使個體感到滿足並強化其反應

的刺激物、情境或語言；誘因乃引起個體行為動機之外在刺激或情境（張春興，1989）。根據行為理論的觀點，獎勵和誘因是促進學習的主要因素；因此，教師應審慎分析課室中所呈現的獎勵與刺激，以了解學生的動機。

行為主義強調藉由外在手段（如加分、給予獎金及標籤等獎勵），以鼓勵學生從事某種行為。但如果某些行為持續地被增強，學生可能會發展出非預期的行為模式，例如：如果每次做完功課就准許打 5 分鐘的電動玩具，則孩子做功課可能只是達成其打電動玩具的目的之手段，最後可能造成孩子草率做完功課，而將注意力集中在打電動玩具上。

二、人文取向

人文主義者著重於探討動機的內在根源，如自我實現（self-actualization）需求（Maslow, 1970）或實現的傾向（actualization tendency）（Rogers & Freiberg, 1994），以及自我決定（self-determination）的需求（Deci, Vallerand, Pelletier, & Ryan, 1991）。人文主義者的共同信念是：人們會不斷地被與生俱來的需求所激勵，並進而發展其個人潛能（Woolfolk, 1995）。

從人文主義的觀點來看，欲促進學生的動機必須從改善他們的自尊、自治，以及自我實現等內在根源著手。

三、認知取向

認知理論者認為，行為乃由思考所決定，而非單純地由過去是否獲得獎勵或被處罰所決定（Stipek, 1993）；行為的產生乃受計畫、目標、期望、歸因、基模等因素所影響。認知取向的一個重要假設是：人們並非對外在的事件本身做回應，而是對他人如何詮釋這些事件做回應（Woolfolk, 1995）。

認知理論者認為，人是主動的訊息尋求者及問題解決者。人們之所以工作是因為他們喜愛這份工作，他們想要了解更多事情。因此，認知理論者強調的是內在動機；他們同時也很關切教師的信念與期望對其學生的影響。

四、社會學習取向

社會學習取向的動機理論，乃整合行為取向和認知取向的觀點而成的。

他們同時將行為取向所關心的結果，效果與認知取向所關心的個人信念及期望等影響因素納入考慮。許多採取社會學習取向的動機理論亦被稱為「期望×價值理論」（expectancy×value theories）（Woolfolk, 1995）。

「價值期望理論」的主要涵義為：動機主要受兩個因素所主導——個人對達成目標的期望及對此目標的價值評斷（Woolfolk, 1995），例如：小英決定週末要不要留在家念書時，可能會問自己下列兩個問題：

1. 如果我用功念書，我就會考 90 分嗎？
2. 如果我考 90 分有意義嗎？我這樣做值得嗎？

以上四種動機取向的綜合摘要比較，如表 7-2 所示。就動機來源而言，行為取向的主要動機來源為外在增強；人文取向和認知取向為內在增強；社會學習取向則為外在增強和內在增強並存。就主要理論家及重要影響因素而言，行為取向強調增強、獎勵、誘因、處罰等因素，最具代表性的人物為 Skinner；人文取向強調自尊、自我實現、自我抉擇等需求，較具代表性的人物為 Maslow 和 Deci；認知取向強調信念、對成功和失敗的歸因、期望等因素，較具代表性的人物為 Weiner；社會學習取向強調目標的價值、達成目標的期望等因素，較具代表性的人物為 Bandura 和 Eccles。

表 7-2　四種動機取向之觀點比較

| 向度 | 動機取向 | | | |
	行為	人文	認知	社會學習
動機來源	外在增強	內在增強	內在增強	外在和內在增強
重要影響因素	增強、獎勵、誘因、處罰	自尊、自我實現、自我抉擇的需求	信念、對成功和失敗的歸因、期望	目標的價值、達成目標的期望
主要理論家及其理論	Skinner 的操作制約理論	Maslow 的需求階層理論；Deci 的自我抉擇理論	Weiner 的歸因理論	Bandura 的自我效能理論；Eccles 的期望價值理論

資料來源：改寫自 Woolfolk (1995: 335)

綜合以上四種動機的理論看法，增強、需求、信念、價值和期望等是影響學習動機的重要因素。以下即分別就這些重要概念做進一步的介紹。

 第三節　操作制約與學習動機

Skinner 是發展操作制約（operant conditioning）理論最重要的心理學家，他認為古典制約的理論僅能解釋一小部分的學習行為，許多人類的行為是操作的，而不是單純的回應。人類的行為模式可以用「先前事件—行為—後果」（antecedent-behavior-consequence）來描述，而隨著行為的持續，這一次的後果可能成為下一次「先前事件—行為—後果」中的先前事件。因此，後果為決定此一行為是否會重複出現的非常重要因素，而且改變先前事件可能會改變後果（Woolfolk, 2007）。

在操作制約的理論中，如果一個行為產生了之後，所得到的後果是增強物（reinforcer），則此一被增強的行為可能會繼續持續下去，或是增加出現的頻率或時間的長度（如圖 7-1 A 所示）。反之，如果一個行為產生了之後，所得到的後果是處罰物（punisher），則此一被處罰的行為可能較不會再次出現，或是降低出現的頻率或時間的長度（如圖 7-1 B 所示）。

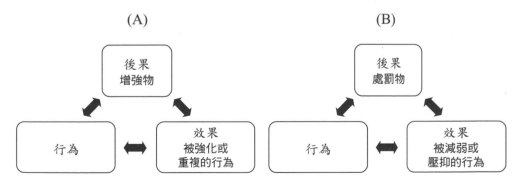

圖 7-1　操作制約中，行為、後果與效果之關係

　　就強化和處罰的類別而言，可以用刺激是否出現以及刺激物是否令人喜愛或厭惡兩個向度來看，因此可分為四種：(1)當出現的刺激物是令人喜愛的，則為正增強（Positive Reinforcement）；(2)當出現的刺激物是令人厭惡的，則為正處罰（Positive Punishment）；(3)當令人喜愛的刺激物被拿走，則為負處罰（Negative Punishment）；(4)當令人厭惡的刺激物被拿走，則為負增強（Negative Reinforcement）（李茂興譯，1998）。如表 7-3 之說明。

表 7-3　增強和處罰類別

	刺激出現	刺激消失
喜愛的刺激物	正增強 小新「乖」，得了一顆糖。	負處罰 小新「不乖」，糖被收回。
厭惡的刺激物	正處罰 小新「不乖」，屁股被打了一頓。	負增強 小新不用被打屁股，因為他說「對不起」。

資料來源：改寫自李茂興（1998：169）

　　此外，從增強是伴隨反映或時間出現，以及增強是否固定出現，可將增強分為四種：固定比率（fixed ratio）、不固定比率（variable ratio）、固定時間（fixed interval）、不固定時間（variable interval）（McCown et al., 1996）（如圖 7-2 所示）。固定比率即在一定的反應次數後給予增強，例如：小朋友每畫完 2 張圖畫即給予一顆糖果。不固定比率即在不固定的反應次數後給予增強，例如：小朋友有時候畫完一張圖畫後即給予一顆糖果，有時候在畫 3 張圖畫後才給予一顆糖果。固定時間即在一定的時間間隔後給予增強，例如：小朋友每畫圖 30 分鐘即給予一顆糖果。不固定時間即在不固定的時間間隔後給予增強，例如：小朋友有時候畫圖 30 分鐘後即給予一顆糖果，有時候畫圖 60 分鐘後才給予一顆糖果。

　　在固定比率增強的情況下，反映頻率會快速增加，但一旦增強消失，反應可能就會隨之停止。在不固定比率的情況下，會出現高度的反應頻率，但即使增強消失，反應也很少隨之停止。在固定時間增強的情況下，若增強持續給予，隨著時間的增加，反應頻率可能會增加，但一旦增強消失，反應頻

增強伴隨出現的類別

		反應	時間
增強出現的方式	固　定	固定比率 (Fixed ratio)	固定時間 (Fixed interval)
	不固定	不固定比率 (Variable ratio)	不固定時間 (Variable interval)

圖 7-2　增強時程類別

資料來源：改寫自 McCown et al. (1996: 191)

率可能會隨之降低。在不固定時間增強的情況下，所期望的反應可能會較慢出現，但會逐漸出現穩定的反應頻率，當增強消失後，反應較不會隨之消失（Woolfolk, 2007）。

　　因此，Skiner 的操作制約理論對教學的重要啟示主要在兩方面：(1)增強與處罰：善用增強與處罰能有效增進期望出現的行為頻率或降低不期望出現的行為頻率；(2)增強時程類別：善用增強時程能提升並維持學習動機。

第四節　需求與學習動機

　　Liebert 和 Liebert 指出，不同學派的心理學家，對於人類需求有其不同的看法。人格動機需求的觀點認為，人類動機係指人類的基本心理需求。Freud 的精神分析學派相信，人類動機來自於慾力能量（libidinal energy），且慾力是人類共同的基本需求。Adler 則認為，人類被兩股不斷循環的力量所激勵：一是克服自卑的需求；二是超越自卑感，追求卓越的需求。Frankl 強調追求生活的意義是所有人類的基本心理需求。Horney 則認為，缺乏溫暖

與支持的生活環境會使個人產生孤獨感，並形成基本焦慮（basic anxiety），為了消除此種焦慮，個人必須尋求可信任的環境與良好的人際關係；因此，追求安全感是人類的心理須求。Alderfer 也提出 ERG 理論，認為人類需求可簡化為生存（existence）、關係（relatedness）與成長（growth），生存需求指個體對各種生存所需的必須品；關係需求指個體尋求良好的人際關係、愛與隸屬的認同感受，以及與他人分享思想和情感的慾望；成長需求指個體努力追求個人心理成長，獲得自我發展和自我實現的慾望（引自黃婉芯，2006）。

在需求理論當中，需求階層、成就動機和自我決定常被用來解釋人類動機的理論。因此，以下針對這些理論做進一步的介紹。

◆ 一、Maslow 的需求階層理論

人類有許多不同的需求，例如：肚子餓了會想吃東西；渴了會想喝水；希望被尊重；希望能一展長才，以實現理想等。對於人類需求首先提出獨到見解的首推 Abraham Maslow（1908-1970）。Maslow 聞名於世的「需求階層理論」（hierarchy of needs）植基於其研讀威斯康辛大學期間。當時他在 H. Harlow 教授的指導下，探討有關猴子的性特點與主導特徵。這個研究引發了他對人類性與情感的興趣，於是他相信人類具有追求知識、權力和開悟的動機；這奠定了他自我實現論的根基（郭為藩，1992）。

Maslow 認為，由於人類有不同的動機，因而會產生不同的需求及滿足這些需求的慾望。在滿足需求的過程中，個體漸趨成熟，而人格也漸趨健康與完善。Maslow（1970）認為，人類動機是「一個整體而又分層」，認為人類行為是由需求所引發，當較低層次需求獲得滿足時，較高層次的需求將隨之而生。Maslow 認為，人類的需求由低層次至高層次包括：生理的需求（Physiological needs）、安全的需求（Safety needs）、隸屬感與愛的需求（Belongingness and love needs）、自尊的需求（Esteem needs）、了解的需求（Need to know and understand）、審美的需求（Aesthetic needs），以及自我實現的需求（Self-actualization needs）（引自 Lefton, 1991）（如圖 7-3 所示）。這七種需求的簡要說明如下（黃婉芯, 2006）。

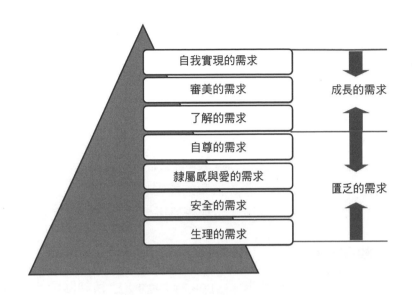

圖 7-3　Maslow 的需求階層
資料來源：改寫自 Lefton (1991: 406)

（一）生理的需求

　　生理的需求是對維持個體生存及處於均衡狀態所需要的各項資源之需求，例如：人對空氣、水、食物等的需求。生理需求是所有需求中最基本的需求，它會支配個體的思想與行為，直到生理需求獲得適當的滿足為止。

（二）安全的需求

　　安全的需求是指，個體尋求保護及免於害怕與威脅，從而獲得安全感的需求。若個體在幼年時期常處於能滿足安全感的環境中，則在往後生活中遇到威脅或恐懼時，較能保有安全感及堅強的性格，以忍受需求挫折。

（三）隸屬感與愛的需求

　　隸屬感與愛的需求也稱為「社會性需求」（social needs），即感受到被他人接納及成為所屬社會環境一份子的需求，這些需求包括：感情、歸屬、關懷、支持與友誼等需求。隸屬感與愛的需求是個體在生理與安全需求獲得

滿足之後，尋求他人接納以及拓展人際關係的需求傾向；因此，隸屬感與愛的需求滿足是人際互動的基石。

（四）自尊的需求

自尊的需求包括自尊需求（或稱為成熟需求）及名譽需求（或稱為威望需求）。自尊需求是指，個體對自身能力、實力、成就及自信心等有價值肯定的需求；而名譽需求則是指，個體具有被認可、被接受，或被他人所肯定、尊重的優越需求。個體若要對自我的能力有信心、能肯定自我價值、能適應社會上的刺激或挑戰的生活，必須先贏得他人由衷的價值認同。

（五）了解的需求

了解的需求又稱為認知需求（cognitive needs）。精神健康的人對於知識和了解的需求，不僅將其定義為尋找意義，且假設人類有一種理解、組織、分析事物，使事物系統化的慾望，一種尋找諸事物之間關係和意義的慾望，以及一種建立價值體系的慾望。

（六）審美的需求

審美的需求又稱為情意需求（conative needs），意指個體追求對稱、系統、結構及完備，以獲致美感經驗，並使生活更富情趣的需求。雖然審美觀念不像其他需求那麼強烈，也對個體生存不具重大影響，但個體具有追求與創造美感的需求傾向，有助於個人、社會與國家走向更健康之路。

（七）自我實現的需求

自我實現的需求是指，個體不斷地實現自己的潛能，進而促使自己達成目標，並邁向真善美至高人生境界的需求。自我實現的另一重要概念為高峰經驗（peak experience），即個人達到自我實現的境界時，所經驗到的一種超越時空與自我心靈滿足感及完美感。

Maslow 將生理、安全、隸屬感與愛、自尊等四種較低層次的需求稱為「匱乏的需求」（deficiency needs）；將了解、審美、自我實現等三種較高

層次的需求稱為「成長的需求」（growth needs）（如圖 7-3 所示）。根據
Maslow 的看法，這些需求是彼此關聯的；欲追求成長的需求必先滿足匱乏
的需求，當成長的需求獲得滿足後，個體才有可能達到自我實現。此外，依
據 Maslow 的看法，成長的需求雖然比較不會直接影響個體的生存，但它是
由個體自我追尋後而獲得的滿足，因此能提升並擴展生命的意義。故成長的
需求又稱為超越的需求（meta-needs）（引自黃婉芯，2006）。

　　Maslow 的需求階層理論對學習動機有重大的啟示。設想：若今天一位
學生來自於三餐不繼的家庭，她／他對生活必定不會有安全感；她／他也可
能會因為穿著破爛而受到同學的排擠與恥笑。在缺乏安全感、沒有團體隸屬
感與不被尊重的情況下，這位學生還會有心思追求知識的成長或者想去欣賞
一場芭蕾舞表演嗎？因此，教師首先必須協助學生滿足其基本需求，以使其
能追求高層次的需求。通常會追求成長需求的學生，是屬於自我引導的學習
者，其學習主要是由內在動機所驅使。

◈ 二、成就動機與成就目標導向

　　成就動機係指，對個人所認為重要或有價值的工作，去從事與完成，並
期望能達到完美的一股內在動力。它對於克服障礙、追求權力、從事困難工
作，以及盡心完成目標是非常需要的（Reber, 1995）。

　　較早提出「成就動機」（achievement motivation）理論的學者，應為
David McClelland 和 John Atkinson。在一古典的研究中，McClelland（1958）
讓兒童玩一個套環遊戲（ring-toss game）。在此研究中，兒童可以自由選擇
丟套環以套小豬的距離。結果發現：低需求成就者（low-need achievers）傾
向選擇非常遠或非常近的距離來丟套環，而高需求成就者（high-need
achievers）則傾向選擇適中的距離來丟套環。McClelland 對於這個發現的解
釋如下：高需求成就者之所以會選擇適中的距離來丟套環，是因為此一選擇
的成功機率可能為 50%；若選擇非常近的距離來丟套環，雖然勝算較大，但
卻不具挑戰性；若選擇非常遠的距離來丟套環，則對於勝算毫無把握，即使
能套到小豬也只是運氣好。Atkinson（1964）認為，人們不但具有成就的需
求，同時也具有避免失敗的需求。當對從事一項行為的成就需求高於避免失

敗的需求時，人們所抱持的心態可能是「把它當作挑戰，冒險一試」；反之，當避免失敗的需求高於成就需求時，人們可能會覺得此一行為充滿威脅感。

　　為何人們會發展出成就動機的需求呢？對其來源的解釋主要有兩種觀點（Stipek, 1993）：有些心理學家認為，成就動機是一種穩定且下意識的特質，每個人或多或少都具備這樣的特質；有些心理學家則認為，成就動機是由許多有意識的信念和價值觀所組成，而這些信念和價值觀的形成，可能是受新近成功或失敗經驗，或立即情境中工作的難度和誘因所影響。就第一種觀點而言，家庭和文化團體對學生成就動機的形成有關鍵性的影響。如果父母對於孩子的學習成就及主動學習的態度能給予嘉賞，並提供適當的問題解決機會，則這孩子較可能發展出高成就動機（McClelland & Pilon, 1983）。就第二種觀點而言，成就動機受成就情境的影響很大，因此，數學成就動機高的孩子，其英文成就動機不一定高。在第二種觀點中，學校和家庭對於學生的成就動機的需求，同樣具有相當大的影響力。

　　此外，為何相同能力層次的學生，在面對失敗時會有不同的反應？Dweck 和 Elliott（1983）認為，這是因為學習者持不同的成就目標。不同成就目標的設定對學習有非常重大的影響。在當代探討動機的相關理論中，成就目標理論（achievement goal theory）被視為是最具影響力的一派理論（Elliot, 1999）。成就目標係指，個體在從事與成就相關的活動時所抱持的目的，此一目的會影響其認知歷程，進而影響其在成就情境中的行為表現；不同的成就目標會導致個體在面臨成就情境時，產生不同的詮釋以及因應方式（施淑慎，2004）。較早期的成就目標理論是由 Dweck 和 Elliott 所提出，他們認為成就目標可分為學習目標（learning goal）和表現目標（performance goal）。持學習目標者，其學習的目的在發展個人能力並精熟所學習的工作；持表現目標者，其學習的目的在表現個人能力或避免讓別人知道他／她缺乏能力。之後，Nicholls（1984）將目標導向分為工作投入（task involvement）和自我投入（ego involvement）；其中的主要差異在於是否持「分化」的觀點建立能力，所謂「分化」是指能區別能力和努力。持工作投入目標者通常會採取未分化的觀點來建立自我能力，因此會努力吸收知識並發展技能；而持自我投入目標者通常會採取分化的觀點來建立自我能力，因此會

努力展現自己的能力。之後，成就目標的研究大都以 Dweck 和 Elliott，以及 Nicholls 所提出的理論為根據，但有學者將學習目標稱為精熟目標（mastery goal）。到 1990 年代中期，許多研究者已將表現目標區分為趨向表現目標（approach performance goal）和迴避表現目標（avoidance performance goal）。Dweck 的研究發現，持精熟目標者有較高的自我效能、工作價值、興趣、正向情感、努力及堅持、使用較多的自我學習策略，以及有較佳的學習表現（引自程炳林，2003）

2000 年，Pintrich 根據成就動機的趨向／逃避焦點，以及成就目標的精熟／表現兩大向度，提出四種成就目標導向：(1)趨向精熟目標（approach-mastery goal）：即持精熟導向並專注於趨向焦點；(2)趨向表現目標（approach-performance goal）：即持表現導向並專注於趨向焦點；(3)迴避精熟目標（avoidance-mastery goal）：即持精熟導向並專注於迴避焦點；(4)迴避表現目標（avoidance-performance goal）：即表現導向並專注於迴避焦點。此 2×2 的成就目標模式，如圖 7-4 所示（Pintrich, 2000a）。Pintrich（2000b）認為，趨向精熟目標與自我調節歷程有正向關係；迴避表現目標與自我調節歷程有負向關係；趨向表現目標與迴避精熟目標與自我調節歷程則有較複雜的關係。

圖 7-4　Pintrich 的 2×2 成就目標模式

　　相隔一年，Elliot 和 McGregor（2001）以對能力的定義（definition）和對能力的定價（valence）兩個向度來定義成就目標。定義能力的標準包含絕對的（absolute）（即工作本身的要求）、個人的（intrapersonal）（即個人過去的成就或最大潛能發揮的表現）、常模的（normative）（即他人的表現）。因此，個人的能力可以被評價並定義為：是否已經理解或精熟一項工作（絕對的標準），是否已經改善個人的表現或已經展現個人的知識或技能（個人的標準）以及是否已經表現得比別人好（常模的標準）。值得注意的是，絕對的標準和個人的標準往往是並存的；採絕對的標準和個人的標準者通常會持精熟目標，而採常模的標準者通常會持表現目標。就對能力的定價而言，能力可能被詮釋為正面的、可欲求的可能性（成功）或是負面的、不可欲求的可能性（失敗）。當個體正向評價自己能力，就會採取趨向成功的行為；反之，就會採取迴避失敗的行為。

　　因此，根據個體對自我能力的定義和定價，Elliot 和 McGregor（2001）將成就目標分為四種：(1)精熟趨向目標（mastery-approach goal）：即以絕對的／個人的標準定義能力，並採正面的能力定價；(2)表現趨向目標（performance-approach goal）：即以常模的標準定義能力，並採正面的能力定價；(3)精熟迴避目標（mastery-avoidance goal）：即以絕對的／個人的標準定義能力，並採負面的能力定價；(4)表現迴避目標（performance-avoidance goal）：即以常模的標準定義能力，並採負面的能力定價。此 2×2 的成就目標模式如圖 7-5 所示。

　　雖然，2×2 的成就目標模式已提出將近 10 年，但以此架構進行動機研究者尚不多見。目前，大部分的成就目標研究均將成就目標分為精熟目標（mastery goal）、趨向表現目標（performance-approach goal）與迴避表現目標（performance-avoidance goal）。精熟目標重視的是，如何在學習過程中精進自我的能力；趨向表現目標追求的是，如何透過與他人的比較來展現自己的能力；迴避表現目標關注的是，如何避開失敗的情境，以免顯露出自己的能力不足（施淑慎，2004）。持不同目標導向的個體，對智能的看法、自信及行為模式都有些差異，而這些差異可能會影響其學習動機，進而影響其學習效果。持表現目標導向者對於智能較會抱持「實體論」，認為智能是固

能力定義

	絕對的／個人的 （精熟）	常模的 （表現）
正向 （趨向成功）	精熟趨向目標 (mastery-approach goal)	表現趨向目標 (performance-approach goal)
負向 （迴避失敗）	精熟迴避目標 (mastery-avoidance goal)	表現迴避目標 (performance-avoidance goal)

（能力定價）

圖 7-5　Elliot 和 McGregor 的 2×2 成就目標模式

定的實體，不是努力或動機可以改變的；持精熟目標導向者對於智能較會抱持「增加論」，即認為智能是具有可塑性的，是努力或動機可以改變的。此外，持趨向表現目標者可能對自我能力具有高度自信，因而採取精熟導向的行為模式；持迴避表現目標者可能對自我能力的自信低落，因而採取無助感的行為模式；而持精熟目標者則不論對自己的能力具有高度自信或低度自信，都會採取精熟導向的行為模式（三者的比較如表 7-4 所示）。

表 7-4　成就目標、智能理論、自信和行為模式

目標導向	智能理論	對能力的自信	行為模式
趨向表現目標	實體論	高度自信	精熟導向 （尋求挑戰；高堅持性）
迴避表現目標	實體論	低度自信	無助感 （避免任何挑戰；低堅持性）
精熟目標	增加論	高度自信或低度自信	精熟導向 （尋求能夠促進學習與成長的挑戰；高堅持性）

資料來源：改寫自李茂興譯（1998：486）

　　就成就目標與策略應用的關係而言，研究顯示精熟目標與認知以及後設認知策略的使用有正相關（Pintrich & Schrauben, 1992），而趨向表現目標和策略運用間的關係則比較複雜。研究發現，趨向表現目標與類似背誦這種淺層的處理策略有正相關，而與深度的訊息處理歷程則沒有顯著相關（如 Pintrich & Garcia, 1991; Pintrich, Smith, Garcia, & McKeachie, 1993）。

◆ 三、自我決定

　　人們通常會有想要成就某事，以表現自我能力或主動監控個人行為的需求，此需求即為自我決定的需求（need for self-determination）（Deci & Ryan, 1985; Deci et al., 1991）。自我決定是指，在從事活動之前有選擇的自由（Ryan & Deci, 2000）。根據 Ryan 和 Deci（2000）的自我決定論（self-determination theory, SDT），自我動機和人格整合的基礎，乃源自於人類固有的成長傾向和天生的心理需求，所謂的心理需求包括：自主（autonomy）、關聯（relatedness）和才能（competence）。「自主」是指，個體相信自己是行動的發起者與調節者的信念，內含選擇的意念以及外在的行為、行動；「關聯」是指，個體在生存的特定社會情境下，有歸屬感或可以感覺到與他人有所聯結，是一種共有的感覺或與他人間的親密感；「能力」是指，個體相信自己能與周圍環境產生有效且熟練的互動。滿足此三種心理需求，就能增進幸福的感受。

　　Reeve、Nix 和 Hamm（2003）認為，自我決定主要的特質有三項：(1)知覺的因果控制：它通常存在於由內在到外在兩端之連續範圍之間，此連續性的兩端反應了個體對其行為的發生與調節之知覺，而這樣的知覺是來自於個人（內在的因果控制知覺）或環境力量（外在的因果控制知覺）；(2)意志：意志是指在毫無壓力的情況下，個體樂意地去從事某項活動。當個體經驗到高度自由、極低壓力或無壓力時，個體的意志會隨之提升；(3)選擇的知覺：當個體身處於彈性的環境並有選擇的權力時，通常會促進個體對選擇的知覺、自我決定與內在動機（引自彭月茵，2007）。Deci 和 Ryan 於 1987 年即指出，自主意味著對行為的認同（即內在的因果控制）時，對從事該行為有高度的彈性與低壓力（即高度的心理自由），且對該行為是出自於最真實的

選擇（即選擇的知覺）（引自彭月茵，2007）。Chirkov、Ryan、Kim 和 Kaplan（2003）也指出，當個體依循他／她最真實的興趣來行動，或是整合對該活動的價值與渴望時，他／她便是一個自主的個體。

　　有些學者也從自我調節的觀點，來看自我決定與動機的關係，例如：McCown 等人（1996）認為，行為動機的兩個端點為外在調節（external regulation）與內在調節（self-regulation）。一般而言，一個人的行為動機會落在這兩個端點之間。「內在調節」意指，當一個人採取某種行動時，乃基於個人的興趣與自我決定；反之，「外在調節」意指，當一個人採取某種行動時，乃基於害怕受罰或其他的外在因素。Ryan 和 Deci（2000）也認為，自我決定、自我調節與動機類型有密切的關係；依據自我決定程度的不同，不同類型的動機及自我調節類型會依序落在一連續軸線上。根據自我決定程度，可將動機歸類為無動機（amotivation）、外在動機與內在動機（如圖 7-6 所示）（引自彭月茵，2007），說明如下。

（一）內在動機

　　具有此動機者擁有最高度的自我決定，能自由選擇去從事該活動，並能在活動中，擁有歡樂愉悅與滿足的感覺，而該活動也能提供學習的機會。

（二）外在動機

　　一般而言，當活動非出於自主，個體知覺的是外在環境的因果控制時，此時促使個體去從事該活動的是外在動機。外在動機的調節類型又可分為：外在調節（external regulation）、投射調節（introjected regulation）、認同調節（identification regulation）和整合調節（integration regulation）。「外在調節」是為了獲得外在獎勵、避免處罰或減少獎勵的損失，因此，當個體知覺到其行為是受到外在控制時，其自我決定的程度最低。「投射調節」比外在調節多了一些內化的成分，個體認為他們應該接受並評價該行為，但此評價仍來自於外在的壓力；亦即行為的目的是為了獲得自己或他人的認同與鼓勵，避免罪惡感或自我貶抑。「認同調節」是指，個體擁有更多的自主，它反應了對行為目標的評價或調整，認為此行為對個人而言是重要的、有意義

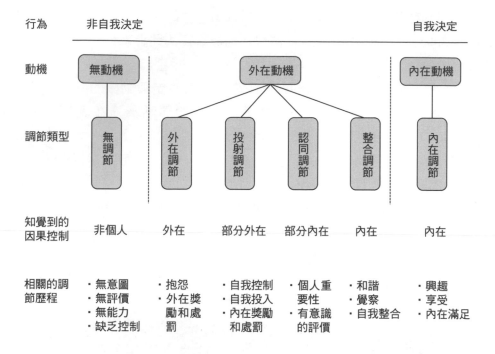

圖 7-6　自我決定、動機類型、調節類型、因果控制與相關因素
資料來源：改寫自 Ryan & Deci (2000: 72)

的；亦即行為來自於高度的自我決定動機，個體會將行為的價值內化成自我
的一部分，但仍然不能樂在其中。「整合調節」是指，個體將該行為完全內
化成自我，其認同行為與自我的價值與需求一致；亦即該行為能完全融入每
天的生活當中，與自我的其他部分和諧運作。此外，在此連續的向度上，也
可看出個體在知覺因果控制與相關調節歷程上的不同。在知覺的因果控制
上，愈趨向左邊，個體對控制的知覺愈傾向源自於非個人、外在的因果控
制；愈趨向右邊，則愈傾向源自於個人、內在的因果控制。在相關調節歷程
中也是如此，即愈趨向外在動機的調節，則行為的目的愈趨向避罰趨賞；愈
趨向內在動機，則行為結果愈能感到自我滿足與自我整合。

（三）無動機

無動機係指，個體缺乏行動的意圖（包括內在動機與外在動機）。當個體無動機時，並無法知覺行為與結果間的關聯性、不評價行為、自覺自己能力不足，也不期望行為可以產生期望的結果。

最近有一些研究將認同調節及內在動機均視為自我決定動機（Vansteenkiste, Lens, De Witte, De Witte, & Deci, 2004; Vansteenkiste, Zhou, Lens, & Soenens, 2005），因為「認同」係指，個體意識到從事某項活動之價值或該活動對個人之重要性，這類動機雖然是外在動機的一種，但是相較於外在調節與投射調節，認同調節的自我決定性較高。

綜合言之，「自我決定論」認為一般人都會自然傾向於想要從事出於自己選擇或是自由意志的活動，而依據個體知覺到的因果控制，會產生不同類型的動機。內在動機所激發的行為可視為自我決定或自主性活動的原型，因為此時個體的興趣完全融入一連串自我決定的活動中。外在動機的產生，雖然是為了要達到某種工具性的目的，但它仍有自主程度高低之別，而自主程度的差異則取決於這些在一開始促發行為的外在規範被個體所內化（internalization）的程度。「內化」，係指個體將來自外在的信念、態度或行為規範逐漸轉變為個人的特質、價值系統或自律方式的歷程。就「自我決定論」的觀點而言，如果內化的歷程能運作得愈完整、愈有效，以致於能將原本的外在規範和諧地融入一個人的自我當中，則個體的外在動機就具有愈高的自主性或自我決定性（施淑慎，2009）。

　第五節　**信念與學習動機**

◆ 一、自我效能

最早提出「自我效能」（self-efficacy）概念者首推 Albert Bandura。自我

效能涉及個人對於其有能力組織及執行達成目標的行動之自信（Bandura, 1989, 1993, 1995）。這樣的自信對於學習的動機與表現有關鍵性的影響。Driscoll（1994）認為，自我效能乃決定個體是否願意採取主動的因應行為、欲花費多少努力，以及此一努力要持續多久的重要因素。Mager（1992）也認為，自我效能對一個人的行為影響甚鉅，其影響可從下列幾方面來看：(1)行為的選擇：高自我效能者傾向選擇他們認為可以成功的工作；(2)動機：高自我效能者較低自我效能者更具有努力的動機；(3)努力和堅持：高自我效能者較可能為達成目標而做應有的努力，而且當遭遇困難時也較能堅持；(4)思考方式：高自我效能者傾向運用成功的腳本，而低自我效能者傾向運用失敗的腳本；(5)學習和學業成就：與低自我效能者相較，高自我效能者從事較多的學習活動，而且其學習成就較佳，即使當二者的能力相同時，仍會有此差異；(6)壓力和沮喪：低自我效能者比高自我效能者較易感到壓力和沮喪，因為低自我效能者預期他們的表現會失敗。

　　Bandura（1977）在早期的研究中指出，自我效能的組成因素有二：結果期望（outcome expectancy）和效能期望（efficacy expectations）。「結果期望」涉及個體對於某種行為將導致特定結果的一般信念；「效能期望」涉及個體對於其能成功執行應採取行為，以獲取所欲結果的信念。Bandura 認為，效能期望決定一個人欲從事某事的努力程度，進而影響其所採取的行動，此時，結果期望也會直接影響所欲採取的行動；最後，所採取的行動將影響一個人的學習結果，例如：小英想學習英語，若她認為「我天生擅長語言學習」（效能期望），她可能會決定每天花費 3 個小時去學習英語（努力）；於是，她開始用心的去學習英語的字彙、文法、發音等（行動），因為她認為這些知識有助於她說得一口流利的英語（結果期望）。最後，她終於如願以償，說得一口流利的英語（結果）。反之，若小英認為「我不擅長語言學習」（效能期望），而且她覺得學習英語的字彙、文法、片語等，對她是否能說一口流利的英語並無多大幫助（結果期望），於是她不願意花費很多時間（努力）在學習這些字彙、文法、發音上（行動）。最後，她連基本的會話都無法表達（結果）（效能期望和結果期望對努力、行動和結果的影響，如圖 7-7 所示）。Bandura並建議，個人在採取行動以達成所預期的結

果之前，應先滿足結果的期望（相信若獲得某些技能將有助於成就某事）和效能的期望（相信自己具有足夠的能力）。

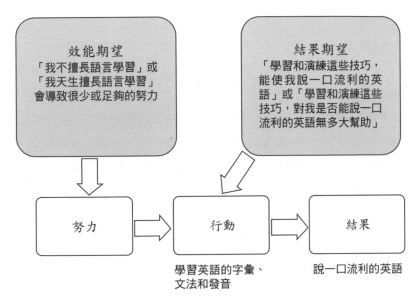

圖 7-7　效能期望和結果期望對努力、行動和結果的影響
資料來源：改寫自 Driscoll（1994: 301）

　　Flammer（1995）認為，自我效能的發展有五個階段：(1)事件基模（event schema）：孩子知道某些效果發生了；(2)因果基模（causal schema）：孩子知道某些行動會產生某些效果；(3)區分內在原因與外在原因（distinction between internal and external causes）：孩子有意識地知道「我如何行動以導致某些效果的產生」；(4)自我察覺為類別自我概念發展的開始（self-awareness as the beginning of the categorical self-concept）：孩子有自我意識地知道「我如何行動以導致某些效果的產生」；(5)控制信念為類別自我概念的一部分（control belief as part of the categorical self-concept）：孩子有自我意識地知道「我能夠如何行動以導致某些效果的產生」。

　　Flammer 認為，自我效能的發展有兩項重要的心理機制：一為有自我意識的，另一則為控制信念；前者強調清楚知覺到「我」的參與，而後者則是

對於「我能」的因果性信念。就自我效能的發展而言，家庭與學校均對個人的自我效能之形成有很大的影響（Schneewind, 1995; Zimmerman, 1995）。

二、歸因

歸因（attributions）是一個人對於成功或失敗原因的解釋，此一解釋引導一個人的未來行為（Ormrod, 1995）。歸因理論即在探討歸因對於行為的影響。Bernard Weiner 是以歸因來解釋學習的主要心理學家之一（Weiner, 1979, 1986, 1990, 1992）。根據 Weiner 的看法，人們對於成功或失敗的歸因可從三個向度來分析：原因點（locus）、穩定性（stability）和可控制性（controllability）。「原因點」意指，引起成功或失敗的原因之所在點，此原因點可能是內在的（如能力、典型的努力、即時的努力、心情），也可能是外在的（如工作難度、運氣、教師偏見、他人不尋常的協助）。「穩定性」意指，對於成功或失敗所歸結的原因，是否會隨情境的不同而有所變化，例如：「心情」和「即時的努力」為不穩定的歸因，而「能力」和「典型的努力」則為穩定的歸因。「可控制性」意指，本身對於成功或失敗的原因是否可以控制，例如：「努力」是學生可以控制的，而「工作難度」則是學生無法控制的。表 7-5 即為 Weiner 的三向度歸因模式。

表 7-5　Weiner 的三向度歸因模式

可控制性	內在		外在	
	穩定	不穩定	穩定	不穩定
不可控制	能力	心情	工作難度	運氣
可控制	典型的努力	立即的努力	教師偏見	他人不尋常的協助

資料來源：改寫自 Weiner (1979: 7)

根據 Weiner 的三向度歸因模式，若一考生考試失敗後，她／他會做何種解釋呢？持「內在－穩定－可控制」歸因取向的學生，可能會認為考試失敗的原因是：從來不為考試而認真念書；而持「外在—不穩定—不可控制」歸因取向的學生，則可能會認為考試失敗的原因是：考運不佳，考出來的題目

剛好沒念到。表 7-6 即為根據 Weiner（1992）的看法，持不同歸因的學生對於考試失敗的原因，可能出現的八種解釋。

表 7-6　根據 Weiner 的歸因理論，考試失敗者可能提出的失敗原因

向度	失敗原因
內在—穩定—不可控制	能力不夠
內在—穩定—可控制	從來不為考試而認真念書
內在—不穩定—不可控制	考試當天心情不好
內在—不穩定—可控制	沒有為此考試而認真念書
外在—穩定—不可控制	考試題目太難了
外在—穩定—可控制	教師有偏見
外在—不穩定—不可控制	考運不佳，考出來的題目剛好沒念到
外在—不穩定—可控制	同學沒有幫忙

資料來源：改寫自 Weiner (1992: 253)

　　Weiner（1992）相信歸因理論的三個向度，均對動機有重要的啟示。內在與外在的原因點似乎與自尊有關（Weiner, 1980），若將成敗歸因於內在因素，成功將會帶來驕傲與更高的動機。穩定向度的歸因則與未來的期望有關，若學生將成敗歸因於工作難度（穩定因素）時，他們會預期未來在同樣主題的學習上會成功；若學生將成敗歸因於運氣（不穩定因素）時，他們可能預期未來的運氣會改變，因此對於是否能成功學習，毫無信心。可控制性向度則與情緒（如生氣、感激、羞愧）有關。當學生做某件自覺可以控制的事時，若失敗，該生將感到羞愧與充滿罪惡感，而成功時，該生將會感到驕傲；反之，當學生做某件自覺無法控制的事時，若失敗，該生會對掌控者感到憤怒，而成功時，該生則會覺得運氣好或很感激。當學生覺得無法掌控其學習或生活時，其自尊會逐漸降低（McCown et al., 1996）。研究也發現，高成就者傾向將失敗歸因於努力不夠（內在—不穩定因素），此一歸因方式促使他們更加努力（Graham & Barker, 1990）。

　　此外，Weiner（1993）發現，高度努力或高度動機者往往在成功時是被酬賞的，而在失敗時也較少被處罰（相較於不努力或缺乏動機者）。而當失

敗是因為具高度能力卻缺乏努力時，會導致最嚴厲的處罰；當成功是因為缺乏能力卻高度努力時，會獲得最高度的酬賞。Weiner 因此從社會動機的角度來詮釋這些現象（如圖 7-8 所示）。Weiner 認為，當失敗被歸因為努力不夠時，往往會導致高程度的處罰，因為一般認為努力是個體可控制的因素，因此個體對失敗必須負責，所以通常在此情況下，個體不佳的表現是令人生氣的，因而對個體加以處罰（如圖 7-8 A 所示）；相對地，若失敗被歸因為能力不夠時，往往會導致低程度的處罰，因為一般認為能力是個體不可控制的因素，因此個體對失敗不需要負責，所以通常在此情況下，個體不佳的表現是令人同情的，因此不會對個體加以處罰（如圖 7-8 B 所示）。

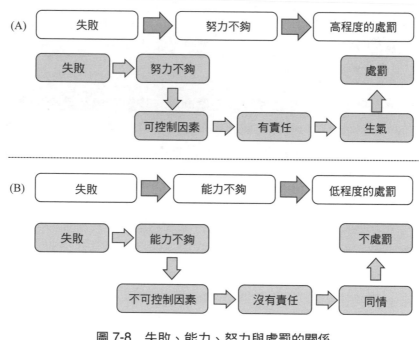

圖 7-8　失敗、能力、努力與處罰的關係
資料來源：改寫自 Weiner (1993: 959)

　　有機會做選擇、可控制，與可自我抉擇均為內在動機不可或缺的條件；當人們相信他們對生活完全無法掌控時，即已發展出所謂的習得無助（learned helplessness）（Seligman, 1975）。習得無助會造成動機、認知及情

意等三方面的不足；這種無望的感覺將使學生毫無學習動機，甚至會造成沮喪與焦慮等症狀（Woolfolk, 1995）。Berk（1994）認為，高學習動機者會發展出精熟導向的歸因（mastery-oriented attribution）——成功是因為能力強，而失敗是因為努力不夠；而低學習動機者可能會發展出習得無助——成功是因為運氣好，而失敗是因為能力不夠。精熟導向的歸因可能使學生對於成功有較高的期望，也比較願意做有挑戰性的工作。習得無助則可能使學生對於成功有相當低的期望，以致於學生不願在面對具有挑戰性的工作時，深怕無法掌控而感到萬分焦慮。

 **第六節** ## 期望、價值與學習動機

　　期望和價值對學習動機的影響，也是十分受重視的。較早期提出的「期望×價值模式」（expectancy×value model）假定，人們願意努力從事某項任務是以下情況的產物：當他們專心致力於該項活動時，他們預期能順利執行該項任務的程度，以及他們重視那些酬賞的程度（李素卿譯，1999）。換言之，動機＝覺知成功的可能性×成功的誘因價值；個體對達成目標的動機是視「個體對成功機會的判斷」與「評定成功的價值」而定（引自彭月茵，2007）。

　　後來，Eccles 等人（1983）提出以「期望成功」（expectancy for success）和「主觀工作價值」（subjective task value）為主的期望—價值理論（expectancy-value theory）。之後，Pintrich（1989）也提出以期望成分（expectancy components）、價值成分（value components）與情感成分（affective components）為主的期望—價值理論。這兩個期望—價值理論是在探討成就動機時常被引用的，以下即針對這幾個理論做一簡要介紹。

◈ 一、Eccles 等人的期望—價值理論

　　Eccles 等人（1983）提出期望—價值理論，認為個體從事一個工作，主

要是受到期望成功和主觀工作價值的影響，其內涵如下（林章榜，2006；彭月茵，2007；Eccles, 1983; Eccles et al., 1983; Wigfield & Eccles, 2000）。

（一）期望成功

期望成功係指，個體依據過去成功的機率，評斷從事某工作成功的可能性或可以做得多好的知覺。期望成功又包含：(1)知覺工作困難度：是指一件工作對個體而言有多困難的知覺；(2)需求努力：是指個體需要多努力才能把工作做好的知覺；(3)能力知覺：是指個體對特定工作能做得多好的知覺。

（二）主觀工作價值

主觀工作價值係指，個體對所從事工作的評價程度，其評價指標包括：(1)重要性（importance）：是指把一件工作做好對個人的重要性；(2)樂趣（interest）：是指個體在從事該工作時的樂趣，此為重要的心理因素；(3)實用性（utility）：是指個體評估從事該工作，對於未來計畫是否有幫助，這也是學習者從事該工作的基本條件，相當於「外在動機」；(4)代價（cost）：是指當個體從事該工作時，被迫需要犧牲其他工作，即從事該工作時需付出的代價；代價主要受到下列因素所影響：重要他人的期望代價、失去從事其他活動的機會、失敗的心理代價（包括：焦慮、害怕、擔心表現不好等）等。當個人評估從事該活動所造成的負面影響愈小，就比較會參與該活動；而當代價愈高時，活動的價值就愈低。

在以「期望─價值模式」進行了許多研究之後，Wigfield 和 Eccles（2000）提出一個更為精緻化的模式──「成就動機的期望─價值模式」，來解釋期望成功和主觀工作價值是如何影響成就相關的選擇（achievemnet-related choices），以及期望成功和主觀工作價值是如何發展的（如圖 7-9 所示）。他們認為，期望成功和主觀工作價值會直接影響成就相關的選擇，也會影響成就表現、所付出的努力和堅持度。模式中亦強調，期望成功和主觀工作價值會被特定工作的信仰（task-specific beliefs）所影響；這些特定工作的信仰包括：對自我能力的信仰、所知覺到的工作難度、個人目標、自我基

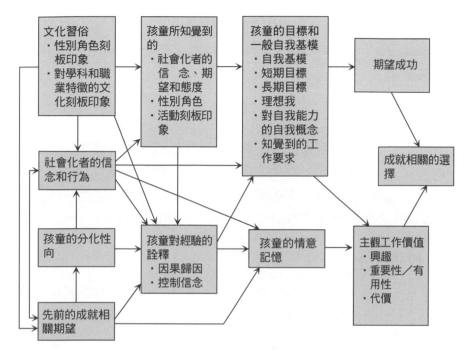

圖 7-9　Wigfield 和 Eccles 的「成就動機的期望一價值模式」
資料來源：改寫自 Wigfield & Eccles (2000: 69)

模和情意的記憶（affective memory）等社會認知的變項，而這些社會認知的變項同時會受到個人過去的經驗和許多社會化因素的影響。

二、Pintrich 的期望一價值理論

　　Pintrich 於 1989 年提出以期望成分（expectancy components）、價值成分（value components）與情感成分（affective components）為主的成就動機理論，這三個成分的內涵如下（引自彭月茵，2007）。

（一）期望成分

　　期望成分是指，學習者對於執行這份工作所需能力或技巧的信念，包含：(1)自我效能信念（self-efficacy belief）：指學習者根據自己以往的經

驗，對某一特定工作或事物，經過多次的成敗經歷後，確認自己對處理該項工作是否具有高度效能，即評估自己是否有能力完成；(2)期望成功信念（expectancy for success belief）：指學習者對於自己在某項特定工作成功可能性的信念。

（二）價值成分

價值成分是指，學習者對工作價值及重要性的信念，包括：(1)工作價值（task value）：指學習者對該項工作所做的內在價值評價及對未來目標實用性的評價；(2)重要性信念（important belief）：指學習者從事一項工作的理由及對該項工作的重要性、有用性（utility）或興趣（interest）。

（三）情感成分

情感成分是指，學習者對於自己的感覺或對於這份工作的情緒反應，又可區分為：(1)正向情感（positive affect）：指學習者在學習時，喜歡學習內容、享受在學習歷程中的樂趣，並對學習結果感到滿意的情緒表達；(2)負向情感（negative affect）：指學習者在學習時，感受到不舒服、生氣或恐懼的感覺，擔心自己比別人差、比不上別人而有失望、責怪自己的情緒等；(3)考試焦慮（test anxiety）：包含憂慮（worry）和情緒化（emotionality），憂慮是指，學習者在面對考試情境時，所表現的各種認知方面的擔心，如擔心考試後果、負面的成就預期等；情緒化是指，學習者在考試情境中所產生的生理反應，如心跳加快、手心出汗等。

由上述的期望─價值理論可以發現，工作價值、期望成功及正向情感對學習有很大的影響，這三者對學習的影響是不容忽視的。

第七節　教師信念與學生的學習動機

◆ 一、教師期望

　　比馬龍效應（Pygmalion effect）意指，教師的期望可能影響學生的行為（McCown et al., 1996）。首先將「比馬龍效應」一名詞應用於教師期望上的學者為 R. Rosenthal 和 L. Jacobson（McCown et al., 1996）。Rothenthal 和 Jacobson（1968）在研究中針對小學一至六年級學生進行智力測驗。在測驗完畢後，參與教師被告知他們的某些學生是屬於「有潛力的成就者」，在未來一年中，他們將比一般學生增進較多的智力。事實上，這些所謂的「有潛力的成就者」與「一般學生」在智力測驗的表現上並無差異。在那一學年度結束之前，這些學生又作了一次智力測驗。第二次的測驗結果顯示：這些「有潛力的成就者」之智力測驗成績的確進步較多；這些學生的進步乃歸因於教師的高度期望。此一結果即被稱為「比馬龍效應」，有時亦被稱為「自我預言實現效應」（self-fulfilling prophecy）或「教師期望效應」（teacher expectacy effect）（McCown et al., 1996）。由上述可見，教師期望對學生的學習動機有重大的影響。

　　最近的研究強調，教師的教學行為與措施不應與教師期望混為一談；基於教師期望所採用的教學行為可能會對學生造成負面的影響（Goldenberg, 1992），例如：Goldenberg 在研究中發現兩個有趣的案例：第一個案例是學生在期末的成就表現與其教師所預期的恰好相反，原因是「這位教師並未在必要的時機對這位學生採取糾正行動，因為他認為這位學生可以獨力把事情做好」；另一個案例是教師的低期望導致學生的低成就表現，有位教師對某位學生的閱讀表現抱持非常低的期望，這樣的期望影響了他所採取的教學措施，最後這位學生的閱讀成就就真的很低。

🔷 二、教師效能

教師效能（teacher efficacy）對教師的教學行為及學生的學習有重大的影響（Bandura, 1993, 1995; Benz, Bradley, & Flowers, 1992; Guskey & Passaro, 1994; Housego, 1992; Rafferty, 1993; Woolfolk & Hoy, 1990; Woolfork, Rosoff, & Hoy, 1990; Zimmerman, 1990）。在教師效能領域的研究中，Gibson 和 Dembo（1984）所提出的理論已為許多研究者所採用（如 Benz et al., 1992; Coladarci, 1992; Guskey & Passaro, 1994; Housego, 1992; Woolfolk & Hoy, 1990）。

Gibson 和 Dembo（1984）認為，教師效能為兩大因素所構成：「教師效能」（teacher efficacy）和「個人教學效能」（personal teaching efficacy）。「教師效能」涉及一位教師對於其教學能力受到外在因素影響的信念；「個人教學效能」則涉及一位教師對於自己有能力及技巧引發學生學習的信念。Gibson 和 Dembo 所提出的教師效能和個人教學效能，均為有效教學的重要指標，但個人教學效能似乎比較具有建設性，而且研究發現，個人教學效能比教師效能更能有效地預測教學的有效性（引自 Guskey, 1988）。

Badura（1995）指出，教師對其個人教學效能的信念，影響其一般的教學過程導向及特殊的教學活動。在一項實徵研究中，Bandura（1993）發現，對自己的教學效能有高度信念的教師，較可能為學生創造精熟學習的機會；反之，對自己能夠建構有利的課室環境之能力感到懷疑者，則較可能會破壞學生的自信心與認知發展。此外，Woolfolk（1990）發現，個人教學效能較高的教師，較能信賴學生，並樂於與學生共同解決課室問題。

第八節　如何提升學生的學習動機

Ryan 和 Deci（2000）認為，儘管人類天生就擁有內在動機，但許多證據顯示，要維持並強化此與生俱來的特質，需要許多支持的條件，因為此特質也很容易被非支持的條件所破壞。因此，以下提出一些提升內在學習動機的方法，供教師參考。

◆ 一、適當使用教師期望與建立教學自我效能

教師對學生成功表現的高度期望可能激勵學生的學習動機，並進而改善其學習成就，但過高的期望可能為學生帶來過度的壓力，而過低的期望則可能降低學生應有的成就表現。因此，教師對學生的期望應與學生的能力相配合，即視學生的能力而抱持適當的期望。此外，教學行為及措施不應完全由教師期望所主導，因為教師在建立學生表現的期望時，其訊息來自多方面：可能由同校的兄弟姊妹、其他老師、學校的標準化測驗、刻板印象等。當教師對學生能力及需求有不正確的認知時，問題就產生了，例如：教師常認為男學生比女學生有較多問題行為，以及長得較好看的學生會表現得較好（Woolfolk, 1995）。

在建立教學效能方面，教師應儘量充實個人的專業知識與能力。Shulman（1986, 1987）認為，教師需要三大領域的專業知識：內容知識（content knowledge）、教學法知識（pedagogical knowledge），以及教材教法知識（pedagogical content knowledge）。內容知識意指教師對於課程及教材的了解；教學法知識意指，教師對於一般教學策略的了解；而教材教法知識則涉及教師對於特定領域的教學所應使用的特殊策略之了解。此三大領域的專業知識均為有效教學所不可或缺的。在能力方面，一位有效的教師應能有效地規劃課程與教學、有創意地運用教材、有效地應用教學策略，並能進行有效的評量。

◆ 二、使課室目標結構多樣化

目標結構（goal structure）是教師管理學習和獎勵學生表現的一種方法。Johnson 和 Johnson（1987）認為，目標結構可分為三種：合作的（cooperative）、競爭的（competitive）和個人的（individualistic）。

通常合作的目標結構需要透過小組討論及合作方式來達成，因而有利於促進同儕間的互相鼓勵、發現學習及較高層次的思考與學習；在此一目標結構中，所有組內學生均必須達成教師所要求的目標。在競爭目標結構的教學當中，學生認為只有當其他同學未達目標時，他們才有成功的機會。通常學

生在這樣的結構目標下，會表現出較低的期望與達成學習目標的堅持度。然而，如果競爭是基於達成精熟而努力，而不是基於依學生能力層次而將其置於不同的教學情境，競爭的目標結構仍可能達成有效教學。在個人的目標結構當中，學生能否獲取好成績或獎勵，端賴個人表現是否達到所定標準；若所有學生的表現均達所定標準時，則所有學生均能獲取好成績或獎勵。

不論是合作的、競爭的，或是個人的目標結構，若能適當應用，均能引導學生朝精熟目標（而非表現目標）努力。

◆ 三、了解學生的學習動機

動機不但影響學生的學習意願與欲花費時間及努力的多寡，而且影響學習的持續長度（Stipek, 1988）。Ormrod（1995）認為，動機對於學習表現的具體影響包括下面六個層面：(1)引導學生朝特定目標邁進；(2)增加達成目標所應花費的努力和精力；(3)促進對學習活動的主動參與及堅持；(4)強化訊息處理；(5)決定被增強的結果；(6)導致更好的表現。因此，教師應對於學生的學習動機有所了解，方能進行適當及有效的教學。那麼，教師應如何辨識學生是否具有高度的學習動機呢？通常具有高度學習動機的學生具有下列特質（Stipek, 1988）：

- 在學習情境中顯得快樂並充滿熱忱。
- 專心聽講並注意所指定的作業。
- 會立即做指定的作業。
- 獨立完成作業而不需要被提醒。
- 自願從事課堂最低要求以外的學習活動。
- 當可以自由選擇時，寧願選擇具有挑戰性的工作，即使初次的嘗試並未成功。
- 對於完成困難的目標與解決具有挑戰性的工作，具有相當程度的堅持與毅力，即他們會「一試，再試」。
- 能接受錯誤和失敗，並能體認不完美的表現是學習新事物的正常結果。
- 不斷努力以改善其表現。

- 即使沒有成績做為籌碼，仍會努力工作。
- 展現穩定的良好表現。

四、有效使用增強

研究發現，外在的獎勵可能對學生原來為內在動機所驅使的行為有不良的影響（Deci, 1971; Morgan, 1984），例如：如果一個孩子因為對新奇的事物有好奇心，而在生物課主動地去蒐集有關複製羊的資料，家長看了便很高興地說：「很好，以後如果你的生物課談到新近流行的話題時，你都能主動地去蒐集相關的資料，我們在週末時便帶你出去玩。」在此情況下，這個孩子原本出自於滿足本身好奇心的學習動機（內在動機），可能會為出外旅遊的誘惑（外在獎勵）所取代；也就是說，到最後這個孩子蒐集相關的資料可能不是為了滿足其好奇心，而是為了能夠出外旅遊。

增強為一有效的教學工具，善用增強與處罰能有效增進期望出現的行為頻率和降低不期望出現的行為頻率，但教師必須對學生的學習目標及學習動機有所了解，方能有效及正確地應用增強以促進學習效果。此外，善用普瑞馬克原則（Premack principle），即以學生喜好的增強物做為誘因，以強化其對不喜好事物的學習動機，也能促進其學習效果，例如：一個學生喜歡玩電動玩具，但卻不愛做功課，可以用「若你做完功課，就讓你玩 20 分鐘的電動玩具」來強化其做功課的動機。此外，不同的增強時程類別有其不同的適用時機，例如：針對難度較高的工作，剛開始可以給予固定增強（固定時間或固定比率），之後慢慢改成不固定增強（不固定時間或不固定比率，尤其是不固定比率），可強化並維持學習動機。

五、強調自我決定與自我調節學習

自我決定理論視內在動機為人類與生俱來的一種主動與成長導向的內在本質，由這類動機所促動的活動，更是學習與成長的基礎；當個體知覺自己是其行為的促發者（the initiator of the behavior）時，會體驗到一種由此一自我決定所帶來的愉悅感（causality pleasure），對所從事的活動也會更為投入（施淑慎，2008）。高度自我決定者，具有強烈的內在動機，能自由選擇地

去從事該活動；會將行為的價值內化成自我的一部分；能將該行為完全融入每天的生活當中，並與自我的其他部分和諧運作；並能在活動中，擁有歡樂、愉悅，與滿足的感覺。Deci 等人（1991）的研究發現，這種動機有助於提升概念的學習、學習表現，以及對學校與課業的喜好程度。Standage、Duda 和 Ntoumanis（2003）認為，自我決定理論強調，個體對從事某一活動的動機程度是內在的，而自我決定的不同程度也會影響活動的選擇。Ryan 和 Deci（2000）也認為，自我決定有助於個體在社會環境中將有效運作的活動加以內化。

　　Barry 和 Zimmerman 認為，自我調整意指以自我形成的行動、想法和情感，有計畫的並循環持續用以獲致個人目標的達成；而當個人目標為學習時，即為自我調節學習。自我調節的學習者通常會合併學習技巧與自我控制而使學習變得容易，因此他們往往有較高的動機，換句話說，他們有技能（skill）與意願（will）進行學習（引自 Woolfolk, 2007）。Baumeister、Gailliot、DeWall 和 Oaten（2006）則認為，自我調節是人類的一種高度適應性的特質，它可以使人們改變其行為反應，以符合社會或其他標準。Winne 和 Hadwin 認為，一位具有自我調節能力的個體，在學習過程中會循環使用下列四個階段：(1)分析任務（analyzing the task）；(2)設定目標與擬訂計畫（setting goals and designing plans）；(3)演練策略（enacting tactics and strategies）；(4)調節學習（regulating learning）（引自 Woolfolk, 2007）（如圖 7-10 所示）。

　　Ryan 和 Deci（2000）認為，自我決定、自我調節與動機類型有密切的關係；擁有內在動機者擁有最高度的自我決定，也是自我調節的學習者。許多關於自我決定論的研究證明：內在調節和認同調節與成功適應有關（引自 Burton, Lydon, D'Alessandro, & Koestner, 2006）。Burton 等人（2006）也發現，認同調節能有效預測學業表現。陳品華（2006）的研究發現，技職大學生在學業自我調整學習中，其學習動機困境與調整策略均多元，且二者相互關聯。林文正（2005）的研究發現，國小六年級學生的自我調整學習能力及機動信念對數學課業表現，有顯著的正相關。程炳林（2002）的研究也發現，大學生調整策略的使用能預測其考試和作業成績。

調節學習
‧後設認知監控
‧後設認知控制

演練策略
‧檢索先備知識
‧檢視已獲得之資
 訊
‧運用認知運作監
 控成果
‧管理認知負荷

設定目標
‧我的學習目標導
 向為何？
‧不同的結果會伴
 隨什麼樣的後
 果？
‧需要什麼樣的努
 力？

分析任務
任務特徵
‧這是一個什麼樣
 的任務？
‧可用資源有哪
 些？
‧成功的標準為
 何？

個人特徵
‧我可以運用什麼
 知識？
‧此任務的利益／
 價值為何？
‧我的自我效能如
 何？

擬訂計畫
‧過去我是否從事
 過類似的工作？
‧完成任務的步驟
 有哪些？
‧哪些學習技巧是
 有用的？
‧我如何監控進
 度？
‧工作進行中是否
 會有回饋？

圖 7-10　自我調節學習階段

資料來源：改寫自 Woolfolk (2007: 337)

　　因此，具有自我調節或自我決定本質的動機，對於學習與社會適應具有
正面的效果。欲自我決定促進，必須同時滿足學生自主、關聯和才能這三種
需求，而要促進自我調節，可從協助學生分析學習任務、設定目標與做計
畫、運用戰術和策略（enacting tactics and strategies）以及調節學習著手。

◆ 六、了解學生的期望──價值觀及成就目標導向

　　「期望×價值模式」假定努力投資被視為是一種產物，而不是期望與價

值因素的總合，因為若完全缺乏某一項因素時，將不會付出任何努力。因此，即使是一項非常有價值的任務，若個體相信不論他／她多努力都無法成功完成該任務時，他們就不願意努力去從事該項任務。由 Eccles 等人（1983）及 Pintrich（1989）所提出的期望—價值理論也可以發現，工作價值、期望成功及正向情感對學習有很大的影響。Bandura（1991）認為，個人會依情感訊息來對情境做推論，在正向情感下個人知覺到的情境是安全的，所以比較願意在安全的情境下勇於嘗試。研究（如 Wigfield, 1994; Wigfield & Eccles, 2000）也發現，工作價值會影響學習者在未來課程選擇的傾向和學業成就表現。而許多研究也發現，期望成功與學業成就有顯著的正相關（如程炳林、林清山，2001；Eccles, 1983; Wigfield, 1994）。

成就目標指個體在從事與成就相關活動時所持有的目的，這個目的猶如一組系統或基模，會影響個體選擇完成成就相關活動的方式，以及決定評定成就表現的標準；因此，不同的目的會引發不同形態的認知、情意與行為（施淑慎，2008）。成就目標理論在歷經許多研究者，根據實證研究的發現並不斷修訂後，認為一般人所抱持的成就目標可以區分成四種類型：趨向精熟目標、逃避精熟目標、趨向表現目標與逃避表現目標（Pintrich, 2000a），或是精熟趨向目標、精熟逃避目標、表現趨向目標與表現逃避目標（Elliot & McGregor, 2001）。許多研究發現，追求趨向精熟目標的學生喜歡較具挑戰性的工作，具有較高的內在動機，遇到挫折時較能堅持不懈，並且傾向使用自我調節策略來幫助學習（引自施淑慎，2008）。程炳林的研究也指出，高精熟／高趨向表現目標的學生，最符合自我調節學習者的特徵，會使用最多的調整策略；而低精熟／低趨向表現目標的學生，則是最少使用調節策略的一群。但也有研究指出，持表現目標的學生為了有好的成就來跟他人比較，反而會激發出更多的自我調整策略（陳嘉成，2008）。

因此，教師必須協助學生欣賞學習活動的價值，並且要確保如果學生付出合理的努力且擁有適當的策略，就可以在這些活動上獲得成功。此外，鼓勵並協助學生發展精熟目標（尤其是趨向精熟或是精熟趨向目標）也是非常重要的。但值得注意的是：學習者並不必然在精熟目標與表現目標二者擇一，因為三向度的成就目標之間既然是零相關或低度相關，那麼學習者在成

就情境中持多元目標（multiple goals）也是可能的（Pintrich, 2000b）。

◈ 七、注意組織變項對學生動機的影響

至少有六個組織變項會影響學生的動機：工作（task）、自治（auto-nomy）、肯定（recognition）、分組（grouping）、評量（evaluation）和時間（time）。這些變項通常以頭字語「TARGET」來表示（Ames, 1990; Maehr & Anderman, 1993; McCown et al., 1996）。至於如何將「TARGET」的影響納入教學的規劃與活動中以提升學習動機，McCown 等人（1996）提出了如下見解：

- 選擇對學生而言是有趣的、具有挑戰性的，以及有意義的「工作」。
- 使學生有機會選擇及安排其學習計畫，以支持其「自治」及責任感的需求；確認學生的進步情形及學習成就，以使學生的努力均能獲得應有的「肯定」。
- 在實行「分組」以便教學時，使學生有均等的機會參與決策，以創造一個接納與鼓勵學生參與的課室氣氛。
- 所使用的「評量」方法應儘量降低學生之間的社會比較，並提供機會讓學生展現進步情形及最佳作品，以鼓勵並培養學生進行自我評量的意願與技巧。
- 安排進行科際整合及解決複雜問題的學習「時間」，以增進學生的學習投入程度。

◈ 八、提升學生的自我效能

自我效能是個人對於自我能力的一種動態的、可改變的自我判斷（Borich & Tombari, 1997）。形成自我效能的主要來源有四種：成就表現（Performance accomplishments）、替代經驗（Vicarious experiences）、語言說服（Verbal persuasion）和情緒激起（Emotional arousal）（Borrich & Tombari, 1997; Travers, Eliliot, & Kratochwill, 1993）。教師可透過這四種來源增進學生的自我效能。

（一）成就表現

一個人過去的成功或失敗的經驗，影響其自我效能的形成；良好的表現成就有助於建立成功經驗，並進而強化一個人的自我效能。通常成就表現與精熟取向的學習動機有正面的相關；追求精熟學習者傾向達成較高的成就表現。因此，教師應該在學生的能力範圍內，給予具有適度挑戰性的工作，藉由精熟學習以提高其成就表現。成就表現有助於建立成功經驗及遷移，但必須有告知性的回饋伴隨。

（二）替代經驗

此效果即為楷模效果（modeling effect）。當人們目睹他人有出色的表現，或目睹與自己相似的他人有良好表現時，人們傾向說服自己「我也許也可以做到」。所模仿的楷模與自己相似性愈高，其模仿效果愈好。「相似性」可從兩個向度來解釋：表現相似和特質相似。對於自我效能較低的學生，教師可以使用其所熟悉的人物為楷模，以增進其自我效能。

（三）語言說服

此即為社會說服（social persuasion）的效果。自我效能的建立可能受他人的評論所影響，例如：當學生自覺能力不夠而不願意嘗試時，教師的一句「你可以做到」，可能會導致學生相信他們可以克服困難並改進其表現。因此，教師應適時地給予學生口頭上的鼓勵。

（四）情緒激起

自我效能的知覺可能受個人的生理線索（如頭痛、心跳加速、情緒奮起等）所影響。當學生知覺自己有焦慮的症狀時，可能會因而認為自己能力不足，這可能導致低自我效能的形成。學生的「直覺」常使他們對於成功或失敗的可能性深信不疑。如果在某種情境下，學生想像自己是無能的或是害怕的，他們在此一情境中表現不佳的機率就可能會升高。教師應使學生了解，焦慮、心跳加速等生理現象與其能力高低並無絕對關係，並讓學生了解，過

度的焦慮或緊張可能會降低成就表現，因此必須讓自己的情緒緩和下來，方能有最佳表現。

此外，教師應注意自我效能是多向度的（mutidimensional），它與特定的情境與領域有關（Flammer, 1995; Zimmerman, Bandura, & Martinez-pons, 1992）。一位學生在數學課上具有高度的自我效能，可能在國文課中具有低自我效能。因此，教師應了解每位學生在特定領域的自我效能，並據而應用適當的教學策略，以增強學生的自我效能。

九、進行動機訓練

根據 McCombs 和 Marzano（1990）的看法，教導學生使其成為自我調節（self-regulated）的學習者即為動機訓練。動機訓練的重點包括：認知的、後設認知的，以及情意等策略。動機訓練除了必須使學生獲取與動機相關的技巧（如設定現實的目標與使用適當的歸因）外，尚須使學生獲取與動機相關的意志（認同其自我選擇的力量），以協助其成為自我調節的學習者。

在教學過程中，教師可使用下列策略進行動機訓練（Deci et al., 1991; McCown et al., 1996; McCombs & Marzano, 1990）：

- 示範設定目標、做計畫、監控進步情形，和使用適當歸因等策略，以使學生了解如何使用自我調節的策略。
- 在最小的壓力情境下，使學生能夠對其學習歷程有機會做有意義的選擇與決定。
- 表達對於學生能自我調節其行為的能力之期望與信心；通常相信學生有能力自我調節的教師較會支持學生的自制需求。
- 讓學生知道個人情感和觀點的表達是重要的、有價值的。

而在教導學生使用適當的歸因時，教師應重視學生過去的經驗及其他可能的影響因素，以有效促進其學習動機。Berk（1991）將過去經驗如何透過歸因影響學習動機，做了一個完整的詮釋（如圖 7-11 所示）。她認為，一個孩子過去成功或失敗的經驗，影響其採用精熟導向或習得無助的歸因，進而影響其學業上的自尊之高低。而這自尊又透過對成功的期望，影響這個孩子的成就動機。此外，一個孩子過去成功或失敗的經驗，會影響成人在事發之

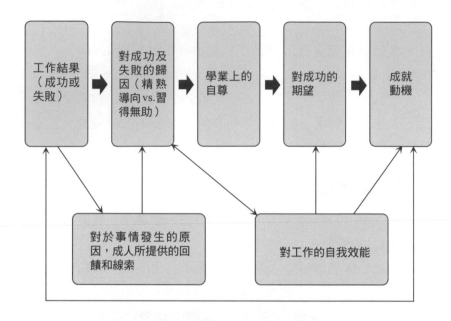

圖 7-11　歸因方式與動機的關係
資料來源：改寫自 Berk (1991: 443)

後給予孩子的回饋與線索種類（如能力或努力的暗示）；而孩子對於成功或失敗的歸因方式，則會與其對工作的自我效能互動有關，並進而影響其對成功的期望與成就動機。

從圖 7-11 的模式中可知，教師如何根據學生過去的成敗經驗與自我效能，給予適當的回饋和線索，是影響學生歸因型態的關鍵因素。回饋的重要性往往為教師所忽略；在教學過程中，教師應審慎處理所給予的回饋與線索。

十、應用 ARCS 模式

ARCS 模式是由 J. M. Keller（1983）首先提出的。ARCS 包含四個要素：注意（Attention）、關聯（Relevance）、信心（Confidence）和滿足（Satisfaction）。根據此一模式，注意、關聯、信心和滿足是學習動機的必備要素（Driscoll, 1994）。

（一）注意

「注意」是訊息處理理論和社會認知理論所談論的重點之一。ARCS 模式認為，注意是動機的第一要件。學生是否會對學習事件加以注意，通常與其興趣與好奇心有關。因此，教師應設法引起學生的興趣與好奇心。提供學生必須尋找額外資訊以解決問題的情境，是引發其好奇心的方法之一；在此情境中，提供線索和相關的訊息是必要的。此外，所提供的問題解決情境應具有適度的挑戰性，以激發學生的好奇心。許多以電腦模擬或科技為基礎的教學，均能提供這樣的問題解決情境。

（二）關聯

「關聯」是要使學生覺得學習內容對他們而言是重要的。教師可儘量使學習內容與學生的生活或經驗產生關聯，或使學生相信，此一學習內容有助於其達成學習目標。

（三）信心

「信心」涉及個人對其能完成工作的信念。當學生相信他們能成功地學會新課程或完成一項新工作時，其學習動機較高。信心與自我效能有關，研究發現（Bandura, 1977），對自我能力深具信心的學生較可能達成學習目標。成功的學習經驗有助於自信的建立，教師應協助學生建立成功經驗，以增強其自信，並進而提升其學習動機。

（四）滿足

當學生達成其學習期望與需求時，「滿足」即會出現。滿足感可能導致動機的自我增強，進而促進學習表現。對於具有內在動機的學生，當他們有機會運用其所學知識及技巧時，他們可能就會感到滿足。對於具有外在動機的學生，當他們可獲得所期望的獎勵時，他們可能就會感到滿足。因此，教師必須先了解學生的動機與需求類型。

第九節　結語

　　在《看見自己的天才——一個智商 70 少年調查官的成長》一書的自傳中，盧蘇偉認為，世界上沒有天生不會讀書的孩子，只要能看見自己的天才，發揮自己的專長，每個人都值得期待。盧蘇偉也認為，生命是個禮物，每個人都有他自己的那一份，自己一定要相信，有一份尚未拆開的禮物是屬於自己的。盧蘇偉是現任板橋地方法院少年調查官、世紀領袖文教基金會創辦人。他 8 歲時因罹患腦膜炎，部分腦功能受損，小學五年級才開始學會識字。小學時是班上倒數第二名，國中因智力測驗只有 70 分，還讀過啟智班。後來勉強讀完高職電子科，花了 7 年考了 5 次大學，最後終於考上中央警察大學犯罪防治系。大二時，他在某教授的協助下，找到了適合自己的讀書方法，看見自己的天才。大學畢業時不但以全系第三名畢業，還以第三名考上高等考試司法行政觀護人科（盧蘇偉，2004）。盧蘇偉在接受媒體訪問時也說：「我母親不識字，卻教我識字；父親只要我有進步，一定稱讚我；我姐姐為了我，放棄念外交，改念教育學系，這些都讓我的人生，有了改寫的可能。」這個例子讓我們看到，強烈的內在動機加上適當的增強與教育方法的運用，使得一位曾經被認為是有重度學習障礙的孩子，從自我肯定、自我決定，到自我實現，最後成為一位輔導專家及知名的潛能開發專家。

　　這個故事給我們的啟示是：動機是一種複雜的心理機制，它是促成學生不斷朝向其所定目標邁進，並成就良好表現或成功的重要動力。教師能否了解學生的學習動機，並使用適當有效的教學策略以增強其學習動機（尤其是內在動機），是其教學成功的關鍵因素。然而，學生的學習動機究竟如何？此既難以完全客觀地加以測量，也難以透澈地了解，須輔以教師審慎及多方的觀察與注意，方能做出較正確的判斷。

　　在提升學生的學習動機方面，教師除了應建立對學生的適度期望及對自我教學效能的肯定之外，更應重視學習領域與個別差異、了解學生的成就動

機及成就目標導向，並選擇較適當的教學方法。使課室目標結構多元化、適當使用增強、促進自我決定與自我調節能力、提升學生的自我效能、將 TARGET 的影響納入教學的規劃與活動中、進行動機訓練、應用 ARCS 模式於教學中等，均可為參考的教學方法。這些方法的選擇與使用，視實際的教學情境或限制而定，可一次嘗試使用一種方法或同時使用多種方法。

　　落實終身教育是目前教育部正積極推動的教育政策，欲落實終身教育的理論，首先應培育學生成為自我決定、自我調節及自我實現的學習者；在此一過程中，滿足學生的需求，建立其對自我能力的信心，以及培育其對事物的適當歸因態度是必要的。

摘要

- 動機是引發、引導和維持行為的一種內在狀態，它常和特質產生交互作用後影響一個人的行為。

- 一般將動機分為內在動機與外在動機。內在動機與個人本身或內含於工作中的因素有關；外在動機則涉及與個人以外或與工作無關的因素。學生的學習是基於內在動機或外在動機，對其學習目標的設定也有很大的影響。

- 動機理論主要有四種取向：行為取向、人文取向、認知取向和社會學習取向。行為主義者主要是以「獎勵」及「誘因」來解釋動機；人文主義認為，人們會不斷地被與生俱來的需求所激勵，並進而發展其個人潛能；認知理論者認為，行為的產生乃受計畫、目標、期望、歸因、基模等因素所影響；社會學習取向的動機理論，乃整合行為取向和認知取向的觀點而成的。

- 根據操作制約理論，一個行為產生了之後，所得到的後果決定此一行為是否會繼續持續下去或是出現的頻率。就強化和處罰的類別而言，可分為正增強、正處罰、負處罰、負增強；而從增強是伴隨反映或時間出現，以及增強是否固定出現，可將增強分為固定比率、不固定比率、固定時間和不固定時間。

- Maslow 認為，人類的需求包括生理的需求、安全的需求、隸屬感與愛的需求、自尊的需求、了解的需求、審美的需求，以及自我實現的需求。

- 成就動機係指，對個人所認為重要或有價值的工作，去從事與完成，並期望能達到完美的一股內在動力。成就動機可能是由許多有意識的信念和價值觀所組成，而這些信念和價值觀的形成，可能是受新近成功或失敗經驗或立即情境中工作的難度和誘因所影響。

- 成就目標係指，個體在從事與成就相關的活動時所抱持的目的，此一目的會影響其認知歷程，進而影響其在成就情境中的行為表現。Pintrich 根據成就動機的趨向／逃避焦點及成就目標的精熟／表現兩大向度，提出四種成就目標導向：趨向精熟目標、趨向表現目標、迴避精熟目標、迴避表現目標。Elliot 和 McGregor 則根據個體對自我能力的定義和定價，將成就目標分為精熟趨向目標、表現趨向目標、精熟迴避目標、表現迴避目標。

- 根據 Deci 和 Ryan 的自我決定論，自我動機和人格整合的基礎，乃源自於人類固有的成長傾向和天生的心理需求，包括自主、關聯和才能。自我決定主要的特

質有三：知覺的因果控制、意志、選擇的知覺。此外，自我決定、自我調節與動機類型有密切的關係。

● 自我效能涉及個人對於其有能力組織及執行達成目標的行動之自信。Bandura認為，自我效能的組成因素有二：結果期望和效能期望。Flammer 認為，自我效能的發展有五個階段。

● 歸因是一個人對於成功或失敗原因的解釋，此一解釋引導一個人的未來行為。根據 Weiner 的看法，人們對於成功或失敗的歸因可從三個向度來分析：原因點、穩定性和可控制性。

● 早期的「期望×價值模式」假定：動機＝覺知成功的可能性×成功的誘因價值。後來，Eccles 等人提出以期望成功和主觀工作價值為主的期望－價值理論。Pintrich 也提出以期望成分、價值成分與情感成分為主的期望－價值理論。

●「比馬龍效應」意指，教師的期望可能影響學生的行為；此一效應亦被稱為「自我預言實現效應」或「教師期望效應」。

● Gibson 和 Dembo 認為，教師效能為兩大因素所構成：「教師效能」和「個人教學效能」。教師對其個人教學效能的信念，影響其一般的教學過程導向及特殊的教學活動。

● 提升學生學習動機的主要方法為：(1)適當使用教師期望與建立教學自我效能；(2)使課室目標結構多樣化；(3)了解學生的學習動機；(4)有效使用增強；(5)強調自我決定與自我調節學習；(6)了解學生的期望－價值觀及成就目標導向；(7)注意組織變項對學生動機的影響；(8)提升學生的自我效能；(9)進行動機訓練；(10)應用 ARCS 模式。

● 目標結構是教師管理學習和獎勵學生表現的一種方法，可分為合作的、競爭的和個人的。

● 自我調節是人類的一種高度適應性的特質，它可以使人們改變其行為反應，以符合社會或其他標準。

● 有六個組織變項會影響學生的動機：工作、自治、肯定、分組、評量、時間。這些變項通常以頭字語「TARGET」來表示。

● 形成自我效能的主要來源有四種：成就表現、替代經驗、語言說服與情緒激起。

● 教導學生使其成為自我調節（self-regulated）的學習者即為動機訓練。動機訓練的重點包括認知的，後設認知的，以及情意等策略。

● ARCS 包含四個要素：注意、關聯、信心與滿足。

練 習

1. 案例中所提及的 4 位學生代表甚麼樣的學習動機，其背後主要影響的因素為何？面對這些學生反應，您將會如何處理？

2. 動機的定義與功能為何？

3. 何謂內在動機與外在動機？其與學習目標的關係為何？

4. 行為取向、人文取向、認知取向及社會學習取向的動機理論之異同點為何？

5. 操作制約理論中，行為、後果與效果之關係為何？增強和處罰有哪些類別？其適用的時機為何？請各舉一例說明。

6. 根據 Maslow 的需求階層理論，人類的需求有哪些？此一理論對教育的啟示為何？

7. 何謂成就目標導向？試比較 Pintrich 和 Elliot 以及 McGregor 所提出 2×2 成就目標導向的異同點。

8. 請比較精熟目標、趨向表現目標與迴避表現目標，並論述其對學習的影響。

9. 何謂自我決定？自我決定與自我調節及學業成就的關係為何？

10. 請論述 Bandura 所提出的自我效能理論，並說明如何提升學生的自我效能。

11. 請論述 Weiner 的三項度歸因理論及其對教學的啟示。

12. 請分析 Eccles 等人所提出的期望—價值理論與 Pintrich 所提出的期望—價值理論，二者的異同點。

13. 教師期望及信念如何影響學生的學習動機？您有任何實際的經驗或例子嗎？

14. 何謂「TARGET」？請舉例說明其適用時機。

15. 請說明如何透過動機訓練，培育自我調節的學習者。

16. 何謂 ARCS 模式？其與自我決定的關係為何？

17. 您如何設計一課程以增進學生的學習動機？

18. 促進學生的學習動機固然重要，維持動機更重要。您如何維持學生的學習動機？

中文部分

李茂興（譯）（1998）。G. R. Lefrancois 著。**教學心理學**。台北市：弘智文化。

李素卿（譯）（1999）。T. L. Good & J. Brophy 著。**當代教育心理學**（Contemporary educational psychology）。台北市：五南。

林文正（2005）。國小學生自我調整學習能力、對教師自我調整教學之知覺、動機信念與數學課業表現之相關研究。**屏東師院學報，22**，147-184。

林章榜（2006）。從動機理論談學校體育活動的推展。**學校體育雙月刊，16**（6），42-48

施淑慎（2004）。成就目標、自我效能以及策略使用在考試焦慮上所扮演之角色。**國立臺北師範學院學報，17**（1），355-378。

施淑慎（2008）。學習情境中之自主支持與國中生成就相關歷程間關係之探討。**教育與心理研究，31**（2），1-26。

施淑慎（2009）。國中生使用逃避策略相關因素徑路模式之檢驗。**教育與心理研究，32**（1），111-145。

張春興（1989）。**張氏心理學辭典**。台北市：東華。

郭為藩（1992）。**現代心理學說**。台北市：師大書苑。

陳品華（2006）。技職大學生自我調整學習的動機困境與調整策略之研究。**教育心理學報，38**（1），37-50。

陳嘉成（2008）。調節假設或適配假設？——二個相競假設的檢驗與知覺目標結構變化對學習組型影響之研究。**教育與心理研究，31**（2），27-58。

彭月茵（2007）。**研究生學術動機歷程模式之建構**。國立政治大學教育研究所博士論文，未出版，台北市。

游恆山（編譯）（1990）。P. G. Zimbardo 著。**心理學**（Psychology and life）。台北市：五南。

程炳林（2002）。大學生學習工作、動機問題與自我調整學習策略之關係。**教育心理學報，33**（2），79-102。

程炳林（2003）。四項度目標導向模式研究。**師大學報，48**（1），15-40。

程炳林、林清山（2001）。中學生自我調整學習量表之建構及其信、效度研究。
測驗年刊，**48**（1），1-41。

黃琬芯（2006）。**國中教師之建設性思考、人際智慧與其需求困擾及快樂之關
係**。國立政治大學教育研究所碩士論文，未出版，台北市。

葉重新（1998）。**心理學**。台北市：心理。

盧蘇偉（2004）。**看見自己的天才──一個智商 70 少年調查官的成長**。台北市：
寶瓶文化。

英文部分

Ames, C. A. (1990). Motivation: What teachers need to know. *Teachers College Record,
91*, 409-421.

Ames, C. A. (1992). Classrooms: Goals, structures, and student motivation. *Journal of
Educational Psychology, 84*, 261-271.

Atkinson, J. W. (1964). *An introduction to motivation*. Princeton, NJ: Van Nostrand.

Bandura, A. (1977). Self-efficacy mechanism in human agency. *American Psychologist,
37*, 122-147.

Bandura, A. (1989). Regulation of cognitive process through perceived self-efficacy. *De-
velopmental Psychology, 25*(5), 729-735.

Bandura, A. (1991). Social cognitive theory of self-regulation. *Organizational Behavior
and Human Decision Processes*, *50*, 248-287.

Bandura, A. (1993). Perceived self-efficacy in cognitive development and functioning.
Educational Psychologist, 28(2), 117-148.

Bandura, A. (1995). Exercise of personal and collective efficacy in changing societies. In
A. Bandura (Ed.), *Self-efficacy in changing societies* (pp. 1-45). NY: Cambridge Uni-
versity Press.

Baumeister, R. F., Gailliot, M., DeWall, C. N., & Oaten, M. (2006). Self-regulation and
personality: How interventions increase regulatory success, and how depletion mod-
erates the effects of traits on behavior. *Journal of Personality, 74*(6), 1773-1802.

Benz, C. R., Bradley, L., & Flowers, M. A. (1992). Personal teaching efficacy: Develop-
mental relationships in Education. *Journal of Educational Research, 85*(5), 274-285.

Berk, L. E. (1991). *Child development* (2nd ed.). Needham Heights, MA: Allyn & Bacon.

Berk, L. E. (1994). *Child development* (3rd ed.). Needham Heights, MA: Allyn & Bacon.

Borich, G. D., & Tombari, M. L. (1997). *Educational psychology*. New York: Addison-Wesley.

Burton, K. D., Lydon, J. E., D'Alessandro, D. U., & Koestner, R. (2006). The differential effects of intrinsic and identified motivation on well-being and performance: Prospective, experimental, and implicit approaches to self-determination theory. *Journal of personality and social psychology, 91*(4), 750-762.

Chirkov, V., Ryan, R. M., Kim, Y., & Kaplan, U. (2003). Differentiating autonomy from individualism and independence: A self-determination theory perspective on internalization of cultural orientations and well-being. *Journal of Personality and Social Psychology, 84*(1), 97-110.

Coladarci, T. (1992). Teachers' sense of self-efficacy and commitment to teaching. *Journal of Experimental Education, 60*(4), 323-337.

Deci, E. L. (1971). Effects of externally mediated rewards on intrinsic motivation. *Journal of Personality and Social Psychology, 18*, 105-115.

Deci, E. L., & Ryan, R. M. (1985). *Intrinsic motivation and self-determination in human behavior*. New York: Plenum.

Deci, E. L., & Ryan, R. M. (1991). A motivational approach to self: Integration in personality. In R. Dienstbier (Ed.), *Nebraska symposium on motivation (Vol. 38): Perspectives on motivation* (pp. 237-288). Lincoln, NE: University of Nebraska Press.

Deci, E. L., & Ryan, R. M. (1995). Human autonomy: The basis for true self-esteem. In M. Kemis (Ed.), *Efficacy, agency, and self-esteem* (pp. 31-49). New York: Plenum.

Deci, E. L., Vallerand, R. J., Pelletier, L. G., & Ryan, R. M. (1991). Motivation and education: The self-determination perspective. *Educational Psychologist, 26*, 325-346.

Driscoll, M. P. (1994). *Psychology of learning for instruction*. Needham Heights, MA: Allyn & Bacon.

Dweck, C. S., & Leggett, E. L. (1988). A social-cognitive approach to motivation and personality. *Psychological Review, 95*, 256-273.

Dweck, C., & Elliott, E. (1983). Achievement motivation. In E. Heatherington (Ed.), *Handbook of child psychology: Socialization, personality, and social development* (Vol. 4) (pp. 643-691). New York: John Wiley & Sons.

Eccles, J. (1983). Expectancies, values & academic behaviors. In J. T. Spence (Ed.), *Achievement and achievement motives* (pp. 75-146). San Francisco, CA: W. H. Freeman.

Eccles, J. S., Adler, T., Futterman, R., Goff, S., Kaczala, C., Meece, J., & Midgley, C. (1983). Expectancies, values, and academic behaviors. In J. Spence (Ed.), *Achievement and achievement motives* (pp. 75-146). San Francisco, CA: W. H. Freeman.

Elliot, A. J. (1999). Approach and avoidance motivation and achievement goals. *Educational Psychologist, 34,* 169-189.

Elliot, A. J., & McGregor, H. A. (2001). A 2×2 achievement goal framwork. *Journal of Personality and Social Psychology, 80*(3), 501-519.

Elliott, F. E., & Dweck, C. S. (1988). Goals: An approach to motivation and achievement. *Journal of Personality and Social Psychology, 54*(1), 5-12.

Flammer, A. (1995). Developmental analysis of control belief. In A. Bandura (Ed.), *Self-efficacy in changing society* (pp. 69-113). New York: Cambridge University Press.

Gibson, S., & Dembo, M. H. (1984). Teacher efficacy: A construct validation. *Journal of Educational Psychology, 76*, 569-582.

Goldenberg, C. G. (1992). The limits of expectations: A case for case knowledge about teacher expectancy effects. *American Psychologist Research Journal, 29*, 517-544.

Graham, S., & Barker, G. P. (1990). The down side of help: An attributional-developmental analysis of helping behavior as a low-ability cue. *Journal of Educational Psychology, 82*, 7-14.

Gusky, T. R. (1988). Teacher efficacy, self-concept, and attitude toward the implementation of instructional innovation. *Teaching and Teacher Education, 4*(1), 63-69.

Guesky, T. R., & Passaro, P. D. (1994). Teacher efficacy: A study of construct dimensions. *American Educational Research Journal, 31*(3), 627-643.

Housego, B. E. J. (1992). Monitoring student teachers' feelings of preparedness to teach, personal teaching efficacy, and teaching efficacy in a new secondary teacher education program. *The Alberta Journal of Research, 38*(1), 49-63.

Johnson, D. W., & Johnson, R. T. (1987). *Learning together and alone: Cooperative, competitive, and individualistic learning* (2nd ed.). Englewood Cliffs, NJ: Prentice-Hall.

Keller, J. M. (1983). Motivational design of instruction. In C. M. Reigeluth (Ed.), *Instructional-design theories and models: An overview of their current status* (pp. 386-434).

Hillsdale, NJ: Lawrence Erlbaum Associates.

Lefton, L. A. (1991). *Psychology* (4th ed.). Needham Heights, MA: Allyn & Bacon.

Maehr, M. L., & Anderman, E. M. (1993). Reinventing schools for early adolescents: Emphasizing task goals. *The Elementary School Journal, 93*, 593-610.

Mager, R. F. (1992). No self-efficacy, no performance. *Training, 29*(4), 32-36.

Maslow, A. H. (1970). *Motivation and personality* (2nd ed.). New York: Harper and Row.

McClelland, D. C. (1958). Risk taking in children with high and low need for achievement. In J. W. Atkinson (Ed.), *Motives in fantacy, action, and society.* Princeton, NJ: Van Nostrand.

McClelland, D. C., & Pilon, D. (1983). Sources of adult motives in patterns of parent behavior in early childhood. *Journal of Personality and Social Psychology, 44*, 564-574.

McCombs, B. L., & Marzano, R. J. (1990). Putting the self in self-regulated learning: The self as agent in integrating will and skill. *Educational Psychologist, 25*, 51-70.

McCown, R., Driscoll, M., & Roop, P. G. (1996). *Educational psychology: A learning-centered approach to classroom practice* (2nd ed.). Needham Heights, MA: Allyn & Bacon.

Morgan, M. (1984). Rewarded-induced decrements and increments in intrinsic motivation. *Review of Educational Research, 54*, 5-30.

Nicholls, J. G. (1984). Achievement motivation: Conceptions of ability, subjective experience, task choice, and performance. *Psychological Review, 91,* 328-346.

Ormrod, J. E. (1995). *Educational psychology: Principles and applications.* Upper Saddle River, NJ: Prentice-Hall.

Pintrich, P. R. (1986). *Motivation and learning strategies interaction with achievement.* Paper presented at the American Educational Research Association Convention, San Francisco, CA.

Pintrich, P. R. (1987). *Motivational learning strategies in the college classroom.* Paper presented at the American Educational Research Association Convention, Washington, DC.

Pintrich, P. R. (1989). The dynamic interplay of student motivation and cognition in the college classroom. In C. Ames & M. Maehr (Eds.), *Advances in motivation and achievement: Motivation enhancing environments* (Vol. 6) (pp. 117-160). CT: JAI Press.

Pintrich, P. R. (2000a). Multiple goals, multiple pathways: The role of goal orientation in learning and achievement. *Journal of Educational Psychology, 92,* 544-555.

Pintrich, P. R. (2000b). The role of goal orientation in self-regulated learning. In M. Boekaerts, P. Pintrich & M. Zeidner (Eds.), *Handbook of self regulation: Theory, research and applications* (pp. 451-502). San Diego, CA: Academic Press.

Pintrich, P. R., & Garcia, T. (1991). Student goal orientation and self-regulation in the college classroom. In M. Maehr & P. Pintrich (Eds.), *Advances in motivation and achievement: Goals and self-regulatory processes* (Vol. 7) (pp. 371-402). Greenwich, CT: JAI Press.

Pintrich, P. R., & Schrauben, B. (1992). Students' motivational beliefs and their cognitive engagement in academic tasks. In D. Schunk & J. Meece (Eds.), *Students' perception in the classroom: Causes and consequences* (pp. 149-183). Hillsdale, NJ: Lawrence Erlbaum Associates.

Pintrich, P. R., Marx, R. W., & Boyle, R. A. (1993). Beyond cold conceptual change: The role of motivational beliefs and classroom contextual factors in the process of conceptual change. *Review of Educational Research, 63,* 167-199.

Pintrich, P. R., Smith, D., Garcia, T., & McKeachie, W. J. (1993). Reliability and predictive validity of the Motivated Strategies for Learning Questionnaire (MSLQ). *Educational and Psychological Measurement, 53,* 801-813.

Rafferty, C. (1993). Professional self-efficacy: Preparing teachers for professional development schools. *Contemporary Education, 64*(4), 226-228.

Reber, A. S. (1995). *The penguin dictionary of psychology* (2nd ed.). New York: Penguin Books.

Reeve, J., Nix, G., & Hamm, D. (2003). Testing models of the experience of self-determination in intrinsic motivation and the conundrum of choice. *Journal of Educational Psychology, 95*(2), 375-392.

Rogers, C. R., & Freiberg, H. J. (1994). *Freedom to learn* (3rd ed.). Columbus, OH: Charles E. Merrill.

Rothenthal, R., & Jacobson, L. (1968). *Pygmalion in the classroom: Teacher expectations and pupils' intellectual development.* New York: Holt, Rinehart & Winston.

Ryan, R. M., & Deci, E. L. (2000). Self-determination theory and the facilitation of intrin-

sic motivation, social development, and well-being. *American psychologist, 55*(1), 68-89.

Schneewind, K. A. (1995). Impact of family process on control beliefs. In A. Bandura (Ed.), *Self-efficacy in changing society* (pp. 114-148). New York: Cambridge University Press.

Seligman, M. E. P. (1975). *Helplessness: On depression , development, and death.* San Francisco, CA: W. H. Freeman.

Sheldon, K. M., Ryan, R. M., Rawsthorne, L., & Ilardi, B. (1997). Trait self and true self: Cross-role variation in the Big Five traits and its relations with authenticity and subjective well-being. *Journal of Personality and Social Psychology, 73,* 1380-1393.

Shulman, L. S. (1986). Those who understand: knowledge growth in teaching. *Educational Researcher, 15*, 4-14.

Shulman, L. S. (1987). Knowledge and teaching: Foundations of the new reform. *Harvard Educational Review, 57*(1), 1-21.

Standage, M., Duda, J. L., & Ntoumanis, N. (2003). A model of contextual motivation in physical education: Using constructs from self-determination and achievement goal theories to predict physical activity intentions. *Journal of Educational Psychology, 95* (1), 97-110.

Stipek, D. J. (1988). *Motivation to learn: From theory to practice.* Englewood Cliffs, NJ: Prentice-Hall.

Stipek, D. J. (1993). *Motivation to learn* (2nd ed.). Boston, MA: Allyn & Bacon.

Travers, J. F., Eliliot, S. N., & Kratochwill, T. R. (1993). *Educational psychology: Effective teaching, effective learning.* IA: Brown & Benchmark Publishers.

Vansteenkiste, M., Lens, W., De Witte, S., De Witte, W., & Deci, E. L. (2004). The "why" and "why not" of job searching behavior: Their relationship to searching, unemployment experience and well-being. *European Journal of Social Psychology, 34,* 345-363.

Vansteenkiste, M., Zhou, M., Lens, W., & Soenens, B. (2005). Experiences of autonomy and control among Chinese learners: Vitalizing or immobilizing. *Journal of Educational Psychology, 97*, 468-483.

Weiner, B. (1979). A theory of motivation for some classroom experiences. *Journal of*

Educational Psychology, 71(1), 3-25.

Weiner, B. (1980). The role of affect in rational (attributional) approaches to human motivation. *Educational Researcher, 9*, 4-11.

Weiner, B. (1986). *An attributional theory of motivation and emotion*. New York: Springer-Verlag.

Weiner, B. (1990). History of motivational research in education. *Journal of Educational Psychology, 82*, 616-622.

Weiner, B. (1991). Metaphors in motivation and attribution. *American Psychologist, 46*, 921-930.

Weiner, B. (1992). *Human motivation: Metaphor, theories, and research.* Newbury Park: CA: Sage.

Weiner, B. (1993). On sin versus sickness: A theory of perceived responsibility and social motivation. *American Psychologist, 48*(9), 957-965.

Wigfield, A. (1994). The role of children's achievement values in the self-regulation of their learning outcomes. In D. H. Schunk & B. J. Zimmerman (Eds.), *Self-regulation of learning and performance* (pp. 101-126). Hillsdale, NJ: Lawrence Erlbaum Associates.

Wigfield, A., & Eccles, J. S. (2000). Expectancy-value theory of achievement motivation. *Contemporary Educational Psychology, 25*, 68-81.

Winter, D. G., John, O. P., Stewart, A. J., Klohnen, E. C., & Duncan, L. E. (1998). Traits and motives: Toward an integration of two traditions in personality research. *Psychological Review, 105*(2), 230-250.

Woolfolk, A. E. (1995). *Educational psychology* (6th ed.). Boston, MA: Allyn & Bacon.

Woolfolk, A. E. (2007). *Educational psychology* (7th ed.). Boston, MA: Allyn & Bacon.

Woolfolk, A. E., & Hoy, W. K. (1990). Prospective teachers' sense of efficacy and beliefs about control. *Journal of Educational Psychology, 82*(1), 81-91.

Woolfork, A. E., Rosoff, B., & Hoy, W. (1990). Teachers' sense of efficacy and their beliefs about managing students. *Teaching and Teacher Education, 6*(2), 137-148.

Zimmerman, B. J. (1990). Self-regulating academic learning and achievement: The emergence of a social cognitive prospective. *Developmental Psychology, 32*(1), 102-119.

Zimmerman, B. J. (1995). Self-efficacy and educational development. In A. Bandura (Ed.),

Self-efficacy in changing society (pp. 202-231). New York: Cambridge University Press.

Zimmerman, B. J., Bandura, A., & Martinez-pons, M. (1992). Self-motivation for academic attainment: The role of self-efficacy beliefs and personal goal setting. *American Educational Research Journal, 29*(3), 663-676.

第八章

智能與批判思考

葉玉珠

大綱

學習目標

在讀完這一章後，讀者應能了解：
1. 智能的涵義。
2. 主要的智能理論及其演變。
3. 批判思考的涵義與建構。
4. 智能與批判思考的關係。
5. 如何促進學生的批判思考能力。

　　小英的學校成績一向是名列前茅。但是當她在日常生活中碰到問題時，即使是一些小問題，她總是手足無措。

　　大智恰好與小英相反。他的學校成績一向不佳，但他的人際關係可是班上最好的，他在班上「人氣最旺」。

　　小明對數學有非常大的恐懼感，考試不及格乃兵家常事。但他的小提琴可是拉得一級棒。

　　大華在老師的眼中是一位麻煩的學生，因為他在上課時總是對問題有「打破砂鍋問到底」的態度，有時候他甚至會挑戰老師的說法。

　　小張對於所聽到的話或事情，從不加以分析或質疑。他最怕考試考歸納、分析或推論的問題。

　　大勇總是渴望尋求真相且勇於發問，且遇到問題時，能尋求證據、有效推理。

　　案例中這些同學的表現，與其智能（intelligence）或思考方式有很大關係。小英具有良好的學業智能，但卻缺乏非學業智能或是實用智能；大智和小明也許語文智能和數學邏輯智能不佳，但卻有良好的人際智能或音樂智能；相對於大華和大勇具有良好的批判思考能力，小張則缺乏批判思考能力。這些不同的智能表現或思考方式說明了智能和思考的多元性，而這些認知上的個別差異，無庸置疑地，會影響學生的學習方式與學習成果。

　　智能的發展一直是學校教育最關心的議題之一。傳統觀點認為智能是與生俱來，不具可塑性，且學業上的智能表現是最重要的。這些觀點，早已受到質疑和挑戰；目前主要的智能理論與實徵研究發現，均支持智能是具有可塑性的，且非學業智能或實用智能可能是成功的關鍵因素。近年來，批判思考能力的發展也受到相當的重視，因其與學習及智能表現有密切的關係。本世紀初以來，學者們所提出的智能理論（尤其是新近的智能理論）對批判思考的教學有重大的啟示。本章的目的即在介紹智能理論的演變，並介紹重要

的智能理論及批判思考之意涵，進而探討智能與批判思考的關係，並提出促進批判思考教學的建議。

 **第一節 智能與批判思考的重要性**

一、智能與批判思考影響人類的學習與發展

思考是一種有目的的認知過程；它涉及操作（operations）、知識（knowledge），與意向（dispositions）（Beyer, 1988）。Udall 和 Daniels（1991）將思考分為基礎層次（basic-level）的思考與複雜層次（complex-level）的思考。基礎層次的思考涉及記憶、回憶、基本理解與觀察技巧；複雜層次的思考則涉及產生多重解決方案、判斷與詮釋、應用多重規準、不確定性（uncertainty）、自我調節（self-regulation）、在混亂中尋找意義與架構，以及需要許多努力等特質。批判思考則是屬於複雜層次的思考（Udall & Daniels, 1991）。

能進行思考（尤其是複雜思考），是人類能在「物競天擇」的演化過程中得以存活的主要原因；這可說是造物者賦予人類的最珍貴特質。誠如法國哲人 B. Pascal 所說的：「人就像大自然中最柔弱的蘆葦，然而他們卻是會思考的蘆葦。」而所謂「一粒沙中見大千，一朵花中想天堂」，更道出了思考對學習與人生的重要性。

批判思考乃為「有目的性及自我調整的判斷；根據這個判斷，我們對事物進行詮釋、分析、評鑑、推論，並對於此判斷所依據的證據、概念、方法及規準作成解釋」（Facione, Sanchez, & Facione, 1994: 2）。近年來，批判思考能力的培育，是各先進國家的重點教育目標。批判思考能力的培養在教育上真正受到重視，可說是起源於 1970 年代的美國，各重要教育會議對高層次思考的重視。其後，於 1980 年代掀起了「批判思考運動」，各種促進學生批判思考能力的計畫紛紛出籠，許多學校及教育研究機構也因而將批判思考列為重要的教育目標（Paul, 1990）。美國加州在 1980 年代初期，就全州性地

在各公立學校測試學生的批判思考能力，並提供許多研究經費補助批判思考的相關研究（Kneedler, 1985）。之後，美國國會更將促進大學學生「批判思考、有效溝通及問題解決」的能力，作為 2000 年的國家教育目標（Facione, Sanchez, Facione, & Gainen, 1995）。台灣目前正在實施的九年一貫課程，其十項能力指標中，有兩項即與批判思考有密切關係，即：「運用科技與資訊」和「獨立思考與解決問題」。運用科技與資訊的能力強調正確、安全和有效地利用科技，並加以蒐集、分析、研判、整合與運用資訊；獨立思考與解決問題的能力強調養成獨立思考及反省的能力與習慣，有系統地研判問題，並能有效解決問題和衝突。

　　近年來，各國對於培養具有批判思考能力的21世紀公民以及專業人員，有更為重視的趨勢。批判思考不但是民主的基石（Taube, 1997），也是現今商業領袖及高階主管的必備能力（Harris & Eleser, 1997; Dilenschneider, 2000），例如：「美國八大事務所白皮書」（Big Eight White Paper, 1989）及「美國會計教育改革委員會」（AECC, 1990）強調，批判思考是會計人員必須擁有的新技術與新能力之一；IBM 的執行長（Chief Executive Officer）也在 1996 年提出，批判思考能力是現今商業領袖必備的條件之呼籲（Harris & Eleser, 1997）。此外，研究發現（葉玉珠，2003），批判思考與國中生的各科成績有顯著相關（$r = .270 \sim .573$，$p < .001$）；批判思考能力較好的學生，使用較多的深層策略（Garcia & Pintrich, 1992）；可見，批判思考是一種重要的學習策略。Elder（1997）更指出，批判思考是增進情緒智商的關鍵。

　　智能可以說是學者們創造出來，解釋人類學習與行為的一種建構，例如：有些心理學家以智能來解釋，為何有些人能讀完醫學院，而有些人卻連國中都讀不完；有些心理學家則以智能來解釋為何有些人會成功，而有些人卻失敗了。智能的定義究竟為何？這個問題是心理學家們長久以來爭辯不休的話題。有些心理學家認為，人類僅有一種智能，即智能是一種統整的心理能力；有些心理學家則認為，人類的智能是多元的，即智能是由許多不同的心理能力所構成；有些心理學家認為，智能是固定不變的（實體論）；有些心理學家則認為，智能是具有可塑性的（增加論）。Dweck 和她的同事（Dweck & Leggett, 1988; Dweck, Chiu, & Hong, 1995）發現，大部分人對於

智能抱持著「實體論」或「增加論」。持「實體論」者認為，智能是固定的實體，不是努力或動機可以改變的；持「增加論」者則認為，智能是具有可塑性的，是努力或動機可以改變的。Dweck（1999）也發展了一份「內隱理論評量（智能版）」，來評量她所提出的兩種智能理論。「實體論」的評量題目如：「每個人都有一定程度的智能，而且你很難去改變它」；「增加論」的評量題目如：「不論你是誰，你能顯著地改變你的智能水準」。研究也發現，持智能「實體論」者較傾向使用表現目標（Hong, Chiu, Dweck, Lin, & Wan, 1999）；儘管對於智能的看法分歧，但智能影響人類的思考與學習活動，卻是心理學家們一致的結論。許多研究均已證實，智力測驗分數與各方面的認知能力表現，均有中度到高度的相關（Woolfolk, 2007）。

二、智能為批判思考的基礎

Bruer（1993）曾將人類比喻為「智能的、學習的、思考的文化」（intelligent, learning, and thinking cultures）（p. 1）。這句話從巨觀的角度描述了智能與思考的重要性，即智能與思考均為造就人類文明的主要特質。若從微觀的角度來分析，或許我們可以這麼說：「智能與思考是促成個體發展的重要動力，而個體是否能健全發展，則視其智能與思考的結構、功能與內容而定。」因此，智能和批判思考有密切的關係。

智能與批判思考能力的關係究竟為何？在探討這個問題之前，讓我們先來思考一個問題：何謂「思考」？思考是一種智能，還是一種技巧？對於這個問題，對於思考有深入研究的 Edward de Bono 提出了一個富有哲理的比喻，de Bono（1994）認為：「如果智能是一部車子的馬力，那麼思考就是運用此一馬力的技巧」（p. 2）；因此，他認為思考是一種智能，同時也是一種技巧。他並進一步將思考定義為「將智能表現於生活經驗中的操作技巧」（de Bono, 1994: 2）。Halpern（1997）則認為：「智能是形成思想的原始物質」（p. 9）。批判思考的產生必須要具備特定領域的知識與能力，而這些知識與能力的獲取與智能有密切關係。由此看來，智能為批判思考的基礎，其對個體批判思考能力的發展有重大的影響。

第二節　智能理論

一、智能理論的發展與演變

何謂智能（intelligence）？是心理學史上少數幾個最具爭議的問題之一，其定義至今尚無定論。近一世紀來，已有許多心理學家提出智能理論，對智能加以詮釋。較早期的智能理論通常與下列一個或一個以上主題有關：(1)學習的能力；(2)已獲取的全部知識；(3)對新情境和新環境成功適應的一般能力（Woolfolk, 2007）。1921 年有 13 位心理學家以及 1986 年有 24 位心理學家分別齊聚一堂，共同討論智能。在這兩次的討論中，過半數的專家都提及高層次的思考歷程（如抽象推理和問題解決）是智能的重要成分，且1986 年的智能定義，增加了下列要素：後設認知（meta-cognition）和執行歷程（executive processes）（如監控自我思考）、知識和心智歷程（mental processes）的互動，以及文化脈絡──何者為該文化所珍視。以下即從智力測驗的源起與智能理論的發展，來看一世紀以來，心理學家對智能的詮釋之演變，及其與批判思考的關係。

智能發展的研究始於 S. F. Galton（1822-1911）研究人類的個別差異，由於他開創出相關的統計方法，使得人們對智能的本質及發展得以做更深入的探討，後來才逐漸發展出智能測驗。智力測驗的創始人為法國心理學家 A. Binet（1857-1911）。1904 年，法國教育部欲針對無法從學校正常教育中獲益的學童，給予特殊教育，於是成立了委員會以編訂鑑別兒童能力的測驗，Binet 應邀參與。Binet 於是發展出一套測量學生的一般知識、智能、知覺、記憶和抽象思考的測驗；此即我們現在所稱的智力測驗（McCown, Driscoll, & Roop, 1996）。1905 年，Binet 與其助手 T. Simon 編成了第一個正式的智力測驗──「比西量表」（Binet-Simon Scale）。他們認為智能的本質在於「能完善地判斷、理解及推理」（引自 Hayes, 1994）。

自 Binet 首創智力測驗以來，心理學家即以智力測驗的分數來界定一個

人的智能與能力。當時的心理學家認為透過測驗來界定與量化智能，不僅在研究上較具客觀性，而且在教育上較具診斷、分類與預測的功能。因此，不同的智力量表也相繼出現。如美國心理學家 L. M. Terman 在 1916 年編了「斯比量表」（Stanford-Binet Scale）；D. Wechsler 於 1949 年出版了「魏氏兒童智力量表」（Wechsler Intelligence Scale for Children）。而 Terman 採用了德國心理學家 W. Stern 所創用的「智商」（Intelligence Quotient, IQ），Stern 認為一個人的智商等於其心理年齡（Mental age, MA）除以實際年齡（Chronogical Age, CA），再乘以 100；即 IQ = MA/CA×100（楊語云譯，1994）。Wechsler 則創用離差智商（Deviation IQ）以表示測驗結果，Wechsler（1958）認為：「智能是一個人從事有目的行為、理性思考和有效處理周遭事物的一種統整性的能力。」（p. 7）。他認為整體大於部分的總合；一個人的智能不應該就分測驗的成績來解釋。

這些智力測驗為早期研究智能發展的主要測量工具，因此，早期智能發展的研究偏重於採用統計及計量學的研究方法；直到 Piaget 提出動態的智能觀後，心理學家才開始採用質的方法來研究智能的發展，對智能的詮釋也有所不同。1970 年代，歐、美許多學者專家開始對傳統的智能定義，有許多的批評與檢討，他們認為智能應包括社會學習認知能力，主張要了解智能的本質，應該由社會能力的角度去探討。因而有 Howard Gardner 的多元智能論以及 Robert Sternberg 的智能三元論之發展。後來，認知心理學的蓬勃發展，John Carroll 在其智能階層模式中強調訊息處理的能力。

◆ 二、心理計量取向的智能理論

（一）Spearman 的二因子論

英國心理學家 C. E. Spearman（1863-1945）於 1904 年提出二因素理論（two-factor theory），認為智能是由兩種因素所組成的：普通因素（general factor，G 因素）與特定因素（specific factor，S 因素）。「普通因素」指的是一個人處理事情的一般能力；「特殊因素」指的是個人習得的特殊性向，如音樂、藝術等能力（引自 Hayes, 1994）。

（二）Thurstone 的心理能力說

Thurstone 於 1938 年指出，智能是由一組心理能力所構成，而這些心理能力是互相獨立的。這些能力包括語文理解（verbal comprehension）、語文流暢性（verbal fluency）、數字運作（number）、空間視覺（spatial visualization）、記憶（memory）、知覺速度（perceptual speed）及推理（reasoning）等七種能力（引自 Hayes, 1994）。

（三）Cattell 的流體智能與晶體智能說

Cattell（1940）及 Horn（1970）認為，智能可分為「流體智能」（Fluid intelligence）和「晶體智能」（Crystallized intelligence）。流體智能與使用特定的思考以解決不熟悉的問題之能力有關，包括抽象推理、分類，以及系列填空等能力；晶體智能則與透過教育與文化涵養所獲得的知識有關，包括語文、閱讀理解及處理一般訊息等能力。流體智能的表現是基於大腦的發展，因此會隨著年齡的增長而逐漸發展，但到青少年之後就會隨著年齡的增長而逐漸降低，而這樣的智能也較易受損。相對地，晶體智能與運用文化認同的問題解決方法有關，包括已學習的技巧和知識（如字彙、如何製作棉被等），因此會隨著年齡的增長而持續發展。通常，我們藉由投注於流體智能的學習活動而強化了我們的晶體智能，但常常兩種智能是同時需要的，如進行數學推理時（Finkel, Reynolds, McArdle, Gatz, & Peterson, 2003）。

（四）Guilford 的智能結構論

早期 Guilford（1967）認為，智能為 120 種不同且互相獨立的技巧所組成，後來他將智能的種類擴充為 150 種（Guilford, 1988），稍後又擴充為 180 種（Guilford, 1988）（如圖 8-1 所示）。Guilford 認為，智能（intellect）是由下列三個層面所構成：

1. 心理運作（mental operations）：即思考過程，包括認知、聚斂思考、擴散思考、評鑑、記憶收錄及記憶保留等六個因素。
2. 內容（content）：即我們思考什麼，包括視覺的、聽覺的、象徵

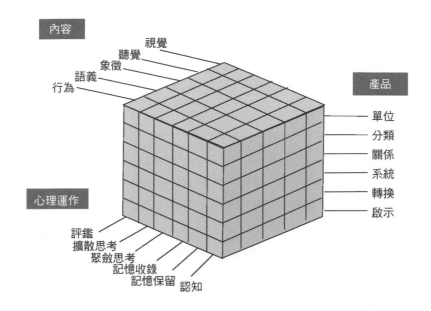

圖 8-1　Guilford 的智能結構論

的、語義的及行為的內容等五個因素。

3. 產品（products）：即我們思考的結果，包括單位、分類、關係、系統、轉換及啟示等六個因素。

因此，一個人的智能有 6（心理運作）× 5（內容）× 6（產品）= 180 種。此一智能結構理論通常被簡稱為 SOI（Structure of Intellect）。根據 SOI 理論，欲完成一項認知工作，必須在某一特定的內容形成一種心理運作，以完成一項產品。Guilford 的智能結構論擴展了人們對智能本質的看法；他把社會判斷（評量他人的行為）、擴散思考和聚斂思考納入智能結構中。然而，他認為這些智能是互相獨立的主張，卻是令人質疑的。一般的智力測驗顯示，人們的某些能力是相關的（Woolfolk, 1995）。

三、動態智能理論

心理計量取向的智能觀，重視的是智能的個別差異，而 Piaget 則對兒童智能發展的順序更感到興趣。Piaget 認為，一個人的智能是動態的，亦即智

能會隨一個人與環境的互動而改變（McCown et al., 1996）。他也認為，智能是由認知結構（cognitive structure）、認知功能（cognitive function）和認知內容（cognitive content）等三個要素所組成的（Dacey & Travers, 1994）。

認知結構為認知發展理論中最重要的概念，它具有整體性（wholeness）、轉變性（transformation）與自我調節性（self-regulation），而且會隨年齡的改變而發生質的變化。認知結構中的基本單位為基模，基模為人們用以認識周圍世界的基本模式或心理表徵（Dacey & Travers, 1994）。

認知功能包括適應（adaptation）和組織（organization）兩大功能（如圖8-2 所示），此二者不會隨年齡而改變。適應乃個體因環境限制而不斷地改變認知結構，以求其內在認知與外在環境經常保持平衡的歷程。適應又包括調適（accommodation）與同化（assimilation）兩種功能。調適係指當個體遇到新的情境，且原有認知結構不能適合環境要求時，則個體會改變已有的認知結構以符合環境要求的歷程；同化係指個體以既有的基模或認知結構，吸收新經驗的歷程。組織乃個體在與環境互動的過程中，系統性地選擇重組其認知結構的能力（Dacey & Travers, 1994）。

認知內容乃反應智能活動中那些可觀察的行為與反應，這些行為與反應可隨著年齡的增加而發生改變。個體的智能發展必須經過下列四個階段：感

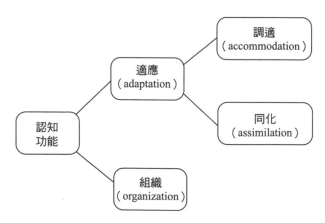

圖 8-2　Piaget 的認知功能結構

覺動作期（Sensorimotor stage）、前運思期（Preoperational stage）、具體運思期（Concrete operational stage）及形式運思期（Formal operational stage）；個體在各發展階段所具有的心理結構即決定了其思考能力。根據 Piaget 的看法，對嬰兒而言，只有身體感官接觸到的事物才是存在的。嬰兒將其周遭環境加以組織後，納入其感覺動作基模中；即嬰兒以感覺動作智能來認識這個世界。而隨著年齡的增長，嬰兒不再只靠感覺和動作來認識這個世界，他們開始應用語文、圖形等符號從事思考活動，並逐漸學會調適和同化新經驗，以建構新的認知結構；此時即形成了前運思基模。其後，兒童發展出具體運思基模；他們開始按具體事例作邏輯推理，且多數兒童能對事物分類及比較，以了解其間的關係。最後，兒童才發展出形式運思基模；此時，兒童已能用概念的、抽象的、合於邏輯形式的方式去思考與推理以解決問題。因此，一個人所使用的認知基模種類即代表其智能層次。由於智能是隨著一個人的認知發展而改變，因此智能是動態的（McCown et al., 1996）。Piaget 的四個認知發展階段中，每個階段的主要思考特徵，如表 8-1 所示（Berk, 1994; McCown et al., 1996）。

Piaget 認為，每一階段的發展不在「量」的不同，而在「質」上的變化。他因而反對使用標準化的智力測驗來測量一個人的智能；因為這些測驗往往忽略兒童在每個發展階段上認知能力的個別差異，而且常會錯過兒童智能發展過程中有趣且特殊的現象。

四、多元智能理論

多元智能理論（Theory of Multiple Intelligence）是 Howard Gardner 於 1983 年所提出的（Gardner, 1983）。他將智能定義為：「在某種或多種文化下，被認為是重要的解決問題或形成產品的能力」（Gardner & Hatch, 1989: 5）。此一理論已被廣泛地應用於美國中小學，尤其是資優教育上。

Gardner（1993）最初認為，人類的智能是由七種成分所構成，即邏輯—數學（logical-mathematical）、語言（linguistic）、音樂（musical）、空間（spatial）、肢體動覺（kinesthetic）、人際（interpersonal）、內省（intrapersonal）。後來，他又加入三種智能：自然觀察者（naturalist）、神靈

表 8-1　Piaget 的認知發展

階段	發展時期	描述
感覺動作期	0～2 歲	* 嬰兒以感覺和動作認識世界。對嬰兒而言，只有身體感官接觸到的事物才是存在的。 * 18個月至2歲已能產生心智表徵（Mental representation）。
前運思期	2～7 歲	* 開始應用語文、圖形等符號從事思考活動。 * 這時期的兒童能辨別顏色、形狀、大小等物體的特徵，但還不能做周密的推理。 * 主要的思考特徵為：自我中心主義（Egocentrism）、擬人化思考（Animistic thinking）、中心化思考（Centration；集中於單一向度進行思考）、倒因為果推理（Transductive reasoning）。
具體運思期	7～11 歲	* 開始按具體事例作邏輯推理，且多數能對事物分類及比較，以了解其間的關係。 * 主要的思考特徵為：具有保留（Conservation）概念、去中心化思考（Decentration）、可逆性思考（Reversibility）、階層性分類（Hierarchical classification）、排序（Seriation）、遞移推論（Transitive inference；已知 A 和 B 關係，B 和 C 關係，可推論 A 和 C 關係）及空間操作（Spatial operations）等能力。
形式運思期	11 歲以上	* 已能用概念的、抽象的、合於邏輯形式的方式去思考推理。 * 主要的思考特徵為：能進行假設—演繹推裡（Hypothetico-deductive reasoning）及三段論法（大前提—小前提—結論）的思考。

（spiritual）、存在（existential）（李心瑩譯，2000）。目前較被接受的為前八種智能，即邏輯—數學、語言、音樂、空間、肢體動覺、人際、內省、自然觀察者的智能。每一種智能的核心能力及終極成就（end states），如表 8-2 所示（李心瑩譯，2000；Armstrong, 1994; Woolfolk, 1995）。

表 8-2　Gardner 的多元智能理論

智能	終極成就	核心能力
邏輯—數學	科學家 數學家	* 能辨識邏輯或數字組型。 * 能進行連續推理。
語言	詩人 記者	* 能敏銳地辨識聲音、押韻及語意。 * 能敏銳地辨識語言的功能。
音樂	作曲家 小提琴家	* 能產生與欣賞押韻、音調及節奏。 * 能欣賞音樂的不同表達方式。
空間	航海家 雕塑家	* 能精確地知覺「視覺—空間」世界。 * 能將起始的知覺加以轉換。
肢體動覺	舞蹈家 運動家	* 能有效控制身體動作。 * 能有技巧地處理事物。
人際	顧問 政治領導	* 能適當地辨識與回應他人的心情、脾氣、動機與慾望。
內省	心理治療師 宗教領袖	* 能進入自我的情感世界。 * 能分辨自我情感並據以引導自我行為。 * 能了解自我的優缺點、慾望及智能。
自然觀察者	生物學家 自然環保家	* 能快速辨認及分類生活環境中各種物種，包括植物類及動物類。

　　Gardner 多元智能理論的提出，乃根據他對腦部受傷病患所進行的研究以及專家與奇才存在的事實。Gardner 在波士頓榮民醫院（Boston Veterans Administration）研究腦部受傷的病人時發現，腦傷似乎是選擇性地損害某種智能，例如：右腦顳葉（temporal lobe）受傷者，其某些音樂能力可能會受損；而腦前葉（frontal lobe）受傷者，其人際和內省智能可能會受損（李平譯，2003）。

　　Gardner 認為，每個人都具備所有八項智能，只是大多數人的某些智能發展很好、某些智能的發展為一般水準、其他智能則發展較差。若能給予適當的鼓勵和充分的指導，大多數人的智能均可以發展到充分勝任的水準。此外，他認為智能通常是以複雜的方式統合運作，在實際的生活中，沒有任何智能是獨立存在的。但每一種智能均有多種表現方式，例如：一個人可能不識字，但卻有很高的語言智能（李心瑩譯，2000；李平譯，2003）。

　　Gardner 的特殊貢獻在於，他將文化價值視為人類智能的要素。多元智能

理論是一個試圖描述人類如何運用智能以解決問題的認知模式，其方法所重視的是人類的智能如何在實際生活中運作。對教師而言，Gardner 的多元智能理論的重要性在於，將智能與思考聯結，不同的智能類型定義不同的思考形式。Gardner 和其同事也針對其所提出的多元智能之思考形式，發展了適當的評量工具、教材與教學活動（李心瑩譯，2000；Ramos-Ford & Gardner, 1990）。

Larear 也針對八種智能之主要求知方式的媒介與使用工具提出一些看法，例如：邏輯一數學智能的發展，主要是透過尋找與發現組型及問題解決的歷程，所使用的工具包括：計算、數字、科學推理、邏輯、抽象符號及組型辨識等；語言智能的發展主要是透過書寫、口語、閱讀等語文系統，所使用的工具包括：辯論、公開演講、詩詞、正式和非正式談話、創意寫作等。各個智能的主要求知方式的媒介與使用工具，如圖 8-3 所示。Larear 並進一

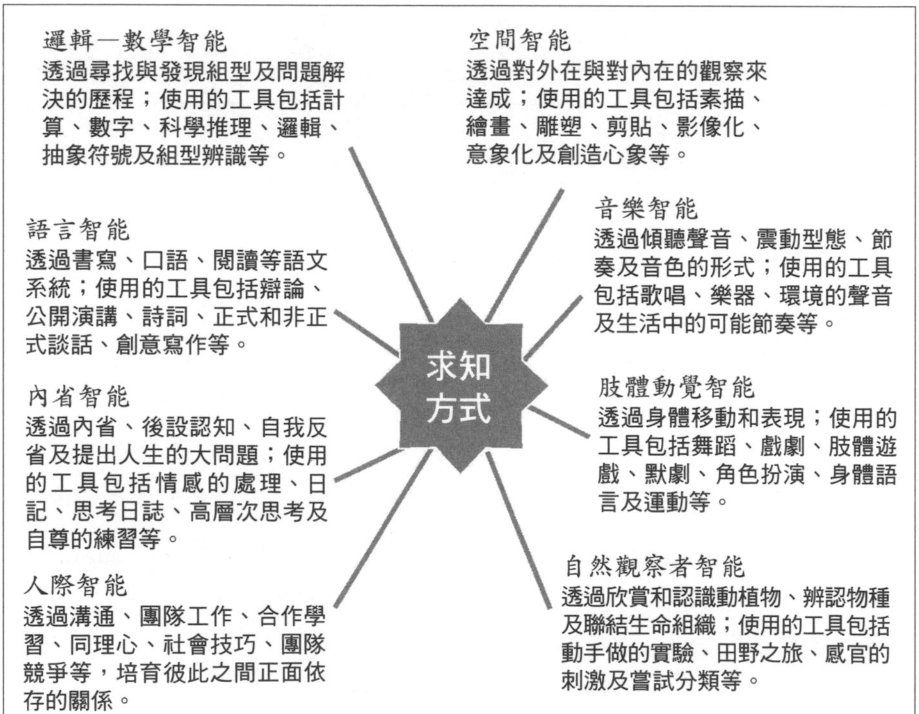

圖 8-3　八種多元智能的求知方式

資料來源：修改自郭俊賢、陳淑惠譯（1999：25）

步將每一種智能的發展歷程分為三個層次：基礎層次、複雜層次及統整層次，以利落實多元智能的教學與評量。每一種智能在每一個層次所具備的能力，如表 8-3 所示（引自郭俊賢、陳淑惠譯，1999）。

五、智能三元論

繼 Gardner 的多元智能論之後，耶魯大學的心理學家 Robert Sternberg 也於 1985 年提出智能三元論（Triarchic Theory of Intelligence）（Sternberg, 1985）。Sternberg 認為，傳統的智力測驗僅狹隘地評量分析能力，應納入創意實用能力，而且這些理論多缺乏實用性。Stenberg 也認為，Gardner 的多元智能理論實際上是資優理論，他認為智能是一般性的，沒有智能，我們就無法運作；智能是一種具有文化意義的概念，它被發明用來解釋為何有些人可以成功，有些人則不能。因此，智能表現於有意的調適和選擇與個人生活及能力有關的實際環境（引自 Kretchmar, 2009）。可見，Sternberg 強調的是智能如何在日常生活中運作的能力。

Sternberg 的智力三元論融合了 Spearman 的智能理論及訊息處理的成分（Neill, 2004），他認為，智能是彈性和有效適應環境的能力。Sternberg（1986）也認為，智能是一種心理的自我管理（mental self-management）；心理的自我管理涉及三個因素的交互作用：成分智能（componential intelligence）、經驗智能（experiential intelligence）及脈絡智能（contexual intelligence）。後來，他將這三個因素名稱改為分析智能（Analytical intelligence）、創意（綜合）智能（Creative/Synthetic intelligence）與實用智能（practical intelligence）（如圖 8-4 所示）；其內涵如下（周甘逢、劉冠麟譯，2002；Kretchmar, 2009; Sternberg, 1985, 1986, 1998）。

（一）分析智能（成分智能）

分析智能與抽象思維、訊息處理及語言等能力有關，例如：解決類比問題或三段論的問題、學習字彙等。Sternberg 認為，分析智能是傳統智能最常被測量的。在學校成就測驗表現良好的學生是典型的分析思考者，他們擅長於分析、比較、評鑑和解釋。

表 8-3　多元智能的發展歷程

智能	基礎層次	複雜層次	統整層次
邏輯─數學	具備簡單操作具體事物的技巧、具體型態認知以及簡單抽象思考。	學習解決各種問題的歷程、有效的思考型態以及標準化的數學計算技巧與運算。	發展進階的數學技巧與操作以及統整與應用取向的思考。
語言	具備基礎的語文技巧，包括簡單的讀寫和初期的演說句型。	理解語言系統的各層面，例如：文法、句型、發音、慣用語及語文理解技巧。	具備語文溝通的創意、自我表達以及延伸理解與闡明的能力。
音樂	能辨識、回應和產生基礎形式的音樂和節奏，並能發展出對音樂節奏等聲音的聯想。	能以音樂和節奏來做為傳情表意的媒介知覺，並會欣賞音樂和節奏及理解其對自己的影響。	能賞玩正式的音樂旋律，也能將之當作溝通的媒介，並能創意地表達自己。
空間	能學習一些技巧，以滿足用感官動作探索世界的好奇心，並能從操作中和空間中探索所處的環境。	能以更結構化、更正式、更有訓練的方式，來表達視覺藝術以及理解空間關係的位置。	能進行視覺空間能力的統整運用，以進行問題解決、深度思考、表達自我以及擴展創意思考。
肢體動覺	能進行基本動作技能的學習和發展，從簡單的自動反射到獲取個人目標的有意行動。	能隨著身體協調程度的進展而發展出更複雜的動作技能。	能運用肢體作為表達想法、感受、信念和價值的工具，並能發展出支配身體的巧妙技巧。
人際	能發展出根本的家庭關係，並學會人際關係的基礎技能，包括溝通和接納別人。	具備和家人以外的人之人際互動技巧，包括和別人互助合作的社會技巧。	能透激理解團體動力、人際關係、基礎人類社會行為，並能欣賞文化和個別差異。
內省	具備簡單的自我意識、基礎的獨立技巧以及對自己和世界的純真好奇心。	具備自我反省、自我理解、自尊等技巧，包含反省自己的思考、行為、心情的能力。	具備進一步的內省技巧，包括後設認知、自我分析、自覺性、個人信念、價值和哲學觀。

資料來源：修改自郭俊賢、陳淑惠譯（1999：42）

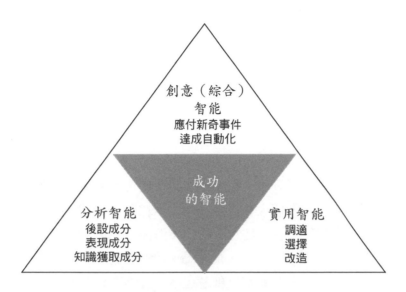

圖 8-4　Sternberg 之智能三元論

　　分析智能確認了「成功的智能」所依據的心理歷程。Sternberg 認為，分析智能乃由下列三種成分所構成：

1. 後設成分（Metacomponments）：這是指確認問題、決定目標、計畫策略、評鑑及監控表現的歷程，例如：計畫如何完成一項數學作業。後設成分是比較高層次的過程，其功能在於組織表現成分和知識獲取成分。

2. 表現成分（Performance components）：這是指執行後設成分所選定計畫或工作的歷程，例如：蒐集資料以依計畫完成作業。表現成分是任何認知行為都會涉及的基本功能，這些認知歷程讓我們能夠將刺激編碼，並將訊息保留於短期記憶、計算、在心智中比較不同的刺激，以及從長期記憶中提取訊息。

3. 知識獲取成分（Knowledge acquisition components）：這是指吸收新知及學習如何解決問題的歷程，例如：學習如何透過網際網路找資料、使用學習策略幫助記憶。

後設成分、表現成分和知識獲取成分三者之間有密切的關係：表現成分

與知識獲取成分會對後設成分產生回饋，使得後設成分能調整訊息的表徵意義及處理訊息的方法，例如：學生可能原本計畫針對「智能與數學學業成就」寫一份報告（後設成分），於是開始閱讀這個主題的相關論文（知識獲取成分）並嘗試寫成一份報告（表現成分），但是完成初稿後，覺得這份報告寫得並不好（後設成分），於是決定重新選一個新主題（後設成分）。

（二）創意（綜合）智能

創意（綜合）智能與洞見、整合、對新奇情境和刺激反應的能力有關。它是經驗層面的智能，即個人根據過去的生活經驗，處理新奇問題或隨機應變的能力，以及學習新事物的能力，例如：診斷汽車發動機有問題，並尋找有效的解決方法。Sternberg 認為，能創造、設計、想像和發明者，即為創意思考者；創意智能使得人們能進行創意思考，並能有創意和有效地適應新情境。此外，具有創意智能者能在新奇情境中，從有意識地學習轉化到將此新學習自動化。因此，創意智能解釋了一個人的智能，如何與其所處環境中之新奇工作或新主意結合。創意智能的兩種核心能力是：

1. 應付新奇事件（Coping with novelty）的能力：具有高創意智能者，通常較能有效應付新奇情境中的問題；因為創意智能使一個人能分析所從事的工作，並運用所需的知識與技巧。
2. 達成自動化（Achieving automaticity）的能力：在重複遭遇幾次新工作或新問題後，具有高創意智能者會將完成工作所需的歷程自動化。

（三）實用（脈絡）智能

實用智能與一個人如何利用一些已有的資源或根據現有的狀況來解決問題，達成希望達成之目的的能力有關，例如：為了有效完成工作，拿下電話話筒並寫上不要分心的標語。具有實用智能者，能適應環境、改變環境及創造環境，進而使自己成功。

具體而言，實用智能通常反應在一個人調適（adapt）、選擇（select）與改造（shape）環境的能力上，其表現為：

1. 調適：能適度改變自己以符合環境的要求。
2. 選擇：能從多種可能的情境中，針對主觀需求與客觀情勢做出適當抉擇。
3. 改造：遇到不適應或難以解決的問題時，能設法改變環境以達成目的。

　　Sternberg 強調，實用智能的測量必須在一個人所在的環境中，根據其表現的品質來判斷。Sternberg 也認為，對一個人是否能成功而言，實用智能比傳統的學業智能更具有預測力；因此，他認為不要僅用一般的智力測驗來評估一個人的智能，也應將日常生活的表現納入其中。為了評估實用智能，Sternberg 也編製了「多向度能力測驗」（Multidimensional Abilities Test）。此測驗包括語文（verbal）、數量（quantitative）和圖形（figural）試題，並提供智能三元論三向度的測驗分數。

　　Sternberg（1988, 1998）認為，智能是涉及一個人應用所學的能力。擅長於把課堂所學應用到日常生活經驗中者為實用智能高者；一個分析智能高的學生或許可以比較不同企劃案，一個創意智能高的學生可能可以發展一個新的企劃案，但是一個實用智能高者則可以將企劃案落實於真實生活中。然而雖然看起來，一個人不一定只擁有其中一種智能，大部分的人同時擁有這三種智能，只是其強勢智能有所不同。此外，這三種智能的平衡發展會隨著時間而產生變化，例如：可能有人本來較屬於分析思考者，後來變成比較是創意思考者。

　　Sternberg（1985）亦將智能分為學業智能與非學業智能，而且將非學業智能分為社會智能和實用智能。學業智能涉及數學、物理、語文等學科的學習能力；社會智能涉及與人建立良好的社會關係、了解社會規範、自我反省及察言觀色等能力；實用智能則與解決日常生活問題、決策及工作等能力有關（如圖 8-5 所示）。實用智能的獲取主要來自外在環境及生活經驗，實際生活經驗也不是從書本上所獲得的，而必須從實際的生活體驗去獲得，所謂「讀萬卷書，行萬里路」，正是此意。

　　總之，Sternberg（1988）認為，傳統的智力測驗僅狹隘地評量分析能力，創意和實用能力也應該要納入。此外，Sternberg 也認為，智能不是一個

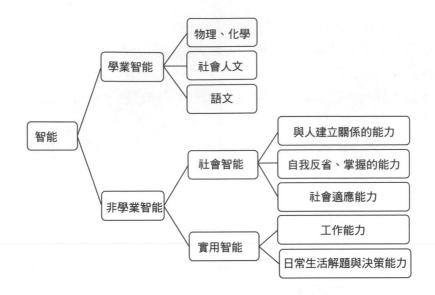

圖 8-5　Sternberg 之學業智能與非學業智能

固定的實體（fixed entity），他所提出的三種智能的組合情形是可以被改變的，且這三種智能是可以被增強的。因此，智能三元論在教學上具有實際的應用價值。

◆ 六、智能階層模式

　　Carroll 於 1993 年，基於他在 1927 至 1987 年所蒐集的超過 13 萬個的樣本，提出了「智能階層模式」（Hierarchical Model of Intelligence）（Carroll, 1993），其後做了一些修正，於 1996 年提出了「認知能力的三層次理論」（The three-stratum theory of cognitive abilities）。他認為智能包含三個層次：第三階層（亦為最高層次）為一般智能（General intelligence）；第二階層為廣泛的因素（broad factors），包含流體智能、晶體智能、一般的記憶和學習、廣泛的視覺知覺、廣泛的聽覺知覺、廣泛的提取能力、廣泛的認知速度、處理速度（決策速度）等 8 種智能或能力；第一階層為狹隘的因素（narrow factors），包含許多一級因素（first-order factors），而此一階層的因素大致可以分為程度因素（level factor）和速度因素（speed factor）。程度

因素是可以測量的，其分數代表個體精熟某種能力的程度；速度因素
（speed factor）的分數則代表個體完成任務的速度，或個體在學習和記憶任
務的學習速度（Carroll, 1996）。Carroll 並針對第一階層的因素，具體列出
70 種以上的認知能力，如一般推理能力、記憶廣度、視覺化能力、獨創力、
心智比較速度等，詳細內容如圖 8-6 所示。

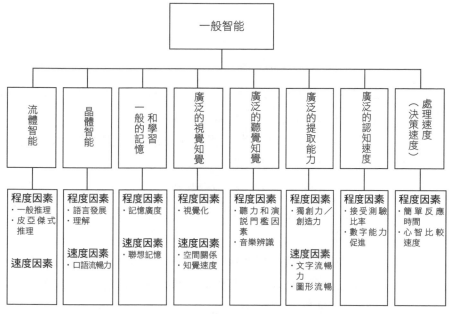

註：第一階層包含 70 多種特定能力，圖中所列出的只是其中一些能力。

圖 8-6　Carroll 的「智能階層模式」

資料來源：取自 Carroll (1996: 12)

比起其他的智能理論，智能階層模式從更廣泛的角度來定義智能，此模
式不但包含了傳統的流體智能、晶體智能，更具體指出了訊息處理過程會涉
及到的短期記憶、長期記憶及工作記憶等相關的認知能力。模式中也具體定
義了各種智能的表現。

Hunt 為「智能階層模式」理論的提倡者之一，他於 2000 年回顧近 100 年
來所提出的智能理論，認為智能的結構已經被完整建立了，即智能包含三個
階層：最高階層為一般智能；中間的階層包含 8 種或 8 種以上的次級能力；

最低階層則為一些具體的訊息處理行動（引自 Woolfolk, 2007）。

◆ 七、小結

　　智能理論的發展可謂從一元到多元，其測量方法則從單純的量化到質化，最後到質量並重。傳統的智能理論較偏向於學業智能的測量，至 Guilford 才提出非學業智能（創造思考及社會評鑑）的重要性；Gardner 和 Sternberg 則同時強調學業智能與非學業智能的重要性；Carroll 則將智能間的關係階層化，融入訊息處理的觀點，並定義具體可測量的能力。綜合上述對智能理論的探討，智能有如下的特徵：

　　1. 智能是文化特定的：在某一文化中被視為「有智能的」行為，在另一文化中不見得會被視為「有智能的」行為。
　　2. 智能具有適應與組織的功能：智能涉及調適一個人的行為與組織相關訊息，以成功地完成新任務。
　　3. 智能涉及運用先前知識，以有效分析與了解新情境。
　　4. 智能應該是領域特定的：判斷一個人是否「聰慧的」，應視情境或領域而定。
　　5. 智能與學習能力有關：智能較高者較能有效運用學習策略。
　　6. 智能與批判思考能力有關：智能較高者較能有效進行批判思考。
　　7. 智能是具有可塑性，可以增進的。

第三節　批判思考

◆ 一、批判思考的定義

　　關於批判思考的定義，可說是眾說紛紜。綜合學者們所提出之看法，大致可將其歸納為下列三種看法或取向：批判思考即技巧（critical thinking as skills）、批判思考即心理歷程（critical thinking as processes）以及批判思考即程序（critical thinking as procedures）。

（一）技巧取向

　　持技巧取向看法者認為，批判思考能力是一些認知和（或）後設認知技巧有效運用的表現。目前大部分的訓練課程都以技巧的訓練為主。Hudgins、Riesenmy、Ebel 和 Edelman（1989）認為，批判思考是尋求和結論有關的證據之一般性態度，這種態度必須靠一些智識上的技巧來支持，而這些技巧是用來偵測假設及辨識爭議中產生偏見來源的。

　　Walters（1986）認為，批判思考乃解決問題的一種方法，它幫助學生在閱讀及討論等情境中，能夠辯識、澄清、評估及回答複雜的問題。Paul（1990）認為，批判思考即運用思考去分辨或分析事物，應用語言、邏輯等技巧去解釋現象，並設定判斷的標準，據此給予適當的評價。Halpern（1997）認為，批判思考乃使用許多認知技巧與策略以增進獲致所希望結果的機率，它是目的導向及理性導向的；此一思考涉及在特定的情境中（context）解決問題、形成推論、計算可能發生的機率和提出決策等。

　　此外，Paul 和 Elder（2001）認為，批判思考是一種思考模式，它可運用於任何學科、內容或問題。在批判思考過程中，思考者藉由有效管理思考的結構和應用智能標準，以改善其思考的品質。簡言之，批判思考是自我導向（self-directed）、自我訓練（self-disciplined）、自我監控（self-monitored），和自我校正（self- corrective）的思考。他們假定要改善批判思考，必須要符合一些卓越的標準並有意的監控這些標準的使用；因此，批判思考通常會伴隨有效的溝通和問題解決能力。

（二）心理歷程取向

　　持心理取向看法者認為，批判思考基本上是心理歷程的有效運用，例如：Ruggiero（1988）認為，批判思考乃對問題的解決方案從事嚴格的檢驗，以決定其優劣點之過程；簡言之，它意謂著評估與判斷。Yinger（1980）認為，批判思考乃與評鑑思考成果有關的認知活動，它常常在解決問題的過程中與創造思考同時出現。Kurfiss（1988）認為，批判思考是在解決無法確切回答，或無法蒐集到完整相關資訊的問題時，所產生的一種理性

反映。因此，批判思考是一個調查的過程，其目的在探索一種情境、現象、疑問或問題，以獲致具有說服力的相關假設或結論。Chaffee（1990）認為，批判思考是在仔細檢驗思考過程，以澄清和改善我們對事物的理解，進而使這個世界所發生的現象對我們而言是有意義的。而 Facione 等人（1995）則認為，批判思考為一具有目的性及自我調節判斷的認知過程，藉由此一複雜的認知過程，我們在特定的情境下做成何者應為與何者應信之判斷。

（三）程序取向

持程序取向看法者認為，批判思考的展現必須具備一些必要的程序或步驟，例如：Marzano 等人認為，批判思考包含下列八大步驟：概念的形成（concept formation）、原則的形成（principle formation）、理解（comprehension）、問題解決（problem solving）、決策（decision making）、研究（research）、統整（composition）和口頭講述（oral discourse）（引自 Bailin, Case, Coombs, & Daniels, 1999）；Daniel Eckber 則認為，批判思考包含下列六個步驟：定義兩難情境（define dilemma）、檢驗選擇方案（examine electives）、考慮後果（consider consequences）、調查重要性（investigate importance）、決定方向（decide direction）和評鑑最後結果（evaluate ends）（引自 Bailin et al., 1999）。

從上述的定義可以發現，批判思考對個體了解這個世界及個體的認知發展有重大的影響；這也就是為何這些年來，批判思考對於學習的影響以及批判思考教學的有效性，一直是教育學者們所關心的課題。誠如 Romanish（1986）所言：「批判思考不僅是智能的活動，同時也是解決問題及洞明世事的能力。」若能將批判思考之應用融入教學當中，則必能培育出有自省能力的教師與學生、慎思明辨的公民，以及具有終生學習熱忱的個體（Michelli, Pines, & Oxman-Michelli, 1990）。達爾菲專案（Delphi Project）研究小組所達成的共識，可以說為批判思考的重要性下了一個較完成的註解。此共識如下：

　　我們了解批判思考為有目的性及自我調整的判斷；根據這個判斷，我們對事物進行詮釋、分析、評鑑、推論，並對於此判斷所依據的證據、概念、方法，以及規準作成解釋……批判思考是進行質詢時不可或缺的工具。據此，批判思考是教育上一股自由的力量，同時也是個人及公民生活中一項有力的資源。（Facione et al., 1994: 2）

◆ 二、批判思考的建構

　　批判思考是多向度的，例如：Russell 認為，批判思考是評鑑或分類（categarization）的過程；此一過程涉及態度（attitude）、知識和技巧（引自 Halpern, 1997: 5）；Taube（1997）的研究也發現，批判思考能力與意向有顯著的相關。

　　因此，批判思考能力可謂「知識、意向及技巧」的整體表現。以下即對此論點作進一步的說明。

（一）批判思考知識

　　批判思考並非來自真空，它需要個體應用其對教材的知識及其常識與經驗（Hudgins et al., 1989）。Hudgins 等人（1989）在一項實證研究中指出，先行知識（prior knowledge）對批判思考的影響雖然不一定是直接的，但是對有效的批判思考是絕對必要的。Ennis、Millman 和 Tomko（1985）在研究中也指出，批判思考與知識有密切相關（約為 .50）。

　　Noordink 和 Naidu（1994）認為，批判思考即在特定領域的知識體中，分析爭議的論點，找出溝隙（gaps）、不相關的事物及不一致的現象；特定領域的知識對批判思考而言是必要的。Bailin 等人（1999）也指出，特定背景知識、對良好思考標準的操作知識（operational knowledge）及對批判思考主要概念的知識，均為良好批判思考者所必備的。特定背景知識是產生批判思考的先決條件，而「知道如何做」（knowing how）的操作知識及對批判思考主要概念的知識，則是能有高度智能表現的必要條件。Eggan 和 Lsegold（1992）以及 Gambrill（1990）也提出下列四種知識是優秀的批判思考者所

必須具備的：內容知識（content knowledge）、程序知識（procedure knowledge）、自我知識（self knowledge）及情境知識（situated knowledge）。可見，知識在批判思考中扮演非常重要的角色，它是進行有效批判思考的先決條件。

（二）批判思考意向

批判思考意向意指進行批判思考的態度、承諾與傾向（Norris & Ennis, 1989）。Siegel（1980）認為，批判思考教學的最終目的在發展學生的批判思考意向，也就是要使學生具有批判的精神，即願意去尋求理由和證據，要求公平性、質疑和調查未經證實的聲言（Siegel, 1980）。

Halpern（1997）認為，思考態度與批判思考能力的發展是同等重要的，而決定批判思考能力表現的最主要變項則在於「態度」。他認為批判思考者必須具備下列意向或態度：願意規劃（willingness to plan）、變通（flexibility）、堅毅（persistence）、願意自我校正（willingness to self-correct）、保持自我知覺（being mindful）、尋求共識（consensus-seeking）、關心真確性（concern for accuracy）、嘗試有創意的方法（trying creative approaches）、有意使用多元思考（deliberately using multiple modes of thought）、維持開放的態度（maintaining an open attitude）。

Paul 和 Elder（2001）認為，良好的批判思考者必須具備許多智識上的特質（intellectual traits）或心靈的美德（virtues of mind），包括：

1. 智識上的謙虛（intellectual humility）：意識到個人在知識上的限制。
2. 智識上的勇氣（intellectual courage）：意識到即使當個人具有極端負面的情緒時，仍應秉持公正的態度以發表個人意見與觀點的必要性。
3. 智識上的自治（intellectual autonomy）：對於自己的信念、價值觀、思考方式等有自主的想法。
4. 推理的自信（confidence in reason）：相信自己能形成洞見及合理的結論，並能使用良好的推理規準來判斷是否接受一信念或觀點。

5. 智識上的同理心（intellectual empathy）：意識到設身處地為他人著想，以了解他人的必要性。

6. 智識上的統整性（intellectual integrity）：意識到忠於自己的思考、保持所採用標準的一致性，以及坦承自己思考和行為的不一致等的必要性。

7. 智識上的毅力（intellectual perseverance）：意識到不論遭遇什麼挫折或障礙，仍應使用智識洞察力（intellectual insight）及堅持理性原則的必要性。

8. 公平（fairmindedness）：意識到公平看待所有人的觀點，而不受個人情感或喜好所影響之必要性。

Facione 等人（1995）則將批判思考的意向歸納為如下七類：

1. 好奇（inquisitiveness）：指個體是否有智慧上的好奇心與學習的慾望，即使此知識是不會立即被用到的。

2. 心胸開放（open-mindedness）：指個體是否有對分歧意見的容忍度，與對己身所持有之偏見的敏感度。

3. 系統性（systematicity）：指個體是否有組織、分類與集中專注的能力與是否勤於發問。

4. 分析力（analyticity）：指個體重視推理的程度、是否講求證據以解決問題、是否能預期將會有潛藏的概念上或實際上的困難。

5. 尋求真理（truth-seeking）：指個體在所處的脈絡下，是否能渴望尋求最好的真相且勇於發問，即使發現是不合己意或不認同的觀點也能誠實且客觀地質問。

6. 批判思考的自信（critical thinking confidence）：指個體相信自己的推理，使自我相信其推理的公正與能引導別人合理的解決問題。

7. 認知成熟（cognitive maturity）：指個體做決策時其公正的傾向。不管是在處理問題、質問或做決定時，均能意識到問題有許多不同的看法與解決方式，並能意識到問題必須在所處脈絡下，基於某些標準與證據才能下判斷。

綜合學者們的看法，理想的批判思考者應該是獨立的、心胸開放的，具

有智識上的好奇、好疑、謙虛、同理心與勇氣。在處理問題時，批判思考者會嘗試使自己保有豐富的訊息來源、把焦點放在質詢上、公平地進行評鑑、反思已做成的判斷、嘗試使用有創意及多元思考、基於理由選擇判斷規準，並能在複雜的情境中保持審慎的態度。在態度上，批判思考者則勤於尋找相關的訊息、願意重新考慮解決方案及有毅力地尋找結果（Bailin et al., 1999; Elder & Paul, 1998; Facione et al., 1995; Halpern, 1997; McBride & Knight, 1993; Paul & Elder, 2001）。

（三）批判思考技巧

Halpern（1997）認為，批判思考乃使用許多認知技巧與策略，以增進獲致所希望結果的機率，它是目的導向及理性導向的；此一思考涉及在特定的情境中（context）解決問題、形成推論、計算可能發生的機率，和提出決策等。由專家共識所產生的以批判思考為主題的報告（Delphi Report）指出，批判思考需要詮釋、分析、評鑑、推論、解釋和自我調節等認知技巧（Facione et al., 1995）。空有批判的意向仍無法成為好的批判思考者，因為批判思考是一種複雜的思考歷程，它需要個體運用一些策略與技巧去評估他們自己的觀點、尋找變通的方案，以及作推論。批判思考常常是起於解決問題，因此，如何運用適當的技巧與策略來解決問題是必要的。批判思考涉及許多認知及後設認知的技巧，諸如分析、詮釋、推論、解釋、評鑑、有創意地運用訊息、做結論、與他人互動，以及自我調節等（Michelli et al., 1990; Norris & Ennis, 1989）。

Norris 和 Ennis 將批判思考的技巧，歸類為如下之三種基本技巧與一套策略（Norris & Ennis, 1989）：

    1. 澄清（clarification）：
      (1) 能注意問題的重點所在。
      (2) 能對具有爭議性的問題加以分析。
      (3) 能提出有助於澄清或改變問題的疑問或解答。
      (4) 能從形式、定義和策略等三個層面對一名詞下適當的定義。
      (5) 能辨認假設。

2. 建立完善推論基礎的技巧（basic support）：

(1) 能判斷訊息的可信度 。

(2) 能觀察或判斷他人的觀察報告之可信程度。

3. 推論的技巧（inference）：

(1) 能演繹。

(2) 能歸納。

(3) 能做價值判斷。

4. 運用策略的技巧：

(1) 能決定採取行動的適當時機。

(2) 能與他人產生互動，即和他人討論、議論及表達自己的看法。

Chaffee（1990）認為，批判思考者應具備下列能力：能仔細周全地探索情境、能自我省思、能從不同觀點分析情境、能主動思考、能有組織地與他人討論自己的觀點。Dick（1991）認為，批判思考者應具備15種能力，他並把這些能力分為五大類：辨認論點（identifying arguments）、分析論點（analyzing arguments）、外在資源（external resources）、科學分析推理（scientific analytical reasoning）和推理與邏輯（reasoning and logic）。

Halpern（1997）認為，批判思考者應具備下列能力：

1. 在解決問題時能確認、控制或評估多重影響因素的重要性。

2. 當無法了解教材時，能區辨能否定義一個名詞或訊息不足。

3. 當概念未被明確定義時，能了解明確定義的重要性，並能提出新定義。

4. 能思考所提出的支持理由是否能有效支持所做成的結論。

5. 能從實徵資料和證據（包括相關的推理）中做成推論。

6. 能使用理性的判斷標準權衡可能解決方案的利弊，並做成決定。

7. 解決問題時，能清楚覺知有助於問題解決的策略，並有系統地善加應用。

8. 遇到閱讀困難的內容時，能監控自我理解的過程與方法。

9. 當解決問題時能預期困難之所在。

10. 當說和寫時，能清楚且有效地溝通。

11. 能辨識意圖引發情緒反應的宣傳技巧。

由上述學者的看法及前述的批判思考定義中可知，批判思考為一複雜的認知歷程，此一思考歷程涉及思考者的知識、意向及技巧與所在情境的互動。一位良好的批判思考者除了必須具備足夠的知識、意向及技巧之外，尚須視問題發生的脈絡（context），建立一套有效及合理的判斷規準，對陳述或問題加以澄清與評鑑，以做成決策並解決問題。此一概念如圖 8-7 所示。

圖 8-7　批判思考的定義

◆ 三、批判思考的認知歷程

了解批判思考的認知歷程，有助於深入了解學生的個別差異、發展的改變，並進行有效的評量與教學。以下即介紹 Halpern（1998）以及 Paul 和 El-der（2001）等人對批判思考歷程的見解。

（一）Halpern 的批判思考技巧階層觀點

Halpern（1998）指出，一個批判思考技巧的階層（taxonomy），可做為了解學生批判思考的歷程及教學的指引。此批判思考歷程包含五個階層：

　　1. 語文推理的技巧：具有理解和抗辯日常生活中具有說服性語言的技巧。

2. 論點分析的技巧：能發現論點所使用的理由、假設和無關訊息等。

3. 檢驗假設的思考技巧：能直覺地解釋、預測和控制事件、做一般性推論、判定適當樣本大小及做正確評估等。

4. 辨識可能性和不確定性的技巧：能正確使用累積的、特殊的和同時事件的機率。

5. 決策和問題解決的技巧：含產生、選擇和判斷可能解決的方案。

Halpern 並認為，有效的批判思考必須能清楚地辨識所需的特定思考技巧，而產生此一辨識能力的關鍵在於：藉由外在的線索從長期記憶中提取訊息，然後輸出到工作記憶中。

（二）Paul 和 Elder 的批判思考階段論

Paul 和 Elder（2001）認為，良好的批判思考者常應用智識標準（intellectual standards）於推理的要素，以發展其智識特質（intellectual traits）。智識標準包含下列十項：清晰（clarity）、明確（precision）、精確（accuracy）、重要性（significance）、相關（relevance）、完整（completeness）、合邏輯（logicalness）、公平（fairness）、廣度（breath）和深度（depth）。推理的要素則包含下列八項：目的（purposes）、問題（questions）、假設（assumptions）、訊息（information）、推論（inferences）、概念（concepts）、啟示（implications）和觀點（points of view）。

依照上述要素衍生之邏輯如下：

1. 與你接觸互動者的「目的」或意圖為何？

2. 他們如何定義他們自己的「問題」或難題？

3. 他們做了哪些「假設」？

4. 他們使用哪些「訊息」來支持這些假定？

5. 他們推論後的「結論」為何？

6. 有哪些主要或關鍵「概念」影響他們的思考？

7. 這些思考中隱含哪些「啟示」？

8. 在事件中，他們所尋找的「論點」為何？

　　根據 Paul 和 Elder（2001）的看法，積極的思考者會經由一連串的自我質疑（questioning），傾聽內在聲音（inner voice），發現自我與他人思考之邏輯。他們認為，不論外在環境所發生之事物，或人類內在之心智能力，其運作皆有邏輯架構存在；因此，對此邏輯架構之內容與運作方式了解愈深，其批判思考能力也愈強。

　　Paul 和 Elder（2001）又根據智識標準及推理要素，將批判思考的學習歷程分為六個階段：不會反思的思考者（The unreflective thinker）、挑戰的思考者（The challenged thinker）、初段思考者（The beginning thinker）、實習思考者（The practicing thinker）、進階思考者（The advanced thinker）和專家思考者（The master thinker）（如圖 8-8 所示）。每一階段的特徵，如表 8-4所示。

圖 8-8　批判思考的學習歷程階段

表 8-4　批判思考發展六個階段的特徵

階　　段	特　　　　徵
1.不會反思的思考者	* 不知道思考在生活中扮演決定性的角色。 * 不知道在生活中所發生的許多問題，都是因為思考的瑕疵所造成的。 * 缺乏明確評鑑自己思考的能力，以致於無法改善思考能力。
2.挑戰的思考者	* 開始察覺思考在生活中扮演決定性的角色。 * 不知道在生活中所發生的許多問題，都是因為思考上的瑕疵所造成的。
3.初段思考者	* 對其多樣化的生活層面，會主動地採取挑戰性的思考。 * 了解在其思考中的基本問題，並企圖解決這些問題以促進思考。 * 對於促進思考缺乏有系統的計畫，因此多停留在只擊不中（hit and miss）的階段。 * 開始知道成為良好思考者的重要性。 * 開始尋找成為良好思考者的方法。
4.實習思考者	* 不僅了解其思考中的問題，也了解需要以普遍且有系統的方法來對抗這些問題。 * 在有系統提升自己思考的方法上尚屬初階者，且對於更深入洞察思考層次仍有限制存在。 * 開始明瞭有系統地練習思考（systematic practice in thinking）的必要性。
5.進階思考者	* 對自己思考能力的提升有成功之計畫。 * 會以此計畫為基礎，而且不僅會積極從生活事件的各種角度來分析思考，也能在需要深層思考的問題中發展出重要的見解。 * 對生活中所有向度的思考尚不能一致性地處於高層次的思考。 * 對自己自我中心之天性已能有良好的控制。 * 持續地致力於公平心（fair-minded）的發展
6.專家思考者	* 對思考的改進能有一成功的計畫。 * 為了能有效思考而持續監控與修正自己的思考策略。 * 批判思考技巧已深入地內化，因此批判思考技巧的使用是高度直覺的。 * 能積極分析生活中各向度的思考。 * 對深層思考中之問題持續地發展出新洞見。 * 對公正思考有強烈的承諾。 * 對自我中心本位有高度的控制。

資料來源：整理自 Paul & Elder (2001: 22-35)

◈ 四、小結

批判思考為一複雜的認知歷程。一位良好的批判思考者除了必須具備足夠的知識、意向及技巧之外，尚須視問題發生的脈絡建立一套有效及合理的判斷規準，對陳述或問題加以澄清與評鑑，以做成決策並解決問題。批判思考的意向與好奇、心胸開放、系統性、分析力、尋求真理、認知成熟、批判思考的自信等特質有關，批判思考的技巧則與辨認假設、歸納、演繹、解釋及評鑑等能力有關。欲從不會反思的思考者進階到專家思考者，必須要對自我的批判思考有所覺知，能全面、有效、直覺地評斷自己的思考計畫，並將批判思考的運用積極實踐於日常生活事件的分析當中。

 第四節 智能與批判思考

◈ 一、心理計量取向的智能理論與批判思考

心理計量取向的智能理論，包括 Spearman 的二因子論、Thurstone 的心理能力說、Cattell 的流體智能與晶體智能說、Guilford 的智能結構論。由前述的批判思考涵義得知，Spearman 雖未明確指出普通能力及特殊能力的項目，但「普通能力」及「特殊能力」對批判思考所需的一般性知識及特定領域的知識之獲取，應是必要的。而 Thurstone 的心理能力說中的語文理解、語文流暢性、記憶及推理能力，Cattell 流體智能中的抽象推理、分類及晶體智能中的語文、閱讀理解、處理一般訊息等能力，均與獲取批判思考所需的知識與使用批判技巧有關。至於 Guilford 的智能理論，包含擴散思考與聚斂思考，一般以為擴散思考與創造思考有關，而聚斂思考則與批判思考有關，但筆者認為，在進行批判思考的過程中，擴散思考與聚斂思考是不斷互動的，因此這兩種思考對批判思考而言均是必要的。此外，評鑑、記憶收錄及記憶保留等心理運作能力，亦與批判思考的知識獲取與技巧使用有關。

二、動態智能理論與批判思考

根據 Piaget 的智能發展理論，個體在各發展階段所具有的心理結構即決定了其思考能力。11 歲的青少年即進入形式運思期，此一時期的青少年已能進行假設性的演繹思考；即他們已能根據邏輯推理，進行分析與判斷，以解決問題。此觀點提供了批判思考教學一個重要的理論基礎，即教師可依照學生抽象思考的發展情形，進行適當的批判思考教學。此外，Piaget 認知基模概念的提出，使得我們對於「知識為思考的基礎」之概念有更合理的解釋。而 Piaget 所提及的自我調節、組織與適應等功能，則與批判思考的能力有關。

三、多元智能理論與批判思考

Gardner 的多元智能理論是一個試圖描述人類如何運用智能以解決問題的認知模式，其方法所重視的是人類的智能如何在實際生活中運作。從 Gardner 對八種智能的定義中可知，邏輯—數學、語文、人際及內省智能與批判思考者所需的知識（包括背景知識、程序知識和一般性知識）、意向及技巧的學習有密切關係，而音樂、空間、肢體動覺及自然觀察者智能則與特殊領域的知識有關；批判思考通常是在特定的領域或情境之下，為澄清概念或解決問題所產生的，因此專門領域的知識對於批判思考技巧的有效應用而言，是必要的。Gardner 所提出的八種智能（尤其是邏輯—數學、語文、人際及內省智能）對批判思考者而言，是非常基礎而重要的。謝佳蓁（2000）的研究即證實了邏輯—數學智能及語文智能與批判思考有密切關係。

此外，Gardner 認為，每個人都擁有此八種智能，只是各人的智能發展分布情形不同，每一個個體的智能都是一種獨特的組合。有些人在每種智能的表現上均很優異，有些人在某一種或一些智能的表現較佳，但也有些人在八種智能的表現上均不盡理想。但是不論什麼樣的智能發展，只要能給予適當的鼓勵、機會、環境和教導，幾乎每個人的八種智能都可以達到適度的發展，且可能超乎我們所預想的程度。簡言之，Gardner 的多元智能理論是支持智能增加論的（智能是可以增進的），這種信仰對批判思考教學是非常重

要的。

◈ 四、智能三元論與批判思考

　　Sternberg（1985）的智能三元論包含分析智能、創意智能與實用智能（見圖 8-4）；在其理論架構中，亦將智能分為學業智能與非學業智能，並將非學業智能分為社會智能與實用智能（如圖8-5所示）。Atkinson（1997）認為，批判思考是一種「社會練習」（social practice），此社會練習行為通常產生於個體遭遇特定的文化兩難情境時。此一「社會練習」，與 Sternberg 所言之「社會智能」與「實用智能」之概念非常接近。根據 Sternberg（1998）的看法，實用智能涉及將一些智能的成分應用於生活經驗中，以適應（adapt）、塑造（shape）及選擇（select）環境；而社會智能是一種社會學習與人際互動能力。此外，從前面的理論分析可知，分析智能、創意（綜合）智能及實用智能、學業智能及非學業智能均與批判思考能力有關。分析智能及學業智能為建立完善的批判思考相關知識的必要條件，創意（綜合）智能、實用智能及非學業智能則有助於批判思考能力的充分展現。葉玉珠（1991）的實徵研究也發現，台灣中小學學生的智能（偏向學業智能）與批判思考有顯著的正相關（相關係數為 .14～.23，N=1,022）。此外，研究中也發現，批判思考與學業成績有顯著的正相關（相關係數為 .15～.47），即使是在去除智能的影響之後，批判思考與學業成績仍有顯著的正相關（相關係數為 .25～.50）。可見智能與批判思考雖有相同之處，但卻是兩個分立的概念。

◈ 五、智能階層模式與批判思考

　　Carroll（1993, 1996）的「智能階層模式」包含了傳統的流體智能、晶體智能，以及訊息處理過程會涉及到的短期記憶、長期記憶及工作記憶等相關的認知能力。批判思考為有目的性及自我調整的判斷，根據這個判斷，我們對事物進行詮釋、分析、評鑑、推論（Facione et al., 1994）。批判思考也是自我導向、自我訓練、自我監控和自我校正的思考（Paul & Elder, 2001）。研究也發現（葉玉珠，2003），批判思考與學業成績有顯著相關。因此，批

判思考是一種重要的學習策略。從認知心理學的角度來看，學習過程即是訊息處理的過程；因此，「智能階層模式」提供了批判思考與學業成績有密切相關另一個合理的解釋。

六、小結

由本文前述的分析得知，智能與批判思考有密切的關係，而智能可能是批判思考的根基；就如 Halpern（1997）所說的：「智能是形成思想的原始物質。」而從 Gardner 和 Sternberg 的智能理論中也發現，批判思考能力為重要的學業智能，更為重要的社會智能與實用智能。因此，教師如何積極提升學生的批判思考能力，為當今的教育要務。Russell 早在 1960 年，即提出批判思考能力是可學習的概念；這與現今我們對智能是可學習的概念是一致的。他並提出下列的看法：「態度（Attitude）＋知識（Knowledge）＋思考技巧（Thinking Skills）＝智慧型思考（Intelligent Thinking）」（引自 Halpern, 1997）。知識、態度與技巧是智慧型批判思考者需具備的條件，而區別是否是良好批判思考者的主要因素，往往在於「態度」──有沒有批判思考的意向。「不能」和「不願意」進行批判思考是不同的；有批判思考能力而不願意去進行批判思考，仍無法成為一位優秀的批判思考者。「批判思考能力」和「批判思考意向」的關係，就如同我們經常提及的兩個概念──能力（competence）與表現（performance）。批判思考是一種主動的思考，他需要行動；只有當我們在日常生活中遭遇問題時，我們願意主動地進行深度思考，我們才有可能成為優良的批判思考者。理想的批判思考教學目標應在於「批判思考訓練的遷移」，即學生能將所學習到的批判思考技巧應用於不同的情境。例如：學生能將批判思考技巧應用於不同學科的學習、辨認不實際的競選承諾、反駁不足採信的論證，以及解決真實的生活問題等。這樣的學習遷移雖不容易達到，但卻是可能產生的（Klaczynski, 1993）。

第五節　如何提升學生的批判思考能力

　　欲提升學生的批判思考能力，可從兩方面來著手：一、經由增進學生的智能來促進其批判思考能力；二，直接透過教學，以提升學生的批判思考能力。以下即針對如何透過教學有效提升學生的批判思考能力提出一些建議，期能協助教師邁向成功的批判思考教學之路。

一、強化教師批判思考教學的信念

　　Udall 和 Daniels（1991）認為，一個能促進高層次思考的環境必須是「可預測的」（predictable）與「安全的」（safe）。但最重要的是：教師要有認為思考是必要的、有價值的和有趣的信念。就批判思考教學的信念而言，教師除了要有肯定批判思考教學的價值性之信念之外，更要有高度的個人教學效能（personal teaching efficacy）。「個人教學效能」涉及一位教師對其能引發學生學習的個人能力及技巧的信念（Gibson & Dembo, 1984）。在進行批判思考教學時，教師必須具備的個人教學效能，包括：對個人批判思考的相關知識、批判思考的能力、設計有效批判思考教學課程的能力有充分的自信，以及能有效使學生了解批判思考的概念、能有效運用批判思考教學的策略，並且能透過其教學有效改善學生的批判思考意向與能力有充分的自信。

二、提升教師批判思考教學的專業知識與能力

　　批判思考的教學充滿著不確定性，因其涉及複雜的認知機制與過程。欲有效應付這些「不確定」，除了要具備正面的信念之外，教師必須具備批判思考教學的專業知識。欲達到有效的批判思考，教師至少應具備下列的專業知識：對於批判思考的要素、影響學習批判思考的重大因素，以及這些概念間的相互關係之了解，以及對於可用教材與資源、學生批判思考的能力和教導批判思考技巧之有效教學策略的認識。因此，教師不但要「knowing what」──知道何謂批判思考，還要「knowing how」──知道如何促進批判思考。此外，在批判思考的教學過程當中，教師必須認清自己的角色應為「評鑑者」（evaluator）與「促進者」（facilitator），而非控制者。「評鑑者」意謂教師必須評量學生批判思考學習的過程與產品；「促進者」意謂教師必須介紹學習活動、促進小組合作，並使學生持續將焦點放在作業上（Michelli et al., 1990）。

另外，一位成功的批判思考教導者，必須要有足夠的能力，方能引發及促進有效的批判思考學習。成功的批判思考教導者，至少應具備下列能力，方能使批判思考教學的活動有效及順利地進行（Michelli et al., 1990）：能有效地進行批判思考、能有技巧地進行質詢、能有創意地運用教材、能適當地應用教學策略，以及能有效地使用後設認知。

在批判思考專業知能方面，教師應重視其專業發展，熟悉創新教學的方法或策略，並能將其融入批判思考教學，以提升批判思考教學的成效，例如：數位學習融入教學為目前被重視的教學取向，如何將數位學習融入批判思考教學，是教師必備的知能。

三、使用批判思考的正面教學行為

如上所述，成功的批判思考教導者必須要能夠將個人有關批判思考教學的信念、專業知識及能力加以整合後，實際有效地表現於其教學中。因此，教學行為影響學生批判思考的學習甚鉅。確認「批判思考的正面教學行為」將有助於增進教師批判思考教學之有效性，「批判思考的正面教學行為」意指有助於增進學生批判思考能力的教學行為或策略。

統合了相關的理論與研究發現（Caine & Caine, 1991; Hannafin, 1992; Jonassen, 1991; Kolstad, Briggs, & Hughes,1992; Lebow, 1993; McBride & Knight, 1993; Simons & Lunetta, 1993; Tishman, Perkins, & Jay, 1994），筆者認為有助於培育批判思考者的正面教學行為，應包含如下四個層面：(1)有助於提升學生的批判思考先備知識之教學行為；(2)有助於提升學生的批判思考意向之教學行為；(3)有助於改善學生的批判思考技巧之教學行為；(4)有助於增強學生的批判思考能力的教學行為。優越的批判思考者必須同時具備先備知識、

批判思考意向以及批判思考技巧。據此，批判思考能力乃為一個體的「先備知識、批判思考意向以及批判思考技巧的整體表現」。因此，「改善學生批判思考能力的正面教學行為」意指，有助於同時促進學生的先備知識、批判思考意向以及批判思考技巧的教學行為。

（一）有助於提升學生的批判思考先備知識之教學行為

1. 提供前導架構：前導架構（advance organizers）乃在進行一個新概念或新單元的教學之前，給予一個較為整體的概念引導架構；它有助於建立外在聯結並獲取先備知識。上課前以概念圖先對課程做簡介，或先介紹上課內容大綱為使用前導架構之例子。

2. 複習：在一節課或一個單元結束前進行複習，有助於將所學知識儲存至長期記憶，因此有助於建立批判思考的先備知識。

3. 強化高層次知識的學習：認知領域的學習包含知識、理解、應用、分析、綜合、評鑑等六個層次，而分析、綜合、評鑑有助於統整與深化所學知識，為建構高層次知識與進行高層次思考所必須的。批判思考為一複雜的心智歷程，因此高層次知識是必要的。教師可以藉由引導學生發展問題解決、證據、探究等方法，強化其高層次知識的學習及應用。

（二）有助於提升學生的批判思考意向之教學行為

1. 使學生專注於所從事的工作或討論：「注意」是思考的首要條件，當學生不專心時，教師應及時介入。

2. 給予思考時間：當發問問題時，最好給予學生一些思考時間，以使其能做較為深入的思考，並作出適當的回應；能作出適當或正確的回應，有助於建立自信與增進參與的意願。

3. 接受學生各種不同的反應：在發問或討論問題時，儘量先讓較多的學生回答之後，再公布答案。

4. 提供成功經驗：當學生一開始即成功地使用某一策略將問題解決時，他們比較可能會再度應用此一策略於其它情境當中。因此，成

功的經驗有助於鼓勵學生從事批判思考以及運用其已獲得之技能。

5. 給予提示：批判思考的活動充滿挑戰性，學生難免會遭遇挫折；適時地給予提示有助於學生建立成功的經驗，並進而強化其運用批判思考技巧的自信與動機。

6. 提供回饋：教師應掌握時機鼓勵學生的優越表現，以增強其從事批判思考活動的意願。

7. 監控討論過程：在實施小組討論時，若教師能接近學生並監控其討論過程，將有助於提高學生的參與動機；藉此，教師不但能了解學生的需求及問題所在，而且也能適時地提供適當的協助。

8. 鼓勵批判思考態度的展現：傳統的教學往往期待學生當一個乖學生，努力抄筆記，不要發問太多問題，然而真理探索及智者的懷疑等特質是批判思考者的關鍵特質；教師應突破傳統，鼓勵學生勇於展現批判思考的態度與傾向，例如：質疑與挑戰他人觀點，並提出客觀合理的論述。

9. 協助發展心智管理：批判思考者為能自我引導、自我監控與自我校正的學習者；教師應提供學生反省與評鑑自我思考歷程的機會，以使學生成為有效能的心智管理者。

（三）有助於改善學生的批判思考技巧之教學行為

1. 協助建立思考架構：根據 Perkins（1986）的看法，思考架構（think-ing-frame）的學習必須經過以下三個階段：獲取（acquisition）、內化（internalization）以及遷移（transfer）。欲幫助學生建立思考架構，教師必須做到下列幾件事情：首先，教師必須示範例子以幫助學生獲取思考架構；其次，教師必須給予學生具有適度挑戰性的作業與充分的練習，以協助學生內化其思考架構；最後，教師必須鼓勵學生注意其心理過程（mental process），以協助學生遷移其思考架構。此一建立思考架構的教學過程可應用於協助學生學習與遷移批判思考技巧方面。

2. 強化批判思考認知歷程中認知技巧的運用：近年來，思考歷程的研

究多以訊息處理理論為基礎。Mayer（1992）認為，思考乃一過程，且此過程涉及在認知系統中操弄某些知識的運作。在歸納推理的研究中，Bisanz、Biasanz 和 Korpan（1994）提出認知成分取向（cognitive-components approach）的看法，以了解推理的表徵與過程；並認為對任務過程的分析能了解學生過程與表徵之個別差異的來源，因而有助於深入了解學生的個別差異、發展的改變，以進行有效的評量與教學。因此，欲增進大學生的批判思考，深入了解其認知歷程，應更能設計出具體有效的教學與評量方法。Halpern（1998）以及 Paul 和 Elder（2001）等人分析批判思考歷程的見解可供參考。

3. 發展基模導向策略：基模乃一個人對於特定概念的知識結構（Gallini, 1989）。基模導向策略（schema-driven）涉及將訊息分類、將訊息抽象階層化，以及將概念間的關係加以聯結；這些策略都是優越的批判思考者所不可或缺的。概念圖是發展基模導向策略一項有力的工具。

4. 善用思考語言：以假設、推理、舉證、評估、懷疑等思考語言進行教學和溝通，能促使學生進行較深度的思考，有助於批判思考技巧的培養與運用。

5. 發問開放性問題：發問開放性的問題，如「為什麼……？」、「如何……？」等，有助於改善學生的批判思考能力。

6. 發問延伸性問題：發問延伸性的問題，即要求學生對其答案提供進一步訊息所使用的問題。當教師發問時，要求學生解釋其理由，即為使用延伸性問題的例子。

7. 要求學生反省其思考：此即「關於思考的教學」，能夠反省並監控自我的思考歷程，為增進批判思考技巧的重要關鍵。

8. 提供多元化的練習機會：讓學生有充分的機會，將批判思考技巧運用於各種不同的實際問題解決情境當中，為增進學生批判思考技巧的必要教學過程，且有助於其學習遷移，即教師能引導學生將所學的知能應用至另一學習情境。

9. 實施小組討論及合作學習：許多研究發現，使用小組討論及合作學

習，有助於改善學生的批判思考、創造思考及問題解決能力（Edi-ger, 1998; Facione et al., 1995; Garcia & Pintrich, 1992; Kelly & Farnan, 1991; Punch & Moriarty, 1997）。

（四）有助於增強學生的批判思考能力之教學行為

1. 兼重三個「批判思考」的教學原則：同時注重下列三種「批判思考」的教學，能有效增進學生的批判思考相關知識、意向與技巧，使學生批判思考能力的表現最大化：

   (1) 為批判思考而教學（Teaching for critical thinking）：創造能促進批判思考能力發展的學校與教室環境。一個支持的及舒適的環境，對批判思考的學習是非常重要的。教師多鼓勵同儕的互動並鼓舞學生的自信，有助於營造良好的批判思考學習環境。

   (2) 批判思考的教學（Teaching of critical thinking）：直接教導學生批判思考的技巧和策略，有助於批判思考技巧的有效學習。

   (3) 關於批判思考的教學（Teaching about critical thinking）：幫助學生知覺他們自己和別人的批判思考認知歷程，以及這些認知歷程如何運用於日常生活和問題解決情境中，有助於批判思考知識、意向及技巧的學習。

2. 選用適當的教學模式：運用適當的教學模式，能有效促進學生的批判思考能力，例如：定錨教學（anchored instruction）涉及教師如何透過運用豐富的教學情境，以促進學生對於知識的探索與運用，其目的在培養學生目標導向學習及多層面思考的能力，因此有助於批判思考的學習；使用故事及問題解決情境也可以使用為定錨教學的運用（Haneghan & Stofflett, 1995）。研究也發現（Yeh, 2008, 2009），「直接教學模式」（direct-instruction model）和「問題導向學習」（problem-based learning, PBL）模式，能有效促進批判思考能力。直接教學模式是一種以教師為中心的策略，即經由教師說明並結合學生的練習和回饋，來教授概念與技巧。其教學步驟為：(1)導論；(2)呈現；(3)引導練習；(4)獨立練習（Eggen & Kauchak, 1996,

2001）。PBL 要求學生解決特定的情境問題（Delisle, 1997），其目的在使學生熟悉未來可能面對的問題，並強化其相關知識與問題解決的技巧（Gerber, English, & Singer, 1999; Savery & Duffy, 1995）。PBL 的主要教學步驟為：(1)教師提出待解決的問題；(2)學生負責調查問題、設計解決策略和發現解答；(3)教師提供鷹架，引導學生解決問題（Eggen & Kauchak, 2001）。

3. 將批判思考技巧的教學融入課程中：獨立開設一門課程教導批判思考，在現實的教學環境中有時候是無法實踐的，例如在中小學。因此，將批判思考技巧的教學融入正式課程中，應為較可行的方式。Swartz 和 Parks（1994）所提出的概念融入取向（conceptual-infusion approach）可做為參考。運用在批判思考的教學上，概念融入取向強調統整「批判思考技巧的教學」和「為批判思考而教學」，進而重新建構正式課程內容以利教導批判思考。此教學取向可謂一舉兩得：一方面可教導批判思考的技巧；另一方面可促進課程內容的學習（如圖 8-9 所示）。

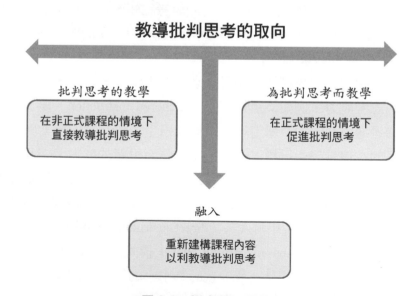

圖 8-9　概念融入取向

資料來源：改自 Swartz & Park (1994: 9)

4. 將數位學習融入教學：數位學習的快速發展，已為有效的批判思考教學提供了另一個發展空間。許多研究（Carmen & Kurubacak, 2002; Kumta, Tsang, Hung, & Cheng, 2003; Leader & Middleton, 2003; Nelson & Oliver, 2004; Thomas, 2002）發現，網路及資訊科技的應用有助於提升批判思考能力，例如：Thomas（2002）在〈聰明 E 教室、傳統教室與批判思考〉（Smart e-classrooms, traditional classrooms and critical thinking）的研究中發現，經過 14 週網路學習的實驗處理後，接受網路學習的實驗組在「加州批判思考技巧測驗」上的進步分數顯著高於一般傳統學習的控制組。Yeh（2008, 2009）的研究也發現，結合傳統課堂教學與網路學習能有效促進批判思考能力。數位學習平台只是工具與媒介，如何透過這些工具與媒介，教導學生蒐集、分析、組織、深思、整合、詮釋與善用資訊，進而提升其批判思考能力，為現今每位教育工作者應深思的問題。

◆ 四、小結

批判思考能力為 21 世紀公民所必備的能力，也是重要的學習策略；建構一個有利於學生進行批判思考活動的環境，以培育良好的批判思考者為教育者的重要任務。影響批判思考發展的因素，除了智能、教學環境及教師的因素外，尚有許多個人特質因素和人口變項因素；要達到批判思考的有效教學，這些影響因素也都應納入教學及課程設計的考量之中。因此，教師應注意相關的研究發現對教學的啟示。成功的批判思考教學植基於教師有關批判思考教學的信念、專業知識及能力；有效的批判思考教導者能夠將這些信念、專業知識及能力加以整合後，實際有效地表現於批判思考的教學當中。因此，一位教師若能做到下列事項，將有助於其邁向成功的批判思考教學之路：

1. 強化本身對批判思考教學的信念、教學專業知識及進行有效批判思考教學的能力。
2. 有效運用正面的批判思考教學行為，並時時自省其教學，以不斷自我成長。

3. 重視三個批判思考教學取向，即「為批判思考而教學」、「批判思考的教學」及「關於批判思考的教學」。

4. 重視性別的公平性及中立化，以使人人皆能成為 21 世紀具有批判思考的民主社會公民。

5. 注重批判思考教學的階段性：小學階段可提供較簡單的批判思考技巧教學，並適度教導學生較複雜的批判思考技巧，至國中以後，則可逐漸加強較複雜的批判思考技巧之教學。

6. 重視批判思考教學的城鄉均衡發展：多重視離島地區批判思考的課程及教學，以彌補環境及文化之不利因素，進而提升學生之批判思考能力，使城鄉的教育均衡發展。

7. 重視性向處理的交互作用（ATI）：運用不同的教學方法來配合學生的認知風格，以使批判思考的學習效果最大化。

8. 善用或促進學生的學習動機（尤其是內控、內在目標導向、期望成功等內在動機），以提高批判思考的教學效果。

9. 改善評量方式：在教學上應多重視批判思考的教學與評量方式。表現評量（performance assessment）、檔案評量（portfolio assessment）及真實性評量（authentic assessment）的運用，以及進行多元化評量應是可努力的方向。

10. 進行多元化教學：除了教師授課外，融入數位學習的教學也是培養學生批判思考能力的有效方法。

摘　要

● 智能是理論學者們創造出來，以解釋人類的學習與行為的一種建構。智能影響人類的思考與學習活動卻是心理學家們一致的結論。

● 批判思考的定義可歸納為下列三種取向：批判思考即技巧、批判思考即心理歷程以及批判思考即程序；目前大部分的訓練課程都以技巧的訓練為主。

● 智能發展的研究始於 Galton 研究人類的個別差異。自 Binet 首創智力測驗以來，心理學家即以智力測驗的分數來界定一個人的智能與能力。早期智能發展的研究偏重於採用心理計量方法，直到 Piaget 提出動態的智能觀後，心理學家才開始採用質性方法研究智能的發展。1980 年代以後的智能理論則強調非學業智能及智能的階層關係，包括 Gardner 的多元智能理論、Sternberg 的智能三元論及 Carroll 的智能階層模式。

● 較著名的心理計量取向的智能理論包括：(1)Spearman 的二因子論；(2)Thurstone 的七種心理能力說；(3)Cattell 的流體智能與晶體智能說；(4)Guilford 的智能結構論。

● Piaget 的智能發展理論主張個體的智能發展包括四個階段：感覺動作期、前運思期、具體運思期及形式運思期。

● Gardner 的多元智能理論認為，每個人都具備八項智能：邏輯－數學、語言、音樂、空間、肢體動覺、人際、內省、自然觀察者。

● Sternberg 的智能三元論包括分析智能、創意（綜合）智能與實用智能。Sternberg 亦將智能分為學業智能與非學業智能，而且將非學業智能分為社會智能和實用智能。

● Carroll 的「智能階層模式」認為，智能包含三個層次：第三階層為一般智能；第二階層為廣泛的因素；第一階層為狹隘的因素。

● 一位良好的批判思考者除了必須具備足夠的知識、意向及技巧之外，尚須視問題發生的脈絡，建立一套有效及合理的判斷規準，對陳述或問題加以澄清與評鑑，以做成決策並解決問題。因此，批判思考能力乃「知識、意向及技巧」的整體表現。

● Paul 和 Elder 提出推理的八大要素和十個智識標準，並將批判思考的學習歷程分為六個階段：不會反思的思考者、挑戰的思考者、初段思考者、實習思考者、

進階思考者和專家思考者。

- 較早期的智能理論與批判思考有密切關係。Spearman 所言之「普通能力」及「特殊能力」為批判思考一般性知識及特定領域的知識之基礎；Thurstone 的心理能力說中的語文理解、語文流暢性、記憶及推理能力，Cattell 流體智能中的抽象推理、分類及晶體智能中的語文、閱讀理解、處理一般訊息等能力，均與獲取批判思考所需的知識與使用批判技巧有關；Guilford 的智能理論中的擴散思考和聚斂思考，在批判思考的過程中扮演重要的角色；Piaget 智能發展理論中的形式運思能力為批判思考的必備能力。

- Gardner 多元智能中的邏輯─數學、語文、人際及內省智能與批判思考者所需的知識、意向及技巧的學習有密切關係，而音樂、空間、肢體動覺及自然觀察者智能則與特殊領域的知識有關。

- Sternberg 的智能三元論中之分析智能及學業智能，為建立完善的批判思考相關知識的必要條件，創意（綜合）智能、實用智能及非學業智能則有助於批判思考能力的充分展現。

- 批判思考是一種重要的學習策略，其學習過程即是訊息處理的過程；因此，Carroll 的「智能階層模式」提供了批判思考與學業成績有密切相關一個合理的解釋。

- 欲提升學生的批判思考能力，可從幾個方面著手：(1)強化教師對於批判思考教學的信念；(2)提升教師批判思考教學的專業知識與能力；(3)使用批判思考的正面教學行為。

練習

1. 您如何從智能理論或批判思考的觀點解釋案例中 6 位學生的表現？

2. 何謂「多元智能理論」？其對教學的啟示為何？

3. 何謂「智能三元論」？其對教學的啟示為何？

4. 對您而言，何謂「成功的智能」？

5. 社會智能及實用智能與批判思考的關係為何？

6. 何謂「智能階層模式」？其對教學的啟示為何？

7. 您相信智能是促成一個人在許多領域成功的一般性能力？還是智能可能促使一個人在某一領域成功，而不一定在其它領域成功？為什麼？

8. 傳統的智能理論與新近的「多元智能理論」、「智能三元論」、「智能階層模式」之不同點為何？

9. 一個具有批判思考能力的人，應具備哪些條件？

10. 為何批判思考與學業成績有顯著相關？

11. 有助於促進學生批判思考先備知識的教學行為有哪些？

12. 有助於促進學生批判思考意向能力的教學行為有哪些？

13. 有助於促進學生批判思考意向技巧的教學行為有哪些？

14. 哪些教學取向有助於促進學生整體的批判思考能力？請舉出一種教學取向，並加以論述。

15. 教師有關批判思考的個人教學效能（personal teaching efficacy）如何影響學生批判思考的學習？

參考文獻

中文部分

毛連塭、陳麗華、劉燦樑（1991）。康乃爾批判思考測驗之修定。**測驗年刊，38**，109-123。

吳靜吉、鄭英耀、王文中（1992）。華格批判思考量表之修訂。**教育心理與研究，15**，39-78。

李　平（譯）（2003）。T. Armstrong 著。**經營多元智慧**（Multiple intelligences in the classroom）。台北市：遠流。

李心瑩（譯）（2000）。H. Gardner 著。**再建多元智慧——21 世紀的發展前景與實際應用**（Intelligence reframed: Multiple intelligences for the 21st century）。台北市：遠流。

周甘逢、劉冠麟（譯）（2002）。R. J. Sternberg & W. M. Williams 著。**教育心理學**（Educational psychology）。台北市：華騰。

郭俊賢、陳淑惠（譯）（1999）。L. Campbell, B. Campbell & D. Dickinson 著。**多元智慧的教與學（第二版）**（Teaching & learning through multiple intelligences）。台北市：遠流。

郭麗珠（2001）。**國小社會科實施批判思考教學之實驗研究**。國立台北師範學院課程與教學研究所碩士論文，未出版，台北市。

陳荻卿（2000）。**批判思考教學策略運用在國小五年級社會科之實驗研究**。國立政治大學教育研究所碩士論文，未出版，台北市。

楊語云（譯）（1994）。Darley, Glucksberg & Kinchla 著。**心理學概論**（Psychology）。台北市：桂冠。

葉玉珠（1991）。**批判思考及其相關因素之研究**。國立政治大學教育研究所碩士論文，未出版，台北市。

葉玉珠（1999）。**批判思考意向量表**。2009 年 9 月 30 日，取自 http://www3.nccu.edu.tw/~ycyeh/instrument-english/1999%20ct-disposition.pdf

葉玉珠（2003）。**批判思考測驗——第一級（指導手冊）**。台北市：心理。

葉玉珠、吳靜吉（1992）。中小學生批判思考與學業成績之相關研究。**教育心理**

與研究，**15**，79-100。

謝佳蓁（2000）。**國小高年級學生多元智能、思考風格與批判思考能力之關係。** 國立中山大學教育研究所碩士論文，未出版，高雄市。

英文部分

Accounting Education Change Commission (AECC) (1990). Objective of education for accountants: Position statement number one. *Issues in Accounting Education, 5*(2), 307-312.

Armstrong, T. (1994). *Multiple intelligences in the classroom*. Alexandria, VA: Association for Supervision and Curriculum Development.

Atkinson, D. (1997). A critical approach to critical thinking in TESOL. *TESOL Quarterly, 31*(1), 71-93.

Bailin, S., Case, R., Coombs, J. R., & Daniels, L. B. (1999). Common misconceptions of critical thinking. *Journal of Curriculum Studies, 31*(3), 269-283.

Berk, L. E. (1994). *Child development* (3rd ed.). Boston, MA: Allyn & Bacon.

Beyer, B. K. (1988). *Developing a thinking skills program*. Boston, MA: Allyn & Bacon.

Big Eight White Paper (1989). *Perspectives on education: Capabilities for success in the accounting profession*. New York: Arthur Anderson & Co.

Bisanz, J., Biasanz, G. L., & Korpan, C. A. (1994). Inductive reasoning. In R. J. Sternberg (Ed.), *Thinking and problem solving* (pp. 179-213). San Diego, CA: Academic Press.

Bruer, J. T. (1993). *Schools for thought*. Cambridge, MA: The MIT Press.

Caine, R. N., & Caine, G. (1991). *Making connections: Teaching and the human brain*. Alexandria, VA: Association for Supervision and Curriculum Development.

Carmen, C., & Kurubacak, G. (2002). The use of the internet to teach critical thinking. *Society for Information Technology and Teacher Education International Conference, 2002*(1), 2504-2505.

Carroll, J. B. (1993). *Human cognitive abilities: A survey of factor-analytical studies*. New York, NY: Cambridge University Press.

Carroll, J. B. (1996). The three-stratum theory of cognitive abilities. In D. B. Dawn, P. Flanagan & P. L. Harrison (Eds.), *Contemporary intellectual assessment: Theories, tests and issues* (pp. 69-76). New York, NY: The Guilford Press.

Cattell, R. B. (1940). A culture-free intelligence test. *Journal of Educational Psychology, 31,* 161-179.

Chaffee, J. (1990). *Thinking critically* (3rd ed.). Boston, MA: Houghton Mifflin.

Dacey, J., & Travers, J. (1994). *Human development across the life span* (2nd ed.). Madison, WI: Brown & Benchmark.

de Bono, E. (1994). *de Bono's thinking course*. New York, NY: Facts on File.

Delisle, R. (1997). *How to use problem-based learning in the classroom.* Alexlandria, VA: Association for Supervision and Curriculum Development.

Dick, R. D. (1991). An empirical taxonomy of critical thinking. *Journal of Instructional Psychology, 18*, 79-92.

Dilenschneider, R. L. (2000). Critical thinking. *Executive Excellence, 18*(5), 5-7.

Dweck, C. S. (1999). *Self-theories: Their role in motivation, personality, and development.* Philadelphia, PA: Psychology Press.

Dweck, C. S., & Leggett, E. L. (1988). A social-cognitive approach to motivation and personality. *Psychological Review, 95*, 256-273.

Dweck, C. S., Chiu, C., & Hong, Y. (1995). Implicit theories and their role in judgments and reactions: A world from two perspectives. *Psychological Inquiry, 6,* 267-285.

Ediger, M. (1998). Cooperative learning versus competition: Which is better? *Journal of Instructional Psychology, 23*(3), 204-209.

Eggan, G. M., & Lsegold, A. M. (1992). Modeling requirements for intelligence training system. In S. Dijkstra, H. P. M. Krammer & J. J. G. van Merrienboer (Eds.), *Instructional models in computer-based learning environment*. New York: NATO Scientific Affairs Division.

Eggen, P. D., & Kauchak, D. P. (1996). *Strategies for teachers: Teaching content and thinking skills* (3rd ed.). Needham Heights, MA: Ally & Bacon.

Eggen, P. D., & Kauchak, D. P. (2001). *Educational psychology: Windows on classrooms* (5th ed.). Upper Saddle River, NJ: Prentice-Hall.

Elder, L. (1997). Critical thinking: The key to emotional intelligence. *Journal of Developmental Education, 21*(1), 40-41.

Elder, L., & Paul, R. (1998). Critical thinking: Developing intellectual traits. *Journal of Developmental Education, 21*(3), 34-35.

Ennis, R. H., Millman, J., & Tomko, T. N. (1985). *Cornell Critical Thinking Tests, Level X & Level Z: Manual.* CA: Midwest Publications.

Facione, P. A., & Facione, N. C. (1992). *CCTDI: A disposition inventor.* San Diego, CA: The California Academic Press.

Facione, P. A., Sanchez, C. A., & Facione, N. C. (1994, April). *Are college student disposed to think?* Paper presented at American Educational Research Association, New Orleans, LA.

Facione, P. A., Sanchez, C. A., Facione, N. C., & Gainen, J. (1995). The dispositions toward critical thinking. *The Journal of General Education, 44*(1), 1-25.

Finkel, D., Reynolds, C. A., McArdle, J. J., Gatz, M., & Peterson, N. L. (2003). Latent growth curve analyses of accelerating decline in cognitive abilities in adulthood. *Developmental Psychology, 39*, 535-550.

Gallini, J. K. (1989). Schema-based strategies and implications for instructional design in strategy training. In C. B. McCormick, G. E. Miller & M. Pressley (Eds.), *Cognitive strategy research: From basic research to educational applications* (pp. 239-268). New York: Spring-Verlag.

Gambrill, E. (1990). *Critical thinking in clinical practice.* San Francisco, CA: Jossey-Bass.

Garcia, T., & Pintrich, P. R. (1992, August). *Critical thinking and its relationship to motivation learning strategies, and classroom experiences.* Paper presented at the meeting of the American Psychological Association, Washington, DC.

Gardner, H. (1983). *Frames of mind: The theory of multiple intelligences.* New York, NY: Basic Books.

Gardner, H. (1993). *Multiple intelligence: The theory in practice.* New York: Basic Books.

Gardner, H., & Hatch, T. (1989). Multiple intelligences go to school: Educational implications of the theory of multiple intelligences. *Educational Research, 18*(8), 4-10.

Gerber, M. M., English, J., & Singer, G. S. (1999). Bridging between craft and academic knowledge: A computer-supported, problem-based learning model for professional preparation in special education. *Teacher Education and Special Education, 22*, 100-113.

Gibson, S., & Dembo, M. H. (1984). Teacher efficacy: A construct validation. *Journal of Educational Psychology, 76*, 569-582.

Guilford, J. P. (1967). *The nature of human intelligence.* New York: McGraw-Hill.

Guilford, J. P. (1988). Some changes I the structure-of-intellect model. *Educational and Psychological Measurement, 48,* 1-4.

Halpern, D. F. (1997). *Critical thinking across the curriculum: A brief edition of thought and knowledge.* Mahwah, NJ: Lawrence Erlbaum Associates.

Halpern, D. F. (1998). Teaching thinking for transfer across domains: Dispositions, skills, structure training, and meta-cognitive monitoring. *American Psychologist, 53*(4), 449-455.

Haneghan, J. V., & Stofflett, R. T. (1995). Implementation problem solving technology into classroom: Four case studies of teachers. *Journal of Technology and Teacher Education, 3*(1), 57-80.

Hannafin, M. J. (1992). Emerging technologies, ISD, and learning environments: Critical perspectives. *Educational Technology, Research, and Development, 40*(1), 49-63.

Harris, J. C., & Eleser, C. (1997). Developmental critical thinking: Melding two imperatives. *Journal of Developmental Education, 21*(1), 12-19.

Hayes, N. (1994). *Foundations of psychology.* New York: Routledge.

Hong, Y., Chiu, C., Dweck, C. S., Lin, D. M., & Wan, W. (1999). Implicit theories, attributions, and coping: A meaning system approach. *Journal of Personality and Social Psychology, 77*(2), 588-599.

Horn, J. L. (1970). Organization of data on life-span development of human abilities. In L. R. Goulet & P. B. Baltes (Eds.), *Life-span developmental psychology* (Vol. 1). New York: Academic Press.

Hudgins, B. B., Riesenmy, M., Ebel, D., & Edelman, S. (1989). Children's critical thinking: A model for it's analysis and two examples. *Educational Research, 82*(6), 327-338.

Jonassen, D. H. (1991). Evaluating constructivistic learning. *Educational Technology, 31*(8), 28-33.

Kelly, P. R., & Farnan, N. (1991). Promoting critical thinking through response logs: A reader-response approach with fourth graders. *National Reading Conference Yearbook, 40,* 277-284.

Klaczynski, P. A. (1993). Reasoning schema effects on adolescent rule acquisition and transfer. *Journal of educational psychology, 85,* 679-692.

Kneedler, P. (1985). California assesses critical thinking. In A. L. Costa (Ed.), *Developing minds: A resource book for teaching thinking* (pp. 276-280). Alexandria, VA: Association for Supervision and Curriculum Development.

Kolstad, R. K., Briggs, L. D., & Hughes, S. (1992). Direct instruction can produce critical thinking in mathematics. *Journal of Instructional Psychology, 19*(4), 262-265.

Kretchmar, J. (2009). *Sternberg's triarchic theory*. Retrieved August 23, 2009, from http://search.ebscohost.com.ezproxy.lib.nccu.edu.tw:8090/login.aspx?direct=true&db=e0h&AN=27577936&lang=zh-tw&site=ehost-live

Kumta, S., Tsang, P., Hung, L., & Cheng, J. (2003). Fostering critical thinking skills through a web-based tutorial programme for final year medical students: A randomized controlled study. *Journal of Educational Multimedia and Hypermedia, 12*(3), 267-273.

Kurfiss, J. G. (1988). *Critical thinking: Theory, research, and possibilities*. TX: Association for the Study of Higher Education.

Leader, L., & Middleton, J. (2003). From ability to action: Technology-integrated instruction for critical-thinking dispositions. *Proceedings of Society for Information Technology and Teacher Education International Conference, 2003,* 1360-1367.

Lebow, D. (1993). Constructivist values for instructional systems design: Five principles toward a new mindset. *Educational Technology, Research, and Development, 41*(3), 4-13.

Mayer, R. E. (1992). *Thinking, problem solving, cognition*. New York: W. H. Freeman.

McBride, R., & Knight, S. (1993). Identifying teacher behaviors during critical-thinking tasks. *The clearing House, 66*(6), 374-378.

McCown, R., Driscoll, M., & Roop, P. G. (1996). *Educational psychology: A learning-centered approach to classroom practice* (2nd ed.). Needham Heights, MA: Allyn & Bacon.

Michelli, N. M., Pines, R., & Oxman-Michelli, W. (1990). *Collaboration for critical thinking in teacher education: The Montclair State College model* (Series 3, No. 3). Montclair, NJ: Institute for Critical Thinking.

Neill, J. (2004). *Sternberg's triarchic theory of intelligence*. Retrieved September 10, 2009, from http://wilderdom.com/personality/L2-2SternbergTriarchicTheory.html

Nelson, T., & Oliver, W. (2004). Maximizing critical thinking skills with technology. *Proceedings of World Conference on Educational Multimedia, Hypermedia and Telecommunications, 2004,* 3982-3986.

Noordink, P. J., & Naidu, S. (1994). Analysis of instruction for critical thinking in distance learning materials. *Distance Education, 15*(1), 42-69.

Norris, S. P., & Ennis, R. H. (1989). *Evaluating critical thinking.* Pacific Grove, CA: Midwest Publications.

Paul, R. (1990). *What every person needs to survive in a rapidly changing world.* CA: Sonoma State University.

Paul, R., & Elder, L. (2001). *Critical thinking: Tools for taking charge of your learning and your life.* Upper Saddle River, NJ: Prentice-Hall.

Perkins, D. N. (1986). Thinking frames. *Educational Leadership, 43*(8), 4-10.

Punch, K. F., & Moriarty, B. (1997). Cooperative and competitive learning environments and their effects on behavior, self-efficacy, and achievement. *The Alberta Journal of Educational Research, XLIII*(2/3), 161-164.

Ramos-Ford, V., & Gardner, H. (1990). Giftedness from a multiple intelligences perspective. In N. Colangelo & G. Davis (Eds.), *The handbook of gifted education.* Needham Heights, MA: Allyn & Bacon.

Romanish, B. (1986). Critical thinking and the curriculum: A critique. *The Educational Form, 51*(1), 45-55.

Ruggiero, V. R. (1988). *Teaching thinking across the curriculum.* New York: Happer & Row.

Savery, J. R., & Duffy, T. M. (1995). Problem-based learning: An instructional model and its constructivist framework. *Educational Technology, 35*(5), 31-38.

Siegel, H. (1980). Critical thinking as an educational ideal. *The Educational Forum, 45*(1), 7-23.

Simons, P. E., & Lunetta, V. N. (1993). Problem solving behaviors during a genetics computer simulation: Beyond the expert/novice dichotomy. *Journal of Research in Science Teaching, 30*(2), 153-173.

Sternberg, R. J. (1985). *Beyond IQ.* Cambridge, UK: Cambridge University Press.

Sternberg, R. J. (1986). *Practical intelligence.* London: Cambridge University Press.

Sternberg, R. J. (1988). *The triarchic mind: A new theory of human intelligence.* New York, NY: Viking Penguin.

Sternberg, R. J. (1998). Principles of teaching for successful intelligence. *Educational Psychology, 33*(2/3), 65-72.

Swartz, R. J., & Parks, S. (1994). *Infusing critical and creative thinking into content instruction.* CA: Critical Thinking Press & Software.

Taube, K. T. (1997). Critical thinking ability and disposition as factors of performance on a written critical thinking test. *The Journal of General Education, 46*(2), 128-164.

Thomas, J. (2002). Smart e-classrooms, traditional classrooms and critical thinking. *Proceedings of World Conference on E-Learning in Corporation, Government, Health, & Higher Education, 2002*(1), 2288-2291.

Tishman, S., Perkins, D. N., & Jay, E. (1994). *The thinking classroom: Learning and teaching in a culture of thinking.* New York, NY: Allyn & Bacon.

Udall, A. J., & Daniels, J. E. (1991). *Creating the thoughtful classroom.* Tucson, AZ: Zephyr Press.

Walters, K. S. (1986). Critical thinking in teacher education: Toward a demythologization. *Journal of Teacher Education, 40*(3), 14-19.

Watson, G., & Glaser, E. M. (1980). *Watson-Glaser Critical Thinking Appraisal: Forms A and Manual.* New York, NY.: Harcourt, Brace & Jovanovich.

Wechsler, D. (1958). T*he measurement and appraisal of adult intelligence* (4th ed.). Baltimore, MD: Williams and Wilkins.

Woolfolk, A. E. (1995). *Educational psychology* (6th ed.). Boston, MA: Allyn & Bacon.

Woolfolk, A. E. (2007). *Educational psychology* (10th ed.). Boston, MA: Pearson.

Yeh, Y. C. (2008). Collaboration PBL meets e-learning: How does it improve the professional development of critical-thinking instruction? In T. B. Scott & J. I. Livingston (Eds.), *Leading-edge educational technology* (pp. 133-158). Hauppauge, NY: Nova Science Publication.

Yeh, Y. C. (2009). Integrating e-learning into the direct-instruction model to enhance the effectiveness of critical-thinking instruction. *Instructional Science, 37,* 185-203.

Yinger, R. J. (1980). Can we really teach them to think? In R. E. Young (Ed.), *Fostering critical thinking* (pp. 11-31). San Francisco, CA: Jossey-Bass.

第九章

個別差異與教學

王珮玲

大 綱

學 習 目 標

在讀完這一章後,讀者應能了解:

1. 學生學習風格的認知、情意及生理三層面,以及對學生學習可能產生的影響。

2. 自己及學生是屬於場地獨立或場地依賴,以及這種特質對於教師教學及學生學習可能產生的影響。

3. 在重視智育的情境中,教師需重視氣質特性對孩子學習的可能影響,尤其是注意力分散度、堅持度及活動量等三項特性。

4. 正確的性別角色觀念,在教學上能依據孩子的興趣及性向引導,不受性別因素的影響。

5. 一些毫無入學準備、認知技能差,以及在學習上毫無成就感的大多數低社經孩子的學習,並予以協助,避免日後挫折的累積,以及輟學現象。

案　例

　　在幼兒園時，藍分欣（化名）與張浩洞（化名）是哥倆好，每天玩在一起，而兩人的家長都在大學教書，也非常熟。在學習能力上，就班上老師對他們的觀察，認為兩人的學習力都差不多，不過，老師認為兩人在某些行為反應上差異相當大，例如：藍分欣在上課或從事靜態活動時，較能坐得住，也比較專心；然而張浩洞坐不到一會兒，屁股就扭來扭去，不是轉頭去看窗外，就是用手摸前面同學的頭髮，很難靜靜地坐下來。

　　雖說兩人學習能力差不多，但說也奇怪，進入小學後，每次考試下來，藍分欣的成績都非常好，可是張浩洞的成績卻令父母面有難色，心裡一直在質疑到底為什麼？因為就老師的說法，都認為張浩洞看起來很聰明、資質不錯，應該有很好的表現才是；他的父母擔心如果在小時候不處理好他的問題，可能會一直影響到他長大。所以浩洞的父母前去拜訪老師，老師描述孩子在學校的行為表現：「浩洞在學校是位滿有人緣的孩子，朋友非常多，常主動幫忙其他小朋友，不過，這孩子似乎比較不能靜靜地坐在教室上課，常常動來動去或身體扭來扭去，有種坐不住的感覺。下課時間到了，第一個衝出教室的就是浩洞，他不是跑去溜滑梯，就是盪鞦韆，或者與其他的小朋友相互追逐。……除了這些事外，浩洞在學校的功課或其他活動常會粗心犯錯，有時做作業時不能持久專心，對於需要按照順序或多步驟的工作或活動，會有困難，常常會逃避需要持續專心的事……」

　　此外，浩洞的父母也帶他看了小兒科醫生，醫生讓他們填寫一份「兒童氣質量表」。根據評量結果，醫生向家長解釋：「其實，浩洞適應能力非常好，會主動與人交朋友。不過，這孩子非常的好動，可能在學習上不容易專心，在遇到困難時，與其他孩子相比，他比較容易放棄手上正在做的事。換句話說，他是低工作導向的孩子。」事實上，在氣質的相關研究中，也發現這三項氣質特性最會影響孩子的學習，也最能預測學業成就。

　　為何藍分欣與張浩洞兩人學習的差異，在幼兒園沒有表現出來，卻在進
入小學之後，慢慢顯出他們的不同？原因在於，除了幼兒園和小學的學習環
境、上課方式、父母的期望，以及生活作息不一樣外，最重要的是氣質特性
的差異。兩人的認知能力差不多，但是藍分欣是一位活動量適中、專心、高
堅持度的高工作導向的孩子；相反地，張浩洞是一位愛動、容易分心及低堅
持度的孩子。在要求表現學習成果的小學中，馬上就顯現出孩子氣質對他們
學習的影響。身為父母，當孩子考試考不好時，必須了解究竟是什麼原因造
成的，是學習能力？還是孩子本身的氣質？

　　在兒童的學習上，我們深知智力是影響因素之一，不過，由藍分欣及張
浩洞的例子，也讓我們了解還有其他非智力的因素可能會影響孩子的學習，
例如：氣質、學習風格、性別的差異，以及家庭社經地位等等都是，以下分
別說明之。

第一節　學習風格

　　學習風格（learning style）是指，個人在學習過程中的習慣性行為，例
如：在課堂上的學習，有的學生喜歡老師以演講的方式上課，有的學生喜歡
小組討論，更有學生喜歡自己獨自看書；在學習環境上，有人喜歡在圖書館
看書，有人喜歡在麥當勞看書，也有人喜歡在家裡看書；看書時，有些人喜
歡一個人看書，有些人則喜歡旁邊有人陪著看書；在讀書時間上，有人認為
他早上的讀書效果最好，有人認為是下午，有人則認為是晚上。由此可知，
在進行學習時，每個人都以自己認為最好的方法進行，以達到最佳的效果。
以下就學習風格之認知層面、情意層面、生理層面加以討論。

一、認知層面

　　認知層面即是指認知風格（cognitive style）。1973 年，Allport 首先使用
「認知風格」一詞，他認為，認知風格是由人格特質所影響的個人特徵。二

次大戰後，Asch 和 Witkin 首先提出「場地獨立」（field indepedence）及「場地依賴」（field depedence）的觀念，以說明學習者對場地主題與背景知覺偏向的人格特質。之後，Witkin 和他的助手更擴大此觀念，提出「分析」與「整體」之功能與心理區別概念。Kagan 與同事則注重個人思考衝動與沉思的特質。

　　有關認知風格的分類，心理學家已發現有數十種之多，例如：場地獨立及場地依賴、沉思型（reflective style）與衝動型（impulsive style）、冒險型（risk-taking style）與謹慎型（cautious style）、平穩型（leveling style）與敏銳型（sharpening style）、主動求知型（perceptive style）與被動求知型（receptive style）等等類型。認知風格約可分兩方面來看：一為知覺風格；另一為概念形成與記憶保留風格，分述如下（劉信雄，1991）。

（一）知覺風格

1. 感官經驗的偏好（perceptual modality preferences）

(1) 意義：係指個人偏好以視覺、聽覺、動作能力或語言能力等不同方式獲取資訊的情形。一般而言，幼兒依賴動作能力獲取訊息，稍長則依賴視覺，至兒童晚期則依賴語言能力，及至成人，是以三種感官協調運用以進行學習。

(2) 評量工具：在評量孩子的感官偏好上，有「學習型式與大腦支配問卷」評量工具，該工具計有 30 題，題目內容有：「當我看到資訊時，我學得最好」、「當我聽到資訊時，我學得最好」或者「當我實際以手接觸經驗時，我學得最好」等題項，以了解自己是以視覺、聽覺或觸覺獲取資訊的能力最好。

(3) 在教學上的涵義：有些學生在課堂上聽老師講課，比自行閱讀學得好；有些學生則是自己看書或老師將他的想法寫在黑板上，是比較具學習成效；有些學生是需要動手操作，如將物體分解後再重組回來時學得最好。換句話說，在各式各樣的學生中，有些人偏愛以視覺進行學習，有些人透過聽覺或觸覺的學習效果最好，不過，也有

學生可能需聽覺和視覺兩種方式結合進行學習；也有學生可能需要聽覺、視覺和操作等三種方式進行學習，才能達最佳的學習效果。因此在教學上，我們應協助學生了解自己的學習方式，並儘量提供適合他的教學方式，以利其進行學習。

2. 場地獨立及場地依賴類型

(1) 意義：所謂「場地獨立」的概念是指，能克服隱藏背景混沌的能力，能清楚察覺場地中的各個部分；「場地依賴」的概念是屬於籠統的認知者，比較不能將視界中的物體與背景加以區別，例如：在一張全班同學合照的照片中，「場地獨立」的學生比較會注意到每個人的細微部分，如臉上的表情、身上所穿的衣服等等；「場地依賴」的學生只注意到照片的整體性，不會注意到細微之處。

(2) 評量工具：「藏圖測驗」（Hidden Figure Test）是由美國 Messic 所編，國內由吳靜吉（1975）予以修訂。根據此測驗，能測知個體屬於場地獨立或場地依賴類型。測驗分兩部分，每部分 16 題，共計 32 題，受試者須在 10 分鐘之內，從錯綜複雜的圖形中，找出一個圖形與五個參照圖形其中的一個相對應，如圖 9-1 所示。受試者如能在短時間內找出圖形，表示不易受複雜線條的干擾，係為「場地獨立」者；反之，為「場地依賴」者。

(3) 在教學上的涵義：許多研究顯示，學生本身的「場地獨立」及「場地依賴」的特質，會影響他們在學校的學習。「場地獨立」類型的學生，對各種刺激中非人際以及抽象的事物比較感興趣，擅長學習和記憶非人際的材料，喜歡用自己的方式來組織學習材料，分析能力強，在學校中的數學及科學科目表現較佳；「場地依賴」類型的學生，對於社會事件和人際關係顯示較好的記憶力，具人際導向，喜歡接近人群，擅長學習和記憶社會性材料，在學校中比較喜歡社會學科類的課程。此外，有關知覺風格尚有壓抑型與彈性控制型（constricted & flexible control style）、概念化與知覺化風格（conceptual & perceptual style），以及對不真實經驗的容忍度等等。

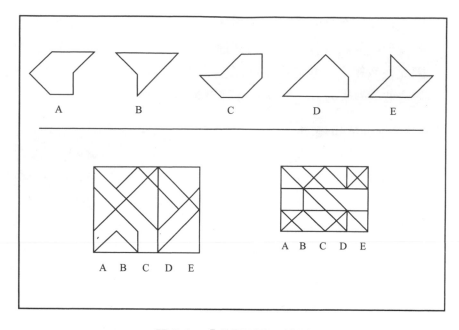

圖 9-1　「藏圖測驗」範例

資料來源：吳靜吉（1975）

（二）概念形成與記憶保留風格

1. 沉思型與衝動型

(1) 意義：每個人在處理訊息的速度上有個別差異，「沉思型」的兒童，傾向於深思熟慮之後才做決定，所以在工作上速度慢，錯誤也較少；「衝動型」的兒童，傾向於將第一個感覺或印象表達出來，不管是否正確，造成其在工作上速度快，錯誤也多。

(2) 在教學上的涵義：學齡兒童隨著年齡的增長，會比較深思熟慮，以使自己在學校課業上能表現得更好，不過，「衝動型」的孩子較需要特定的學習策略，以學習更加深思熟慮，如自我教學策略（self-instruction），另一方法為學習掃描策略（learning scanning strategies），例如：當學生在填答選擇題時，鼓勵他們思考每一題目，並盡可能讓他們說出題目的正確及錯誤性。換句話說，對於「衝動型」的孩子，建議其定下心來慢慢做功課，並在做完之後，檢閱二

至三次；至於「沉思型」的孩子，鼓勵其多練習，使速度加快。

2. 平靜型與伶俐型

(1) 意義：「平靜型」的兒童容易將新經驗合併於舊記憶中，傾向於過度類化；「伶俐型」的兒童在處理概念記憶時，容易區分事物微小的差異，對於新舊經驗也區分得十分清楚，傾向於過度區別。

(2) 在教學上的涵義：教師在教學上應了解這兩種特性的孩子，有些傾向過度類化、有些傾向過度區別其所獲取的資訊，教師應視課程的需求，給予學生適當的建議，以期獲得最佳的學習效果。

◆ 二、情意層面

所謂情意層面是指，人格特徵與個人的注意力、情緒及價值觀等有關，是個體對一般學習情境較穩定及一致的行為特徵，其特性討論如下。

（一）注意的風格

1. 好奇心：具好奇心的學生，對環境中之新奇事物表現出不同的注意程度，對需要改變的事物會有適當的反應，讓自己不致於厭煩；好奇心使我們對於環境中矛盾事物的知覺，有不同程度的感受。

2. 堅持度：堅持度是指學生在從事一項工作，如果遇到困難時，是否會堅持下去或者放棄目前工作的情形。高堅持度的兒童會努力直至工作完成或尋求所有的外力以完成工作，在課業上容易有良好的表現；低堅持度的兒童，遇到困難就容易放棄，注意力容易分散，無法長時間工作，課業表現亦較差。

3. 焦慮程度：焦慮是一種由緊張、不安、焦急、憂慮、擔心和恐懼等感受，交織而成的複雜情緒狀態，又可分為特質性焦慮及情境性焦慮。前者視焦慮為人格特質之一，具持久性；後者指焦慮反應因情境而異，具暫時性。焦慮對於學業成就的影響，因智力高低不同而有所差異，能力在中等程度者，受個體焦慮特質影響比較大；能力在兩極端者，受個體自身的焦慮特質影響較小。

除了上述幾項特性外，屬於注意風格的，尚有概念化程度及挫折容忍力等等，都可能影響孩子在學校裡的學習。

（二）期望與激勵風格

1. 內外控信念：內控型的人傾向認為應對自己的行為負責，成功時應給予獎賞，失敗時也應承受責備；外控型的人傾向於個人的成敗是運氣、是環境造成的，是自己無法控制的。

2. 成就動機：指個人追求內心設定成就標準的程度而言，高成就動機的學生以達成優良的表現為其目標，不在意目標達成後的獎賞；相對地，低成就動機的學生則不在意是否有優良的表現與否。

3. 期望水準：指個體從過去的學習經驗中，發展出對成功與失敗不同知覺的程度。過去的成功經驗，會讓兒童發展較高的自信心及較高的期望水準；相對地，太多的失敗經驗也會讓兒童失去信心，發展出較低的期望水準，以避免再次的失敗。

4. 競爭與合作：個人在學習過程中，往往會透過與他人競爭或合作，以激發個人的學習動機。高競爭性的學生，有較強的求勝心，高合作性的學生，需要別人的支持與認同。

除了上述幾項特性外，屬於期望與激勵風格的尚有自我實現、對增強行為的反應、社會動機及個人的興趣等等。

◆ 三、生理層面

兒童的學習，除了受認知層面及情意層面的影響之外，也受自己生理狀況的影響，當他們生病或生理失調時，其行為會與健康兒童不同，無疑的，其學習效果也會大打折扣。

（一）性別差異

男生與女生在學習方式上有差異存在。有些人認為，男生在數學運算及空間邏輯的能力較女生好，而女生在語言及精細動作方面較男生好；事實上，這些差異均未獲足夠的實證研究證實之。有關性別差異及其對學習的影

響，在本章的第三節「性別差異與教學」中有詳細的論述。

（二）生理時間

在一天當中的各個時段，每個人的讀書效果都不同。有些人喜歡在一大早起來看書，有些人喜歡在下午看書，更有些人喜歡在夜深人靜的晚上看書；讀書效果的好壞，隨著個人生理上的偏好而有所不同。因此每位學生都會選擇最適合自己閱讀的時段看書，以期達到最好的讀書效果。

（三）環境因素

平常的你，喜歡一邊看書一邊聽音樂嗎？喜歡到麥當勞看書，或者喜歡在一個絕對安靜的圖書館看書？喜歡自己一個人看書，還是喜歡有人在旁邊陪你一起看書？在上述哪種情況下，你覺得讀書效果最好？不同的環境條件，如：時間、聲音、燈光、溫度等，對每一個人都有不同程度的影響。Dunn、Dunn 和 Price（1984）曾針對個人的學習方式，編製了一份「學習風格檢核表」（如表 9-1 所示），認為學習風格的構成與下列五個基本刺激有關：(1)接觸的環境；(2)情緒需求；(3)社會需要；(4)物質的需要；(5)心理學，並將學習風格分為四層面，即環境層面、情意層面、社會層面和生理層面。

表 9-1　Dunn 的學習風格檢核表

一、環境層面 　1.需要環境絕對安靜，不能有任何聲音。 　2.需要環境光線明亮或柔和。 　3.需要環境涼爽或溫暖。 　4.需要固定正式的桌椅或隨遇而安。	二、情意層面 　1.有讀書動機／毫無讀書動機。 　2.堅持度強，功課未完不停／堅持度弱，半途而廢。 　3.有責任感，盡力而為／毫無責任感，隨便應付。 　4.學習環境具結構性／毫無結構性。
三、社會層面 　1.喜歡獨自一人學習。 　2.喜歡與兩人以上學習。 　3.喜歡與小組進行學習。 　4.喜歡與成人進行學習。 　5.喜歡透過不同方式學習。	四、生理層面 　1.具知覺的偏好，如視覺或聽覺、觸覺、味覺及嗅覺等。 　2.讀書時需要吃東西。 　3.具時間需求感。 　4.需要身體移動。

資料來源：張春興、林清山（1996）

第二節　兒童氣質差異與教學

　　郝男與郝女是兄妹，哥哥是個坐不住的傢伙，只要一會兒不注意，他就跑不見；但妹妹活動量非常的小、非常安靜。在家看書時，哥哥只要有一點聲音就會受到干擾，容易分心，但是妹妹卻不同，無論外面有多大的聲響，都不會影響到她。雖然哥哥與妹妹有這麼多不同的地方，但是兩人一吵架，情緒反應都很激烈、非常固執。郝男與郝女兩兄妹的這種外在行為反應的差異，我們稱之為氣質（temperament）。

◆ 一、「氣質」字義的澄清

　　氣質是什麼？當我們說某人「氣質」不錯時，所指的「氣質」與發展心理學界所言的「氣質」並不相同。一般人所說的「氣質」指的是一個人給人整體的感覺；《張氏心理學辭典》對「氣質」（temperament）的定義如下：「(1)指人的性情或脾氣；(2)指個體心情隨情境變化而隨之改變的傾向；亦即個體的反應傾向」（張春興，1989）；柯華葳在《你知道孩子的氣質嗎？》（王珮玲，2001）一書的序裡，也表示：「temperament 包括情緒狀況、適應力、活動力、堅持度、受挫忍耐力等等特質」，但她比較喜歡稱之為「性情」。

　　從《張氏心理學辭典》及柯華葳對「氣質」一詞的解釋上，似乎用「性情」或「脾氣」二字較能表達「氣質」原來的涵義，但為何國內在相關的論文或書籍中，例如：〈中部地區幼兒氣質特徵之研究〉（張美麗，1991）、《因材施教──氣質與兒童發展》（徐澄清，2000）等等的研究或書籍，對於"temperament"一詞的翻譯，一直沿用「氣質」二字的翻譯呢？

　　從國內相關的文獻追溯其源，「氣質」二字最先出現在洪奇昌（1978）的碩士論文〈嬰幼兒的氣質評估〉，此外筆者也請教研究氣質的徐澄清，他在電子郵件中的回應是：「醫學領域中將英文的 "temperament" 翻譯為『氣

質』，是獲得 Dr. Chess、Thomas 和 Carey 的同意，要建立本土初步常模時，由我和洪奇昌碩士（目前的立法委員）所想出來的。至於其他領域的同仁如何翻譯我則不知」（2002/4/8，電子郵件）。大多數的研究、書籍或文章論及"temperament"（包括筆者過去 10 年來的研究）時，大抵沿用「氣質」這個譯詞。由於如此譯法使用經年，此處暫不討論如何翻譯較能傳達原義。

◆ 二、氣質理論取向

「氣質」此名詞為醫學之父 Hippocrates 所創，取材自古代的宇宙論和病理學的概念，最初的涵義是指與體質有關的心理因素或習慣，但是後來慢慢地失去其原義，而且沒有一致性的定義，有的強調氣質的生理因素，有的著重個體情緒，更有的學者強調個體的行為反應，著重觀點互異，莫衷一是，下列僅依個人的看法分為五種理論取向。

（一）行為反應理論（Behavioral-style theory）

Thomas 和 Chess 兩位小兒科醫生，在 1956 年即於紐約長期進行氣質追蹤研究，並指出氣質是指行為如何反應，並非指行為是什麼或是為什麼，氣質是種獨立的心理特質，不同於動機、能力和人格；氣質也是一種對外在刺激、期望或要求的反應（Goldsmith et al., 1987）。他們將嬰兒早期的行為反應分成九個向度：活動量（activity level）、規律性（rhythmic regularity）、適應性（adaptability）、趨進性（approach/withdraw）、情緒本質（quality of mood）、反應強度（intensity of reaction）、堅持度（attention span and persistence）、注意力分散度（distract ability）和反應閾（threshold of responsiveness），並將孩子分成安樂型、慢吞吞型和難養育等三類型。

（二）行為基因氣質理論（Behavior-genetic theory of temperament）

Buss 和 Plomin（1984）師生倆認為，氣質是植基於遺傳，出現在嬰兒時期，是人格的雛型，並提出基因對於個體行為個別差異的重要貢獻。他們認為，不屬於人格特質的個別差異會出現在嬰兒期，不過，在未來人格發展上會消失不見是不屬於氣質的。他們認為，氣質包括：活動量（activity）、衝

動性（impusivity）、社交性（sociability）及情緒性（emotionality）等四個面向，但在1975年時，他們認為衝動性在預測未來性格的研究未成定論，包括面向又太廣，於是將之刪除（Strelau, 1998）。

（三）發展模式氣質理論（Developmental model of temperament）

Rothbart 和 Derryberry（1981）認為，氣質是個體反應及自我調節的個別差異，植基於生物基礎，具有相當的穩定性。個體反應是指，個體的興奮行為、內分泌腺、自主中央神經系統的喚醒程度，而自我調節是指，調節本身是一種過程，例如：注意、趨近、趨避和壓抑等，都可以調節反應；他們並認為嬰兒氣質應包括：活動、微笑（smiling and laughter）、害怕（fear）、忍受限制的苦惱（distress to limitation）、撫慰的（soothability）和方向的持續（duration of orienting）等六個向度。

不過，Gartstein 和 Rothbart（2003）再增加趨近性、聲音的反應（vocal reactivity）、悲傷、知覺的敏感度（perceptual sensitivity）、高強度快感（high intensity pleasure）、低強度快感（low intensity pleasure）、摟抱的（cuddliness）和從悲傷復原度（falling reactivity/rate of recovery from distress）等向度。他們也認為，氣質是影響行為及經驗的因素，並認為個體在特定情境下的反應受個體之前的增強、懲罰或知識結構的影響（Derryberry & Rothbart, 1997）。

（四）情緒為核心的氣質理論 （Emotional-centered theory of temperament）

Goldsmith 和 Campos（1982, 1986）認為，氣質是情緒的個別差異，並認為情緒是功能性的行為，而厭惡（disgust）、悲痛（distress）、害怕（fear）、生氣（anger）、悲傷（sadness）、快樂（pleasure）、喜悅（joy）、驚奇（surprise），和興趣（interest）等基礎情緒具有調節的功能，是屬於氣質的內容，也認為情緒層面、情緒表達和行為反應是屬於氣質的結構。

他們將氣質界定在行為層次，並認為遺傳基因對氣質具有決定性的因

素。兩人並發展「TBAQ 量表」（Toddler Behavior Assessment Questionnaire），氣質向度包括：活動量（activity level）、快樂（pleasure）、社會性害怕（social fearfulness）、生氣傾向（anger proneness）、興趣／堅持（interest/persistence）。

（五）生理取向的氣質理論（Physiological regulation of temperament）

Kagan 大都致力於抑制及非抑制孩童的研究，他認為行為抑制是與生俱來的氣質，其中抑制孩童對於陌生的人、事、物，會表現害羞及逃避退縮，需要花較多的時間去接近陌生的同儕團體，至於非抑制型的孩子，願意接受新奇刺激，對於陌生環境不會有負向情緒表現（Kagan & Snidman, 1991; Kagan, Reznick, & Gibbons, 1989）。至於 Fox 和 Davison 等人以腦波（electroencephalogram, EEG）測量嬰幼兒氣質，發現具趨避特質的嬰兒，其前額葉右邊腦波曲線較左邊頻率高；反之，嬰兒具趨近特質者，其左邊的腦波曲線較右邊頻率高（Fox & Davidson, 1986, 1987）。

◆ 三、氣質的九個向度

本章的氣質觀點，是採取 Thomas 和 Chess（1986）夫婦倆的觀點，他們曾花一段時間在醫院訪談新生兒父母，並以因素分析的方法處理訪談資料，再歸納出下列九個向度。

（一）活動量

活動量（activity level）是指，兒童在一天的時間中，動作的快慢與活動量的多寡。活動量大的孩子，喜歡跑跑跳跳，精力充沛，不需要太多的睡眠；相對地，活動量小的孩子，不喜歡跑來跑去，安安靜靜地，需要較多的睡眠時間。

我們可在不同時間及場合觀察孩子，以了解他的活動量，例如：看看孩子吃飯時，是否會安靜地坐在椅子上吃飯？天雨無法從事戶外活動時，孩子是否會不停地在客廳跑來跑去？在戶外場所時，是否一下子跑去溜滑梯，一

下跑去玩攀爬架？在回家的路上，是否會在人行道上跑來跑去？如果還不清楚如何觀察孩子，下列提供幾個觀察點：

- 吃飯：很安靜地坐在椅子上吃飯？離開座位，到處亂跑？
- 外出：安安靜靜？跑來跑去？
- 睡覺：持同一姿勢？翻來翻去？
- 遊戲：安靜地玩？跑來跑去？

（二）規律性

規律性（rhythmicity）是指，兒童反覆性的生理機能，什麼時間肚子餓、什麼時候睡覺，或者什麼時候醒來，都非常準時，身體好像裝了一個鬧鐘似的，會定時的響起。

在小學階段的兒童，其吃飯、睡眠時間大都已固定，放學回家後的作息大致都一樣，爸媽可能會比較在意孩子是否在固定的時間把功課做完，或是放學回家有一定的生活規律，例如：做功課→玩→吃晚餐→洗澡等。如果還不清楚如何觀察孩子，下列提供幾個觀察點：

- 吃飯：什麼時候吃？吃什麼？吃多少？
- 睡眠：固定時間醒來？固定時間就寢？
- 功課：固定時間寫功課？

（三）趨近性

趨近性（approach/withdraw）是指，兒童對於第一次所接觸的人、事、物或地方，所採取接受或拒絕的態度。大方外向的孩子，幾乎可以接受任何事物，相對地，害羞內向的孩子，對新的經驗會有退縮拒絕的傾向。

看看孩子對於陌生人的來訪或接觸到其他同齡孩子，是否是害羞退縮的模樣，還是顯得落落大方？孩子第一天上幼兒園，是否遲遲不敢進幼兒園，還是馬上融入新的學習情境？是否很快地接受新老師、新的小朋友？在幼兒園中，即使是第一次表演，是否會毫不猶豫地站起來表演？如果還不清楚如何觀察孩子，下列提供幾個觀察點：

- 陌生的大人或小孩：接近？觀望？躲得遠遠的？
- 陌生的地方：接受？拒絕？
- 新的食物：接受？拒絕？

（四）適應性

適應性（adaptability）是指，兒童適應新的人、事、物的時間長短，例如：對於新老師，適應高的孩子過了1～2天就能適應老師；然而，適應低的孩子雖然過了好幾天，甚至幾個星期，都還不能適應新老師。

看看孩子是否對陌生的大人，剛開始會感到害羞，過了半小時，就感到非常自在了？到別人家裡，即使去過2、3次，是否還是很彆扭？在一個新環境中，是否只要2、3天就適應，還是天天吵著要回家？剛開始參與新的活動時，他是否會感到猶豫，但很快就能克服？與其他小朋友一起玩時，是否能接受別人提出遊戲的新玩法？如果還不清楚如何觀察孩子，下列提供幾個觀察點：

- 小朋友：花很多時間接納新朋友？一下子就接受新朋友？
- 地方：需一會兒才能適應？很快進入新情境？
- 生活常規改變：遲遲無法適應？一下就適應？
- 計畫改變：生氣？無所謂？

（五）情緒本質

情緒本質（quality of mood）是指，兒童在一天中，行為表現愉快或不愉快，友善或不友善程度的比例。情緒本質好的兒童，熱情洋溢，常常笑咪咪的；反之，情緒本質較差的兒童，每天「拗嘟嘟」（台語），一副臭臭的臉，似乎你欠他錢似的。然而，孩子每天都會有喜怒哀樂不同情緒的出現，如何了解孩子是否具有較佳的情緒本質呢？

和其他小朋友玩在一起時，其他人要求他幫忙時，是否顯得很高興，還是顯得不快樂？如果談到一些當天所發生的事情時，是否顯得興高采烈，還是意興闌珊？如果還不清楚如何觀察孩子，下列提供幾個觀察點：

- 睡醒及睡覺：愉快？拗嘟嘟？
- 見到陌生人：快樂？生氣、不舒服？
- 與其他小朋友玩：玩得很開心？玩得不快樂？

（六）注意力分散度／容易轉移注意力

注意力分散度（distractibility）是指，兒童是否容易被外界刺激，如聲音、光線、人、事或物所干擾，而改變他正在進行的活動。

看看孩子對外在刺激的反應如何？是否容易受窗外突然傳來賣冰淇淋或消防車的聲音，就放下手邊的圖畫書，趕緊跑到窗口邊探望？是否容易受電話、門鈴或電視機聲音干擾而放下手邊的工作？是否在做功課時，容易受桌上其它雜七雜八的東西影響而分心？是否老師在說故事時，容易因其他小孩走動或說話而分心？如果有人到教室來，第一個注意到有人進來的會是這個孩子嗎？如果還不清楚如何觀察孩子，下列提供幾個觀察點：

- 活動或遊戲：專注於活動？易受外界影響？
- 上課：專心老師的上課？易受外在事物干擾，心不在焉？
- 聽故事：融入故事情境？東張西望？

（七）堅持度

堅持度（persistence）是指，兒童正在做或想做某件事時，如果遭到困難時，仍繼續維持原活動的傾向或就此放棄活動。堅持度高的孩子，遭遇困難時，會努力克服挫折，以繼續活動的進行；相對地，堅持度低的孩子，一遇到困難時，就比較容易放棄從事的活動。

看看孩子是否在做一件事時，例如：做模型，不論花多少時間，一定要做完才肯罷休？是否會花 10 分鐘以上的時間去練習一項新技巧等等之類的行為？是否願意花很長的時間練習新的體能活動，例如：跳躍、溜冰及騎腳踏車等？如果這個孩子所進行的活動被打斷，他仍會做原來的活動嗎？如果還不清楚如何觀察孩子，下列提供幾個觀察點：

- 學習新事物：即使遇到困難，持續做完？碰到挫折，就放棄？
- 工作：會持續將工作做完？即使工作未做完，也無所謂？
- 看書：專注看書，不需催促？看不到幾分鐘，就不看？
- 玩遊戲：花許多時間在遊戲中，即使中斷，會記得完成？玩一下下，就不想玩？

（八）反應閾

反應閾（threshold）是指，引起兒童反應所需要的刺激量。反應閾低（即敏感度高）的孩子，只要房間的燈光有所改變時，他就感到不舒服，就嚎啕大哭；相對的，反應閾高（即敏感度低）的孩子，即使房間燈光有很大的改變，他都覺得無所謂，絲毫不受任何影響，如同我們常說的，這種孩子「神經比較大條」，任何一種改變，他常常都不會感受到。

各年齡層的孩子，他們在五官的知覺都能判斷其敏感度的情形，在味覺反應上，是否孩子願意吃下各種餵他的東西，不會注意到它們之間的差別？在嗅覺上，孩子是否對一點點不好聞的味道，很快就感覺到？或者坐在別人的車上，馬上聞出是新車的味道？在觸覺上，是否對於衣服太緊、會刺人相當敏感？在視覺上，孩子是否對於別人身上換了衣服或頭髮染了顏色，馬上就能分辨出來？在聽覺上，是否馬上知覺到電視機聲量稍微調低？如果還不清楚如何觀察孩子，下列提供幾個觀察點：

- 味覺：馬上知道換了不同口味的麵包？
- 嗅覺：馬上聞到尿濕的味道？
- 觸覺：敏於衣服或床單所造成的不舒服？
- 視覺：敏於人或物外觀上的改變？
- 聽覺：敏於聲音的變化？

（九）反應強度

反應強度（intensity of reaction）是指，兒童對內在和外在刺激所產生反應的激烈程度。反應強度較激烈的孩子，他的喜、怒、哀、樂以及需求等，

比較容易被人察覺出來，如笑會笑得很大聲，哭也會哭得很響亮；相對的，反應強度較弱的孩子，傳達的訊息太弱了，引不起他人的注意，所以當他生氣或不舒服時，別人比較不會知覺到他的需求，以致於容易忽略他的需要。

爸媽可以注意孩子是否做某些活動不順利時，他會大吼大叫？如果爸媽不買他想要的糖果、玩具或衣服時，就會大哭大鬧？是否做事不順利時，會把東西摔在地上，大聲哭鬧？在學校中，提到週末所發生的事情時，是否孩子會熱切興奮的跟大家一起分享？當老師讚美他時，他是否會很興奮？如果還不清楚如何觀察孩子，下列提供幾個觀察點：

- 身體疼痛或不舒服：哭得很大聲並持久？哭一下下？
- 工作遇到困難：把東西摔在地上，大聲哭鬧？小小聲抱怨一下？
- 情緒的表達：很興奮？毫無表情？

◆ 四、氣質在教學上的涵義

氣質是天生的行為模式，受遺傳因素影響非常大，自孩子出生起即扮演著重要的角色，隨著孩子的成長，與外界接觸後，氣質漸又影響孩子的社會化過程、人際關係的建立，以及未來的學習成就。有鑑於氣質在孩子的同儕關係及未來的學校成就上，占著重要的地位，身為教師如何根據孩子的氣質特性予以因材施教是非常重要的事。以下陳述幾項比較會影響兒童在學校學習的氣質特性，以及教師的因應之道。

（一）活動量大的兒童

1. 應有諒解的心：老師要了解這種兒童在學校聽課時，身體常常動來動去，一副坐不住的樣子，並非故意不安分或者不願聽老師上課，只是活動量大的氣質，使他靜不下來。所以老師應有體諒的心，對於一些小動作，如手部動來動去或腳在桌底下搖來搖去，不要太在意，除非他已干擾到老師上課或其他小朋友的學習。

2. 讓孩子當小幫手：上課的時候，孩子若有坐不住時，如果能以適當合理的方式，例如：擦黑板、發本子或者是跑跑腿，讓孩子起來活

動一下，其學習效果可能會更好。

3. 發洩過度精力：學校裡應有適當的場所及機會讓孩子盡興的活動，一次以 20 至 30 分鐘為主，讓孩子消耗旺盛的精力，以免孩子有焦躁不安的現象而影響其學習。

（二）害羞內向的兒童

這類孩子對於第一次所接觸的人、事、物等，常常會有退縮的傾向，老師可參考下列做法：

1. 應有諒解的心：趨近性低的孩子比較內向，在入學後，對於新學習環境、新老師、新同學，需要一段時間才能適應，特別是從幼兒園到小學一年級這個階段，無論是在課程內容、上課時間、情境布置及學習評量方式等，都有很大的差異。針對此類型的孩子，尤其是在開學之前，應給孩子一段時間慢慢調整並適應學校的生活。

2. 採取逐步漸進的方法：害羞的孩子不習慣在大庭廣眾之前說話，對於這些孩子，建議老師可以採取漸進的方法，例如：剛開始，老師可試著讓他出來幫你一起拿海報或圖畫書，之後，可嘗試讓孩子以點頭或搖頭的方式表達他的意見，並逐漸地要求孩子說一個字、兩個字、一個句子，以逐步漸進的方法，讓孩子習慣在大庭廣眾下說話。

3. 儘量讓孩子有機會接觸不同的環境：儘量讓兒童有機會接觸不同的人、事、物，提早熟悉新事物，不致於使每件事對他而言都是新經驗，例如：上台說話或者主持討論會等。

（三）適應力差的兒童

假如兒童害羞內向，卻擁有很好的適應能力，多少能彌補退縮所帶來的一些損失；如果孩子害羞且適應力又差時，他在學習上會比其他小朋友辛苦。對於這些孩子，教師的因應策略可參考如下：

1. 應了解孩子的特性：教師應該了解這個孩子，其對於新環境或新事物適應的時間比其他小朋友來得慢，所以不要拿別的小朋友與這個

孩子相比。

2. 給孩子充分的時間適應新環境：適應困難的孩子，往往比別的小孩需要更多的時間來適應新的環境，例如：剛進入小學時，有些孩子1、2天就能適應，但適應差的孩子卻過了好幾天，甚至幾個星期都還不能適應新的環境，所以應給予孩子足夠的時間來適應一切新的變動。

3. 給予充分時間及機會複習功課：有些孩子在開學之初，因為適應問題，如無法適應新老師、新的小朋友或者新的課業形式，造成功課上差人一截。對這類孩子，教師應鼓勵他們能在家預習及複習功課，不要讓他們因為適應問題造成功課落後，而不喜歡到學校。

（四）容易分心的兒童

容易分心的孩子在聽老師講故事或上課時，如果外面有人經過教室，他的注意力會立即從教師身上轉移到外面的人身上。對於這些孩子，老師可參考下列因應做法：

1. 應鼓勵讚美孩子，切勿斥責孩子：容易分心的孩子在操作一些精細動作時，會顯得比較沒有耐心，比較容易放棄，或者失去原有的興趣。因此，當孩子有此現象產生時，老師切勿責備他或嘲笑他，應該鼓勵孩子，例如：孩子若能在某一次活動中，從頭到尾不中斷地完成一件工作，雖然作品不盡理想，但老師應適時的稱讚他或者給予獎勵。

2. 分段學習：由於孩子集中注意力的時間非常短，所以有些學習可以分成幾個小段落，每次的學習時間不宜太長，盡可能依孩子可專注的量來決定時間，在做完每一段落時，可讓孩子做短暫的休息。

3. 注意孩子座位的安排：在班級座位的安排上，容易分心的孩子最佳的位置應在前面幾排或是老師視線可及的範圍內。如果孩子因為身高太高，位置在後面幾排，老師可能必須留意他上課的專心度。此外，老師可採取不定時的提問，以掌握孩子的注意力。

（五）堅持度低的兒童

　　堅持度低的孩子，在小時候，父母會認為他們個性隨和、比較好帶，對於事情不會一定要堅持到底。不過這類孩子長大後，在面對自己的學業時，如果遇到困難，可能會不想解決、輕易放棄，因而影響其在學業上的學習。對於這些孩子，教師可參考下列做法：

1. 應有了解的心：教師應了解堅持度低兒童的特質，他們往往在遇到挫折的時候就容易放棄，常無法完成繁雜工作，也不太可能嘗試去解決一個難題，所以在學習效果上，往往不如預期的好。

2. 循序漸進的學習：教師應有計畫地提供適合其年齡且稍具難度的遊戲或作業，引導這類孩子完成。可將工作分成幾段，讓他每次做一些。倘若孩子遇到困難時，可以告訴他還有充分的時間去嘗試解決這些困難，如果在試試看的情形下解決困難，那麼在下一次遇到困難時，他會依據上一次的經驗主動排除困難，體會成功的滋味。

3. 多鼓勵孩子：老師應讓孩子多試一下，必要時幫一點忙，當其達到目標時，給予讚美，鼓勵其堅持到底的行為。尤其剛由幼兒園進入小學時，學校功課突然增加許多，孩子或許會在課業上碰到許多困難。若不適時指引其循序漸進學習，予以鼓勵，可能他在學習上如果遇到困難，就比較容易放棄，可能會影響他的學習成就。

 **第三節　性別差異與教學**

　　王老師第一天到「數學資優班」上課時，她發現 30 位同學中只有 3 位女學生，因而覺得非常訝異，因為她期待與一群女學生分享數學的樂趣，然而學生卻以男生居多。到底是什麼樣的因素，造成這種現象？是男生天生在數學能力上較女生佳？抑或是後天環境造成的？以下進一步討論之。

◈ 一、性別角色的認同

4 歲的郝男與 3 歲的郝女是兄妹,兩人一起上幼兒園,常常一起吃飯,一起洗澡,一起睡覺。有一天在洗澡時,哥哥站著尿尿,妹妹也要學哥哥站著尿尿,但媽媽告訴她:「妳是女生,應該蹲著尿尿。」妹妹問:「為什麼?」由此種情形,我們可以了解孩子在小時候,對自己的性別角色不是十分的清楚。那麼,性別角色是什麼?所謂的性別角色,係指在某一社會文化傳統中,眾所公認的男性(或女性)應有的行為(王珮玲,1995)。

有關男女生的性別差異之社會化過程,事實上,在孩子出生前就已經開始,爸媽如果知道即將出生的孩子是女生,就會幫她準備粉紅色的衣物,若是男生,則會幫他準備粉藍色的衣物。漸長,在孩子學習過程中,對男女生的學習期待也有所差異,常聽長輩對女生說:「女孩子讀那麼多書幹嘛?趕快找個好老公嫁了。」對於男生,總期待他能功成名就再成家,這樣的觀念在鄉村地區更為明顯。

事實上,台灣以前的社會,如果男孩出世,在孩子滿月時,通常家人會送紅蛋或紅龜粿給左鄰右舍以示慶賀;如果是女孩,有的家庭會送紅蛋或紅龜粿,但大多數的人則漠不關心。此外,如果男孩活潑好動,家人會認為理所當然,但假使是女孩活潑好動,家人或許會認為女生應該斯文點,應該像個「女孩子」;同樣的,一般人對於男孩的「娘娘腔」也無法接受。此外,在孩子早期,我們似乎也可觀察到一個現象,大部分的女生都喜歡玩洋娃娃或者與其他女生一起玩,大部分的男生則喜歡玩恐龍、汽車、積木或者與其他男生一起玩。如果女生玩戰車,男生玩洋娃娃,就可能會令大人擔心或阻止。以上的情形,是整個社會無形中所賦予男生及女生的行為規範,而男生及女生就在此社會化過程中,學會並扮演好社會所期許的男性化角色及女性化角色。

◈ 二、教材的性別偏差

許久以前,在教材中曾出現:「爸爸早起看書報,媽媽早起忙打掃。」似乎在潛意識中教導孩子某些刻板的性別角色觀念,認為身為男性理所當然

可以輕鬆看看報紙，身為女性則必須做家務。不過，這些詞句也再經修改為：「爸爸早起看書報，媽媽早起做早操。」雖是如此，在許多教材或圖畫書中，對於男性職業的描述，大多偏向董事長、大學教授、醫生、律師、工程師、修理工人、司機等等，而認為秘書、幼兒園老師、護士、保母、店員等等都是女性的工作。

在人格特質上，一般認為男生是勇敢的、強壯的、主動的、救人的，認為女生是害怕的、柔弱的、順服的、須他人協助的。曾有一團體「Women on Words and Images」（1975）探討 16 家出版社、134 本書、2,760 個故事內容，發現對於女性的描述為待在家中、被動、表現害怕或無能，對於男性的描述則是主導性及冒險的，經常扮演拯救女性的角色，如「白雪公主」、「睡美人」等等都是。這種性別偏差問題，至今在教材中仍未能完全排除，因此教師在教學上，應特別留意性別偏差現象的存在，可以讓學生針對這議題予以討論。

◈ 三、課堂的性別待遇

在過去的研究中發現，教師和男女學生的互動方式有所不同，如老師與男生的互動遠較女生多，老師常會叫男生起來問問題、給予較多讚美、批評或糾正等回饋，並給予具體及有價值的意見。這種現象造成女生隨著年級愈高，話說得也愈來愈少，直至大學時，男生主動說話的情形遠較女生為高。

在所有科目中，老師對男女學生關注最大不同的科目是科學方面的課程，因為在課程中，男生較女生頻於發問，也幾乎使用所有的實驗器材。此外，在學校中，我們也觀察到老師在不知不覺中對男女生有不同的學習期待，如有些老師認為男生比較會獨立思考，在數學和科學的表現比較好；認為女生比較被動、順從，思考比較不合邏輯；因此老師會對男生問比較多的問題，問題也比較偏向抽象思考，互動機會也比較多。

◈ 四、性別在數學空間上的差異

（一）性別與數學能力

在 1974 年以前的研究，都認為男生的數學能力較女生好，不過，自此之後，這種差異逐漸消失。但雖是消失，男女生在數學空間上仍有不同程度的差異現象存在，例如：女生在計算、邏輯及抽象問題能力上較男生佳，而男生在故事問題及空間關係上較女生佳（Hyde, Fennema, & Lamon, 1990; Mills, Ablard, & Stumpf, 1993）。

然而，在美國的「學術性向測驗」（Scholastic Aptitude Test, SAT）中，男生在計量上的分數仍較女生高，例如：1988 至 1989 年間，男生有 89%以上得到 750 分以上（National Center for Education Statistics 於 1990 年之調查）。男生在數學上的表現是否真正高於女生？有一爭議性是男生在高中時修的數學課程較女生多，因為在高中開學之初，男女生差異不大，一旦數學成為選修科目時，女生選修這方面課程的人比較少，也沒有機會發展她們的能力，投注在此領域的人較少，也造成只有 15%的女性是科學家、工程師及數學家（Oakes, 1990）。

另一爭議性是在數學課程中，老師對男女生之間的回應不一，例如：有些小學老師花較多的時間，與男生在數學上產生互動，與女生在閱讀上有較多的互動。有些研究也指出，當女生在數學課答錯時，老師的反應是：「至少你已試著回答問題。」對於男生，老師的反應卻是：「再加點油，你可以算出來的！」無疑地，這種情形提供了男生學習思考的機會。

（二）性別與空間能力

男生是否較女生不會迷路？是否在空間能力上較女生強？事實上，如同數學能力，在 1974 年前研究發現，男生在空間能力的表現較女生佳，之後，這項差異逐漸消失，除了「空間圖形之心理旋轉測驗」外。男生在空間圖形之心理旋轉能力較女生為佳的原因，可能與他們參與體能活動有關，或與他們喜愛搭建積木遊戲有關（朱敬先，1998）。

五、性別差異在教學上的涵義

在傳統農業社會，女性的角色是為人妻、為人母，男性的角色是出外工作賺錢養家，然而時代已經改變，依靠體力的工作大量的為自動化機械所取代，而且小家庭結構的發展，也不容夫妻角色過於分化，所以婦女紛紛投入就業市場。這種異於傳統的角色，帶動男性或女性人格特質的改變。所以就現代社會而言，不管是男生或女生都應具整合型的性格，在面對外來的壓力時，能夠表現男性化的獨立自主而不屈服，在需要表現女性化的溫和親切的情境中，也能從容自在的應付。

事實上，無論男生或女生都有追求成功的動機與抱負，對於簡單重複性的工作男女生表現得一樣好，都能忍受枯躁的工作，有相同的自尊心及相同的社交能力，此點在教學上的涵義如下所示。

（一）教師應有彈性的職業觀

讀者是否知道，為何柴契爾夫人會成為政治領袖？柴契爾夫人的父親是一家雜貨店商人兼傳教士，平常對政治活動和公共事務非常熱衷，商店的一角是他和朋友高談闊論的地方。年幼的柴契爾夫人是一名忠實的聽眾，9 歲以後就常跟父親外出聽演講。當父親太忙，無法去聽時，他要女兒去聽，回家後再轉述給他聽。之後，她父親開始投入地方政壇，並向女兒解釋自己在政壇上的發展過程。從小她父親就激發女兒參與公共事務的興趣，並告訴她：「不要因為朋友做什麼，妳就要做什麼，自己應可決定做什麼。」

在多數孩子的觀念中，認為醫生、律師、警官、修理工人等等都是男性的工作，而秘書、護士、幼教老師、店員等等都是女性的工作。但有一些證據顯示：突破刻板印象的行為，常為一個人贏得額外的好評，尤其是當女性在傳統的男性工作上表現優異時，可能被認為比同樣成功的男性更為優秀，例如：美國第一位女太空人 Sally Ride，處在如此男性化的領域裡，她的獨特表現，使得她的性別格外突顯。由柴契爾夫人與 Sally Ride 的例子中，身為教師應有彈性的職業觀，鼓勵孩子根據自己的潛能及性向興趣，找尋適合自己未來的職業，不因性別的因素而受限。

（二）教師應讓學生自選興趣組別及科目

老師對學生自選組別或科目的興趣上，不應受傳統觀念的影響，建議男生應選理工組或女生應選文科就讀。在課堂上，老師不要因男生的數學表現佳，或是女生的語文表現優，就予以過度的肯定，應根據學生對組別的喜愛。如有些男生從小就對文學充滿喜愛的情懷，或有些女生從小就喜歡操弄機械之類的機器，在未來選組時，這些男生會偏向選擇文組，女生會偏向選擇理工組，身為老師，應尊重學生個人的興趣及需求。

（三）教師應提供兒童學習性別角色的活動

1. 教學活動：在課程教學中介紹各行業人員時，盡可能同時包含男女人員，例如：介紹工程師行業時，須同時介紹男女工程師，至於警察人員，除了介紹男警察之外，也必須同時介紹女警察，不要讓孩子產生工程師或警察都是男生的刻板性別角色印象，讓他們了解這些職業還是有女生從事。如果有必要時，可以請求家長提供這方面的支援，如請男女警察到校向小朋友介紹自己的工作。
2. 角色扮演活動：筆者記得有次至幼兒園參觀時，當時進行的活動是「醫院」，老師問孩子：「你們這些男生，有誰想出來演醫生？女生有誰想出來演護士？」由老師的問話，可以了解老師本身就認為醫生的角色屬於男生，護士的角色是屬於女生。因此在教學上，老師應能讓孩子根據興趣及想法，自由選擇自己想扮演的角色，並在扮演活動結束之後，讓孩子對各種角色加以討論。
3. 玩具或教具色彩的選擇：在學校分發工作材料或玩具物品時，不要有暗示性的性別設定，例如：男生發藍色、女生發紅色。所以在為孩子選擇物品顏色時，不應以顏色來限定兩性的區別，應讓孩子有其自主性，選擇喜歡的顏色。

（四）教師應慎選讀物

有研究指出，幼兒如果接受具有男女角色的刻板化讀物一段時間後，其

性別態度會趨向刻板化；反之，如果接受非刻板的性別角色讀物一段時間後，則孩子的性別角色態度也會隨之趨向非刻板化。所以當父母或老師為孩子購買兒童讀物之前，應了解讀物內容在文字的撰寫上，以及繪圖方面，是否具有性別角色刻板化的傾向？如果所閱讀的故事已具性別角色的刻板化，可以鼓勵孩子想像故事中男女角色互換時的結果及其趣味性，並且為孩子做進一步的解說，例如：對於女孩子抱洋娃娃，可以讓孩子想想「*如果是男孩子抱洋娃娃，好不好？*」或者是「*你認為女孩子將來當太空人怎麼樣？*」

（五）不要對女孩過度保護或讓男孩做不必要的冒險

在日常生活中或者大眾傳播媒體中，我們常可看到一些畫面是：男孩拿一些蟑螂或蚯蚓來嚇女生，而女生則被嚇得哇哇大叫。但是女孩真的比較膽小害怕，需要別人保護，而男孩真的都比較勇敢嗎？這是後天環境學來的，還是真的有男女差異？

有一研究是讓 2 至 6 歲的小孩，進入下列情境：(1)接近一條蛇→(2)靠近一條大狗→(3)走過高懸的木板條→(4)進入一條暗巷拿球→(5)到穿著怪異、身體不動之陌生人旁邊的椅子上拿玩具→(6)獨自待在一陌生的房間內。研究者計算害怕人數的百分比，結果顯示並無性別差異。所以男生表現得比女生勇敢，有相當成分是自我壓抑負面情緒的結果（李美枝，1987）。事實上，有一些研究指出，男性在測謊測驗的分數高於女性，亦即男性自我防衛傾向比較強，也比較不會表現膽小的樣子，因為這樣不符合男性角色的形象。所以，女孩需要保護或男孩的冒險性都是後天環境所賦予的觀念，教師可儘量減低此觀念，應鼓勵他們有安全的獨立行為。

第四節 社經地位差異與教學

從周遭的朋友同學群中，你是否發現到家庭社經地位佳的人，往往擁有較好的學習機會？如進入較好的學校、有較好的老師指導、較好的學習環

境。而除了正式的學習環境外，父母可能在優渥的經濟環境下，提供孩子額外的學習機會，例如：出國遊學、學習語言及增廣見聞等等。同樣的，家庭社經地位低的人，父母可能因為無較佳的教育背景及經濟的條件，無法提供孩子比較良好的學習環境。這種現象是否會影響孩子未來的學習？以下進一步討論。

◆ 一、社經地位之意義

社會學家常以社經地位（socioeconomic status, SES）表示財富、權力、教育程度、職業或威望等的差異。不過，在現代的社會中，有威望者不一定擁有財富，擁有財富者，也不見得有權力或威望，例如：有些大學教授有一定的威望，但只有少數的錢財及權力；有些政治家可能有權力，卻沒有財富；有些商人可能有錢，但不見得有威望。因此我們不能以單一的變項來衡量一個人的社經地位。大部分的研究者根據：(1)收入；(2)職業；(3)教育程度；(4)房屋；(5)健康保險；(6)住宅區；(7)提供孩子上大學的能力；(8)政治權力等等，將社經地位分為四個層次，分別是高社經地位（upper class）、中社經地位（middle class）、勞工社經地位（working class）及低社經地位（lower class）。

除以上的分類外，有研究者只以家長職業與教育程度狀況來了解孩子的家庭社經水準，職業分為五個等級：(1)高級專業人員或高級行政人員；(2)專業人員或中級行政人員；(3)半專業人員或一般公務員；(4)技術性工人；(5)無技術或非技術性工人；家長的教育也分五等級：(1)研究所以上；(2)大專；(3)高中職或國中；(4)小學或雖識字但未上小學；(5)不識字。並將職業指數乘以七，教育程度乘以四，根據兩數之和區分為五等級，I、II 歸為高社經，III 為中社經，IV、V 為低社經。

◆ 二、家庭社經地位及學校成就

影響兒童學業成就的因素非常多，其中重要影響因素之一，是家庭社經地位。一般而言，與低社經的兒童相比，大多數高社經的兒童在學校的考試成績是比較好，而且就學時間也較長。根據國內的研究指出，家庭社經地位

對一、三、六年級兒童的國語、數學、社會、自然及學業的總平均分數都有顯著影響。高社經地位家庭的學業成就高於低社經地位家庭的學齡兒童（林淑玲，1981），來自高社經及中上社經家庭的國小新生們較能與同學互助、分享，也有較高的學業成就（徐慕蓮，1987）。

不過，低社經地位是否能完全解釋兒童的低學業成就現象？事實上，在低社經家庭中，有許多因素相互循環，影響兒童的學業成就（Garcia, 1991），例如：父母的教養、自尊心低、學得無助感、抗拒文化及固定的行為方式等，以下就其中三種因素加以討論。

（一）父母教養方式

一般而言，高社經地位的家庭，父母對於子女的教養方式較傾向於向孩子解釋事情的原因，並鼓勵孩子獨自解決問題；閒暇時，也比較會帶孩子去美術館、動物園或者去旅行，這些都構成孩子以後的學習基礎，也提供了文化上的優勢。反之，低社經地位的家庭，通常子女數較多，父母對於子女的教養方式較傾向於告知其做什麼事，不會進一步解釋為什麼；此外，父母為了維持生計，無暇了解孩子的學習情形，在語言的表達上也較粗糙，對孩子的指示也不夠明確。

不過，實際上，父母對孩子的關心，以及提供豐富的學習環境及機會，遠比父母的收入及職業等客觀條件重要。因此，無論父母的社經地位如何，如能鼓勵孩子，並提供相關的學習資源，更能影響孩子在學校的學習成就。

（二）自尊心低

與中高社經背景的孩子相比，低社經家庭的孩子在進入學校情境後，可能因先備經驗不足，比較不熟悉學校活動，說話比較沒有語法，老師或其他學生可能會認為他們比較不會表達自己的想法，因此在課堂上，比較不會請他們回答問題。因此，他們與老師和其他同學的互動就相對地減少，自尊心也比較低（low-self-esteem）。這種現象，讓學生相信他們不擅長於學校的功課，影響他們的自尊心及對自己的期望，進而影響其在學校的表現。

（三）學得無助感

許多來自窮苦家庭的兒童，可能認為要在學校功課上表現得很好是一件很難的事，因為他周遭多數的親戚及朋友從未真正完成學校的課業，大多都是提早離開學校，進入職場工作。因為沒有較好的學歷，也無一技之長，因此在社會上，其實也無法找到較好的工作予以維生。孩子周遭的這種經驗，讓他學到一種無助的感受，即學得無助感（learned helplessness），除非自己力爭上游，接受教育，學得一項專長，才有可能突破現狀。

三、社經地位差異在教學上的涵義

每位兒童都有接受教育的權利，每個孩子都存在各種潛能，我們不應該假設中高社經階層的孩子在學業的表現是比低社經階層的兒童佳。即使有些研究證實「社會階層」和「成就」之間有中度程度的相關，但是我們不能將這種現象推論至所有低社經的兒童身上，因為一定有些孩子是例外的，例如：統一企業的董事長高清愿，他是出身鹽分地帶的窮鄉僻壤的子弟，不過他現在的成就，並不是當時可以想像得到的。

學校如何讓這些孩子在學業上獲得成就感呢？這些孩子在學業上覺得受挫的階段，應是開學之初的一段時間。與其他的孩子相比，低社經的兒童無入學前的準備，認知和技能又比較差，一旦在學習上毫無成就感，幾次的經驗累續下來，對自己可能會愈來愈無自信，進而造成他們輟學的現象。因此學校如何在孩子入學後的一段時間內，進行介入的密集訓練，以協助孩子在未來學業學習上有很好的準備，以避免日後挫折的累積，造成低自我期望，以及輟學的情形產生，是學校應特別要注意及重視的問題。

摘 要

- 學習風格（learning style）是指，個人在學習過程中的習慣性行為，包含：(1)認知層面；(2)情意層面；(3)生理層面。

- 學習風格的認知層面即是指認知風格，可分為：(1)知覺風格；(2)概念形成與記憶保留風格。

- 知覺風格包括：(1)感官經驗的偏好：係指個人偏好以視覺、聽覺、動作能力或語言能力等不同方式獲取資訊的情形；(2)場地獨立及場地依賴類型：指是否能克服隱藏背景混沌的能力，清楚察覺場地中的各個部分。

- 概念形成與記憶保留風格包括：(1)沉思型與衝動型：每個人在處理訊息速度的個別差異；(2)平靜型與伶俐型：平靜型易將新經驗合併於舊記憶中，伶俐型易區分事物微小的差異。

- 情意層面包括：(1)注意的風格：含好奇心、堅持度、焦慮程度；(2)期望與激勵風格：含內外控信念、成就動機、期望水準、競爭與合作。

- 生理層面包括：(1)性別差異；(2)生理時間；(3)環境因素。

- 「氣質」依 Thomas 和 Chess 等人的定義，是指行為的「如何性」，不是指行為「是什麼」或是「為什麼」。

- 氣質的九個向度為：活動量、規律性、趨近性、適應性、情緒本質、注意力分散度、堅持度、反應閾、反應強度。

- 老師對於活動量大的兒童：(1)應有諒解的心；(2)讓孩子當小幫手；(3)發洩過度精力。

- 老師對於害羞內向的兒童：(1)應有諒解的心；(2)採取逐步漸進的方法；(3)儘量讓孩子有機會接觸不同的環境。

- 老師對於適應力差的兒童：(1)應了解孩子的特性；(2)給孩子充分的時間適應新環境；(3)給予充分時間及機會複習功課。

- 老師對於容易分心的兒童：(1)應鼓勵讚美孩子，切勿斥責孩子；(2)分段學習；(3)注意孩子座位的安排。

- 老師對於堅持度低的兒童：(1)應有了解的心；(2)循序漸進的學習；(3)多鼓勵孩子。

- 性別角色係指，在某一社會文化傳統中，眾所公認的男性（或女性）應有的行

為。

● 教師為避免刻板性別角色，在教學上應：(1)有彈性的職業觀；(2)應讓學生自選興趣組別及科目；(3)應提供兒童學習性別角色的活動；(4)應慎選讀物；(5)不要對女孩過度保護或讓男孩做不必要的冒險。

● 在低社經家庭中，有許多因素相互循環，例如：父母教養方式、自尊心低、學得無助等，會影響兒童的學業成就。

1.何謂學習風格？請依認知層面、情意層面及生理層面等三個層面，
簡要敘述。

2.何謂場地獨立及場地依賴？對於老師的教學風格及學生的學習風格
有何影響？如果您是一位具場地獨立特質傾向的老師，在教學上，
你如何因應具場地依賴特質傾向的學生？

3.何謂衝動型及沉思型的學生？他們的特質是否會影響在校的學習，
在教學上，老師如何因應這些學生，請申述之。

4.在重視智育的情境中，我們強調如何促進兒童的認知發展，以及如
何幫助孩子在短時間內獲取有效的訊息，這種現象是否會忽略情意
對學習的重要性呢？國外學者的研究曾發現，氣質特性的注意力分
散度、堅持度及活動量是最能預測學習成就的三個重要變項。依據
以上的觀點，在教學上，您如何依據孩子的氣質特性因材施教？

5.男女生在數學空間及語言上的發展，是否有差異存在？請依相關的
實徵研究及平日的觀察申論之。

6.在訴求兩性平等的環境中，老師如何因應和處理課堂上師生間的互
動，以及教材中潛藏的刻板性別角色意識型態等等問題。

7.家庭的社經地位可能會影響在學校的學習，請就父母教養方式、自
尊心及學得無助感予以討論。

參考文獻

中文部分

王珮玲（1995）。幼兒發展評量與輔導。台北市：心理。

王珮玲（2001）。你知道孩子的氣質嗎？台北市：遠流。

朱敬先（1998）。教育心理學。台北市：五南。

吳靜吉（1975）。藏圖測驗。台北市：遠流。

李美枝（1987）。性別角色面面觀——男人與女人的權利暗盤。台北市：聯經。

林淑玲（1981）。家庭社經地位與學前教育對學齡兒童學業成就之影響。國立政治大學教育研究所碩士論文，未出版，台北市。

洪奇昌（1978）。嬰幼兒的氣質評估。國立台灣大學醫學院公共衛生研究所碩士論文，未出版，台北市。

徐慕蓮（1987）。個人及家庭因素影響國小新生學校生活適應之研究。國立台灣師範大學家政教育研究所碩士論文，未出版，台北市。

徐澄清（2000）。因材施教——氣質與兒童發展。台北市：健康。

張春興（1989）。張氏心理學辭典。台北市：東華。

張春興、林清山（1996）。教育心理學。台北市：東華。

張美麗（1991）。中部地區幼兒氣質特徵之研究。台中師院學報，5，47-77。

劉信雄（1991）。國小學生認知風格、學習策略、自我效能與學業成就關係之研究。國立政治大學教育研究所博士論文，未出版，台北市。

英文部分

Buss, A. H., & Plomin, R. A. (1984). *Temperament: Early developing personality traits*. Hillsdale, NJ: Lawrence Erlbaum Associates.

Derryberry, D., & Rothbart, M. K. (1997). Reactive and effortful processes in the organization of temperament. *Development and Psychopathology, 9,* 633-652.

Dunn, R., Dunn, K., Price, G. E. (1984). *Learning style inventory.* Lawrence, KS: Price Systems.

Fox, N. A., & Davidson, R. J. (1986). Taste elicited changes in facial signs of emotion and the symmetry of brain electrical activity in human newborns. *Neuropsychologica, 24,* 417-422.

Fox, N. A., & Davidson, R. J. (1987). Electroencephalogram asymmetry in response to the approach of a stranger and maternal separation in 10-month old infants. *Developmental Psychology, 24,* 230-236.

Garcia, R. L. (1991). *Teaching in a pluralistic society: Concepts, models and strategies.* NY: Harper Collins.

Gartstein, M. A., & Rothbart, M. K. (2003). Studying infant temperament via the Revised Infant Behavior Questionnaire. *Infant Behavior and Development, 26*(1), 64-86.

Goldsmith, H. H., & Campos, J. J. (1982). Toward a theory of infant temperament. In R. N. Emde & R. J. Harmon (Eds.), *The development of attachment and affiliate systems.* New York: Plenum.

Goldsmith, H. H., & Campos, J. J. (1986). Fundamental issues in the study of early temperament: The Denver twin temperament study. In M. E. Lamb, A. L. Brown & B. Rogoff (Eds.), *Advances in developmental psychology* (Vol. 4). Hillsdale, NJ: Lawrence Erlbaum Associates.

Goldsmith, H. H., Buss, A. H., Plomin, R., Rothbart, M. K., Thomas, A., Chess., H. R. A., & McCall, R. B. (1987). Roundtable: What is temperament? Four approaches. *Child Development, 58,* 505-529.

Hyde, J. S., Fennema, E., & Lamon, S. J. (1990). Gender differences in mathematics performance. *Psychological Bulletin, 107,* 139-155.

Kagan, J., & Snidman, N. (1991). Infant predictors of inhibited and uninhibited profiles. *Psychological Science, 2,* 40-44

Kagan, J., Reznick, J. S., & Gibbons, J. (1989). Inhibited and uninhibited types of children. *Child Development, 60,* 838-845.

Mills, C. J., Ablard, K. E., & Stumpf, H. (1993). Gender differences in academically Talented your students' mathematics reasoning: Patterns across age and subskills. *Journal of Educational Psychology, 85,* 340-346.

Oakes, J. (1990). Opportunities, achievement, and choice: Women and minority students in science and math. *Review of Research in Education, 16,* 153-222.

Rothbart, M. K., & Derryberry, D. (1981). Development of individual differences in temperament. In M. E. Lamb & A. L. Brown (Eds.), *Advances in developmental psycho-logy* (Vol. I) (pp. 37-86). Hillsdale, NJ: Lawrence Erlbaum Associates.

Strelau, J. (1998). *Temperament: A psychological perspective.* NY: Plenum Press.

Thomas, A., & Chess, S. (1986). The New York longitudinal study: From infancy to early adult life. In R. Plomin & J. Dunn (Eds.), *The study of temperament: Changes, conti-.nuities, and challenges.* Hillsdale, NJ: Lawrence Erlbaum Associates.

Women on Words and Images (1975). *Dick and Jane as victims: Sex sterostyping in child-ren's reader* (Expended ed.). Available from the author, P.O. Box 2163, Prinston, NJ.

第十章

師生關係與學生行為

陳惠萍

大綱

學習目標

在讀完這一章後，讀者應能了解：
1. 教師領導行為對學生之影響。
2. 教師期望之形成與影響。
3. 如何避免對學生不當的期望。
4. 教師教學溝通之重要性。
5. 優良教師的溝通能力。
6. 如何塑造正向的班級氣氛。

案　例

　　「惟甄老師妳真『幸運』，接到四年四班，未來一年妳可有一場硬仗要打呢！」

　　「就是啊！光是一個劉榮就會讓妳們班雞犬不寧、人仰馬翻。」

　　「如果有問題，一定要請訓導處幫忙。」

　　「反正那個學生沒希望了，作業不交、上課亂叫、打架鬧事、帶頭起鬨，還會用問候語辱罵看不順眼的老師，妳只要讓自己不要被他氣到就阿彌陀佛了。」

　　惟甄是一位剛進入心馨國小的新教師，在校務會議開完拿到新班級時，面對同事的七嘴八舌，面授機宜傳授她該班特殊份子的豐功偉業時，她的心原先如鐵達尼號般的漸漸沉沒，頭疼的想該如何處理這燙手山芋，但再一細思，連學生的面都還沒看到就驟下定論也未免太快，因此就想等到開學再說了。

　　開學第一天，劉榮果真名不虛傳的就和同學打上一架，班上同學你一言我一語的向惟甄這個新老師告狀。

　　「老師，張老師（去年的級任）說劉榮只會用拳頭解決問題。」

　　「老師，劉榮很壞唷，音樂老師和自然老師都被他罵過。」

　　「老師，劉榮只會惹事，什麼都不會。」

　　「老師，我媽媽說劉榮沒有媽媽管教，是個壞小孩，我們很倒楣啦，跟他同班。」

　　「老師，你怎麼沒有安排特別座，那是劉榮的寶座，沒人要跟他坐啦。」

　　「老師，棍子在這裡，我們低年級的老師說如果他打同學，老師就要打他。」

　　在同學告狀的過程中，惟甄似乎看到劉榮充滿仇視的眼神一再閃爍，但也從同學告狀的內容中捕捉到一些訊息，只是尚未釐清。

案　例

出乎意料的，惟甄沒有順應輿情處罰劉榮，但是請他放學後留下來，沒想到他搖頭做為回答，惟甄吃了一驚，心想這也有問題嗎？

「老師，他要去帶妹妹回家，回家還要煮飯，如果太晚煮好，會被他爸爸打。」

此時，一個小小的聲音在惟甄耳畔響起。惟甄告訴劉榮不會花很多時間的。

傍晚，劉榮站在惟甄前面緊繃著臉一句話也不說，惟甄先稱讚劉榮是個負責任的哥哥和孝順的兒子，再告訴他，老師不會打他，只想知道為什麼他要打同學；此時劉榮不再那麼充滿敵意，微微抬頭看著這個從上學以來唯一一個在他打人後沒有打他的老師。

「他笑我媽媽。」

惟甄似乎有一點點知道了，但她想再了解更多後，再深入的談，於是惟甄拍拍劉榮的頭告訴他說：「老師相信一個負責任的哥哥和孝順的兒子應該不會是隨便打人的壞孩子，下次有人再說你或你的家人，要記得來告訴老師唷，趕快去帶妹妹了。」

奇蹟似的，劉榮已有3天沒打人，但仍然常被告狀，例如：音樂課在音樂教室畫同學的音樂簿、自然課把同學的橡皮擦放進燒杯中……，經過惟甄的暗中觀察，原來同學們防劉榮像在防魔似的，只要坐在他附近就會先嗆聲：「你不要動我的簿子喔」，「你不要踢我的椅子喔」，「你不要……」，而劉榮就會去做那些同學說「你不要……」的事。

惟甄認為，必須要讓全班同學學習互助友愛的課題，所以趁她請劉榮去幫忙做事時，叮嚀同學避免再用那些負向的話來刺激劉榮，來幫助劉榮修正行為，並且讓劉榮跟他們一起玩遊戲。

劉榮被告狀的次數減少了，惟甄也不時的以「不打人了」、「不作弄同學了」的進步來鼓勵劉榮，當學校舉行班際話劇比賽時，惟甄在同學的驚訝聲與懷疑聲中，指定了劉榮做放配樂的工作（按光碟機與換CD）。

　　雖然同學認為劉榮一定會出糗，因為他什麼都不會，但惟甄告訴劉榮說，老師有信心他一定能做對又做好，所以劉榮對自己也要有信心。於是每當練習時劉榮都會專注的看同學演出，專注的按光碟機與換 CD。

　　正式比賽時，一秒不差讓音樂流洩與停止，是評審對劉榮的評語，惟甄的班級也獲得了年級組的冠軍。但惟甄最高興的是，劉榮的臉上眼神改變了，笑容增多了，同學也不再一副提及劉榮就咬牙切齒或充滿不屑的態度，雖然她知道在協助劉榮修正自己行為的路上還有好長的一段路要走。

　　「老師，我們就是您的交響樂，是您作品中的音符與旋律，是您生命中的樂章。」

～春風化雨 1996

 **第一節　教師領導方式與學生行為**

　　教師是學習歷程及學生的領導者，為了建立規律，教師必須獲得學生的合作（Good & Brophy, 1994）。為了使學生產生學習，教師必須引導學生進行相關的學習活動，這些活動經由教師設計，以達到教學目標。領導學生意謂著引導學生的思考，發現最適合的方式使學生能參與教學歷程中，並使學生將焦點置於學習目標上。就如同 Goodlad（1983）所說：「做為一個旁觀者，不只是被剝奪了參與權，也同樣地讓個人的心智與其他無關的事有關。」如果學習活動無法讓學生參與，那麼，其他的事便會引起學生的興趣；如果教學無法讓學生參與，那麼班級中問題行為的產生就不足為奇了。

　　領導是一個複雜、難以定義的概念，當然歷來有許多學者從不同的角度來定義，例如：領導是影響力的發揮；領導是倡導行為；領導是促進合作的

功能；領導是信賴的權威；領導是達成組織目標的行動；領導是達成組織目標的歷程。

　　Fiedler 和 Garcia（1987）指出，領導者是直接或間接促成團體的努力來達到特定的目標。在班級歷程中，教師的責任是去領導學生朝向學習目標邁進。Lewin 曾將領導方式分為三種，即權威型領導（authoritarian leadership）、民主型領導（democratic leadership）和放任型領導（laissez-faire leadership），茲分述上述三種領導類型之差異如下（吳武典、陳秀蓉，1978）。

◆ 一、權威型領導

　　權威型領導的主要特色為：

　　1. 一切政策取決於領袖。

　　2. 一切方法與活動依命令行事，其他往往不可逆料。

　　3. 由領袖指定要做的工作及其性質。

　　4. 領袖的獎評皆對人而發，且避免實際參與工作，除非是必要的示範。

　　根據 Adorno（1950）對權威性格之研究，權威型教師總是嚴肅而保守，有意或無意地使學生望而敬畏；他們對學生的學業成就或行為表現一向要求嚴格，賞罰分明，絲毫不苟；他們的命令必須被絕對的服從；其教學注重個人的講解，不喜歡學生多表示意見或隨意發問；他們很重視學生的秩序與學生的禮節，常因班上部分學生的過錯而責罰全班。

◆ 二、民主型領導

　　民主型領導的主要特色為：

　　1. 政策由團體決定，領袖只從旁鼓勵並協助。

　　2. 在工作程序方面，第一次討論時，即討論到未來的步驟，如果需要技術性的建議，則由領袖提示 2、3 種方法，以供抉擇。

　　3. 在工作設計上，個別選擇工作夥伴，工作的分配由團體決定。

　　4. 在評鑑參與上，獎評是客觀的，且就事論事，儘量地在精神上成為團體的一員，領袖也不參加實際過多的工作。

　　民主型的教師有較完整的領導方式，他們不發號施令，卻能循循善誘學生循規蹈矩；與學生打成一片，卻能威而不嚴、和而不同，普遍受到學生的尊重；他們能給學生個別的注意和必要的關懷；上課時總是積極鼓勵學生發問及表達個人意見，儘量做到全班的參與；他們培養學生自治的習慣，激發自動自發精神；在教學中儘量做到個別適應，課程力求富有彈性；待人寬宏而又重視原則；學生覺得這種老師容易親近而且了解他們。

三、放任型領導

　　放任型領導的主要特色為：

1. 完全聽任團體或個人決定，領袖不參與決策。
2. 領袖無條件提供各種資料，有求必應，但不參與工作的討論。
3. 領袖不參與工作的設計。
4. 除非被要求，領袖很少批評成員的活動，也不想參與或控制活動的進行。

　　放任型教師則本性隨和，不注重所謂「教師的尊嚴」；很少指定作業，對學生也罕有特別的要求；不注重賞罰，凡事順其自然；上課時往往聽任學生自由行動，不大願意指揮學生行事，且容易答應學生的請求；其教學常隨興所至，不甚注意課程組織與教學程序。

　　根據實驗結果，就社會行為方面而言，在權威型領導下，學生的敵意發生次數遠超過民主式領導，且權威型教師離開現場時，學生的攻擊行為立即升高，團體中的弱勢團體則成了代罪羔羊。學生們一致喜歡民主型教師，對放任型教師尚可接受，惟一致性地討厭獨裁教師。

　　Anderson 和 Brewer（1945）把教師的教學行為分為獨斷的（dominative）和統整的（integrative）兩種類型。獨斷的教師認為他知道的最多，會發出命令，強制學生接受其決定，要求學生馴服；不喜歡討論或批評，喜用權威和責難；統整的教師不用命令的方式提出要求，會徵求學生意見，誘導學生合作，與學生分擔教室管理的責任，鼓勵學生的意見和創造。這兩種類型頗類似 Lewin 的權威型與民主型，且亦顯示在統整的領導下效果較好，即

學生盡力學習，較能賞識別人，較友善而合作，較少分心、攻擊與抗拒，學生較能自動解決問題，並發揮團隊精神。獨斷型教師其學生較順從，但課業困擾多，也易出現反抗行為。

Cronbach（1977）提出三種領導行為類型：(1)不強干涉的活動類型：學生在各方面的表現都比其他二個類型有較好的效果；(2)教師控制的活動類型：只在安全感與教材學習方面有較好的效果；(3)團體控制的活動類型：學生在安全感、情緒、教材學習及群育方面，都有較好的效果。

吳武典、陳秀蓉（1978）之研究指出，教師的民主式領導行為有助於學生的學業成就、成就動機、人格適應和內控信念。教師的權威式領導行為有助於教師所教科目成績之提高，但卻不利學生的內控信念、成就動機等，且會引起較高的測試焦慮。教師的放任式領導行為不會產生像權威式領導行為那麼大的期望差距和測試焦慮，但卻不利於學生的學業成就等。

上述是以教師運用權威的程度來區分教師領導行為類型，較限於單層面之向度，因此，以下再介紹雙層面及三層面之相關研究。

Peterson（1979）以結構（structure）和參與（participation）兩個層面來研究教師的領導行為，兩者同樣交織為四種領導類型。研究結果顯示，就認知成就看，高結構、低參與適用於較順從的學生，低結構、高參與宜用於獨立性較強的學生；就情意方面，則未必有相同的結論。

國內研究（黃恆，1980；黃鴻文，1981；盧美貴，1981）也採用權威與關懷兩層面為取向。結果發現，高權威高關懷的領導方式最理想，低權威低關懷的效果最差。

Gordon 和 Adler（1968）以工作、權威和情意等三個層面，來研究教師的領導行為對學生的學習成就、班級秩序、主動工作、完成工作、一般士氣等五方面的影響。研究結果顯示，就整體影響而言，以低權威、中情意、中高工作的領導方式最理想，而以低工作、低權威、低情意表現最差。在學業成就方面，以高權威、中情意、低工作之領導方式的效率最高。

有關教師領導方式之研究，雖隨著領導理論之擴充，其內容及廣度有所差異，但實際上在實際教學教室的歷程中，教師之領導方式常不是全有或全無（non or all）之截然劃分方式，畢竟學生是不同的、情境是個殊的。如同

陳奎憙（1996）所言，有經驗之教師常會因情境、對象的不同，調整其領導方式，以發揮最大的效果。

 **第二節　教師期望與學生行為**

◆ 一、教師期望之意義

教室中之自我應驗預言（Pygmalion in classroom），又稱比馬龍效應（Pygmalion effect）。Pygmalion 乃是希臘神話中一雕刻師之名，因其對所雕之雕像 Galat'ee 日久生情，仙女乃賦予此雕像生命。

社會學家 Merton（1957）曾指出，個體對他人行為所形成的期望，會增加他人行為發展的可能性。符號互動論學者亦提出標籤作用，認為個體間藉由重要他人標籤、期望感染力及交互作用等程序，來形塑個人的行為。

◆ 二、教師期望之效應

自 1968 年任教於美國哈佛大學之 Rosenthal 和 Jacobson，發表了「教室中的自我應驗預言」之研究結果後，有關教師期望之研究即如雨後春筍般地蓬勃發展。Rosenthal 和 Jacobson 的研究指出，自我應驗之預言在小學一、二年級時效果最為顯著，而三至六年級則並未產生效應。亦有學者質疑雖然在低年級（一、二年級）顯示出顯著的效果，但並不表示就可做為負向期望導致學生低度表現之證據（Weinberg, 1989）。

批判教師期望者認為，它並未如我們想像有如此大的效應，而有研究者試著重新（replicate）進行此研究，並未發現自行應驗預言之效果（Claiborn, 1969; Wilkins & Glock, 1973）。亦有學者指出，即使較高的期望會促使低年級的學生有較好的學習，但未必能證明較低的期望會導致學生有較差的表現。此外，他們亦指出，給予教師錯誤的訊息，致使錯誤的期待，是非自然之情境。也有許多研究指出，當教師不信任被給予的訊息時，並不會產生任何期待效果（Woolfolk, 1998）。主張教師期望具有很大效果之研究者在探究

教師如何產生期望時，發現教師真的會形塑（form）有關學生能力的信念，許多這種信念是植基於許多的資料來做正確的評估。

此外，某些教師仍然會偏好某些學生（Babad, 1995; Rosenthal,1995），例如：Civil Rights Commission 於 1978 年在研究美國西南部四百多個班級後發現，西裔美籍學生很少受到讚美及鼓勵，並且極少得到老師正向的回應。在班級中，教師對待高成就的學生明顯不同於低成就的學生，教師對學生的評量也明顯地影響學生的成就。

誠如 Good 和 Brophy（1994）所言，雖然教師期望的效果常被過度誇大，但是不可否認的，這些效果是重要的，尤其是當探討到教學的其他能力時。

假如教師認為學生之能力欠缺，且又沒有有效的教學策略來協助低成就的學生，那麼學生就面臨了雙重的困境——低的期望和不適當的教學。

一般而言，自我應驗之預言是三階段歷程的運作（Jussim, 1986）：第一階段，教師發展對不同個體的期望；第二階段，教師用不同方式來對待學生；第三階段，學生以符合期望的方式來行動。值得深思的是在第二階段中，教師對高成就及低成就學生的互動頻率與本質大不相同。在 Leder（1987）之研究中，教師對高成就學生有較高的互動頻率及較高的期望，但卻未花較多的等待時間總量給低成就和低期望的學生。上述研究結果顯示出，如果教師能平衡與學生的互動，將可阻斷學生自我應驗預言的歷程。

事實上，在班級中有二種期望的效應：第一種是教師自行應驗效應，這種情形是教師對學生能力的期望並未以事實為基礎，但是學生的行為恰巧符合此種不正確的期望；第二種效應發生在教師明確地知道學生的能力並正確地回應。事實上正確評估學生的能力絕非錯事，許多教師會主動地有此行為。問題是當學生努力追求進步，而教師卻未改變其原先期待來面對這種進步，此稱為持續期望效應（sustaining expectation effect），因為教師並未改變原先對學生的期望，仍停留在其期待的水準，因此失去了提高期望、提供更適當的教學及鼓勵學生更上一層樓之機會。事實上，在班級中，持續期望效應出現的機會高於比馬龍效應（Cooper & Good, 1983）。

🔷 三、教師期望之來源

教師期望之可能來源有許多方面（Braun, 1976），智力測驗的分數是最常見的來源之一，特別是在教師並未正確地詮釋測驗結果的意義之下。性別亦同樣影響教師的期望，大部分的教師認為，男學生較女學生有更高的問題行為出現率（Woolfolk, 1998）。除此之外，來自從前教師之訊息及從前之紀錄、醫療或輔導紀錄等等，對種族的認識、外表的特徵、先前的成績、家庭社經地位等等，皆是教師期望的來源。

教師在記憶時，可能會注意到與原先自己期望的相關資料（Fiske, 1993; Hewstone, 1989）。即使學生們的表現並不全然符合教師原先的期望，但教師還是會以學生無法控制的外在因素來合理化其表現，例如：教師可能會歸納低能力學生的好成績是作弊而來的；而高能力學生考差的成績可能是因為前一晚沒睡好。

無論學生如何被分組或指定的作業為何，師生互動的質與量對學生的影響是無庸置疑的。教師期望高的學生，通常會被問到較難的題目，有更多的機會與更長的時間來回應，且很少被打斷，但教師對待其認為能力較低者的態度則反之。同樣地，教師亦給予高期望的學生回答問題的線索、傳遞他們能答對的信念（Allington, 1980; Good & Brophy, 1994; Rosenthal, 1995）。

教師常對這些高期望學生微笑、點頭、利用非口語等方式表達更多的溫暖（Woolfolk & Brooks, 1983, 1985）。相反地，對低期望的學生，教師會問他們較簡單的題目，且給予較少時間待答。

表 10-1 是教師在與學生溝通時受期望之影響，而對能力高、低學生之間有不同的對待方式。

表 10-1　教師期望影響學生行為的六個向度

向度	被認為具高能力的學生	被認為具低能力的學生
一、與教師的關係	教師尊重學生是獨立的個體，有特別的興趣與需求。	教師不認為學生是獨立的個體，沒有特別的興趣與需求。
二、提升動機的策略	有較多真實且隨時的回饋。	較少真實且隨時性的回饋。
三、評量及回饋的實際	提供更多自我評量的機會。	較少有自我評量的機會。
四、團體的實際情形	給予較多的自我空間，能自由做選擇。	教師常監視其工作，較少有自由空間。
五、學習的責任	較多理解及綜合性的作業。	較多背誦強記之作業。
六、發表的機會	較有機會公開發表有意義的工作。	較無機會公開發表有意義的工作。

四、如何避免負向的教師期望

在了解教師期望之形成與影響因素之後，為人師表應有一番自我期許，儘量避免給予學生負面的期望，下列提出幾個方式。

1. 小心謹慎的解釋學生過去的成績及其他檔案資料

(1) 有些教師會在學期之初，避免去閱讀學生過去的成績資料，以免形成錯誤的印象。

(2) 對其他同仁給予學生的描述與批評應能儘量客觀看待。

2. 彈性運用分組策略

(1) 對於學生的工作成果應不斷的加以檢視，並隨時更新。

(2) 不同的科目應有不同的分組。

(3) 運用混合能力組在合作學習上。

3. 深信所有的學生皆具挑戰性

(1) 儘量避免對學生說「這是簡單的，我知道你一定會」。

(2) 提供有彈性空間的問題，並鼓勵所有的學生皆須作答。

4. 對於低成就學生的回答更應小心

(1) 應給予其較多的線索及等待時間。

(2) 對於答對的低成就學生有較多的讚美。

(3) 給予低成就學生同樣的回答機會。

5. 隨時確定教學過程中未有種族、階級、性別上的刻板印象或偏見

(1) 運用系統化的檢視系統來確信給予所有學生同樣的回答機會。

(2) 檢視指定作業的內容是否因性別或種族階級的不同而有差異。

6. 評量及管教歷程應力求公平

(1) 同樣的犯規行為會受到相同程度的懲罰，並可嘗試用不記名投票的方式詢問學生，老師是否有特別偏愛的學生。

(2) 用匿名的方式來評量學生的作品，偶爾也請其他教師做第二次評量。

7. 教材及教具的使用應謹慎

(1) 注意所使用的教材或教具是否顧及所有的學生。

(2) 如果教具份數很少，儘量先帶領學生自己做，以利在上課時不會有某位學生獨用教具之情形。

8. 傳遞相信所有學生皆能學習之信念

(1) 發回作業時，能提供給未達標準的同學具體的建議。

(2) 如果學生不能立即回答，請多給予等待的時間，並引導其思考如何作答，而不僅僅是給予答案。

9. 所有的學生享受同等的權利與義務

(1) 確信所有的學生有同樣的練習機會。

(2) 持續追蹤並牢記學生做了何事，注意是否有些學生不斷地有自我實現的機會，而有些學生永遠卻都只能做壁上觀。

10. 隨時檢視自己的非口語行為

(1) 不要拒學生而遠之，或吝於給予鼓勵的肢體動作。

(2) 注意面對不同的學生是否會有不同的聲調。

 **第三節　教師溝通與學生行為**

　　教學是教育活動的核心，也是師生意見和情感交流的歷程，學者曾指出，教學的行動就是溝通的行動，教學的精髓即在師生的有效溝通。

　　教師在教學的過程中，運用口語和非口語形式的溝通管道來傳遞訊息，因此教師的口語溝通及非口語溝通是形成其特殊溝通方式的主要線索，本節茲就教師的口語及非口語溝通加以探究。

一、口語溝通

（一）口語溝通的重要性

　　「口語」乃教學溝通中的重要角色，其不僅僅是師生互動正向或負向的重要成分，亦是互動有效或無效的媒介，及影響班級氣氛（認知或情感）的重要因素。有人認為在一般教學歷程中，教師說得太多，雖然這似乎忽略了特殊的情境，例如：傳授的學科、師生的性別、經驗、文化的背景或單元的特殊性等（Hansford, 1988），但也說明了口語在教學溝通中之重要程度。

　　Nuthall 和 Snook（1973）在歸納許多研究後指出，班級的教學活動可被視為三種不同的形式：(1)教師說話：為了傳遞、證明或展示教材；(2)互動的對話：教師和學生彼此對話；(3)個別的工作：學生接受命令做自己的事。由上述研究可知，在教學溝通的歷程中，即使不是師生正在對話，也是在做著對話之前或之後的行動。

　　師生之間在課堂的對話不只是知性的，且常須是情境適當和有效的，可被視為無時無刻存在的社會組織和意義的即興之作。此種即興之作的產生及結果，在教學上的重要性是值得重視的。

（二）口語溝通的形式

Belleck、Hyman、Kliebard 和 Smith（1966）在描寫教學為語言「遊戲」——四種行動產生，以達成「遊戲」目標時，依序是結構、引發、回應、行動，教師幾乎占了大部分說的時間（大約是占三分之二），且建構了特別的內容與形式。根據這些規則，教師運用大部分的時間問問題、評論學生的反應，有時會花時間在建構內容和提供結論。對學生而言，其最主要的工作就是回答問題，在學生回答後，這個反應可能會被重複、稱讚或評論。而學生大部分的時間是用來聽其他學生的回應及老師的評論。

Jackson 和 Lahaderne（1967）在研究 4 個六年級的教師教學後發現，平均每小時中出現 80％的教師引發學生回應的活動。Jackson（1968）更進一步指出，每個教師每天約有 1,000 次與學生的互動，而接觸所包含的範圍相當廣，包括學業上的、非學業上的，有些是重要的，有些則是瑣碎的，因此班級被描述為「忙碌的地方」。一個教師必須面對 20 至 30 人，然後促進他們認知及情感上的進步，故每一個班級的風貌各有差異，但教師角色之重要性與被需求性是沒有不同的。

Flanders（1970）歸納指出，一般而言，教室常依下列的程序來展現其口語的行為：教師告訴學生做什麼、如何做、何時開始、何時結束，以及其做得如何。

Zahorik 在研究有關教師口語溝通行為時指出，口語溝通行為包括：(1)指導；(2)演講；(3)詢問；(4)回答；(5)稱讚；(6)重新證明及澄清。Dunkin 和 Biddle（1974）從歷程之觀點出發，以 Flanders 的教室互動分類方式分析，並歸納教學口語溝通行為有：(1)稱讚；(2)批評；(3)演說；(4)發問；(5)講述；(6)指示。

歸納而言，教學溝通上最常運用的口語溝通之行為如下：

1. 發問：詢問是用以獲取學生反應；教師用詢問來知道學生對特殊教材的回應。
2. 增強：教師運用口語增強激發學生學習的動機，引起學習的興趣促使學生學習。

3. 介紹：此技巧是獲得學生注意及引發學習動機與興趣之技能。

4. 解釋：將學生的已知及其未知互相聯結，亦包含了口語的適當性與流暢性，解釋的要點是清楚及精確，應避免過於冗長、無結構的解釋。

5. 其他技巧：如演說、計畫性的複述等。

此外，口語溝通的內容將焦點同時放在學科和社會歷程上，教師和學生在教學過程中被認為應有二類傳遞的知識：學術結構的知識、社會參與及結構控制者間互動的順序（Au, 1980; Cooper & Marguis, 1982; Mehan & Griffin, 1980）。

◈ 二、非口語溝通

（一）非口語溝通的重要性

Argyle 和 Kendon（1967）指出，口語的表達非常依賴非口語的訊息，後者與前者之間的關係依 Knapp（1978）指出有下列五種：

1. 重複：非口語訊息重複口語訊息。

2. 矛盾：非口語訊息與口語訊息不一致。

3. 代替：非口語訊息經常可替代口語訊息。

4. 強調：非口語訊息加強口語訊息。

5. 調節：非口語訊息可調節口語訊息。

Mehrabian（1966）指出，影響溝通歷程的要素如下：1（全部的影響）＝ 0.07（口語的影響）＋ 0.38（聲音的影響）＋ 0.55（表情的影響）。換言之，只有 7%是來自於口語的，而有 93%是非口語的。

Woolfolk 和 Brooks（1983）檢視相關研究資料，提出下列幾點做為教學溝通中非口語溝通之用途：

1. 教師使用非口語的行為來促使學生形成他們的印象、態度和期望。

2. 教師在他們的非口語行為中，表現出期望及態度。

3. 學生會詮釋教師的非口語行為。

4. 教師在教學和班級經營中常運用非口語行為。

　　由上述可知，教師教學溝通中的非口語溝通部分之探究，可讓我們更了解教師的態度與對學生真正的回應。雖然此種觀點亦受到其他研究者的支持（Harrison & Crouch, 1975），但是如同 Davis（1974）指出，許多教師並未知覺其非口語的行為會影響到學生的學習與發展。Kaye（1986）也指出，教師不夠強調非口語溝通的原因，來自於許多教育者在探討或描述非口語的線索時，無法明確的掌握非口語溝通行為。

　　Woolfolk 和 Galloway（1985）之下述說法，似乎可做為教學溝通中非口語溝通之重要性的寫照。

　　　了解溝通中的非口語部分，我們就能深入的了解教師和學生如何知
　　　覺教室的事件。我們可從教師對學生的非口語反應來了解教師對學
　　　生的態度，因此，我們可追溯（trace）印象的發展、期望和反應，
　　　這些行為能經由目光接觸、距離、物理環境和空間距離來了解。

（二）非口語溝通行為

　　在教學溝通歷程中，非口語的溝通行為包括：手勢、面部表情、空間距離的調整等，不是口語，但可影響學生學習之溝通管道。

　　Kaufman（1976）指出，如果教師非口語的溝通是正向積極的，則學生學習得較多。Driscoll（1979）指出，有較高頻率肢體動作之教師，其學生成績較高。

　　據學者研究指出，教師會透過非口語溝通行為傳遞出教師期望的訊息，教師在和低期望學生互動時有較少的成功表現希望，此種控制低期望學生表現的方法，就是限制學生在公眾的發表及對其提供沒有獎賞的環境。上述所謂的獎賞，例如：微笑、傾向學生、目光接觸、給予獎勵、溫暖的環境等（Hall, Rosenthal, Archer, DiMatteo, & Rogers, 1977）。因此促成學生自我應驗預言機制中，教師的非口語溝通行為占著重要的部分。

　　Grant（1977）指出，教師行為（活動）的非口語觀點與其在教室中表現的獨特性有很大的關係，他主張這種獨特性不是來自於人格特質，而是來自於教師的專業素養，因此探究非口語溝通表現，是檢視教師專業能力的表現

之一。因為非口語的行為確實會影響學生的表現，教師的非口語溝通行為可分為下列三項加以探討。

1. 動作姿態（kinesics）

Kinesics 為姿態、移動和姿勢。Knapp（1978）及 Smith（1979）指出，動作學的研究包含了臉部表情、目光接觸、身體的移動和姿態。

一般而言，動作姿態受文化常模及教師特別的興趣影響很大。雖然姿態受個人方式和文化背景的影響，但也反映出教師的投入；因此，某些程度的動作姿態與教師之熱心相聯結。Victoria（1970）在一項描述性的研究中指出（使用手勢、面部表情及身體移動上），有 57%的動作行為是支持性的，只有 3%是明顯的非支持性的。

學者主張最有力的非口語溝通行為是教師的微笑，教師的微笑能表現出教師是否對學生有回應，且能獲取學生較多的注意。微笑凝聚成支持及無威脅的班級氣氛，故 Bayes（1970）之研究指出，微笑是最能預測知覺性「溫暖」的指標。雖然在國外大部分的初任教師，會收到「至聖誕節前切勿微笑」的警告，以建立適當的師生心理及社會距離，達到班級控制的目的及效果，但教師的微笑的確是重要的非口語溝通行為。

眼神凝視，是另一個有效的教師非口語溝通行為。研究指出，說話者之目光接觸能增加聽眾知覺的說話者效能。教師的凝視在某種狀況下，可增進記憶。教師亦可用目光審視全班，以避免不當行為的發生，並了解學生對內容了解與否，建立座位離教師較遠的學生與教師的橋樑，藉目光告訴他們──溝通管道是暢通的（Hansford, 1988）。

由上述可知，教師透過下列方式顯示出正向的非口語溝通行為，例如：身體向前傾、增加注視次數、肯定的點頭、微笑等。

2. 人際距離（proxemics）

Proxemics 指的是人際互動中，空間距離的研究。Hall（1966）根據其蒐集之資料指出，人與人之間有四種距離區域存在：(1)親密的距離：約在 7 至 46 公分間；(2)個人距離：此距離是教師與學生討論個人問題，例如：成績、個人困難等之適當距離，約在 46 至 124 公分；(3)社會距離：從 124 到

372 公分；一般朋友及認識者採取此種的空間安排，一般師生討論亦如此；
(4)公共距離：超過 372 公分，例如：正式的上課。

Chaikin、Gillen、Derlega、Heinen 和 Wilson（1978）之研究發現，教師愈靠近學生，則愈受學生喜歡，特別是在國小，教師身體靠近是隱約顯示出對學生的喜歡、讚許、友善。一般而言，教師在物理空間上會靠近他所喜歡的學生（Brooks & Wilson, 1978），也會距「被排斥者」較遠，低能力的學生也會被置於遠距離領域之座位或難看到黑板的地方，可見教學溝通效果與空間距離有密切的關係。如果教師與學生的距離愈遠，則愈被視為不溫暖；教師如果站在講桌之後，則被視為較負向的情感。在國小階段，男孩較女孩能忍受師生間較遠的距離。

事實上師生之間溝通的距離，可從下列觀點理解：當人際間距離縮短、互動的質明顯改變，教師之單向溝通會因距離的縮短轉變為師生間的雙向溝通。當師生更靠近時，學生會覺得自己被「含涉」在教學活動中，他們會看更多、學更多及說更多。

Schwebal 和 Cherlin（1972）曾指出，國小教師對坐在前排的學生比坐中、後排的學生有更正向積極的對待，而前排的學生也更專注。

師生之間的垂直距離與水平距離同樣重要。溝通者之間的垂直距離，如師生位置，會影響支配及服從感覺之程度。特別是以幼小孩童為對象者的教師必須了解，兒童在與其同樣高度的人互動時感覺最舒服（Rollman, 1976）。

由上述的研究結果可歸納出，師生之間的空間距離不論是水平距離或垂直距離，都會轉化為心理上的距離，影響師生間的溝通。

3. 副語言（paralanguage）

副語言所指的是聲音部分的線索，如：音調、節奏、速率、音質、流暢、停頓及沉默。副語言的使用可促使學生直接回答教師的問題。

教師的強調（assertiveness），特別是透過聲音的運用，是影響班級經營的重要管道。雖然音調並無法做為人際間溫暖的指標，或代表訊息的真正涵義，但一般而言，副語言所傳遞的較語言為多。

沉默，完全沒有語言的輸入，往往能表達充滿情緒的狀況，從歧視到不喜歡，從冷漠到同理都有可能，因此須視溝通時之狀況而定。傳統型的教師被認為較少沉默，但從教育的觀點而言，沉默有時扮演著十分重要的角色，如提供給學生解答問題或進行下一個活動時的緩衝。

在音量部分最常見的是，教師突然放大音量來吸引注意力或維持秩序，例如：與同學對話（OK、boys and girls、現在、全班等）。也有許多教師發展特殊的大吼或停頓等方式來引起學生的注意（Shultz, Florio, & Erickson, 1980）。由上述的討論可知，副語言可協助教師教學溝通之進行。

◈ 三、教師溝通風格

教師經由不同的口語溝通與非口語溝通，展現其特殊的溝通風格（style），不同的溝通風格其溝通之效果也會有所差異。

自 1920 年代以來，大部分的研究均著重在描述有效的教師溝通方式，Doyle（1977）及 Norton（1978）指出，教師溝通方式之不同，在教學歷程中構成一重要因素。良好教師的教學溝通方式能促使學生用正向、積極之知覺取代負向、消極的知覺。

Norton（1983）對溝通方式（communication style）的定義提供對溝通的詮釋及了解之象徵，而其最主要的概念有溝通風格之構念及特徵二大概念。溝通風格具有下列幾個構念：(1)支配的（dominate）；(2)戲劇的（dramatic）；(3)活潑的（animated）；(4)印象深刻的（impression leaving）；(5)輕鬆的（relax）；(6)關注的（attentive）；(7)開放的（open）；(8)友善的（friendly）；(9)精確的（precise）；(10)溝通者自我意象（communicator image）。溝通風格有四大特徵：(1)可觀察的；(2)多層面的；(3)多種類型的；(4)易改變的。

許多學者主張教師的教學溝通方式與教師效能有正相關（Nussbaum, 1982; Nussbaum & Scott, 1979; Sallinen-Kuparinen, 1987），且與學生的學習方式亦有相關（Potter & Emanuel, 1990）。

Kearney（1984）以溝通理論為基礎來研究教師溝通風格，並結合 Norton 之「溝通方式量表」、「社會方式量表」及教室之情境，發展出「教師

溝通風格量表」（Teacher Communication Style Measurement），區分為三個構念：

1. 果斷的（assertiveness）：教師能有力的說出自己的意見，高果斷力的教師是用「說」的，低果斷力的教師是用「求」的，此涉及了教師對班級的權力運用，是教師如何維持學生對教學的注意力的指標。

2. 共鳴的（responsiveness）：教師是敏覺的、具社會技巧的、了解的、溫暖、同理、友善的表達；Kearney 和 McCroskey（1980）指出，高共鳴性之教師有高效能，且其學生有較少的溝通恐懼。

3. 可變通的（flexible）：教師的溝通方式，可適應各種不同學生的需要，以利教學效果的達成。Comadena（1990）指出，教師的溝通方式與教學效能具高度相關。他歸納許多研究指出，若教師被視為友善、輕鬆和關注的溝通者，其溝通的成效較具效能。

◆ 四、教師溝通能力

　　教師溝通能力影響學生學習甚鉅，一般而言，教師教學溝通的能力應包含下列三大向度。

1. 良好的態度：教師教學溝通時應具備的溝通態度

(1) 同理心：能設身處地替學生著想，同理學生的感受。

(2) 積極傾聽：對學生所提之看法或問題，皆能顯現出高度的熱忱予以接受。

(3) 接納：無條件的接納學生，不把學生視為工具。

(4) 真誠：以真實的面目面對學生。

2. 豐富的知識：教師至少應具備的知識方能有效進行教學溝通

(1) 學科知識：對於所教授之科目充分了解。

(2) 學生身心發展的知識：具備學生身心發展之知識，以利溝通時話語的使用及教具的準備。

(3) 溝通的知識：溝通時應具備的知識，例如：如何發問、回應等等。

(4) 環境脈絡的知識：對於學校、社區及學生所處之脈絡，能有充分的了解。

(5) 其他相關的知識：例如：特殊學生之輔導方法、尋求協助的管道等。

3. 嫻熟的技巧：

(1) 講解清晰以激發學習的熱忱。

(2) 幽默風趣能持續學習的興趣。

(3) 深入淺出、因勢利導、因材施教，以引出學習的意願及成就感。

(4) 對於有學習困擾的學生，能因應個別差異而加以輔導。

(5) 能適當運用增強、消弱、示範等行為改變技術。

第四節　班級氣氛與學生行為

　　班級氣氛是指，班級中各種成員的共同心理特質或傾向（朱文雄，1988）。班級氣氛（classroom climate）與班級環境（classroom environment）常交互使用（MacAulay, 1990），亦有學者指出，班級氣氛又稱為班級學習環境（learning environment）、班級的社會—心理氣氛，或班級的社會心理環境。Goodlad（1983）對班級環境的定義為：是班級物理的、情緒的和審美的特質，以促進學習的態度。其優劣基於班級中人際關係的特質，不但影響學習的數量與品質，亦影響對學生的心理健康。Anderson（1970）指出，班級中存在著四種交互作用，包含學生與學生之間的關係、教師與學生之間的關係、學生與課程之間的關係及學生對班級的知覺，這四種交互作用彼此影響並長期互動，逐漸形成一種特殊的班級氣氛（引自王俊明，1985）。

◆ 一、班級氣氛的相關研究

　　Haertel（1981）等人的研究指出，學生知覺高凝聚力、滿足感和目標導

向的班級氣氛，其學業成就較高。Humphrey（1984）亦指出，增進班級氣氛能協助診斷學生在學習上的困擾，許多教師能夠應付學生的挑戰，有高結構的班級能提升學生自我控制的能力。許多學者的研究顯示，學生的學習成果不論是學業成就或是學習態度，皆可因更有效之班級氣氛而增強（Fraser, 1986; Walberg, 1969）。

促進班級氣氛的提升，能夠增進學生自我教導（self-discipline），亦減少其他支持服務系統的需求。而建構班級氣氛（環境）的責任就落在老師的身上，尤其是國小和中學階段的老師，應透過班級歷程影響學生的認知和情感發展。

Moos（1980）指出，統整班級社會環境的概念架構是很重要的，他提出一個相關模式（如圖 10-1 所示），此模式強調各個概念領域的互相關聯。他並以此模式中的四個向度來探討相關的研究，分別是：(1)組織和結構；(2)認知歷程；(3)學生特質；(4)教師特質。

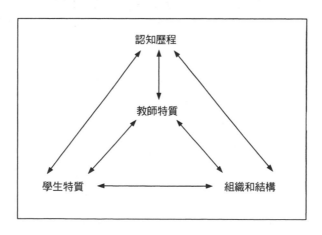

圖 10-1　班級環境的模式

環境因素中，如組織和結構、認知歷程、學生特質和教師特質之間是彼此互動的。教師的特質是處於此模式之中心，亦因此，教師本身的人格特質影響班級氣氛甚鉅，現將此四大領域分述如下：

1. 組織和結構：傳統式的班級與開放式的班級雖對學生成就無直接的

關係，但卻與班級秩序與學生的學習困擾有很大的相關。Arlin
（1979）指出，年齡較低的學生較適合傳統的學習環境；Wright 和
Cowen（1982）指出，有行為問題的學生在高秩序、高結構的班級
中較能適應；Humphrey（1984）主張，兩個最主要之高效能的班級
環境特質是清楚明確的規定及鼓勵學生主動參與；Sandoval（1982）
強調，教師在制定班級規範時，最主要的概念是清楚、公平和持續
性。班級中二個最重要的生態學變項，是學生座位的安排及桌椅的
安置，桌椅的安排是半結構式的空間，教師座位的安排會影響到師
生間的互動及學生之間的互動。一般而言，傳統式的教室中學生與
教師互動最頻繁的是 T 字型的互動區。

2. 認知歷程：班級氣氛不只是一種認知的結果，更強調形塑的歷程，
教師與學生時時刻刻透過不同的方式產生互動。在此歷程中，教師
必須提升學生的學習動機，增進知識、促進群性。教師最基本的任
務就是促使學生對教師之指導，以產生注意力。

3. 學生特質：同學之間的合作學習，能促使班級氣氛更和諧。在同儕
指導的班級中，學生會知覺到更多的參與秩序和組織，學生在班級
中的學習也更快樂。

4. 教師特質：教師心情沉重、低度熱忱者，則學生學習冷漠、教室氣
氛死板；教師神經質者，學生表現出恐懼怯懦及缺乏安全感；教師
情緒穩定且有敏銳的洞察力，則教室氣氛是積極愉快的（朱敬先，
1988）。

　　Weinstein（1983）指出，受學生喜愛的教師特質是溫暖、友善、支持及
善於溝通。師生之間的關係影響了學生的認知和情感，教師對學生適度的回
饋能發展正向積極的班級氣氛。通常教師會將太多的焦點放在學生即時的學
業成績，而未注意班級氣氛和結構，以致於學生的問題不能獲得解決，反而
增加學生問題的產生。

二、如何創造出積極的班級氣氛

　　為了使學習產生，教師必須創造出正向的班級氣氛。此種班級氣氛就如

同 Schmuck 和 Schmuck（1975）所定義的：學生能發揮他們極高的能力，在
班級中彼此支持、彼此分享，高度的互動。

（一）明確的目標及規範

常規是為了獲得更高的成就而制定的，當一個教師能減少學生的不確定
感，並且明確知道學生的期望、能力及潛質，教師才能創造正向積極的班級
氣氛，對教師和學生皆是有益的。不論教師多具經驗，若此班級的目標和規
範無法明確具體的話，這個班級將無法成功。

（二）開放式的師生溝通

教室中師生的溝通有單向、雙向及多向溝通等方式，多向的開放式溝通
才能促使班級氣氛和諧融洽，也才能提高學生學習效果。

（三）合作式的團體學習

學生在團體合作氣氛較濃時，對學校會更喜歡。學生之間彼此合作能產
生更高的班級凝聚力，並有利於學生群性的發展。

（四）參與式的班級決策

教師採民主式的領導，鼓勵同學參與班級的事務並進行決定，促使班級
每個學生皆能感受到自己是班級的一份子。藉著參與增進班級氣氛的活動，
不論是教師或學生都能夠了解彼此；透過了解彼此的價值系統、領導策略和
建立期望的文化及凝聚力高的環境，教師亦能提升學生的自尊，增加他們潛
能的發揮。

（五）適當的教師期望

教師的期望不僅影響學生的自我應驗，愈低年級的學生愈會受教師對同
儕的行為而影響自己的態度，故教師應對學生有公平正向的期望，並透過合
理的對待，適切傳達其期望。

摘 要

- 單向度的教師領導類型可分為權威式領導、民主式領導及放任式領導。民主式領導有助於學生的學業成就、成就動機、人格適應和內控信念。

- 雙層面的領導中以結構與參與交織成四種領導類型，分別是高結構高參與、高結構低參與、低結構高參與、低結構低參與。

- 一般而言，教師期望是三階段的歷程：(1)教師因各種因素發展出對不同個體的期望；(2)教師因期望而對學生有不同的對待方式；(3)學生符應教師期望的方式來行動。

- 班級中呈現兩種不同的教師期望效應：(1)教師自行應驗效應；(2)教師持續期望效應。

- 教師期望之來源有很多，例如：學生的智力測驗成績、先前的成績與紀錄、性別、種族、家庭社經地位等。

- 教師應透過下列教學策略以避免負面的教師期望：(1)小心謹慎的解釋學生過去的成績及其他檔案資料；(2)彈性運用分組策略；(3)深信所有的學生皆具挑戰性；(4)對於低成就學生的回答更應小心；(5)隨時確定教學過程中未有種族、階級、性別上的刻板印象或偏見；(6)評量及管教歷程應力求公平；(7)教材及教具的使用應謹慎；(8)傳遞相信所有學生皆能學習之信念；(9)所有的學生享受同等的權利與義務；(10)隨時檢視自己的非口語行為。

- 教師最常用的口語溝通方式包括：(1)發問；(2)增強，(3)介紹；(4)解釋；(5)演說或複述。

- 口語與非口語溝通之關係如下：(1)重複；(2)矛盾；(3)代替；(4)強調；(5)調節。

- 教師最有效的非口語溝通行為是微笑、目光凝視、點頭、拉近與學生之距離，並充分運用聲音的音調、節奏、速度、停頓與沉默。

- 個人的溝通風格有下列十大構念：(1)支配的；(2)戲劇的；(3)活潑的；(4)印象深刻的；(5)輕鬆的；(6)關注的；(7)開放的；(8)友善的；(9)精確的；(10)溝通者自我意象。

- 教師應具備良好的溝通能力包括：(1)良好的態度：如同理心、積極傾聽、接納、真誠；(2)豐富的知識：如學科知識、學生身心發展的知識、溝通的知識、

環境脈絡的知識、其他相關的知識；(3)嫻熟的技巧：如講解清晰、幽默風趣、因材施教、能適當運用增強、消弱、示範等行為改變技術。

● 班級氣氛是指，班級中成員彼此長期互動形成的共同心理傾向，包含物理的、情緒的和審美的。

● 創造積極正向的班級氣氛有下列方式：(1)明確的目標及規範；(2)開放式的師生溝通；(3)合作式的團體學習；(4)參與式的班級決策；(5)適當的教師期望。

練習

1. 教師的領導方式對學生的影響為何？
2. 舉出教師期望對學生影響的實際例子。
3. 教師應如何善用教師期望之影響並避免其負面效應？
4. 班級氣氛對學生有何影響，通常是如何形成的？

參考文獻

中文部分

王俊明（1985）。級任教師之領導行為對班級氣氛的影響。載於**國民教育輔導論叢**（第三輯）。台北市：教育部。

朱文雄（1988）。**班級經營**。高雄市：復文。

朱敬先（1988）。**教學心理學**。台北市：五南。

吳武典，陳秀蓉（1978）。教師領導行為與學生期待，學業成就及生活適應。**師大教育心理學報，11**，87-103。

陳奎憙（1996）。**教育社會學研究**（第七版）。台北：三民。

黃　恆（1980）。**國民中學教室中師生關係現況及其影響因素**。國立台灣師範大學教育研究所碩士論文，未出版，台北市。

黃鴻文（1981）。**學校經驗對國中教師教學領導行為的影響**。國立台灣師範大學教育研究所碩士論文，未出版，台北市。

盧美貴（1981）。**國小教師教導方式與學生學習行為的關係**。國立台灣師範大學教育研究所碩士論文，未出版，台北市。

英文部分

Adorno, T. W. (1950). *The authoritarian personality*. New York: Harper & Row.

Allington, R. (1980). Teacher interruption behaviors during primary-grade oral reading. *Journal of Educational Psychology, 71*, 371-377.

Anderson, H. H., & Brewer, H. M. (1945). Studies of teachers' classroom personalities. *Applied Psychology Monographs*. Stanford, CA: Stanford University.

Argyle, M., & Kendon, A. (1967). The experimental analysis of social performance. *Advances in Experimental Social Psychology, 3*, 55-98.

Arlin, M. (1979). Teacher transitions can disrupt time flow in classrooms. *American Educational Research Journal, 16*(1), 42-56.

Au, K. H-P. (1980). Participation structure in a reading lesson with Hawaiian children: Analysis of a culturally appropriate instructional event. *Anthropology & Education*

Quarterly, 11(2), 91-115.

Babad, E. (1995). The "Teacher Pet" phenomenon, students' perceptions of differential behavior, and students' morals. *Journal of Educational Psychology, 87*, 361-374.

Bayes, M. A. (1970). *An investigation of the background cues of interpersonal warmth.* Unpublished doctoral dissertation, University of Miami, FL.

Belleck, A., Hyman, R., Kliebard, H., & Smith, F. (1966). *The language of the classroom.* New York: Teachers College Press.

Braun, C. (1976). Teacher expectation: Sociopsychological dynamics. *Review of Educational Research, 46*(2), 185-212.

Brooks, D. M., & Wilson, B. J. (1978). Teacher verbal and nonverbal expression toward selected pupils. *Journal of Educational Psychology, 70*, 147-153.

Chaikin, A. L., Gillen, B., Derlega, V. J., Heinen, J. R. K., & Wilson, M. (1978). Students' reactions to teachers' physical attractiveness and nonverbal behavior: Two exploratory studies. *Psychology in the Schools, 15*(4), 588-595.

Claiborn, W. L. (1969). Expectancy effects in the classroom: A failure to replicate. *Journal of Education Psychology, 60*, 377-383.

Comadena, M. E. (1990). *Communication style and teacher effectiveness: A Comparative study of the perceptions of adult learners and traditional undergraduate students.* (ERIC ED No.324723)

Cooper, C. R., & Marguis, A. A. (1982). Peer learning in the classroom: Tracing developmental patterns and consequences of children's spontaneous interactions. In Wilkinson (Ed.), *Communicating in the classroom* (pp. 69-84). New York: Academic Press.

Cooper, H. M., & Good, T. (1983). *Pygmalion grow up: Studies in the expection communication process.* New York: Longman.

Cronbach, L. J. (1977). *Educational psychology* (3rd ed.). New York: Harcourt Brace Jovanovich.

Davis, G. L. (1974). Nonverbal behavior of the first grade teachers in different socio-economic level elementary schools. *Dissertation Abstracts International, 34,* 6352A.

Doyle, W. (1977). The uses of nonverbal behaviors: Toward an ecological model of classrooms. *Merrill-Palmer Quarterly, 23*(3), 179-192.

Driscoll, J. B. (1979). *The effects of a teacher's eye contact, gestures, and voice intonation on student retention of factual material.* Doctoral dissertation, University of Southern Mississippi, MS.

Dunkin, M. J., & Biddle, B. J. (1974). *The study of teaching.* Holt, NY: Rinehart and Winston.

Fiedler, F. F., & Garcia, J. E. (1987). *New approaches to effective leadership: Cognitive resources and organizational performance.* New York: John Wiley & Sons.

Fiske, S. T. (1993). Social cognition and social perception. *Annual Review of Psychology, 44*, 155-194.

Flanders, N. A. (1970). *Analysing teaching behavior.* Reading, MA: Addison-Wesley.

Fraser, B. J. (1986). *Classroom environment.* London: Croom Helm.

Good, T. L., & Brophy, J. E. (1994). *Looking in classroom* (6th ed.). New York: Harper-Collins.

Goodlad, J. (1983). A study of schooling: Some implications for school improvement. *Phi Delta Kappan, 64*, 465-470.

Gordon, C. W., & Adler, D. (1968). *Dimension of teacher leadership in classroom social system.* Los Angeles, CA: University of Califoria.

Grant, B. M. (1977). Analysing teacher nonverbal activity. *Theory into Practice, 16*(3), 200-207.

Haertel, E. H. (1981). *Developing a discrete ability profile model for mathematics attainment.* Denver: National Assessment of Educational Progress, Educational Commission of the States. (Final report, Grant No. NIE-G-80-0003) (Available from ERIC Document Reproduction Service, No. ED 222556)

Hall, E. T. (1966). *The hidden dimension.* New York: Doubleday.

Hall, J. A., Rosenthal, R., Archer, D., DiMatteo, M. R., & Rogers, P. L. (1977). Nonverbal skills in the classroom. *Theory Into Practice, 16*(3), 162-167.

Hansford, B. (1988). *Teachers and classroom communication.* Australia: Harcourt Brace Jovanovich Group.

Harrison, R. P., & Crouch, W. W. (1975). Nonverbal communication: Theory and research. In G. J. Hanneman & W. J. McEwen (Eds.), *Communication and behavior, reading.* Boston, MA: Addison-Wesley.

Hewstone, M. (1989). Changing stereotypes with disconfirming information. In D. Bar-

Tal, C. Graumann, A. Kruglanski & W. Sterobe (Eds.), *Stereotyping and prejudice: Changing conceptions* (pp. 207-233). New York: Springer-Verlag.

Humphrey, P. (1984) *The economy of class: Sartreist absurdity in the works of Pynchon.* Panic Button Books.

Jackson, P., & Lahaderne, H. (1967). Inequalities of teacher-pupil contact. *Psychology in Schools, 4*, 204-211.

Jackson, P. (1968). *Life in classroom.* New York: Holt, Rinehart & Winstion.

Jussim, L. (1986). Self-fulfilling prophecies: A theoretical and integrative review. *Psychological Reiew, 93*, 429-445.

Kaufman, P. (1976). The effects of nonverbal behavior on performance and attitudes in a college classroom (Doctoral dissertation, Oklahoma State University). *Dissertation Abstracts International, 37*(1-A), 235.

Kaye, M. (1986). *Nonverbal communication in college lecturing* (Unpublished doctoral dissertation). Sydney: Macquarie University.

Kearney, P. (1984). Perceptual discrepancies in teacher communication style. *Communication, 13*, 95-108.

Kearney, P., & McCroskey, J. C. (1980). Relationships among teacher communication style: Trait and state communication apprehension and teacher effectiveness. In D. Nimmo (Ed.), *Communication Yearbook 4* (pp. 533-551). New Brunswick, NJ: Transaction Books.

Knapp, M. L. (1978). *Nonverbal communication in human communication* (2nd ed.), New York: Holt, Rinehart & Winston.

Leder, G. C. (1987). Student achievement : A factor in classroom dynamics? *Exception Child, 34*(2), 133-141.

MacAulay, D. J. (1990). Classroom environment: A literature review. *Educational Psychology, 10*(3), 239-253.

Mehan, H., & Griffin, P. (1980). Socialization: The view from classroom interactions. *Sociological Inquiry, 50*(3-4), 357-392.

Mehrabian, A. (1966). Immediacy: An indicator of attitudes in linguistic communication. *Journal of Personality, 34*, 26-34.

Merton, R. K. (1957). *Social theory and social structure.* Glencoe, IL: The Free Press.

Moos, R. H. (1980). Specialized living environments for older people: A conceptual fra-mework for evaluation. *Journal of Social Issues, 36*(2), 75-93.

Norton, R. (1978). Foundation of a communicator style construct. *Human Communication Research, 4*, 99-112.

Norton, R. (1983). *Communicator style: Theory, application, and measures*. Beverly Hills, CA: Sage.

Nussbaum, J. F. (1982). Effective teaching: A communicative nonrecursive causal model. In M. Burgoon (Ed.), *Communication Yearbook 5* (pp. 737- 749). New Brunswick, NJ: Transaction.

Nussbaum, J. F., & Scott, M. D. (1979). Instructor communicator behaviors and their rela-tionship to classroom learning. In D. Nimmo (Ed.), *Communication Yearbook 3* (pp. 561-583). New Brunswick, NJ: Transaction.

Nuthall, G., & Snook, I. (1973). Contemporary models of teaching. In R. M. Travers (Ed.), *Second handbook of research on teaching: A project of the American Educational Re-search Association*. Chicago, IL: Rand McNally.

Peterson, P. L. (1979). Interaction effects of students anxiety, achievement orientation, and teacher behavior on students achievement and attitude. *Journal of Education Psychol-ogy, 69*(6), 779-792.

Potter, W. J., & Emanuel, R. (1990). Students' preferences for communication styles and their relationship achievement. *Communication Education, 39*, 234-249.

Rollman, S. A. (1976). *Nonverbal communication in the classroom: An overview*. Harris-onburg, VA: James Madison University. (ERIC Document Reproduction Service No. ED150667)

Rosenthal, R. (1995). Critiquing pygmalion: A 25-year perceptive. *Current Directions in Psychological Science, 4*, 171-172.

Sallinen-Kuparinen, A. (1987). A preoperational paradigm in instructional communica-tion: Teachers perceptions of their communicator style. In A. Sallinen-Kuparinen (Ed.), *Perspectives on instruction communication* (pp. 1-21). Publications of the De-partment of Communication 5.

Sandoval, J. (1982). Hyperactive children: 12 ways to help them in the classroom. *Aca-demic Therapy, 18,* 107-113.

Schmuck, R., & Schmuck, P. (1975). *Group processes in the classroom.* Dubuque, IA: W. C. Brown.

Schwebal, J. M., & Cherlin, D. L. (1972). Physical and social distraction in teacher-pupil relationship. *Journal of Educational Psychology, 63*, 543-550.

Shultz, J., Florio, S., & Erickson F. (1980). Where's the flore? Aspect of the cultural organization of social relationships in communication at home and at school. In P. Gilmore & A. Glatthorn (Eds.), *Ethnography and education: Children in and out of School.* Washington, DC: Center for Applied.

Smith, H. A. (1979). Nonverbal communication in teaching. *Review of Educational Research, 49,* 631-672.

Victoria, J. (1970). *An investigation of nonverbal behavior of student teachers.* University Park, PA: Pennsylvania State University. (ERIC Document Reproduction Service No. ED04272)

Walberg, H. J.(1969). Physical and psychological distance in the classroom. *The School Review, 77*(1), 64-70.

Weinberg, R. A. (1989). Intelligence and IQ. *American Psychologist, 44*, 98-104.

Weinstein, R. S. (1983). Student perceptions of schooling. *Elementary School Journal, 83* (0), 151-188.

Wilkins, W. E, & Glock, N. D. (1973). *Teacher expectations and students achievement: A replication and extension.* Ithaca, NY: Cornell University Press.

Woolfolk, A. E. (1998). *Educational psychology* (7th ed.). Needham Heights, MA: Allyn & Bacon.

Woolfolk, A. E., & Brooks, D. (1983). Nonverbal communication in teaching. *Review of Research in Education, 10*, 103-150.

Woolfolk, A. E., & Brooks, D. (1985). The influence of teachers' nonverbal behaviors on students' perceptions and performance. *Elementary School Journal, 85*, 514-528.

Woolfolk, A. E., & Galloway, C. M. (1985). Nonverbal communication and the study of teaching. *Theory Into Practice, 24*(1), 77-84.

Wright, S., & Cowen, E. L. (1982). Student perception of classroom environment and its relationship to mood, achievement, popularity and adjustment. *American Journal of Community Psychology, 10,* 687-703.

第十一章

教學評量

曾慧敏

大 綱

學 習 目 標

在讀完這一章後，讀者應能了解：
1. 教學評量的基本概念。
2. 如何編製教師自編測驗。
3. 多元評量之概念及其應用。
4. 標準化測驗的性質和使用時機。
5. 如何解釋標準化測驗分數。

　　自然科陳老師過去都以紙筆測驗做為學期考試方式，再就學生錯誤較多之處加以說明，不過發現成效不是很好；這學期除保留一小部分的紙筆測驗外，改以一個日常生活問題的解決方案為主題，請同學依需要蒐集資料的項目、資料涵蓋期間，以及如何組織所蒐集的資料，編排為一個完整的檔案卷宗。結果發現，許多平常紙筆考試成績不理想的學生，在這個作業上表現突出，可以展現他們對上課內容的充分理解，陳老師因而體認到，原來單純的紙筆考試對學習者在學習內容的理解程度，或診斷學習困難所在是相當有限的。

測驗分數左右了影響我們生命的決定。

　　　　　　　　　　　　　　　　～Goetz, Alexander, & Ash (1992: 710)

改變學生學習方式最快的途徑便是改變他們被測量的方式。

　　　　　　　　　　　　　　　　　　　　～Eggen & Kauchak (1992: 632)

第一節　教學評量的基本觀念

一、評量的意義與功能

　　凡是學生，幾乎沒有喜歡考試的，教學者也多半是在不得不的情況下施予測驗；因為考試結果對多數學生來說，經常是學習挫折的重大來源之一，學生對考試多半是負面感受，如：考試通常與生活無關、評量常是不公平的（Brown & Hirschfeld, 2008）；而教學者如要費心編製或設計一份符合標準的評量工具，更是在繁忙的教學工作外相當大的負擔。然而，就教育教學目標檢視途徑觀之，教學評量無寧是重要且必須的。評量在教育上是為了了解學生學了什麼及能做什麼，不只是老師得到這些訊息，同樣地學生也要取得

（O'Donnell, Reeve, & Smith, 2007）。

在教育評量上，對教學結果的測得及其評量，「測驗」、「測量」、「評量」三個名詞是我們經常使用的，但其所涵蓋的意義卻有所差異，就三者而言，評量範圍最大，測量次之，測驗最小。

測驗（test, testing）是指取得個體行為特質的工具或方式，受試者被要求對用來做為測量特質的題目或作業有所反應；其內容不限於一般熟知的是非、選擇題等形式，尚可包含一些行為觀察（Gronlund & Linn, 1990; Sax, 1989）。測量（measurement）是對受試者行為數量化的描述，通常透過測驗來完成，即根據某個量尺，將所欲測量的特質數量化（quantify），並據以客觀敘述個體之特質（王立行，1991；Hogan, 2007; Kaplan, 1990）。評量（assessment）是以測驗工具取得量化的資料，範圍較大，過程也較長，再根據所得資料與預定的標準進行分析與判斷，最後做出有關學習者的一些決定，有效的評量因而是一種可以描述，提升學生跨越時間並使用許多方法的教學事件（李坤崇，1999；Hricko & Howell, 2006）。

教學評量是一種推論過程，它藉由蒐集學生以測量為基礎的資料，對學習者內隱的特質或能力加以推論，如閱讀能力、解決問題能力、學科知識等。一般來說，在教學上教師之四項決定是來自評量的實施（Popham, 2003）：

　　1. 有關課程本質和目標的決定：想要教什麼，學生必須學習什麼。

　　2. 學生先備知識的了解：學生是否已具備學習新課程應有的先備知識。

　　3. 課程所需必須教學的時間：了解學生多久能精熟課程內容。

　　4. 有效教學效能的決定：知道教學成效如何。

會對教學評量的實施與結果表示關切者，學生、父母和教師是重要的三方人士，但其對評量關切所在各有不同的重點（O'Donnell et al., 2007）。

學生關心的事項為：「這個測驗會有趣嗎？我能否做得好？和別人比較，我會如何？我的成績會如何，測驗會影響我的成績嗎？會影響老師對我的看法嗎？需要多大的努力去準備？如果努力準備，一定會成功嗎？成功值得努力嗎？」

父母關心的重點有：「我的孩子考得如何？我能幫什麼忙？孩子的強弱處是什麼？和別人比較，孩子表現得如何？孩子是否展現了他的潛能？」

至於教師則關心：「哪一種評量最為適切？評量宜何時實施？這個評量如何提升學生評估自己進步的能力？我如何與學生及其父母溝通考試的結果？編製及評分測驗要花多少心力？這個評量與班上其他人的關係如何？如果評量結果真的非常差，該如何呢？學生如何學到他們必須在某方面更加努力，但又不會讓他們覺得失敗？這些訊息如何可以改善教學？」

教學評量基本上對學習者、教學者及家長等三方面各有以下不同的功能（余民寧，2002；Linn & Gronlund, 2000）：

1. 學生檢視學習過程，了解自己的解題方法、習慣，據以修正學習策略或方向。
2. 是學生重要的回饋來源，可從評量中知悉自己學習進步的情形。
3. 教師可以了解學生的起點行為、學習困難所在，可供個別輔導之參考。
4. 教師在教學過程中實施評量可以從中獲得有關訊息，例如：學生最感困難或有興趣的部分、哪些教學方法是較為有效的。
5. 評量結果做為學生家長重要的資料，協助其了解孩子學習情形或做為升學資訊等參考。

彭森明（2006）則從大型、重要的評量來看，認為學習成就評量有以下幾項功能：

1. 了解學習及教學成效現況。
2. 診斷教師教學及學生學習缺失。
3. 偵測趨勢與變化：評量除看到當次的結果外，也要能察覺到學生在學習歷程的變化情形，學習者呈現逐漸進步或日趨退步，是在哪一部分產生這些變化趨勢。
4. 檢視個別或群組差異：學習成就評量之目的，不只在個別學生狀況的了解，也有助於了解不同群組可能產生的差異，如性別、家庭、城鄉差異。
5. 提供分級、分等或分組依據：當教師有需要進行分級、分等或分組

教學時，各種評量結果可提供不同的訊息做為依據。

6. 探究與學習相關之因素：評量除了解上述各種現象外，需進一步知悉與這些現象的相關因素，以做為改進教學及學習方案的依據。

教學回饋方式大大影響學生的學習結果，在給學生的回饋方式上，理論上有從驅力理論（Drive theory）和歸因理論（Attribution theory）來看；前者重在學習者會採用成功取向（success-oriented）或逃避失敗（failure-avoidant）取向；後者在學習者面對失敗時的解釋，研究發現採取成功取向者，通常相信努力因素。鼓勵學生從評量過程和結果中能做自我反思，其方法有二：(1)允許學生參與自我評量：學生可以評量自己的學習結果，並與老師的評量結果做比較；(2)激發學生對自己的學習能清楚的闡述：老師可以在課堂中問學生二個問題——今天學到最重要的東西是什麼？今天沒有找到答案的問題是什麼（Marzano, 2006）。

但師生對評量結果回饋的期待常不一樣，學生想要知道的是如何改進在學習上的弱點，但老師卻常從不要讓學生對考試有不良感受來思考（Brown & Hirschfeld, 2008）。因此，在提供給學生有效的評量回饋時，應注意下列原則（Marzano, 2006）：

1. 教學評量的回饋應給學生，在學習目標上的進步情形有一個清楚的圖像，以及該如何改進。

2. 回饋應能鼓勵學生去改進學習，提升成就最有效的方法就是回饋，但並不是所有回饋方式同樣有效，正面的回饋並不是自動會產生的；換言之，對學習者改進學習優質有效的回饋，是需要教學者用心設計並適當使用的。

3. 教學評量的本質應是形成性評量，其可以密切追蹤學生學習的軌跡。

4. 形成性評量應是頻繁的，其是在教學過程中適時地施予測量，研究顯示較為密集的測驗能盡早發現學生學習困難之所在，以及教學可改善之處。

◆ 二、評量的種類與實施原則

評量可供教師了解學生的學習結果，依評量方式通常可分為三大類：一是以評量目的分為安置性評量、診斷性評量；二是以評量實施的時間點有形成性評量和總結性評量；三是以評量結果的解釋依據，可分為常模參照評量及效標參照評量。茲就各評量方式、測驗特性分述如下，教師可依自己的需求選擇適當的評量方式或測驗種類。

（一）安置性評量

在進行教學單元之前實施，以確定已達教學單元之起點行為和已有的基本技能，以做為分組之依據。教師自編測驗包含每項必要的起點行為，選擇能夠代表課程目標的樣本，試題較容易，難度範圍較廣，以預先決定的常模或效標參照做為分數的對照依據。

（二）診斷性評量

為了解造成學習困難的有關癥結或原因，不論是生理的、心理的或環境因素等，均可藉由標準測驗、診斷測驗或檢核表，請求諮商員、醫生、心理學家之協助。測驗內容應包含學習錯誤的樣本、和教學有關的學生身心特質，以及環境因素所涉及的行為。大部分的試題是比較簡易的，結果可和異常行為加以比較。

（三）形成性評量

在預定的課程段落結束前實施，以修正教材教法或補救措施，並可提供回饋增強學生的學習。由於是在課程進行中實施，教師可以不只實施一次，評量形式也可不只一種，教師自編成就測驗、口頭問答、報告、晤談、實作及問題研討等都可以，惟其樣本應能代表教學單元中相關的行為項目，結果之對照標準為效標參照。

（四）總結性評量

在教學單元、課程或學期末，就學生的學習成就進行評量，一般以認知行為為主，但有些科目也涉及技能、情意方面的學習結果，視課程目標而定，可以包括高層次或低層次的特徵。可以用教師自編或標準化的成就測驗，依教學目標和教材內容的相對重要性而擇定評量項目，使其有適當的比例分配。

（五）常模參照評量

常模參照評量是指，評量結果的解釋以受測團體為對照基準，通常是在評量實施後才決定的，此種模式的目的在了解個別受試者該次（項）評量成績在團體的相對位置為何。

（六）效標參照評量

效標參照評量的結果解釋，是以評量實施前便決定的某一標準為對照，其目的不在比較各受試者在受試團體的相對位置，而是在決定受試者是否通過設定的最低標準，例如：駕照考試、專業證照考試（如醫師或建築師執照考試）。

教室教學的日常評量或可簡易行之，但在設計一個完整的教學評量系統，通常包含的變項會考慮評量目的、功能、作業型態、做決定者、判斷依據、成績報告或回饋之格式、調整等（Harlen, 2007）。評量的進行要依不同的目的、情境等因素加以考慮，評量及評分主要原則有三（O'Donnell et al., 2007）：

1. 溝通：教師首先必須了解到，想在評量及評分活動中完成什麼，因此應該把這個目的寫清楚或對學生及家長說明白，溝通是使學生得到他們自己成就的關鍵，有效能的教師從與學生的溝通中，不僅達到改善教學的目的，也使學生知道教師的傾聽，評量也被視為一種包含多種資源的溝通型態。

2. 公平：評量的公平必須具備信度、效度、無偏見等三個要件，信度是評量結果的穩定性；效度是評量結果的正確性；無偏見是評量設計要避免有性別、種族、語言、體能、人格特質的歧視；同時在作業的完成上，也要讓學生知道家長能協助的部分和程度。

3. 成長：評量教育的主要目標之一是鼓勵學生成長，在認知、情緒、社會及身體方面的成長。

教學評量的實施會因為教學目標、教學科目性質、學生個別差異等因素，而有不同的方式可資運用，其實施的一般原則大致如下（呂金燮，2001；Linn & Gronlund, 2000）：

1. 應依教學目標訂定評量目的，再依評量目的決定選擇評量的方法。

2. 評量應反映學科有價值的內容，著重未來重要的必備能力。

3. 評量要有整合性的理解與聯結，並能鼓勵學生發現問題及解決問題的技巧。

4. 教師應充分了解不同評量方法的優劣和適用時機，儘量採用多元評量的方法。

5. 評量應有足夠的廣度蒐集較完整的教學訊息，呈現實際過程與成效，以便隨時修正教學。

三、教學評量的新趨勢──多元評量

隨著認知心理學主張學習者在學習過程中的主動參與度，以及自己建構知識的必要性，加上外在的環境變化、知識的有效週期快速縮短，所需能力更為多元，教育目標因此強調注重個別差異性，以及面對未來的不確定性。從過去重視知識內容的傳授，轉變為具彈性、富創意的因應能力，Gardner提出的多元智能論，除了挑戰昔日狹隘的智力觀點外，也強調個體的不同價值和學習優勢。教學評量的方式和重點，也從靜態衡鑑轉變為動態的師生互動觀點，教師在評量的觀念和技能上也受到相當的挑戰。

評量不只是一項技術性的活動，也是一種人性化的活動，因為在評量的過程中，教師對學生學習結果所下的判斷和評論，不單只是影響學生的學習興趣，更會影響學生自我概念的建立。國民中小學已開始實施九年一貫課

程，此一改革課程的內涵較往昔課程標準廣泛許多，它以七大領域、十大能力為目標，以全人教育為理想。從歷年我國國民中小學學生成績「考查」到「評量」用語的不同，即可看見對學生學習結果之評量概念的轉變，尤其是2001年頒布的「國民中小學學生成績評量準則」，強調兼顧文字描述及量化記錄的涵義，開啟了質量並重、多元方式的使用（吳毓瑩、林怡呈，2003）。評量改革實際是評量、課程及教學三位一體的整體變革（張麗麗，2004），在這樣的理念下，教學目標是以開發學生多元能力為導向，教師對學生的學習結果之評量，自然無法再以往昔單純的紙筆測驗來達成目標。

　　以往著重單一的紙筆測驗，有其形式公平、可快速得到評量結果、實施便利、經費較少等諸多優點，但它無法反映學習者在學習過程中的努力情形、學習進步的比較，以及自我反思的學習等質化的學習特徵。因此，近年來，教學評量已逐漸降低單採紙筆測驗的比例，而擴大評量的角度方式，這些改變包括：從單一行為或認知特質到多元知能、從簡單測量到連續的複雜測量、從個別評量到團體過程的評量（Hricko & Howell, 2006），使教師和學習者都能從評量的過程和結果得到更多的訊息，評量從過去只重視結果的「點」，擴大到評量歷程的「線」，進而到考量評量者、評量方式、評量情境、評量結果詮釋等多元化的「面」（陳苡宣，2005），此一新趨勢便是多元評量的崛起。

　　而多元評量基本精神的本質即是適性教育，乃採用各種不同的評量方式，將結果回饋給教師和學生，以培養學生各種能力的全面發展；換言之，多元評量指方式多元、目標多元、評量準則多元、評量時間多元、評量成績通知方式多元（周錦鐘，2002）。方式多元是指，不單用紙筆還用各種實作的方式，如軼事記錄、口語評量、檔案評量、遊戲化評量；目標多元是指，學習結果不只是認知能力的高低，還著重情意和技能的學習，同時個體的態度、學習動機、學習策略等都是教師要注意的；評量準則多元則是指，評量的標準不是唯一的，不是只看答案的對錯與否，有些作業更重視學習過程的學習態度、操作步驟、思考推理過程（簡茂發，2001）。以往的紙筆測驗只能得知學習者懂了多少，但是無法知道他能做什麼，而多元評量便是倡導要教學者從各種方向來看學習者不同面向的發展，以及學習的潛能所在，學習

者也多半表示，紙筆測驗以外的評量方式能學習到較多東西，同時也能保持較久的學習成果（Bloxham & West, 2004; Segers & Dochy, 2001）。

多元評量雖鼓勵多採用各種不同的方法，但在實施時應避免下列幾個迷思，才能正確的發揮多元評量的正向功能（李坤崇，1999；林怡呈、吳毓瑩，2008）：

1. 提倡多元評量並非廢除紙筆測驗：紙筆測驗仍有它的功能和優勢，多元評量中的紙筆測驗仍為其中之一種方式。

2. 多元評量並非只有一種評量：少數教學者誤以為檔案評量、實作評量或遊戲化評量等單一的評量即是多元評量；實際上是應採用二種或二種以上的方式，方可稱為多元評量。

3. 不宜為多元評量而多元：多元評量固可以彌補單一紙筆測驗之不足，但以「這種（評量）換那種（評量）」、「以好多種（評量）取代一種（評量）」，未必就是真正多元評量的精神，多元評量不是神話也非萬靈丹。

4. 多元評量是手段而非目的：多元評量是為能從不同的角度了解學習者的學習狀況，是一種手段，而非教學的目的；因此教師應以專業立場考量教學目標，善用最適當的方法。

第二節　教師自編成就測驗

所謂教師自編（teacher-made）成就測驗是指，教師對其教室教學結果的測量，藉此教師可得知學生的表現、學習及教學上的效率。既謂自編，即表示僅針對教室的教學內容自行編擬，非由學科專家組成，亦無須經過標準化過程，即甚少考慮到所謂信度、效度、常模等問題。雖然教師自編測驗的使用範圍較小，但對各科任教老師在了解教學情形上，卻有相當的便利性與實用性。教師自編測驗可以分為以下步驟來進行，以達成改進學習和教學的目標。

一、決定測驗目的，並列出擬評量的具體學習結果

　　測驗的分類從其實施時間而言，可分為安置性測驗、形成性或診斷性測驗、總結性測驗。教學前為了解學生需求和程度舉行的，稱為安置性測驗；教學中舉行的即是形成性或診斷性測驗；教學結束後則為總結性測驗。決定測驗目的後，應就此列出預定達成的學習結果，可用具體的行為目標方式來述寫。

二、編製雙向細目表

　　所謂雙向細目表是指，教學單元和擬評量的認知層次。教學單元是上課的教學內容，認知層次一般習慣上是以 Bloom 的知識、理解、應用、分析、綜合、評鑑等六個層次為分類。雙向細目表一般是以測驗目標以及教學內容為兩軸，分別列出每一內容在測驗目標所占的題數和百分比。對某些科目而言，雙向細目表不見得是必須，如閱讀測驗，單向細目表即可滿足其需要。

三、選擇適當的試題形式

　　教師自編測驗可使用的試題形式，可分為開放式（open-end）或非開放式（closed-end）兩大類，前者又稱為主觀式（subjective）試題，包含論文（essay）及簡答式；後者又稱為客觀式（objective）試題，包含是非題、選擇題、填充題、配對題。每種試題形式各有其優缺點，教師可視教材內容、測驗目標、考試時間、學生程度採用不同的形式。

　　主觀式試題形式主要測量學生較高層次的認知，如思考、組織、推理等，教師出題時間較少，但學生需較長的作答時間，對低年級的學生較不適合；最大的缺點是會受到評分者主觀的影響，即所謂評分者效度的問題。

　　客觀式試題一般題數較多，教師出題較為費時，但學生容易作答，評分也較省時客觀。

四、編製試題

　　教師編擬試題時，不同形式的試題有其應注意的原理原則，使其能真正

測量到教學所預定的目標。除了試題形式的考慮外，教師自編測驗也要同時注意測驗的長度與難度。測驗長度的決定會受測驗目的、測驗題類型、學生年齡、測驗時間等因素影響，但主要考慮則是分配每項教學目標所能分配的題數。至於測驗題的難度，則視測驗的性質而定，一般而言，如果是效標參照測驗，應以學習內之難度為主，最易或最難的試題不必刻意刪除；如果是常模參照測驗，則試題的難度應難易適中，使分數分布範圍加大，以利區分。

教師自編測驗仍應遵守以下的一般編製測驗原則（Goetz et al., 1992）：

1. 考教學目標中重要的題目，測量重要的事實和概念。
2. 自己編寫試題：市售測驗卷一般無法依教師實際教學內容及所強調的重點出題。
3. 使用簡明的用語。
4. 試題以概念為中心命題，避免直接抄錄課本或教材。
5. 教材前後有關聯的內容宜統合一起命題，以測量融會貫通的能力。

編寫試題完畢後，在試題之編排上亦應注意幾個原則：

1. 將測量相同學習結果的試題排在一起，即將擬測量相同的認知能力，如知識、理解、分析等分別歸類。
2. 將同類型的試題組合在一起，將是非、填充、選擇等題型，配合同類的放在一起，使每個類型之試題僅須一次作答說明，亦方便作答。
3. 試題由易而難排列：由最容易的試題開始，逐漸增加難度，可鼓舞學生作答的動機和信心，避免學生一開始受挫、失去信心，而放棄了後面可能較容易的題目，影響其真正的能力。如果是依學習結果分組，宜依學習結果的複雜度由易到難，如先知識、理解，再到綜合、評鑑；而同一類學習結果的試題亦應由易到難排列。

🔶 五、各類試題之編製及適用時機

（一）是非題

　　是非題是以一陳述句讓學生判斷其為真或假的形式，即每一試題只有兩種可能的反應。由於此種作答方式是要學生判斷真假，故每一敘述須絕對正確或錯誤。因此對編題者而言，試題的敘述便要經過修飾，以確保其絕對為對或錯，反而突顯了試題的猜測線索。但由於容易編製、易於評分，仍常為教師所使用。

1. 優缺點

　　優點是：

(1) 編製容易，適用於各種教材。

(2) 計分客觀且取樣廣泛。

(3) 適用於年幼或閱讀能力有限的學生。

(4) 適合測量辨認因果關係的能力。

　　缺點是：

(1) 僅能測量知識層次中最基本的學習結果。

(2) 猜測機率很大。

(3) 在許多情況下，是非題的對錯不是絕對的，常須視情況而定。

2. 題型

　　常見的是非題類型有：(1)對錯題型；(2)叢集題型；(3)改正題型；(4)因果題型四種。

(1) 對錯題型（true-false variety）：此種題型是最常用的是非題，它呈現一個對或錯的敘述句，由學生回答。

　　例題：（　　）台灣最高的山是玉山。

(2) 叢集題型（cluster variety）：此種類型是呈現一個不完全的敘述句，其後有若干個對或錯的答案敘述句。

例題：患有色盲症者

（　）分不清黑色、白色。

（　）分不清紅色、綠色。

（　）分不清明、暗。

(3) 改正題型（correction variety）：在改正題型的試題中，要求學生對錯誤的敘述（可能是一個字或詞句）加以改正。為了避免困擾，通常在所強調的「對」或「錯」的敘述之後畫線表示。

例題：（　）辛亥革命發生於光緒年間。＿＿＿＿＿＿＿

(4) 因果題型（cause and effect items）：此種是非題旨在測量辨認因果關係的能力。

例題：（　）葉子是樹的主要部分，因為它們可以進行光合作用。

3. 編製原則

(1) 每一題只能包含一個重要的概念，避免同時出現兩個以上的概念。

(2) 題目敘述對或錯必須非常明顯，且應不會引起爭論。

(3) 儘量避免否定敘述，尤其是雙重否定。

例如：不佳試題：沒有一個人是可以不需要水、空氣和陽光。

改正試題：每個人都需要水、空氣和陽光。

(4) 對錯的比率應相當，且依隨機方式排列。

（二）配合題

配合題是改良式的選擇題，乃是將一連串的題幹（stem）列成一行，將作為答案的選項（alternative）列在另一行。做為選項的應是對應題幹的「似真選項」才具有誘答力，否則便不適合採用配合題。

1. 優缺點

優點是：

(1) 可在極短時間內測量大量相關聯的事實資料。

(2) 編製容易。

缺點是：

(1) 僅能測量機械記憶的事實資料，且易提供額外的線索。

(2) 很難找到一些符合教育目標和學習結果的同質材料。

2. 編製原則

(1) 每一題的題幹和選項，其性質必須相近（具有同質性），才能使選項成為每一題幹的似真選項，例如：「作者」和「作品」、「歷史事件」和「發生時間、地點」。

(2) 各題幹與選項應儘量簡短，題幹條列在左方，選項則條列在題幹右方。選項的數目要多於題幹，而且不限制每個選項被選的次數。題幹與選項的數目不等，而且每個選項被選擇的次數不予限制，可降低猜對的機率。

(3) 作答的方法必須予以明確的規定和說明：必須說明如何做題幹與選項之配合，並說明每個選項可以被選的次數，才能避免因誤解而影響測驗的信度。

(4) 選項依邏輯順序排列：為減少學生困擾和作答所需時間，選項應依邏輯順序排列，如按字母、年代、大小等順序排列。

(5) 仔細思考哪些材料應置於題幹哪一行，或置於選項哪一行。對於具有「一對一」關係的教材，例如：國家－首都，把何者列為題幹或選項並無差異；但在「多對一」的題目時，則一般是將「多」的列為「題幹」，而將「唯一的對應」列為「選項」。

(6) 將題幹列在左邊，並冠上數字符號；「選項」列在右邊並冠上英文字母或甲、乙、丙。習慣上題幹數目以數字表示，選項則以其他字母或符號表示。

(7) 同組材料的題幹與選項盡可能印在同一頁上，以免造成作答困擾。

(8) 配對數目以不超過 10 項為原則：配對數目太多，材料不易達到同質性的要求，容易在試題中出現答案線索。

（三）選擇題

選擇題是以一個題幹，配合若干選項，一般以 3 至 5 個為最常見，正確答案以外的選項稱為誘答項（distracters），誘答項的主要目的在迷惑無法確定正確答案的學生。由於選擇題猜測機率較是非題、配合題低，又較問答式的試題容易閱卷，且所能測量的認知層次也比是非題、配合題、填充題為多，是目前被採用最多的測驗形式。

1. 優缺點

優點是：

(1) 題意比是非題或填充題清楚明確。

(2) 受猜測因素影響較小，信度比是非題高。

(3) 可藉由調整選項，改變試題的難度。

(4) 若選項均經精心設計，教師可以從選擇的答案得知學生學習的錯誤所在。

(5) 可避免作答反應的心向。亦即學生不知答案時，較不易傾向於喜愛某一特定的選目。

(6) 可以測量較多層次的學習結果。

選擇題雖然有上述的優點，但在使用上仍有其限制，其缺點是：

(1) 選擇題的命題比較困難，尤其是編寫具有誘答力之選項更是不容易。

(2) 不熟悉命題技巧者，容易使題目只測量知識的記憶。

(3) 很難測量較高的認知層次能力。

(4) 測量的能力僅限於文字的層次，故學生對原理原則可能了解，但未必會實際操作。因此數學和自然科學方面的解決問題技能，比較不適合採用選擇題命題。

2. 題型

選擇題的種類繁多，最常使用的種類有：(1)單一正確答案題型（one correct answer variety）；(2)最佳答案題型（best answer variety）；(3)多重答案題型（multiple-response variety）；(4)類推題型（analogy variety）；(5)組

合反應題型（combined response variety）；(6)否定題型（negative variety）。

(1) 單一正確答案題型：這是最簡單的一種選擇題，學生要從幾個配對的答案中選出一個正確的答案。

(2) 最佳答案題型：在最佳答案的選擇題中，沒有完全正確或錯誤的答案，只是從中選擇一個最適當或最佳的答案。此種試題比單一正確答案題型困難，它可用於測量理解、應用和解釋資料的學習能力。

(3) 多重答案題型：此種選擇題的主要特徵是不只一個正確答案。其優點為可減少猜測因素的影響，缺點是增加學生的焦慮，而影響真正能力的表現。

(4) 類推題型：這種選擇題是要學生依據題目中前兩項的關係，推論後兩項的關係。命題時通常是省略第四項，而從答案中選擇出來。

例題：用「車水馬龍」來比喻「門庭若市」，猶如用「三三兩兩」來比喻

①三心二意；②門可羅雀；③乏善可陳；④三思再行

(5) 組合反應題型：此種試題在內容上具有多重答案題的優點，在作答方面則採用單一答案選擇式，可避免學生作答的困擾。此類型又可稱為單一多重選擇題。

例題：下列戰爭事件依發生時間先後之順序應是：

（甲）辛亥革命（乙）中法戰爭（丙）八國聯軍（丁）甲午戰爭

①乙甲丙丁；②乙丁丙甲；③丙乙丁甲；④乙丙丁甲

(6) 否定題型：編擬選擇題時最大的困難之一，是提供有誘答力的選項。在某些情況下，設計3個或4個正確的答案，比設計適當的誘答選項更為容易，此時，就可以使用否定題型。不過，在非常必要時才使用此種題型，而且，必須提醒學生注意選擇不正確的答案。

3. 編製原則

(1) 每個題目應能測量一個重要的學習結果：每個試題必須與學習目標有直接關聯，而且是較重要的學習結果，儘量避免不重要的細節或無關的資料。

(2) 試題的題幹應僅是一個明確的問題,題幹所陳述的問題必須非常清楚,使學生可不必閱讀選項即可了解題意。判斷選擇題幹是否明確完整的方法,就是把選項蓋起來,看看在沒有選項的情況下,題幹本身的意義是否完整。

(3) 將各選項共同的用字放在題幹中:盡可能將選項中共同的字句移至題幹上,以避免重複的文字,這樣一來可以使題意清楚,並減少學生閱讀的時間。

(4) 題幹避免採用否定句,如果因需要而在題幹中採用反面敘述時,則要特別強調反面字。

(5) 避免可以從試題中找到答案的線索:一般選擇題中最常見的線索是試題中字詞的不當使用,造成二個題目互為答案。

(6) 不固定正確答案之長度及位置,以排除猜測的線索:為使正確答案不致於含混不清,編題時常有一個共同的傾向,即把正確答案寫得比其他選項長,結果對精於猜測之學生提供猜答的有用線索。同時正確答案出現在各選項的次數應大致相等,且其配置順序不能有明顯之組型。

(7) 避免使用「以上皆是」或「以上皆非」的選項:使用「以上皆是」會使學生只要了解到此題之部分知識即可正確回答。其原因有三:①只要知道有 2 個選項是正確的話,他就會選擇「以上皆是」這個選項;②學生只要發現有一個選項是錯誤的,則馬上就可排除「以上皆是」這個選項,因此提高其猜對的機會;③很多學生只要看到第一個答案是正的,他就馬上選答,而不再閱讀其餘的選項,如此,自然會降低測驗之信度。「以上皆非」的情形亦同。

(8) 題幹宜力求完整,避免被選項分成兩部分:

例如:不佳試題:在消化過程中,

①十二指腸;②胃;③大腸;④小腸　是食物最後到達的部位

修正試題:消化過程中食物最後到達的部位是

①十二指腸;②胃;③大腸;④小腸

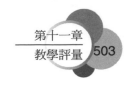

(9) 選項數據不宜有重疊的現象：

例如：不佳試題：最適合蘭花成長的溫度為：

①低於 20℃；②低於 25℃；③超過 20℃；④超過 25℃

修正試題：最適合蘭花成長的溫度為：

①低於 20℃；②超過 30℃；③在 20～25℃；

④在 26～30℃

不佳試題的選擇只有②和③兩個答案，因為如果①是對的，②也須是對的；如果④是對的，③也是對的。因此，實際上只有兩個選項而已。修正後的試題，其選目就沒有重疊現象存在。

（四）填充題

前述是非題、配合題、選擇題在測驗上是屬於「再認法」（recognition），受試者是根據試題呈現的問題與答案，加以辨識哪些刺激項目是正確的即可，而填充題或問答題則屬於「再生法」（回憶法，recall），受試者必須自己提供正確答案，試題難度較高。填充題是簡答的形式之一。

1. 優缺點

優點是：

(1) 容易編製：將受試要填答的位置空出來即可，通常都是用來測量記憶性的資料。

(2) 不受猜測的影響，這種試題形式學生須自己填上答案，所以受猜測成分之影響很小。

缺點是：

(1) 無法用以測量複雜的學習結果，通常僅能測量事實知識，較難測量高層次的能力。

(2) 評分不夠客觀：除非問題的敘述非常清楚，否則可能會有多個不同的正確或部分正確的答案，而影響評分的客觀性。另外，錯別字是否給分的問題仍然無法避免。如果錯字僅給部分分數，則其實得

分數即無法代表所獲得知識的多寡；但如果全部給分，則教師又不易辨別是錯別字或者尚未具備足夠的知識。

2. 編製原則

(1) 一個試題只能有一個答案，且這個答案須簡短而具體。

(2) 要求受試者填寫的空格應該是重要概念，而非無關或零碎的知識或學問。儘量避免要求學生填答問題中不重要的部分或瑣碎的細節，也就是要求學生填答的部分必須都是「關鍵字詞」。

　　例如：不佳試題：電燈是愛迪生_____。

　　　　　修正試題：電燈是_____發明的。

(3) 儘量將空格留在句子的末端。

　　例如：不佳試題：廣東省的_____是以生產錳聞名。

　　　　　修正試題：廣東省以生產錳聞名的是_____。

(4) 答案是數字時，應指出所要求之精確程度和單位名稱：指出所要求之精確程度（如至小數點後第二位）及單位名稱，可使學生在作答時有所遵循，而且計分亦較簡便。

　　例如：不佳試題：每邊長 4 公尺的立方體，其體積是_____。

　　　　　修正試題：每邊長 4 公尺的立方體，其體積是_____立方公尺。

(5) 空格不可太多，以免題意不清：在一個句子當中，如果要填答的空格太多，容易喪失題意的完整性，學生就必須猜測教師所要求填答的到底是什麼。

（五）解釋式試題

解釋式試題是依據所給的圖表、統計資料、符號等各種文字或非文字資料來編製及回答。此種命題方式比前列各種單一客觀式試題，更能測量出學生解決問題、理解等較高層次的認知能力，且一筆資料可同時編製多種不同的試題，能達到多重測量功能，近年來有逐漸增多使用的趨勢。

1. 優缺點

優點是：

(1) 解釋資料是一項重要的能力，是未來依賴圖書館、參考資料的技能，益形迫切。

(2) 解釋式試題比單一的客觀試題更能測量複雜的學習效果，如理解、解釋、分析及評鑑等能力。

(3) 解釋式題目可減少無關知識對測量複雜學習結果的影響。

(4) 可以採用各種不同的題型組合。

缺點是：

(1) 不易編題：所選資料要能符合教學目標，找到的資料仍須根據測量或教學目標修改，十分費時。

(2) 此種試題需要閱讀能力：閱讀上有困難的受試者或年幼的兒童，均不適合採用此種試題。

2. 題型

解釋式題目的類型繁多，一般常用且具有實用價值者，有閱讀式、地圖式、情境式、實驗式、圖表式等類型，茲說明如下：

(1) 閱讀式：選擇有趣的文章，但須符合學生的程度；文章宜簡短而包含若干不同的觀念。最常用在國文或其他語文科的閱讀測驗，一般是一段文章之後隨附幾個問題。

(2) 地圖式：根據地圖編擬試題，可以測量學生閱讀地圖和理解地圖的能力，這是學習中很重要的一種學習技能。這種方式是要學生由所給的地圖中回答問題，如等溫線、河流方向、等雨線等。

(3) 情境式：將所學到的一些概念用一種實際情境加以敘述，藉以測量學生對情境中的事物、行為或現象的了解，以及能否以所學概念解決情境中的問題。

(4) 實驗式：為測量學生了解實驗的裝置、方法、過程及實驗結果的解釋，可以依據實驗的情境編擬一系列的試題測量之。適用於物理、化學、自然等科目。

(5) 圖表式：依據各種圖表或統計表編擬一系列的題目，以測量學生解釋資料的能力，包括：確認結論的正確性、資料間的關係、資料的應用，以及評鑑假設和推論的合理性。對於這種方式，一般學生開始時可能因不容易讀或看懂圖表或統計表資料的意義而無法作答，但現代知識和訊息發展以這種方式呈現的比例已日趨普遍，因此如何讓學生懂得閱讀此類資料是很重要的。

3. 編製原則

編製解釋式試題的原則，一般來說有下列幾項：

(1) 介紹的資料儘量簡短，只要回答問題所需資料即可：為了減少閱讀技巧對測量複雜學習結果的影響，介紹的資料宜盡可能簡短。一般而言，年幼的兒童與閱讀有困難的兒童以圖畫材料為佳，而較高年級的學生則可選擇文字材料或圖畫材料，或兩者並用。

(2) 試題的題數應與資料的長度成比例：尋找與修改介紹的資料相當費時，學生閱讀及作答也同樣費時。如果其他條件相同，介紹的資料應儘量簡短而編擬試題應夠多。

(3) 所用資料必須符合學生的學習經驗和閱讀水準：圖表和統計表的資料雖有統合功能，也能測量較高層次的認知能力，但一般而言，這類試題必須在學生讀懂所給資料代表的意義才能作答，故學生的學習經驗和閱讀能力應是教師決定選用資料的重要考慮。

（六）問答題（論文式）的編製

論文試題是由受試者根據問題自由作答，依學生在回答上受限制的程度，一般分為限制反應式問題（restricted-response question）及擴展反應式問題（extended-response question），前者對問題通常已清楚界定教材範圍，答案的形式也多予以指定；後者則不限制其反應形式與範圍，可由此評量學生綜合評鑑等較高層次之認知能力。

1. 優缺點

優點是：

(1) 可測量其他方式無法測量到的複雜之學習結果。

(2) 可增進學生思考的統整和應用的能力。

(3) 對學生學習習慣和方式有積極的影響。

(4) 編製較省時。

缺點是：

(1) 因題數較少，試題取樣無法代表和涵蓋學科的全部內容，故效度較低。

(2) 評分易受許多無關因素影響：如學生字跡、文筆、評閱者的身心情緒、月暈效果等。

(3) 作答及閱卷費時。

2. 編製原則

(1) 當客觀試題無法滿足測量複雜之學習結果時可配合使用。

(2) 問題應儘量涵蓋較大範圍，避免猜題。

(3) 清楚界定問題及受試者所要回答的內容。

(4) 避免讓受試者選題作答。

(5) 宜有充分的作答時間。

3. 評分原則

(1) 根據預期的學習結果預擬一份評分要點，以保持前後一致的評分標準。

(2) 以「分數記分法」（point method）評閱「限制反應式」試題答案；以「等級評定」（rating method）評閱「擴展反應式」試題答案。

(3) 分題評閱：同一題所有答案都評閱完後才評閱下一題，可避免受前一作答結果之好壞影響後一題的評分。

(4) 評閱前宜事先將學生姓名遮住，以免教師受學生平常的表現影響其評分的客觀性。

(5) 如可能的話，每一題宜由二人以上來評閱。

(6) 除語文科目外，文法或寫作格式不應影響成績，如果文法或寫作格式列入評分範圍，應另予說明並決定其所占的分數。

(7) 正式評分前先閱覽足數之抽樣試卷，並讀過答案，以確定是否須修訂事先擬定之評分標準。

◆ 六、試題分析

標準化測驗係由學科及測驗專家共同編製，在可供廣泛使用前一般均已經過標準化的程度，也都有相當的信度、效度、常模等資料。教師自編測驗則因受限於經驗、時間、經費等諸多因素，較少於測驗實施後分析所編測驗的良窳。因此當教師發現學生的測驗結果出乎意料之外的好或壞時，不盡然全都是因為學生的能力或教學效率高低的問題，有些時候僅是因為自編測驗的設計不佳，因此無法反映學生真正的能力水準或教師教學的實際情形。如果教師在測驗後進行簡單的試題分析，則更能有信心具體地說明學生能力水準及其教學效率。限於時間及其他因素，對教師而言，自編測驗能得知其試題難易度和鑑別度應是足夠的。

試題分析對教師而言，具有以下幾項功能：

1. 確定是否達到教學目標。
2. 可診斷學生學習困難的問題所在。
3. 可回饋教師，做為改進課程及補救教學之根據。
4. 可做為修改試題之依據，協助教師提高編題技術。

（一）難易度（P）

試題難易度是指答對該題的百分比，其計算方式有二種：

1. 百分比法

(1) 以全體人數為對象：

$$P=\frac{R}{N}$$

R 為答對人數，N 為全體人數。

(2) 高低分組平均比：

$$P=\frac{PH+PL}{2}$$

PH：高分組答對的百分比。

PL：低分組答對的百分比。

高分組：將全體受試者之成績依高至低排列，取最前之 27 至 33% 者，即為高分組。

低分組：將全體受試者之成績依高至低排列，取最後之 27 至 33% 者，即為低分組。

第二種方法因只取全體受試者 54 至 66% 為計算樣本，故其正確度不若第一種方法，但其取高、低分組便於計算鑑別度，故仍廣為採用。

2. 等距量尺法

假定試題所測量的特質是常態分配，試題的難度可參照常態分配表，以相等單位的等距量尺來表示。其計算公式為：

$$\triangle = 13 + 4z$$

△值是在 1～25 之間，平均值是 13，題目愈難，△愈大，反之愈小。

（二）鑑別度（D）

鑑別度是指，試題可以區別高分組與低分組的程度，其計算公式為：

$$D = PH - PL$$

（三）項目分析

項目分析可以協助教師在評估改進測驗時，有具體明確之根據，即可依每一選項高低分組選答的情形來判斷該選項的有效程度，一般基本的原則是，不正確的選項至少有一個低分組的人選答，而且低分組選答的人數應比高分組的人數多。茲以表 11-1 說明項目分析的方法。

表 11-1　項目分析的方法

組別	選項				p	d
	A	B	C	D*		
高分組	5	4	8	10	.22	.12
低分組	3	6	10	4		

註：D 為正確答案。

　　在本題中正確答案為 D，p 值為 .22。不正確選項中，A 的高分組選答人數多於低分組，因此是無效選項，B、C 則是低分組選答人數多於高分組人數，故視為有效選項。如果高低分組人數相同時，則該一選項不論是否為正確答案，也視為無效選項。

　　如何根據試題分析選擇試題：

1. 就 p 值而言：一般認為在 .50 左右最理想，此時測驗分數的變異數可以達到最大。在選擇試題時，p 值的考慮為：(1)p 在 .50 最佳，一般在 .40～.70 均可接受；(2)先選出鑑別度較高的試題，再從中選出 p 值適當的題目；(3)每個不正確的選項均至少有一個低分組的人選答，且低分組的人數應多於高分組的人數；(4)不能只以試題分析統計值（p、d 值）為依據，必須要同時考慮教學目標和教材內容。

2. 就 d 值而言：Ebel（1972）認為試題鑑別度指標，d 值在 .40 以上是非常具有鑑別力之試題；.30～.39 表示優良但可能需要修改；.20～.29 尚可，但通常需要修改；.19 以下，表示為不佳試題，應予淘汰。如為負值則表示，高分組選答正確答案人數比低分組來得少，該題應宜刪除。

　　對試題分析結果的解釋應有如下認知，方不致誤解：

1. 鑑別度指數不一定就是題目效度。

2. 鑑別度指數低未必是試題不好，因為當題目太難或太易，或題目在性質上和總分有關係時，均會影響到鑑別度。

3. 試題分析是假設性的資料，在最後的分析中，題目的價值須以邏輯為依據，而非以統計資料為唯一的考慮。

第三節　標準化測驗

　　與教師在教室教學中，所使用的自編測驗相對的是標準化測驗（standar-
dized test）。所謂標準化測驗是指，對一大群有代表性樣本施予測驗，此一
測驗分數可用來與其母群做比較（Gage & Berliner, 1988）。標準化測驗試題
的編輯施測、計分在所有的實施過程中，都是標準化或一致的（Goetz et al.,
1992），使用的時機一般是為甄選，或欲得知個體的性向、潛能。學生在相
同的情況下接受施測及評分，個別的測驗分數與常模團體比較，常用來評量
學生的了解程度及對未來工作的性向（Eggen & Kauchak, 1992）。Kaplan
（1990）認為，標準化測驗是指包含特定題目，並依明確標準化指導說明施
測的測量工具。標準化測驗除上述各種意義外，基本上應包含常模、信度、
效度、計分方式（標準分數）、施測程序等幾項最基本訊息，供使用者參考。

一、常模

　　常模（norm）是用來做為解釋測驗分數的參照標準，具有幾項特性（郭
生玉，2004；黃安邦譯，1991）：

1. 是一群具有代表性樣本的受試者在某一測驗所得分數的統計資料。
2. 是解釋分數的依據、特定參照團體在測驗上的平均數，它不是標
   準，也不是事先決定的標準，而是根據標準化樣本在某一測驗的實
   際表現而建立的，是受試者典型的表現或常態的表現，故不可將它
   看成是學生應該達到的目標或標準。
3. 代表標準化樣本的測驗表現，完全來自實徵研究，根據一群具有代
   表性的團體在測驗中的實際得分所建立。

　　在測驗上，孤立的分數並不能讓使用者明白其所代表的意義，通常我們
會將原始分數換算成衍生分數（derived score）。常模的種類如下：

1. 發展性常模（developmental norm）：根據個人所獲得的發展水準，據此表示分數，適於說明個人在正常發展歷程中的成熟水準，對臨床研究很有價值，但較粗糙，不易做正確的統計處理，一般常用的有年齡常模和年級常模。

2. 團體內常模（within-group norm）：根據個人在特殊團體中的相對位置以確定分數的高低程度，此類常模有一致且清楚的數量意義，一般常用的有百分等級和各類標準分數。

不同常模的特性，可由表 11-2 得知。

表 11-2　不同常模的特性

常模類別	衍生分數	測驗分數意義	特性
1. 年齡常模	年齡等值	以個體發展年齡團體為對象，受試者之原始分數為平均分數。	適用於隨年齡發展的特性，簡明，但心理與教育特徵的生長各年齡階段不一致，故缺乏一致的單位，要取得各年齡組的真正代表性樣本相當困難。
2. 年級常模	年級等值	年級團體，受試者原始分數為平均數。	簡單易懂，但量表各部分或不同測驗單位不等，且兩種分數涵義不明，比較不同學科作業困難。
3. 百分位數常模	百分等級	在參照團體中，低於受試者原始分數的人數百分比。	簡明易懂，但只能指出其在常態樣本中的相對位置，不能指出二個百分位數之間的差距。由單位大小不一，尤其是靠近分配兩端的不等性愈為明顯。
4. 標準分數常模	標準分數	以標準差為單位，說明受試者原始分數高於或低於參照團體。	分數有精確的統計意義，亦可做各種數值運算，但過程複雜，較不易為大多數人明瞭、接受。

資料來源：改編自路君約（1989：57）

◆ 二、信度

信度（Reliabilty）是指，一個測驗於不同時間，或使用類似測驗題目

（複本試題）在不同測試狀況下，重複對同一受試者施測所得分數的一致性；即在相同條件下重複運用，產生相似結果的程度。簡言之，就是測驗結果的一致性和穩定性。另從測量誤差來說，信度則是指測驗分數反映真實量數的程度或沒有誤差的程度（郭生玉，2004；黃安邦譯，1991）。信度所代表的特性有四（余民寧，1997）：

1. 信度是指測驗結果而非指測驗的本身。
2. 信度是特殊：測驗分數的可信程度是指某一特定類型的一致性，而非普遍性，即會因時間、試題樣本、評分者等不同，而有不同的信度。易言之，它是情境依賴和樣本依賴，某一特殊個案需要哪種信度類型的一致性，取決於結果的運用。
3. 信度是效度的一個必須但非充分的條件：信度低的測驗固然無法提供效度訊息，但高信度的測驗亦不必然具有高效度。
4. 信度基本上是一個統計量數：效度可以依邏輯分析推論，但信度值必須經過統計過程才能產生。

信度的種類如下：

（一）重測信度

重測信度（test-retest reliability）是指，以相同的測驗在二次不同的時間內，所得測驗分數的一致性，亦稱再測信度或穩定係數（coefficient of stability），指二次分數的穩定性。此種方式常用來求得信度，因為施測方便，只要將前後二次測驗分數求相關係數即可，但也有其限制：

1. 重測信度只能反映時間的穩定性，無法反映測驗內容的變動。
2. 試題內容相同，易受受試者記憶與練習的影響。
3. 兩次測驗難有相同的測驗情境。

討論重測信度，兩次測驗的間隔時間要列為重要因素，一般以一至二星期為宜，但仍應視測驗的種類、用途及受試者的年齡等因素決定，通常是：(1)年齡小因其成長速度較成人快，故間隔時間宜短；(2)人格、技能測驗較不受時間影響；(3)認知測驗受時間影響較大。

（二）複本信度

　　複本信度（alternative-form test）是指，以相似的測驗題本對同一受試群體，在同一時間或不同時間施測。複本是指兩份測驗在內容、形式、題數、難度、作答時間、指導說明等相雷同。複本信度可讓施測者將個人在測驗上的得分推論到其他相似複本。在實施的時間上，二份測驗可以相同，也可以隔一段時間再實施，前者又稱為等值係數，後者則稱為穩定等值係數。等值係數只能反映測驗內容的誤差程度，但無法反映受試者本身的狀況或時間的因素；穩定等值係數則可同時反映內容與時間造成的影響，是估計信度的最佳方法。唯此種方法的成本較高，因為編製複本測驗是一件耗時又費力的事，同時如果是分兩次施測，仍難以避免受試者練習或記憶因素的影響。

（三）內部一致性

　　前述二類信度均須以施測二次或二種測驗內容才能取得數據，以求其相關。對大多數施測者而言，有時並不容易取得這類數據，如在一次測驗中便能估計信度值是相當方便的，內部一致性便具有此一優點。分述如下：

1. 折半法（split-half method）：折半法的估計理論和等值複本信度相同，只是試題長度減少一半。所謂折半是將測驗分為兩半，求此兩半測驗數的相關。折半法可採奇偶擇半（將奇數題與偶數題各分為二個測驗）或隨機折半，唯因測驗長度僅有原來的一半，因此一般必須再使用斯布公式（spearman-brown formula）加以校正。其校正公式為：

$$r_{xx}=\frac{2r}{1+r}$$

r_{xx}：全測驗的信度估計；r：半測驗的信度係數。

例如：有一語文測驗的兩半其相關為 .80，則全測驗的信度推估為：

$$r_{xx}=\frac{2\times.80}{1+.80}=.89$$

折半法的計算簡單，只須施測一次，但使用的斯布公式前提是兩半測驗的變異數要相等，否則會高估全測驗的信度。在使用折半法時

須注意經折半後的兩個測驗，在內容和形式上必須相同，且不適用
於速度測驗。

2. 庫李信度：庫李信度的求法是建立在變異量數分析之上，適用於答
對得分、答錯不得分的二分（dichotomous）式計分法，一般有庫李
20（KR20）和庫李21（KR21）兩種。

3. α係數：因 KR20、KR21 只適用於二分法之計分，Cronbach（1951）
遂將KR20修改為係數，使其能用在評定量表的計分（如五等量表、
七等量表）。

4. 評分者信度：是指不同評分者在測驗過程中觀察、記錄、評分各方
面相互間的一致性，其誤差的來源主要是評分者的主觀性。計算評
分者信度的方法有相關法和同意百分法，前者是就兩位評分者所評
的兩群分數計算相關係數；後者則是將評分者對試題所評分數每一
題做比較，看兩人評閱完全相同的占全部試題的百分比有多高。這
二種方法計算的結果會有相當的差異，使用者應依測驗性質和目的
選擇適當的方法（葛樹人，1987）。亦有將其分為評分者間（inter-
rater）和評分者內（intra-rater）信度，以相關係數、和諧係數或同
質性信度係數來表示（余民寧，1997）。

5. 測量標準誤：表示測驗信度的方法除前述信度係數外，測量標準誤
也可以用來衡量，尤其是用它來解釋個別分數，因為它與團體的變
異性無關，因此不論是在同質性或異質性團體中都不會改變。換言
之，信度係數適合用來比較不同測驗的信度，測量標準誤則適合用
來解釋個別的分數（葛樹人，1987）。

三、效度

效度（Validity）是指，測驗結果能否反映出我們所要測量特質的程度，
例如：一個小學低年級基本算術能力的測驗，是否能由其測驗結果推論所得
分數即代表該學生的某一水準，或因該測驗在編製時陳述用詞超過低年級所
能理解，致使算術測驗變成語文能力測驗。效度一詞與信度一樣，可以從不
同的角度來探討，即一個測驗可以有好幾種效度值，每個效度代表不同的意

義。一般而言，它具有下列幾項特性：

1. 效度無法直接測量，須從其他資料推論。
2. 效度是指測驗或評量工具的結果，而非工具本身。
3. 效度是程度問題，而非全有或全無的特質。
4. 效度不是一種概括、普遍的特質，而是特殊的，因其須考量使用目的和情境。

一般在教育與心理測量中，最常用來表示測驗工具的效度，可以分為內容效度、效標關聯效度及建構效度三種，每種各有其立論依據。

（一）內容效度

內容效度（content validity）又稱邏輯效度或專家效度，它的方法是由學科專家就測驗內容做檢查，判斷其是否已包含該項待測特質重要的取樣，以及取樣是否適當，因此一般多適用於成就測驗，尤其是效標參照測驗。內容效度係測驗內容或題目的取樣能否代表所要評量學科或特質的重要內容或項目；理論上，無論測驗內容多廣，試題多好，都不可能完全代表全部行為樣本（Ornum, Dunlap, & Shore, 2008）。內容效度也適用於職業測驗上，特別是當實際工作與測驗上的試題相同時，但不適合用於人格測驗和性向測驗。

（二）效標關聯效度

效標關聯效度（criterion-related validity）是以測驗分數和效標間的關係來表示其高低。在此處的效標是指，測驗所要測量或預測的行為特質。從效標分數的取得來區分效標關聯效度可分為同時效度和預測效度，前者是指效標分數和測驗分數約同時取得，其目的是在以測驗分數估計受試者在效標上目前的實際表現；預估效度則是指，效標分數和測驗分數在不同時間取得，其目的在以測驗分數預估受試者在效標上未來的表現，一般是先做測驗再做效標測驗。決定效標時應考量它的適切性、可靠性、客觀性和可用性。

（三）建構效度

建構是心理學上一種理論的構成或特質，如智力、性向、人格等，建構

效度（contruct validity）即表示測驗分數能夠測量到理論構念或特質的程度。基本上，建構效度是採用假設一實驗的科學原則，即先建立理論架構，根據理論架構推演有關的假設、驗證假設，淘汰與理論相反的試題或修改理論。和其他效度一樣，判斷建構效度的高低也不是單一的，必須從各種不同角度累積資料再予最後定論。

蒐集及檢定建構效度的步驟，約略言之有以下幾種（Gronlund, 1982）：

1. 先依建構理論發展及設計試題。
2. 提出檢驗建構與有關變項間的假設或預測，此一假設或預測為測驗結果比較之基礎。
3. 蒐集測驗之實證資料，以檢驗依建構理論編製之試題是否適切。
4. 求測驗分數與其他測驗分數之相關：我們會期望所編製之測驗應與其性質接近的其他測驗之相關很高，而與其異質性的其他測驗之相關很低，例如：一個國小行為適應量表，就與其他人格測驗相關很高，而與如學業性向測驗、美術能力測驗之相關很低；Campbell 和 Fiske（1959）將前者稱為輻合效度（convergent validity），後者稱為區分效度（discriminant validity）。
5. 因素分析法：經由因素分析後，可以得知有幾個相關的因素可用來解釋測驗分數之間的關係，此目的是將測驗所涵蓋的變數能減少到最低限度，以期簡化用來描述行為的類型。
6. 內部一致性：內部一致性證據的取得對人格測驗尤其需要，此係以測驗分數本身求取效度，本質上屬同質性量表，以明瞭該測驗取樣的領域或特質為何。但此種效度一般而言貢獻較少，因為即使能提出強烈證據說明該測驗內容的一致性，但仍然無法說明這個一致性的特質到底是什麼。

◆ 四、如何選擇及使用標準化測驗

一般而言，一個良好的標準化測驗應該包含：常模、樣本、試題編製、信度、效度、計分、施測（或指導手冊）等重要的基本資料，以做為使用者選用的參考。Wiersme 和 Jurs（1990）認為，評量標準化測驗的標準可分為

四大類：(1)是試題編製和評量的技術性標準，包含信度、效度、常模、手冊等；(2)是測驗用的專業標準，這部分是用於日漸增多的臨床測驗、學校、雇用、諮商等；(3)是特殊應用的標準，如少數民族的語言、殘障情形等；(4)是施測過程的標準，如實施、計分、結果報告等。

　　Gage 和 Berliner（1988）則提出十二項問題，以做為選擇標準化測驗的考慮，分別是：

1. 擬測量的行為是否適度描述？一般來說，常模參照測驗比效標參照測驗提供更多有關其所測量的特質，以及選題過程的陳述。
2. 每一被測量的行為有多少試題？
3. 這個測驗對受試者是否有效用？必須考慮所測驗的內容與所教的符合程度，可從內容效度和建構效度考量。
4. 可信度如何？
5. 對老師是否提供足夠的回饋？解釋個別分數時須考量學生與常模的相似性及分數的種類。
6. 是否提供學生回饋？學生及其家長對此測驗的了解有多少？
7. 測驗的適當性如何？所謂適當性是指：(1)對擬施測對象的適合度，如年齡、年級、程度、性別、文化差異；(2)試題形式、打字、印刷、測驗時間、速度、計分方式等。
8. 是否避免明顯的偏見？可由(1)試題與受試者生活經驗有關；(2)直接敘述，文字精要；(3)適度引起刺激等三項來判斷。
9. 是否容易實施？作答時間、計分方式、主試者需受訓的時間等。
10. 是否有倫理的正當性？測驗的實施、測驗內容、依測驗結果分數所做的建議。
11. 是否有重測可能？
12. 成本如何？時間、金錢等的花費。

　　不論是教師自編測驗或標準化測驗，對教師而言均有其使用上的方便性和限制，茲就二者的各項特性加以比較，如表 11-3 所示，可提供教師在決定選用時做為參考。

表 11-3　教師自編測驗與標準化測驗之比較

比較項目	教師自編測驗	標準化測驗
1. 相關性（relevance）	為教師教室教學目的（只測量教室目標）	測量典型的教室成就
2. 平衡性（balance）	測量教學中相同比例的目標	測量許多目標
3. 難度	只對此一團體設定	可以多樣化，通常以一半人通過所有題目為準
4. 信度	通常不計算，常常很低，但如仔細設計也可和標準化測驗一樣高	通常很高，約在 .85 以上
5. 速度	作答時間充裕	嚴格限制作答時間
6. 鑑別度	假如鑑別是目的之一，則每一試題應可區分高低分數的學生；如為精熟測驗，則此項無意義	試著區分高低分組的學生
7. 特殊性	測量特定的學習	試著測量特定的學習
8. 客觀性	從答案到試題的選擇取得專家的一致	通常由學科專家檢查
9. 測量的學習結果和內容	可很有彈性地配合課程單元，但忽略較複雜的學習結果	可兼顧全國性或地區性的狀況，但對內容導向的測驗則較反映出地區課程的重要性和適時性
10. 試題品質	由於教師時間和技巧的關係，一般而言較標準化測驗低	試題均由專家編寫，提供特定的指導手冊
11. 施測和計分	統一的程序是可能的，但通常是有彈性的	施測程序標準化，提供特定的指導手冊
12. 分數的解釋	分數的比較和解釋於地區學校	分數可與常模團體比較，但測驗手冊和其他指導也可用來輔助

資料來源：Gronlund & Linn (1990)

　　誤用標準化測驗比不用更糟，因此除了解如何選擇適當之標準化測驗外，使用者亦應具備下列基本之倫理規範，方不致誤用而產生不可預期之後果（余民寧，1997）：

1. 專業之原則：專業原則是指，測驗使用者在使用測驗前，應對測驗的相關內容和規定有所了解，如功能目的、限制適用對象、計分方法、測驗結果之解釋等，才能正確地使用測驗。

2. 道德之原則：測驗之受試對象通常是人，不論是成就測驗、性向測驗甚至是人格測驗，都涉及個人的隱私，因此一般測驗都會要求施測者對受試資料永久保密，除非獲得當事人同意，否則不得有意或無意以任何方法公開或陳述，如因學術或研究需要非公開不可，亦應隱藏當事人所有可能被認出的線索。

3. 倫理之原則：倫理規範與專業及道德規範關係密切，不過倫理規範比較重視的是測驗的安全性與受試者的權益有所衝突時，施測者應如何取捨。此時，還是應以維護受試者的權益為重，再考量測驗的安全性。

4. 社會之原則：在考量社會原則時，主要是針對測驗評估技術能否為社會所接受而言；如可能侵犯個人利益，更應審慎。其次是過時的測驗是否仍值得使用，如其測驗結果仍能提供有效的預測和解釋，則有繼續使用之價值。最後須就其提供廣泛的測驗服務之可能性與方便性加以考量。

第四節　多元評量

　　有別於傳統多以單一紙筆測驗或標準化測驗的評量方法，多元評量概念下的教學評量，發展出許多更能真實反映學習成果的動態歷程及學習面向的方法，這些通稱為真實評量（authentic assessment）或另類評量（alternative assessment）。真實評量強調：(1)有意義的工作表現；(2)明確界定卓越的標

準和效標；(3)品質控制和表現；(4)強調後設認知及自我評量；(5)學習的遷移；(6)評量者與被評量者的正向互動（Burke, 2005）。真實評量包括了實作評量（performance assessment）、檔案評量（portfolio assessment）和動態評量（dynamic assessment）等，說明如下。

◈ 一、實作評量

實作評量是指，藉由有意義的、重要的、真實的作業訊息了解學生學習的成敗，是一種有效的評量系統。「實作」一詞是強調，學生在一個反應中有主動的產出且其反應是可觀察的，而「真實」則代表作業內容有真實情境的特性。之所以強調真實性，是假設所要求的作業如愈接近真實生活，學生愈有動機參與（Archbad & Newman, 1988; Elliott, Kratochwill, Littlefield, & Travers, 1996）。

實作評量的特徵有以下幾點（莊明貞，1998；Airasian, 2001; Hambleton, 1996; Linn, 1995; Madaus, 1988; Stiggins, 1987）：

1. 評量較高層次的認知技能：掌握學生推理運作或問題解決過程，反對將領域知識分解成枝微末節的訊息，強調學習者如何統整的技能。

2. 作業有較高程度的真實性：評量應該測量到課程中真正重要的內容，且應像真實的教學活動，而非僅僅是「測驗」。知識必須與真實生活相關聯才有意義。其主張作業宜採問題取向，最好是從生活或與個人經驗有關的問題解決為出發點，較能引起學生的學習興趣。

3. 學習者要知且能做，必須有計畫、建構及傳達的能力，而不只是選擇反應。某些問題的答案可能不只一種，因此更須有自我評量的機會和能力。

4. 廣泛使用各種不同形式的資料：用各種不同的途徑表現學生的技能，包括開放式和無標準答案的作業。

5. 評量應有較長的時間，不再像傳統紙筆測驗，只以一或數次簡單的測驗來判斷學習者的學習結果，而是以學習的過程為評量對象，在

不同時間和不同情境中選取學生的工作樣本。

6. 兼顧過程和作品：學生展示作品是其學習結果，同時也須將其過程
列入，以便觀察其歷程。

7. 評量的內容有時不只限於單一學科：有些作業所須運用到的知能有
時可能會是跨學科的，如物理問題常會涉及到化學或數學問題。

8. 重視學生之個別差異：實作評量是多元評量的一種，講求方式、評
量的準則不拘於一項，因此學生的個別差異比較容易受到重視。

由上述實作評量之特徵，吾人可以看出實作評量具有著重整體表現、評
量方式動態化、增加師生互動參與、評量情境多樣化、評量方式公開化等多
項優點（彭森明，1996；盧雪梅，1998）。

至於進行實作評量時應考慮之因素，Popham（2003）認為有以下等項：
(1)類推性（generalizability）：指作業的表現是否能推類到其他的項目；(2)
真實性（authenticity）：作業應和學生真實生活有所關聯；(3)多元焦點
（multiple foci）：作業所要評量的是單一或多元的項目；(4)可教授性（tea-
chability）：學生在作業上獲得的能力提升是否因教學而來；(5)公平性
（fairness）：作業的要求是否對所有的學生都是公平的，不會因為家庭背景
的差異而受到影響；(6)可行性（feasibility）：作業所需的時間、費用及支援
應該是學生可以負擔的；(7)可評性（scorability）：完成的作品應該是可以
具體評量的。

二、檔案評量

檔案評量又稱歷程評量、卷宗評量，最早被用於藝術及寫作，存放個人
作品；應用於教學評量，是指在一段時間內，學生有目的地持續蒐集學習歷
程中的各種作品，如研究報告、寫作、實驗報告等，再從中選取可以顯現其
在學習上的努力、進步及達成學習目標的程度（王文中、呂金燮、吳毓瑩、
張郁雯、張淑慧，1999；張美玉，2001）。它是一種連續性、形成性的評量
過程，所謂「檔案」並不只是包含毫無組織，無目的地累積資料，而是需要
學生經過反省、思考、溝通後整理出來的，但在學生進行蒐集檔案資料前，
應該要讓學生知道作品的內容、蒐集方式、評分標準及學生的自省，最好經

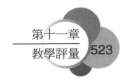

師生共同討論，達成共識後才進行。

　　在檔案評量中，每一學生都有一個屬於自己的資料夾，學生的學習成果是有目的地蒐集個人在某個領域的作品，此一作品集以說故事的方式傳達學生的努力、進步和成就，並蒐集學生的作業表現，從中可以看出學生平時學習之努力、進步與成就（盧雪梅，1998）。這些有關學生學習表現的訊息，包括了考試、作業、筆記、作品、計畫，並加入學生自評、老師及家長評語、同學互評，展現了學習的歷程和意義（朱敬先，1997；何縕琪，1997）。檔案評量內容的主題是依學生所回答的問題性質而定，檔案內容的正確性應由學生自行決定，可以是由教師事先組織編排或學生自行決定判斷；換言之，檔案評量的實作內容是學生在經過一段教學過程後，累積結果的評定方式（Paulson, Paulson, & Meyer, 1991）。檔案評量不只是一個儲存檔案的資料盒，更提供師生有關學習和個人發展的對話方式，包括師生間、同學間、學生與家長間，以及學生與專家間的對話，這些訊息反映著學生生活內容的意義，可以看出學生的努力、進步情形，同時也使學生有機會反思自己的學習，檔案評量因而可說是一部活生生的學習成長史（江文慈，1998）。

　　檔案評量可以兼顧歷程和結果，具備形成性評量和總結性評量的特徵，又可呈現多元資料的型態，更能促進學生對自己學習的反思和認識。師生的互動也在這樣的過程中增加不少，學習不再只是教師單向的決定一切。這些優點使檔案評量逐漸受到重視與大幅推廣。

　　由此觀之，檔案評量具有以下一些特色（吳清山、林天祐，1997；吳毓瑩，1998；陳苡宣，2005）：

1. 是師生共同參與的教學活動：藉由師生共同討論檔案主題內容、作品選擇標準、編輯格式、評分標準，此一過程可增進師生互動、分享，並提升教學品質。

2. 是有系統地蒐集學習過程的作品：檔案評量要蒐集的資料並非隨興所至，漫無章法地照單全收，學生必須就評量目標所需，並知如何整理組織所得的訊息。

3. 可以激發學生的反省思考：在蒐集資料過程中，學習者可以察覺自

己學習的改變狀態，因為蒐集過程是一個持續的活動，它比僅以一次考試決定成績有更多的空間和時間讓學習者去思考，以反省自己的學習行為及學習困難或優勢所在。

4. 評量要與教學結合：評量的目的是為能達成教學目標，因此在設計評量時便要與教學緊密結合，檔案的蒐集能反映教學活動，教學與評量實為一循環進行的歷程。

在決定採用檔案評量前，要先確定預備使用哪一類型，以及選擇的指導和準則。檔案評量的類型約略言之，有寫作檔案（writing）、過程檔案（process）、作品檔案（literacy）、最佳作品檔案（best work）、單元檔案（unit）、綜合型檔案（integrated）、年度檔案（yearlong）、職涯檔案（career）、標準檔案（stardards）等（Burke, 2005）。不論是哪一種檔案，檔案評量必須是有一些結構的，沒有結構將無法進行檔案的評量，例如：應確定檔案要包括努力的程度、成長的情形、特殊知識和技能的習得等問題。在評分準則上所應得到的目標品質應予公開，如舉例示範良好的檔案及提供評分標準，提供評分標準亦可幫助學生學習自我評量。在促進學習者之反思能力方面，典型的做法是要求學生對其檔案寫一份說明的文件，解釋檔案內容的意義，以使評量者知道學習者是否真正了解自己的學習狀況。

至於檔案評量的評分設計，為維持某種程度的信度與效度，張麗麗（2002a）針對在實施檔案評量時對作業及評分的要求，有以下幾點建議：

1. 作業所要求的項目應是學科課程重要的內容。
2. 如期望信度要達到 .80，則每個檔案內的項目應至少有 5 項，且彼此是有相關的。
3. 語文表達能力及其他的表現技能雖是檔案評量必須的，但不宜因其檔案呈現形式而忽略了實質內容的好壞。
4. 以十二年級為例，一個檔案內容最多 25 頁，其所需的評分時間大約為 30 分鐘。

◆ 三、動態評量

為了改善過去靜態、單一面向學習結果的評量，最早由 Feuerstein 提出

「動態評量」的概念。「動態」強調二個構面：一是著重學習或認知歷程的
變化，是跨過多個不同時間點來觀察的；二是評量者與被評量者彼此關係的
互動狀態。動態評量是給予個體中介協助的評量方式，著重在教學中持續透
過互動過程測試，並促進個體學習潛能。中介協助的本質與 Vygotsky 的鷹架
概念是相同的，中介互動不僅扮演引發、促進及內化遷移個體認知能力發展
的支持性角色，亦有其功效，只要給予中介學習經驗，就能引發個體的學習
潛能，達到所謂的「結構性認知改變」（Structural Cognitive Modifiability,
SCM）的目標（許家驊，2003；Feuerstein, Rand, Jensen, Kaniel, & Tzuriel,
1987）。

　　傳統評量心理計量取向強調標準化與量化，偏重結果導向而忽略歷程，
使其本質上較屬於靜態結果的評量（莊淑琴，2004）；而動態評量最重要的
元素之一，是教學者如何介入（中介或協助）學習者的學習歷程，適時給予
妥適的協助，這種協助的目的在觀察學習者於學習歷程中變化的情形，因而
是一種動態的進行狀態。動態評量的理論基礎，是以 Vygotsky 認知理論中的
近側發展區（ZPD）為主，近年發展出來模式的共同特點在利用「測驗－教
學（中介）－測驗」的循環程序進行評量，這個循環是以學習者在標準化前
測的表現為基準，提供教學支持與協助策略，再以標準化後測評估其在接受
中介後的改變程度（陳苡宣，2005）。這種多階段動態中介的方式可以促進
學習，也具有補救效益（許家驊、邱上真、張新仁，2003）。

　　目前主要的介入方式，有標準化漸進提示階層、學習潛能評量模式、連
續性評量模式、測量極限評量模式、心理計量取向模式等五種模式（莊淑
琴，2004；許家驊，2005，2008；陳嘉成，2001），說明如下：

1. 標準化漸進提示階層（graduated prompting hierarchy）：這是由 Cam-
   pione 和 Brown 發展出來的，標準化漸進提示階層係以事先設計之提
   示漸增階層做為實施及計分的核心，不在評量既有的知識，而重在
   學習者學習與遷移的歷程運作，目的在進行診斷與補救教學；一般
   而言，此一模式能夠對學習能力估計提升其精確性。
2. 學習潛能評量模式（learning potential assessment device）：又稱為非
   標準化學習潛能評量，是由 Feuerstein、Rand、Jensen、Kaniel 和

Tzuriel 提出的，以診斷個體認知功能缺陷為目的，藉助認知圖建構評量。本模式的實施並無一定標準化的程序或標準，因此是屬於非標準化介入；非標準化學習能評量設計以彈性協助之中介活動做為實施及觀察評估的基礎，此模式可以增進日後遷移應用的能力。

3. 連續性評量模式（continuum of assessment model）：這是由 Vye、Burns、Delcos 和 Bransford 融合前二個模式發展出來的，他們認為，有效的中介學習是促成認知發展的條件。本模式採分階段評量診斷學習者的認知狀態，以測試不同教學程序的效果，因此更能有效區辨個別差異及未來表現，但因評量較為複雜，且包含標準化及臨床方式等二種特質，故實施上較為困難。

4. 測量極限評量模式（testing the limits assessment）：本模式之目的在提供有關個體一般智力能力訊息的指標，以及測量個體學習特徵與情境交互作用的程度，係採用口語說明與精緻回饋，個體有較佳的表現機會，可降低非認知因素的干擾，但其屬偏重一般能力而非學科能力，故對教學提供的訊息相對來說較少。

5. 心理計量取向模式（psychometric approach）：此一模式主張認知能力可透過訓練加以改變，乃發展出適當的心理計量模式測量認知的改變，以空間推理為題材，採「前測－訓練－後測」之程序，是標準化的介入方式，但與學科關聯度不高，故較難診斷並提供教學有關的訊息。

上述五種動態評量模式可大約分為「中介式評量」、「漸進提示評量」等二大類型：「中介式評量」重視的是他人彈性、適時適性、非標準化的協助；「漸進提示評量」則是明確地依提示量及教學的明顯程度，組成一種階層式標準化連續體的協助，在這之中教學者可以扮演的角色有三類：一是促進者（facilitator）；二是楷模（model）；三是外部監控者（external monitor）。

綜上所述，動態評量具有以下幾個特性（余其俊，2000；莊麗娟，2001；楊景淵，2002）：

1. 兼重學習結果與歷程，重視過程甚於結果：動態評量強調學習過程

中學習者認知能力，如思考、知覺、解決問題的變化狀態，而非只是最終結果的評量。

2. 由評量過程知悉個體改變需要介入的方式和程度：評量者透過動態過程的變化，可以看到學習者學習需求的特性，以及應給予多大的協助。

3. 充分互動與適時介入協助：學習者在動態評量是主動的角色，教學者不只是中立的觀察者，更是引導學習的協助者，他必須知道何時要介入、要以何種方法介入、介入程度要多深。

4. 重視學習者的可塑性：根據 Vygotsky 的近側發展區，任何個體的認知能力都可以藉由外在鷹架的支援發展到更高的層次，以發揮其潛能。

5. 著重學習者個別歷程評量，而不在同儕的比較：學習者間的比較或能力之分等都不是動態評量主要的目的，而是希望藉由這樣的評量歷程，找出個別學習者需要的協助。

◆ 四、多元評量之設計原則

多元評量雖然可以矯正僅憑簡單紙筆測驗便決定學生學習結果之缺失，但在實務上要做並不容易，因其不但耗時，須師生共同參與，與傳統由教師單向決定所有評量形式及內容完全不同；同時在決定評量範圍、項目和評量標準上亦均極費時，並需經驗。因此如欲此方式能發揮真正功能，不但要注意設計的原則，還要仔細衡酌評量的準則。

多元評量固然期望評量較高層次之認知能力，但並不表示愈複雜的作業愈能達到此目標，因此教師必須事先周延規劃，在設計時應注意下列原則（何縕琪，1997；李坤崇，2002；林怡呈、吳毓瑩，2008；Hambleton, 1996; Woolfolk, 2007）：

1. 確定評量的目標：訂定明確的認知評量層次，始可正確推論學生學到的是否為所預期的，同時要知道學生的需要，評量的作業才會是有意義的。

2. 確定評量的範圍：讓學生知悉，根據評量目標訂定擬評量之範圍，

他們才能據以蒐集或呈現資料，並教導學生選擇重要的、有關的訊息。教師可以先自問，完成所須作業必須做哪些事？是否為學生所能承受？應具明確的辨認可觀察的實作行為，在資料的選擇上應包括不同時段，如學期初、中、末，以表現不同的功能。

3. 應採各種不同形式的訊息：應包含口述、寫作、實作等，作業所需時間亦應有數天即可完成、數週可完成，也有長達一學期始能完成之計畫，藉由不同形式蒐集到的資料，可以完整地評量學生的學習歷程及不同學科間之差異。

4. 包含學生之自我評估：學生在多元評量中，有較以往非多元評量的方法更顯著之地位，教師教導學生如何選擇適當項目，足以代表個人的學習結果，尚鼓勵學生做自我評估，描述選擇的理由、分析成果、說明優缺點，以表示其對作業之自省；可幫助其在學習過程中養成自我監控學習方法、態度的習慣，間接培養後設認知的能力，即學習對自己的學習過程給予評量，如此方能激勵學習之發生，也是維持學習動機較有效之途逕。

五、多元評量標準之設定

上述三種評量均是多元評量的型態，多元評量要能獲得學生、家長及教學者的認同，除前述在設計時要注意的原則外，能否建立如同紙筆測驗一樣的客觀，一直是其能否廣為推行的重要因素之一。評分標準通常以 rubric 一詞來界定，其字義是指一套應如何做之規則，Elliott 等人（1996）將其界定為，用來評量學生表現的一套權威的或建立的效標，通常包含一個固定的表格或量表上一連串描述行為的特徵，效標應由專家和教師共同發展，以提供評量者清楚的標準。這也是將表現轉換為有意義的評分依據及回饋訊息最關鍵的一步，因而是整個多元評量最具挑戰性的部分（趙建豐、林志隆，2005）。不過，Hambleton（1996）則認為，因為教師建構的能力及應用的經驗很難判斷其信度和效度之良窳，多元評量在實務上很難有絕對客觀的標準。多元評量標準之設定應注意下列原則（Resnick & Resnick, 1992; Wiggins, 1998）：

1. 要清楚明確的描述工作熟練時所表現出的行為。

2. 作業應是有效行為的實作表現，使教師可以歸納學習者的知識、思考能力及態度。

3. 作業要有適當的複雜性，才適合實施多元的評量。

4. 作業盡可能有多種表達或呈現方法，多元評量是一種沒有固定程序的評量，不能以單一觀點發現答案，而是包含不同的判斷和解釋。

5. 作業需要有自我管理學習的功能：多元評量除了評量其作品外，應該還能兼具評量學習者自我管理、學習反思的能力。

6. 作業表現的規準（criteria）和標準（standards）要事先確定：多元評量所須呈現的作品或學習結果，通常要一段時間，因此必須讓學生事先知道，他們才能根據這些要求去準備，給學生的回饋也要以此為切入點。同時，事先確定規準和標準也含有由學生提供意見修正的空間，不同形式的作品應有不一樣的評分準則和標準。

多元評量不像傳統紙筆測驗多有固定、制式的答案可做為評分的依據，通常多元評量的計分方法主要有三種：一是檢核表法（checklists）；二是評定量表法（rating scales）；三是整體評分法（holistic scoring）。為能評定學生表現，事先設定一些評分標準以保持評分一致與公平仍是有必要的，其標準通常包含下列四項要素：(1)應區分不同層面的評量特質或領域；(2)要清楚界定特質或學習層面的內涵；(3)可以連續性量尺區分出不同的表現水準；(4)對學生的特殊水準能提供一個不同或較佳的表現範例（何縕琪，1997；趙建豐、林志隆，2005）。

效度是我們在推論評量是否有效與正確最重要的一個參據，從多元評量強調真實與直接的特質來看，二者在分數擬推論的能力和方法上，與紙筆測驗是有很大的不同，因此把實作評量的評分予以系統化，便是很重要的一件事（許家驊，2005）。

六、多元評量實施之困難

多元評量雖然比傳統紙筆測驗可以獲得更多的訊息，也可以讓學生在學習過程中扮演重要的角色，但在現實的環境裡要全面推行，有其實務的困

難，如果實施不當，亦有可能產生更大的問題。目前在實施實作評量時最常
碰到的困難，大致有以下幾點（吳毓瑩、林怡呈，2003；張麗麗，2002a，
2002b，2004；彭森明，1996；盧雪梅，1998；魏韶勤，2003）：

1. 試題製作困難：多元評量題目的設計須難易適中，且能讓學生親手
   去做，時間及費用也應符合學生的負擔，因此在試題的設計上對教
   師是一大挑戰。

2. 非常耗費時間和人力：不論何類型之多元評量作業，個別學生所需
   的評閱時間常數倍於紙筆測驗。對教師、家長和學生來說，傳統紙
   筆測驗在短時間內就能獲得評量結果，又是具體實質可資比較的分
   數，多元評量的方式相對而言，就顯得非常不經濟。一般學習者和
   家長想知道的是誰高誰低、多少分可以進什麼學校，至於學習者的
   組織、判斷，以及自我反思等能力好壞的評量考量，其重要性都在
   升學考試的競爭之後。

3. 信度和效度尚待進一步發展：由於多元評量不是以單一的分數呈現
   學習結果，又涉及教師評分準則和標準的差異，學校教師通常只有
   一位教師評量，不易講求評分者信度，又因作業題數不多，且評量
   準則見仁見智，因此評量結果的信度和效度目前一直是多元評量較
   被質疑的部分。

4. 經費不足和設備不易保存：多元評量所需經費較紙筆測驗要高出許
   多，有時購置的儀器或設備，也會有存放空間和保管維護的問題。

5. 教師的專業知能須經適當的成長和訓練才能妥切為之：由於多元評
   量不像一般紙筆測驗有固定的答案可循，從訂定難易適中的作業到
   評分準則和標準的選定，凡此都沒有教科書可以抄錄，完全要靠教
   師個人的專業素養和經驗才能達到原先的目的。很多研究發現，多
   元評量不易推行的重要原因是教師評量專業訓練不足，以致把多數
   時間用在教學設計上，而非學生的學習結果。

 第五節　**測驗結果在教學上的應用**

對教師、學生或家長而言，不論學校是使用教師自編測驗或標準化測驗，最重要的是要知道測驗結果所代表的意義是什麼。而這其間所涉及的問題，主要有二點：(1)解釋分數所採用的方法是百分制或等第制，是相對解釋法或絕對解釋法；(2)教師解釋測驗結果的認知與態度。

◆ **一、測驗分數的類型**

一般測驗結果所得之原始分數（raw score）並沒有什麼意義，因為使用者無法從中得知它顯示了哪些訊息，故無法比較個體在不同科目間學習結果的好壞，也無法比較其在團體中位置的高低。因此我們必須將原始分數轉換成具有共同基準的單位後，才能相互比較。以下分別介紹兩種共同基準單位：百分等級與標準分數。

（一）百分等級

百分等級是指，低於某一分數的人數在團體中所占的百分比，計算方式有以下二種。

1.以原始資料計算

$$PR=100-\frac{(100R-50)}{N}$$

N 是總人數，R 為該測驗分數所占的位置。

例如：有 10 位受試者，其分數分別為 35、40、50、55、68、72、80、83、86、90；則 72 分之百分等級為多少？

因 72 分在 10 人中占第 5 位，故其 PR 之計算如下：

$N = 10$，$R = 5$，故$PR=100-\frac{(100\times 5-50)}{10}= 55$

即表示得分 72 者其百分等級為 55，表示他的成績在該受試團體中優於

55%的人。

2. 以歸類資料計算

$$PR=\frac{100}{N}\left[\frac{(X-L)\times f}{H}+F\right]$$

N：總人數；X：原始分數；L：原始分數所在組真正下限。

H：組距；f：原始分數所在的次數；F：L以下的累積次數。

例如：

組別	f	F
75-79	1	55
70-74	2	54
65-69	4	52
60-64	5	48
55-59	8	43
50-54	10	35
45-49	9	25
40-44	7	16
35-39	4	9
30-34	2	5
25-29	2	3
20-24	1	1

試求58分的PR？

$$PR=\frac{100}{55}\left[\frac{(58-54.5)\times 8}{5}+35\right]=73.82\doteqdot74$$

百分等級已被廣泛使用，固有其優點，也仍有些限制，其優點為：(1)計算簡便，容易了解；(2)適用各種測驗；其缺點為：(1)只能表示受試者團體中的位置，而無法知道學習結果的精熟程度；(2)受限於百分分配的關係，各百分等級的單位不盡相同，在分配的中間與兩極端的百分比便有所差異，同樣的百分等級差異在中央遠比兩端有所差異；(3)百分等級不能做算術運算。

（二）標準分數

百分等級由於單位不等，在解釋上不盡理想，另有一種方法便是將原始分數轉換成標準分數，它是以團體的標準差為單位來表示個體測驗分數和團體平均分數的差異，以下介紹幾種較為常用的標準分數。

1. Z分數

這是最基本的標準分數，可以表明個人之原始分數在平均數上或下多少標準差。

計算公式為：$Z=\dfrac{X-M}{SD}$

X為原始分數，M為平均數，SD為標準差。

Z分數由於會有小數出現，很不方便也容易發生錯誤，因而據此衍生出其他的分數形式，以消除小數改以整數的形式。

2. T分數

由於Z分數常帶有小數和出現負值，使用時很不方便又容易弄錯，為方便使用，遂將Z分數加以直線轉換為平均數50、標準差為10的標準分數，一般稱為T分數，其計算公式是：

$T = 10 \times Z + 50 = 10 \times (\dfrac{X-M}{SD}) + 50$

X為原始分數，M為平均數，SD為標準差。

3. 標準九

標準九是將原始分數分為九個等分，從一到九，最高是9分，最低是1分，5分是平均數，標準差為2，除了1分和9分外，所有標準九在量尺上的範圍約占半個標準差，在常態分配下，每個標準九所占的百分比約如下：

標準九	1	2	3	4	5	6	7	8	9
百分比	4	7	12	17	20	17	12	7	4

標準九只用一位數表示，易於了解及方便處理，容易被學生與家長接受，同時可依各科不同的比重加權。但它的缺點是只分為九個量尺失之過

寬，如果總人數很多時，同一個標準分數的範圍相對加大，屬於同一標準分數者其原始分數的差異可能很大但會因而消失，而原本僅差1、2分者，卻因分配理論的關係分屬不同的標準分數（如表11-4所示）。

表11-4　標準九分配表

標準九分	25名的理論次數	實際次數	原始分數
9	25×4%=1	1	90
8	25×7%=1.75	2	89、87
7	25×12%=3	3	85、83
6	25×17%=4.25	4	80、80、80、78
5	25×20%=5	5	77、75、75、74、73
4	25×17%=4.25	4	71、70、67、66
3	25×12%=3	3	65、63、62、61
2	25×7%=1.75	2	60、59
1	25×4%=1	1	58

◈ 二、解釋測驗分數的方式

　　成績評量的結果不論是以分數或等第呈現，本身並無意義，通常需要由主試者加以解釋說明其涵義，受試者才能真正明白自己學習成果的良窳；一般測驗分數的解釋可用：相同解釋法、絕對解釋法、自我評量法等三種（李明堂，1990；陳偉民，1990；陳淑美，1988，1990；歐滄和，2002）。

（一）相對解釋法

　　一般常說的常模參照測驗即是相對解釋法，是以所有受試者的成績為比較的基礎，受試者得知的結果是其測驗分數在團體中的相對地位，優於多少百分比的人或低於多少百分比的人，常用的百分等級制或等第制均是。相對解釋法的優點是有助於教師了解學生的優劣程度，比較其差異，對成就高的學生有激勵作用；但缺點則是無法反映學生的真正成就及精熟教學內容的程度，且易造成對分數斤斤計較，而不同的等第或百分等級也會隨著不同的受

試團體，而有不同的結果。

（二）絕對解釋法

在測驗結果的解釋上一般使用「及格」、「不及格」或「精熟」、「未精熟」二分法。其優點是避免學生只為分數多寡傷神，有固定的標準、容易評量學生精熟的情形，且較無競爭壓力，適合程度低的學生；但相對地，所謂事先決定的標準常是主試者或教學者主觀的認定，並無一定的準則，同時學生的個別差異情形也無法顯現。就引發學習動機而言，及格或不及格的評分方式較傳統排等第之方式效度低。但不可否認，這種方式的好處是學生較無壓力，適合新領域的學習，對學習態度也有益處（Gage & Berliner, 1988）。

（三）自我評量法

以個體的發展性和繼續性為評量標準，從不斷評量中了解學生的學習和成長，可將學生前後幾次的成績相互比較，此種方式合乎個別差異原理，可看出學生進步或退步的情形，學生也較無壓力。但缺點是學生間不能做比較，而有失評量的意義，同時學生可能為使自己看起來有進步，有可能故意在之前的測驗壓低自己的成績。

◆ 三、解釋測驗分數的原則

學生常常相信等第不僅反映了他們某一科目的表現，也反映了他們對於知識以外的適切性，因為它深深地影響學生各方面，如經驗、自尊、對學校的滿意及自我概念等（Bachman & O'Malley, 1986; Bulter & Nisan, 1985; Colton & White 1985; Kaplan, 1990）。評分等第並非用來酬賞或懲罰學生，而是用來反映學習成就，給學生自己和其他人的一種訊息傳達方式，因此教師將測驗分數所代表的意義解釋給學生時，應特別的謹慎，以免造成不良效果。以下幾點是教師在解釋測驗分數時應注意的原則（陳英豪、吳裕益，1994；Kaplan, 1990; Gage & Berliner, 1988; Goetz et al., 1992）：

1. 以測驗真正的特質解釋：每個測驗所要測量的行為特質都是特定

的，教師解釋時不應過度類化，測驗分數提供的結果只能預估一個學生所知及能做的是什麼，故測驗的效度很重要。

2. 採多樣化的評量並參考其他的相關資料：測驗只是評量的方式之一，教師應儘量採用其他方式的資料，如觀察、家庭作業等。

3. 測驗結果應只限於學生本人、家長或有關教師：測驗的目的主要在使學生了解自己，使教師知悉教學情形，或讓學生家長了解子女。因此測驗結果不能隨便公告周知，尤其是有關智力、人格、性向等心理測驗，但如基於教學或輔導的需要，非任課的有關教師亦容其知悉。

4. 以一個分數範圍來解釋：任何一個測驗均有誤差存在，測驗分數只是學生能力的估計值，在解釋個人分數時，最好同時採用口頭及書面文字說明，避免只給數據，尤其不要只給一個數值（如70分或85分），應該將測量標準誤列入。

5. 解釋測驗結果時應考慮學生的感受，尤其是低分者：解釋測驗結果前，如能鼓勵學生充分表達接受測驗的內心感受，將有助於結果的解釋，有時亦會獲得很寶貴的資料。要避免傷害學生的自尊，對低分數者尤其應特別謹慎。

6. 只做建議不做決定：測驗結果只是反映了學生的現在所知或未來可能，但不是絕對的，對學生的種種表現教師可綜合說明，給予學生未來方向的建議，但不宜據此代為決定。

7. 學生的行為應與學業表現無關：學業成就只代表學生在某一時段內某一科目的學習結果，教師應只對其學習結果加以解釋。學生平常的行為表現或努力程度另有其他方法可評量，教師對學科測驗結果的解釋不應受到無關因素的左右。學生有練習和犯錯的權利，教師對分數不宜評斷測驗以外的事。

摘 要

- 測驗（test）是指測量的形式或工具，即取得行為樣本的工具。測量（measurement）是取得個體擁有某一特定特質程序的數量描述過程。評量（assessment）是經由量化資料的取得，再參照合理的參照標準，對學生的學習行為分析綜合研判。

- 教學評量的方式可依其不同目的、實施時間、使用工具、結果解釋之依據等諸多因素，分為安置性評量、診斷性評量、形成性評量、總結性評量、常模參照評量與效標參照評量。

- 教學評量廣而言之，可包含教師教學、學生學習、課程及教學活動等三大部分，但多半都側重在學生的學習。教學評量不是教學歷程的終點，藉由教學評量教師可從中獲得學生學習的情形、教學改進，或補救教學的依據。

- 評量方式應採多樣性，除測驗外，行為觀察、家庭作業等都可採用，避免以一概全。

- 教師自編測驗是教師對其教室教學結果的測量。教師自編測驗的步驟，一般可分為訂定測驗目的、決定命題內容、編製雙向細目表、選擇適當的試題形式、編擬試題、實施測驗、評估試題。

- 訂定測驗的目的旨在使教師先了解實施測驗是為了安置措施，或診斷作用，或為了解學生學期中的學習狀況。命題內容之決定，最重要的是與教學內容相符合。

- 雙向細目表之功能在於使試題內容的分布，能與教學內容各單元的比重相配合，或是不同題型、認知層次各應占多少比例，事先有所控制。

- 測驗題形式分為主觀式及客觀式二大類，前者包括問（簡）答題、論文題；後者包括是非題、配對題、選擇題、填充題。

- 一般而言，主觀式試題較能測量受試者的思考、推理表達等認知能力，但其最大缺點是評分不容易客觀；客觀式試題除非教師經驗豐富，否則編製這類試題很容易流於測量背誦不重要的零碎性知識，但最大的優點是學生容易作答，評分亦不會受主試者主觀意識的影響。

- 試題分析最簡單的二項基本指標是難易度和鑑別度，難易度是指某一試題答對人數的百分比，鑑別度則是試題可以區別出學生的程度高低。

- 標準化測驗是由專家編製，經過一定標準化程序後才廣為採用的測驗，所謂標準化程序是指由具代表性樣本群體施測，施測的過程如作答說明、測驗情境、測驗時間、評分過程及方式、測驗分數的解釋等，都有一定的程序和步驟。

- 一份良好的標準化測驗應提供該測驗的指導手冊，內容應有常模、信度和效度的種類及數據、計分方式、施測程序等訊息，以供擬使用者做為選用之參考。

- 實作評量是指根據教學目標，由學生有目的地蒐集有關的學習過程及其成果，其目的在了解學生於學習過程的努力、進步和對自我的了解。

- 實作評量的優點在其可以評量較多元的學習向度並著重整體的表現。作業有較高的真實性，評量的時間較長，兼顧過程和最後完成的結果，學生的參與度較高，評量準則是事先知道。

- 檔案評量又稱歷程評量、卷宗評量，是指在一段時間內，學生有目的地持續蒐集學習歷程中的各種作品，如研究報告、寫作、實驗報告等，再從中選取可以顯現其在學習上的努力、進步及達成學習目標的程度。

- 動態評量是給予個體中介協助的評量方式，著重在教學中持續透過互動過程測試並促進個體學習潛能，中介協助的本質與 Vygotsky 的鷹架概念是相同的。

- 多元評量的設計原則為確定評量的目標、確定評量的範圍、應採各種不同形式的訊息、包含學生的自我評估。評量準則和標準應事先公開。

- 多元評量的評分方式有檢核表法、評定量表法及整體評分法。

- 多元評量的因難是試題製作困難、非常耗費時間和人力、評分之信度和效度尚待發展、經費不足和設備不易保存、教師的專業和技能需要經過訓練。

- 測驗分數的解釋有常模參照測驗和效標參照測驗兩種：常模參照測驗是指測驗結果與受試者相同的參照團體做比較，可以知道受試者測驗分數在團體中相對的位置；效標參照測驗則是受試者的測驗結果與另一事先決定的參照標準做比較，視其是否達到該標準。

- 常模參照測驗雖可得知受試者與其他人比較後的優劣，但無法知道受試者對教學內容的精熟程度，效標參照測驗則相反。

- 原始測驗分數必須將其轉換為各種分數後才能顯示其所代表的意義。百分等級是用來表示在某一分數之下有多少百分比，簡明易懂，但不能用算術運算。另一種方式是將原始分數轉換成標準分數，將受試者的原始分數與平均數的差異，以在標準差上下多少的方式表示，最為正確且可做算術運算。常用的有 Z 分數、T 分數、標準九等。

練 習

1. 為使教學結果符合教學目標、學生需求，教師在教學前、教學中及教學後，可如何應用不同的測驗來檢視其教學成效？

2. 教師自編測驗和標準化測驗之差異為何？

3. 要了解教學成效，經常會使用成就測驗，我們可以以哪些信度、效度來驗證該測驗的好壞？

4. 實作評量的進行步驟和評分應注意哪些重要原則？

5. 試以數學科或國語科，編寫一份作業實作評量計畫，以了解學生的學習情形。

參考文獻

中文部分

王文中、呂金燮、吳毓瑩、張郁雯、張淑慧（1999）。**教育測驗與評量——教室學習觀**。台北市：五南。

王立行（1991）。測驗面面觀。**國教園地，35、36**，58-61。

朱敬先（1997）。**教育心理學——教學取向**。台北市：五南。

江文慈（1998）。一個新評量理念之探討——多元智力向度的評量。**教育資料與研究，20**，6-12。

何縕琪（1997）。卷宗評量法在教學之應用。**測驗與輔導月刊，143**，2957-2959。

余民寧（2002）。學科知識結構之評量研究——以「教育測驗與評量」學科知識為例。**教育與心理研究，25**（中），341-367。

余民寧（1997）。**成就測驗的編製原理**。台北市：心理。

余其俊（2000）。動態評量中的漸進提示。**屏縣教育季刊，4**，23-27。

吳清山、林天祐（1997）。實作評量。**教育資料與研究，15**，68。

吳毓瑩（1998）。我看、我畫、我說、我演、我想、我是誰呀？卷宗評量之概念、理論與應用。**教育資料與研究雙月刊，20**，13-17。

吳毓瑩、林怡呈（2003）。多元評量概念在課程標準演變中之定向與意義。**教育研究資訊，11**（6），3-32。

呂金燮（2001）。資優兒童的學習評量。**資優教育季刊，79**，4-12。

李坤崇（1999）。**多元化教學評量**。台北市：心理。

李坤崇（2002）。多元化教學評量理念與推動策略。**教育研究月刊，98**，24-36。

李明堂（1990）。如何看待成績——談「常模」與「自我」參照回饋。**高市文教，30**，39-41。

周錦鐘（2002）。自然科教學多元評量。**教育資料與研究，46**，8-19。

林怡呈、吳毓瑩（2008）。多元評量的活化、迷思、與神話——教學歷程的個案研究。**課程與教學，11**（1），147-172。

張美玉（2001）。從多元智能的觀點談歷程檔案評量在教育上的應用。**教育研究**

資訊，**9**（1），32-54。

張麗麗（2002a）。從分數的意義談實作評量效度的建立。**教育研究，98，**
37-51。

張麗麗（2002b）。評量改革的應許之地——虛幻或真實？談實作評量之任務與表
現規準。**教育研究月刊，93，**77-86。

張麗麗（2004）。影響教師自評實作評量實施品質相關因素之探討。**南師學報—**
—教育類，38（1），95-120。

莊明貞（1998）。真實性評量在教育改革中的相關議題——一個多元文化的教育
觀點的思考。**教育資料與研究，20，**19-23。

莊淑琴（2004）。動態評量模式之探究。**人文及社會學科教學通訊，15**（3），
128-144。

莊麗娟（2001）。多媒體動態評量模式之效益分析——以自然科學浮力概念為
例。**測驗年刊，48**（1），43-69。

許家驊（2003）。從鷹架教學中介觀點探討動態評量在促進及評個體學習潛能上
之基礎與設計。**彰化師大教育學報，5，**87-113。

許家驊（2005）。鷹架個體數學解題與遷移學習潛能延展性之動態評量研究。**教**
育心理學報，36（4），311-333。

許家驊（2008）。不同策略教學及鷹架中介設計對個體數學文字題解題學習潛能
開展效益影響之動態評量研究。**教育心理學報，39**（4），513-532。

許家驊、邱上真、張新仁（2003）。多階段動態評量對國小學生數學學習促進與
補救效益之分析研究。**教育心理學報，35**（2），141-166。

楊景淵（2002）。給學生多一些學習與表現的機會——動態評量在自然科學概念
學習的應用。**翰林文教，28，**7-13。

郭生玉（2004）。**心理與教育測驗**。台北市：精華。

陳英豪、吳裕益（1994）。**測驗與評量**。高雄市：復文。

陳苡宣（2005）。**國小教師實施多元化教學評量現況與因應策略之研究——以雲**
嘉地區為例。國立嘉義大學國民教育研究所碩士論文，未出版，嘉義市。

陳倬民（1990）。定性分析定量設計——談改進命題技術。**師友，274，**5-6。

陳淑美（1988）。測驗結果的解釋。**諮商與輔導，31**。35-37。

陳淑美（1990）。成績的解釋。**諮商與輔導，54**。24-27。

陳嘉成（2001）。中學生成就目標導向、動機氣候知覺與學習行為組型之關係。

教育與心理研究，**24**（上），167-189。

彭森明（1996）。實作評量理論與基礎。**教育資料與研究，9**，44-48。

彭森明（2006）。學習成就評量的多元功能及其相應研究設計。**教育研究與發展期刊，2**（4），21-37。

黃安邦（譯）（1991）。A. Anastasi 著。**心理測驗**（Psychological testing）。台北市：五南。

葛樹人（1987）。**心理測驗**（上）。台北市：桂冠。

路君約（1989）。**心理測驗**（上）。台北市：中國行為科學社。

趙建豐、林志隆（2005）。評分規準（Rubric）的類型、發展方式與使用原則。**國教天地，161**，99-107。

歐滄和（2002）。**教育測驗與評量**。台北市：心理。

盧雪梅（1998）。實作評量的應許、難題和挑戰。**教育資料與研究，20**，1-5。

簡茂發（2001）。**心理測驗與統計方法**。台北市：心理。

魏韶勤（2003）。淺談多元評量的應用原則與省思。**師說，177**，18-20。

英文部分

Airasian, P. W. (2001). *Classroom assessment: Concept & application* (4th ed.). NY: McGraw-Hill.

Archbad, D. A., & Newman, F. M. (1988). *Beyond standardized testing: Assessing authentic academic achievement in the secondary school.* Reslon, VA: National association of Secondary School Principals.

Bachman, J. G., & O'Malley, P. M. (1986). Self-concept, self-esteem, and educational experiences: The frog pond revisited. *Journal of Personality and Social Psychology, 50,* 35-46.

Bloxham, S., & West, A. (2004). Understanding the rules of the game: Marking peer assessment as a medium of developing students' conception of assessment. *Assessment and Evaluation in Higher Education, 29*(6), 721-733.

Brown, G. T. L., & Hirschfeld, G. H. F. (2008). Assessment in education. *Principles, Policy & Practice, 15*(1), 3-17.

Bulter, R., & Nisan, M. (1985). Effects of no feedback, task-related comments and grades on intrinsic motivation and performance. *Journal of Educational Psychology, 78,*

210-216.

Burke, K. (2005). *How to assess authentic learning* (4th ed.). New York: Corwin.

Campbell, D. T., & Fiske, D. W. (1959). Convergent and discriminant validation by the mutitrait-cultimethod Matrix. *Psychological Bulletin, 56*, 81-105.

Colton, M. A., & White, M. A. (1985). High school student's satisfaction and perceptions of the school environment. *Contemporary Educational Psychology, 10,* 235-248.

Cronbach, L. J. (1951). Coefficient alpha and the internal structure of test. *Psychometric, 16,* 297-334.

Ebel, R. L. (1972). *Essentials of educational measurement.* Englewood Cliffs, NJ: Prentice-Hall.

Eggen, P. D., & Kauchak, D. (1992). *Educational psychology: Classroom connections.* New York: McGraw-Hill.

Elliott, N. S., Kratochwill, T. R., Littlefield, J., & Travers, J. F. (1996). *Educational psychology: Effective teaching, effective learning.* Madison WI: Brown & Benchmark Publishers.

Feuerstein, R., Rand, Y., Jensen, M. R., Kaniel, S., & Tzuriel, D. (1987). Preerquisties for assessment of learning potential: The LPAD model. In C. S. Lidz (Ed.), *Dynamic assessment: An interactional approach of evaluating learning potential* (pp. 35-51).

Gage, N. L., & Berliner, D. C. (1988). *Educational psychology* (4th ed.). Boston, MA: Houghton Mifflin.

Goetz, E. T., Alexander, P. A., & Ash, M. J. (1992). *Educational psychology: A classroom perspective.* NY: Macmillan.

Gronlund, N. E. (1982). *Constructing Achievement Test* (3rd ed). Englewood Cliff, NJ: Prentice-Hall.

Gronlund, N. E., & Linn, R. L. (1990). *Measurement and evaluation in teaching* (6th ed). NY: Macmillan.

Hambleton, R. K. (1996). Advances in assessment models, methods and practices. In D. C. Berliner & R. C. Calfee (Eds.), *Handbook of educational psychology: A project of division 15, the division of educational psychology of the American Psychological Association* (pp. 899-925). NY: Macmillan.

Harlen, W. (2007). *Assessment of learning.* London: Sage.

Hogan, T. P. (2007). *Educational assessment: A practical introduction.* New York: John Wiley & Sons.

Hricko, M., & Howell, S. (2006). *Online assessment and measurement: Foundations and challenges.* Information Science Publishing.

Kaplan, P. S. (1990). *Educational psychology for tomorrow's teacher.* NY: West Publishing Company.

Linn, R. L. (1995). High-stakes uses of performance-based assessments: Rational examples and problems of comparability. In T. Oakland & R. E. Hambleton (Eds), *International perspectives on academic assessment* (pp. 49-73). Boston, MA: Kluwer Academic.

Linn, R. L., & Gronlund, N. E. (2000). *Measurement and assessment in teaching.* NJ: Prentice-Hall.

Madaus, G. G. (1988). The influence of testing on the curriculum. In I. N. Tanner (Ed.), *Critical issues in curriculum: 87th yearbook of the National Society for the study of education* (pp. 83-121). Chicago, IL: University of Chicago Press.

Marzano, R. J. (2006). *Classroom assessment & grading that work.* Alexandria, VA: Association for Supervision and Curriculum Development.

O'Donnell, A. M., Reeve, J., & Smith, J. K. (2007). *Educational psychology: Reflection for action.* New York: John Wiley & Sons.

Ornum, W. Van., Dunlap, L. L., & Shore, M. F. (2008). *Psychological testing across the life span.* NJ: Prentice-Hall.

Paulson, L. F., Paulson, P. R., & Meyer, C. (1991). What makes a portfolio a portfolio? *Educational Leadership, 48*(5), 60-63.

Popham, W. J. (2003). *Test better teach better: The instructional role of assessment.* Alexandria, VA: Association for Supervision and Curriculum Development.

Resnick, L. B., & Resnick, D. (1992). *Assessing the thinking curriculum.* Boston, MA: Kluwer Academic.

Sax, G. (1989). *Principles of educational and psychological measurement and evaluation* (3rd ed.). Belmont, CA: Wadsworth.

Segers, M., & Dochy, F. (2001). New assessment forms in problem-based learning: The value-added of the students' perspective. *Studies in Higher Education, 31*(5),

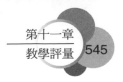
327-343.

Stiggins, R. J. (1987). Design and develop of performance assessment. *Educational Measurement: Issues and Practice, 6,* 33-42.

Wiersme, W., & Jurs, S. G. (1990). *Educational measurement and testing* (2nd ed.). Boston, MA: Allyn & Bacon.

Wiggins, S. G. (1998). *Educational assessment: Designing assessment to inform and improve student performance.* San Francisco, CA: Jossey-Bass.

Woolfolk, A. E. (2007). *Educational psychology* (10th ed). Boston, MA: Allyn & Bacon.

筆記欄

筆記欄

國家圖書館出版品預行編目資料

教育心理學／葉玉珠等著.
-- 二版.-- 臺北市：心理, 2010.02
面；　公分.--（教育基礎系列；41211）

ISBN 978-986-191-337-7（平裝）

1. 教育心理學

521　　　　　　　　　　　　　99000011

教育基礎系列 41211

教育心理學（第二版）

作　　　者：葉玉珠、高源令、修慧蘭、陳世芬、曾慧敏、王珮玲、陳惠萍
責任編輯：郭佳玲
總　編　輯：林敬堯
發　行　人：洪有義
出　版　者：心理出版社股份有限公司
地　　　址：231026 新北市新店區光明街 288 號 7 樓
電　　　話：(02) 29150566
傳　　　真：(02) 29152928
郵撥帳號：19293172　心理出版社股份有限公司
網　　　址：https://www.psy.com.tw
電子信箱：psychoco@ms15.hinet.net
排　版　者：辰皓國際出版製作有限公司
印　刷　者：辰皓國際出版製作有限公司
初版一刷：2003 年 7 月
二版一刷：2010 年 2 月
二版五刷：2022 年 10 月
Ｉ Ｓ Ｂ Ｎ：978-986-191-337-7
定　　　價：新台幣 600 元